W. v. Schramm · DER GEHEIMDIENST IN EUROPA 1937–1945

WILHELM VON SCHRAMM

DER GEHEIMDIENST in Europa 1937–1945

2. durchgesehene und erweiterte Auflage

Langen Müller

Umschlaggestaltung: Klaus Bäulke, München
Satz und Druck: Brönner & Daentler KG, Eichstätt
Binden: Buchbinderei Thomas, Augsburg
Printed in Germany

ISBN 3-7844-1534-2

Inhaltsverzeichnis

Vorwort

Dieses Buch wurde von Herrn Dr. Fleissner angeregt, dem Inhaber der Verlagsgruppe Langen-Müller/Herbig in München. Schon in den ersten Besprechungen mit deren wissenschaftlichem Lektor, Herrn Dr. Niebling, ergab sich die grundsätzliche Ausgangslage: Es war und ist falsch, unter Geheimdienst nur die Spionagetätigkeit zu verstehen. Im Zweiten Weltkrieg wurde die Masse der Informationen über die Gegenseite in steigendem Maß nicht mehr durch die herkömmliche Ausspähung beschafft, sondern mit technischen Mitteln und mit wissenschaftlichen Methoden erarbeitet. Unter diesem Gesichtspunkt war ein wichtiges Kapitel der Kriegs- und Zeitgeschichte aufzuhellen, das Forschung und Darstellung bisher stark vernachlässigt oder der Reportage überlassen hatten.
Persönliche Erfahrungen und vielfältige Einblicke während der Kriegsjahre kamen dem Verfasser zu Hilfe. Vor allem erleichterte die Arbeit, daß er mit den meisten Schlüsselpersonen des Feindnachrichtendienstes des deutschen Heeres während des Zweiten Weltkriegs in persönlichem Kontakt stand und weitere wertvolle Informationen noch nachträglich in der Kriegsgefangenschaft gewann. Das gilt für den langjährigen deutschen Militärattaché in Moskau, General Köstring, ebenso wie für die Chefs der Abteilungen »Fremde Heere Ost« und »West«. Dem früheren Leiter der Abwehr III im OKW, Theo Heinrich, ist er bis zum heutigen Tag ebenso freundschaftlich verbunden wie den früheren Ic's, also den Feindbearbeitern Wilhelm Meyer-Detring beim Oberbefehlshaber West 1942/44 und Hans-Adolf von Blumröder der Heeresgruppe v. Manstein (Süd) an der Ostfront. Die Erfahrungen im Krieg konnten infolgedessen noch durch Rückfragen in den vergan-

genen Jahren ergänzt und kontrolliert werden. Ganz besonders fruchtbar aber sollte sich der langjährige persönliche Kontakt mit dem Nachfolger von General Fellgiebel als Chef der Wehrmachtnachrichtenverbindungen, dem General der Nachrichtentruppe a. D. Albert Praun erweisen: Er hatte nicht nur in verschiedenen Publikationen die Lücken in der bisherigen Kriegsgeschichtsschreibung aufgezeigt, sondern stellte auch Material und zahlreiche Unterlagen, die noch nicht veröffentlicht waren, zur Verfügung. Dank seiner Hilfe war es möglich, vor allem die Leistungen der deutschen Funkaufklärung für den Geheimdienst herauszuarbeiten. Sie wurde schließlich die *sichere Quelle* des Feindnachrichtendienstes überhaupt, während die Spionage später nahezu ausfiel. Das hat der Verfasser im Jahre 1944 zweimal von höchster Warte aus erlebt und im Abschnitt »Duell der Geheimdienste« nachgewiesen. Auch mit dem Mythos »Alpenfestung« wurde er in den letzten Kriegswochen im Führerhauptquartier, aber auch noch in der Kriegsgefangenschaft konfrontiert. An dieser Stelle möchte der Verfasser besonderen Dank sagen für alle diese Primärquellen und Informationen aus erster Hand.

Sein Dank gilt aber auch noch den zahlreichen anderen Persönlichkeiten, die im Bereich des Feindnachrichtendienstes tätig waren und ihm mit Rat und Auskunft weitergeholfen haben. So vor allem Heinz D. Herre, im Krieg zunächst bei »Fremde Heere Ost«, dann Chef des Stabes bei General Köstring als dem Befehlshaber der Osttruppen. Er hat die ersten Abschnitte dieses Buches auf ihre sachliche Richtigkeit geprüft, ebenso wie General Praun und Hans-Adolf von Blumröder den fünften Abschnitt, während Herr Meyer-Detring mich vor allem bei dem Abschnitt »Duell der Geheimdienste 1944« beriet. Durch Adressen und Hinweise, die die genannten Herren gaben, waren weitere Informationen und Auskünfte zu gewinnen. Auch bei den Vorträgen des Verfassers bei der Bundeswehr oder in der »Gesellschaft für Wehrkunde« haben sie sich ergeben. Die Memoiren der Geheimdienstchefs, die in den letzten Jahren erschienen, rundeten schließlich das Gesamtbild der Geheimdienste. Der Verfasser hat manche wichtige Erkenntnis durch sie gewonnen. Sein Dank gilt aber auch den Herren des Militärarchivs in Freiburg und seinem Leiter Dr. Stahl, die ihm wichtige Akten zur Verfügung gestellt und die Genehmigung zur Veröffentlichung der hier wiedergegebenen erteilt haben. Dieses Material bildete die notwendige Ergänzung zu den Unterlagen aus dem Privatarchiv des Verfassers.

Die Beschaffung und Auswertung der Sekundärliteratur war unerläßlich für die Gesamtdarstellung. Herr Bibl.-Direktor Wendt, der höchst sachkundige Leiter, und die Herren Schunck, Stein und Gleixner, die ausgezeichneten Mitarbeiter der Wehrbereichsbibliothek VI in München, halfen durch Bereitstellung der Fachliteratur, Ablichtungen und Hinweise, wo sie nur immer konnten. Ohne diese tätige Mithilfe hätte dieses Buch nie verfaßt werden können.

Manche Kapitel sind auf Grund neuer Erkenntnisse auch mehrere Male umgearbeitet worden. Auch dafür fanden sich selbstlose Helferinnen, von denen ich nur Frau Mary Euler, Frau von der Osten-Sacken und Fräulein Isabe von Rabenau nennen und ihnen an dieser Stelle meinen besonderen Dank sagen möchte. Endlich hat meine liebe Frau ihren Anteil an der Arbeit an diesem Buch während anderthalb Jahren und mich des öfteren an den Wappenspruch ihrer Familie, derer von Jeinsen, erinnert, der heißt: »Mein Geduld hat Ursach«.

Bernau am Chiemsee, um Pfingsten 1973

Wilhelm Ritter von Schramm

Vorwort zur 2. Auflage

Es ist immer eine Herausforderung an den Leser, über den Geheimen Nachrichtendienst zu schreiben und ihn gar von einer neuen Seite darzustellen: Das sollte der Verfasser auch mit diesem Buch erfahren.

Als es Ende Januar 1974 herauskam, war die erste Reaktion einigermaßen verblüffend; sie bestand nämlich aus Beschimpfungen des Autors. Der erste Brief dieser Art kam von einer Dame aus Frankfurt, die sich als »Hitlerianerin« bekannte und dementsprechend loszog; dann erhielt ich mit fingierter Adresse, wie sich herausstellte, eine Zuschrift, die General Praun als »Militarist«, das Buch als »seniles Geschwätz« apostrophierte. Anschließend dauerte es noch einige Zeit, bis die erwarteten ernstzunehmenden Briefe und Rezensionen eintrafen und dann natürlich auch Anrufe und persönliche Besuche erfolgten. Der Autor hat ihnen wertvolle Hinweise zu verdanken.

Sein Dank gilt aber vor allem den führenden Persönlichkeiten des Nachrichtendienstes, aktiven und solchen des Ruhestands, die zu dem Buch Stellung nahmen. Ich brauche hier keine Namen zu nennen. Sie bestätigten einhellig, daß der deutsche militärische ND während des Zweiten Weltkrieges in steigendem Maße seine Erkenntnisse nicht der Abwehr, sondern der *Funkaufklärung* verdankte, besonders an der Ostfront. Der letzte Chef der Wehrmachtnachrichtenverbindungen und des Heeresnachrichtenwesens, General der Nachrichtentruppe a. D. Albert Praun, äußerte seine Befriedigung, indem er an den Verfasser schrieb: »Das Buch schließt Lücken der Kriegsgeschichtsschreibung. Dafür danke ich Ihnen. Ich lese es jetzt zum viertenmal und finde immer neue Kostbarkeiten darin. Ich bewundere Ihre Quellenforschung, beginnend mit der

H.Dv. 89 g. und den zahlreichen Quellen der Gegenseite. Alles das zeugt von einem ungeheuren Fleiß.« Der Verfasser dankt für diese Anerkennung von kompetenter Seite ganz besonders. Denn ihm standen und stehen im Gegensatz zu den Privilegierten der Historie weder ein »Apparat« mit Bibliothek und Archiv in greifbarer Nähe zur Verfügung, noch eine Pfründe oder gar ein »Beratervertrag«, so daß ihm die Herkules-Arbeit blieb, als Ein-Mann-Betrieb Forschung, Konzept und Ausarbeitung zu bewältigen und außerdem eine umfangreiche Korrespondenz zu führen. Es ist nicht ohne materielle Sorgen abgegangen. Keine offizielle Stelle, aber Verlag und Freunde halfen sie überwinden. Auch der bayer. Militär-Max-Joseph-Orden sprang ein. Wichtige Anregungen von alten Kriegskameraden kamen der zweiten Auflage zugute.

Das ist auch von den Besprechungen zu sagen, die nach und nach in vielen führenden Zeitungen und einigen Zeitschriften erschienen. Da machte der *Münchner Merkur* den Anfang, die *Nürnberger Zeitung*, die *Süddeutsche Zeitung* folgten, ebenso die *Frankfurter Allgemeine* und die *Welt am Sonntag*. Für den *Kölner Stadtanzeiger* wurde das Buch Anlaß zu einem ganzseitigen Artikel mit dem Titel »Die Spione versagten«. Dagegen haben die Monopole der großen Massenmedien, Fernsehen und Rundfunk, bis heute geschwiegen, bis auf die bescheidene Ausnahme einer 08/15-Buchbesprechung. Auch die Schweizer Medien hüllten sich bisher in Schweigen, obwohl sich das Buch doch in einem eigenen Kapitel mit der Besonderheit des ND in diesem Lande während des Zweiten Weltkriegs beschäftigt. Dagegen meldete sich in dem Soldatenorgan *»Soldat im Volk«* ein besonders berufener Fachmann der Nachrichtentruppe, Oberst a. D. K. A. Mügge, in einem ausführlichen Artikel zu Wort, wofür der Verfasser an dieser Stelle besonders danken möchte. Verschiedene Stellen des Textes konnten durch seine Hinweise noch korrigiert und präzisiert werden.

Die zweite Auflage ist in mancher Beziehung fast ein neues Buch, um neue wichtige Erkenntnisse bereichert und mit einem neuen, ausführlichen Kapitel als Nachwort versehen. Unter den Verbesserungen, die sie bringt, ist vor allem auf das 3. Kapitel des Vierten Abschnitts zu verweisen, das jetzt heißt: »Der Funkfachmann schaltet sich ein«. Darin wird die Rolle des Sowjet-Marschalls der Nachrichtentruppe Peresypkin, einer Zuschrift Heinz Höhnes in der *Frankfurter Allgemeinen* folgend, genauer untersucht: Er war zwar nicht »Der Direktor« in Moskau, aber von ähnlichem Einfluß auf Funkausbildung, Funkdisziplin und Agentenfunk in der GRU der Sowjetarmee wie General Fellgiebel in der deutschen Wehrmacht.

Das neue Nachwort gibt einen Überblick über die Weiterentwicklung der Nachrichtendienste von 1945 bis heute. Es zeigt die vielen Veränderungen, die sich dabei vollzogen, vor allem die zunehmende Verlagerung der Schwerpunkte der Spionage vom militärischen zum politischen, technischen und indusriellen Gebiet.

Im übrigen war es unmöglich, einen lückenlosen Bericht über sämtliche europäischen Nachrichtendienste im Zweiten Weltkrieg zu schreiben. Dazu fehlten die Unterlagen. Es lag auch nicht im zeitgeschichtlichen Interesse, ein Fachbuch für Spezialisten zu schreiben, das wiederum nur von Spezialisten gelesen würde. So konzentriert sich dieses Buch auf die *Leistungsgeschichte europäischer Nachrichtendienste* unter besonderer Berücksichtigung der deutschen. Auf diesem Gebiet waren viele Berichte und Unterlagen freigegeben worden, die bisher als »Verschluß-Sachen« galten.

So wird nun eine alte Forderung der Nachrichtentruppe erfüllt und die bisherige Lücke in der Kriegsgeschichtsschreibung geschlossen, in erster Linie die Leistung der Funkaufklärung betreffend. Dagegen wurde darauf verzichtet, eine Personal- und Organisationsgeschichte aller ND-Apparate zu schreiben, die der Vergangenheit angehört. Das ist z. B. jenem Kritiker der ersten Auflage entgegenzuhalten, der die Namen Piekenbrock, von der Abwehrabteilung I, oder v. Bentivegni, von Abwehr III, vermißte.

In diesem Buch geht es um mehr. Die Personal- und Organisationsgeschichte der Abwehr kann in Gert Buchheits *Der deutsche Geheimdienst* nachgelesen werden. Aber noch fehlte die Darstellung der Effektivität des gesamten ND in den großen Entscheidungen des Zweiten Weltkriegs. Hier sind die Schwerpunkte dieses Buches: Nach den Leistungsberichten vor allem der deutschen Funkaufklärung und Funkabwehr läuft es auf die letzten drei Abschnitte zu, die sozusagen seine Krönung bedeuten. Es sind dies: »Hitler und der Geheime Nachrichtendienst«, »Duell der Geheimdienste 1944« und »Berlin wurde in der Schweiz verloren«. Es ist verwunderlich, daß sie manche Rezension überhaupt nicht erwähnte. Andere dagegen haben sie besonders hervorgehoben und unterstrichen: Hier geht es nicht mehr um eine mehr oder minder sensationelle Aneinanderreihung von Spionagegeschichten, sondern um Berichte über den Gesamteinfluß der großen Nachrichtendienste auf den Verlauf des Zweiten Weltkriegs im positiven oder negativen Sinn. Da klaffte bisher die größte Lücke in der Kriegs- und Zeitgeschichte.

Das vorliegende Buch hat sich weiterentwickelt und angereichert. Der Verfasser zielt aber auch noch auf künftiges Wachstum. Möchten sich kritische Leser finden, die dabei mitwirken, vor allem, indem sie weitere Unterlagen zur Verfügung stellen. Jede zusätzliche Anregung und konstruktive Kritik ist willkommen. Dadurch vor allem hofft der Verfasser der Zielsetzung des Rezensenten der *Süddeutschen Zeitung*, Christian Potyka, näherzukommen: sein »ungewöhnliches« Buch durch die Verbesserungen der neuen Auflagen schließlich zu einem »außergewöhnlichen« zu qualifizieren.

Bernau am Chiemsee, Herbstanfang 1974

Wilh. Ritter v. Schramm

Eine notwendige Information voraus

Es gibt bisher noch kein Buch der Zeitgeschichte, das versucht hat, den Zweiten Weltkrieg in Europa unter den Aspekten der Geheimdienste zu analysieren. Hier wird ein erster Versuch dazu gemacht. Allerdings liegt auf der Hand, daß er fragmentarisch bleiben muß. Denn es gehört nun einmal zum Wesen des Geheimdienstes, daß er nach Möglichkeit geheimhält: seine Mittel, seine Verfahren, die für ihn tätigen Personen. Das betrifft vor allem die *eine* Seite, die Spionage. Er hat aber auch noch eine *andere,* die der wissenschaftlichen Forschung und Ausforschung des Feindbilds. Mit dieser anderen Seite befaßt sich dieses Buch vordringlich. Es will auch die Hauptfrage nach den *Ergebnissen* des Geheimdienstes im Zweiten Weltkrieg beantworten: Wo lag der Schwerpunkt? War Spionage während der Kampfhandlungen die Hauptsache und hat man durch sie die Erkenntnisse gewonnen, die die neuzeitliche Kampf- und Kriegführung ermöglichten und erleichterten? Diese Frage wird in diesem Buch verneint, so daß dessen Titel ursprünglich lauten sollte: *Es war ganz anders.*

Der Schwerpunkt der geheimen Nachrichtengewinnung, also des eigentlichen Geheimdienstes, lag im Zweiten Weltkrieg von 1939 bis 1945 in steigendem Maß bei dem Dienst, den die Deutschen Ic, die westlichen Alliierten G2 nannten und heute noch nennen. Das wird in diesem Buch nachgewiesen. In den entscheidenden Kriegsjahren ab 1943 spielte die Nachrichtenbeschaffung durch Spione und V-Leute nur noch eine nachgeordnete Rolle. Seit 1944 sind sie vollends in vielen Gebieten überhaupt ausgefallen. Die letzten Abschnitte dieses Buches werden das zeigen. Sie sind aber auch die Quintessenz der Erfahrungen des Verfassers bei hohen und höchsten Kommando-

behörden des Heeres und schließlich beim Oberkommando der Wehrmacht. Allerdings bedurfte es noch des zeitlichen Abstands, um die großen Zusammenhänge zu überblicken und die Ereignisse kritisch zu durchleuchten. Zur Vervollständigung der Informationen ist natürlich auch die gesamte, hier einschlägige Literatur mit herangezogen und unter dem Gesichtspunkt eigener Kriegserfahrung ausgewertet worden.
Der Verfasser hat keinem »Geheimdienst« angehört, dies im landläufigen Sinn verstanden. Er hat nicht für die Abwehr des Admirals Canaris gearbeitet; doch ist er in der Führungsabteilung eines Armeeoberkommandos (AOK) im Feindnachrichtendienst ausgebildet worden und war praktisch in ihm tätig. 1941, dann wieder 1943 bis 1944 war er zu den Führungsabteilungen von Armeeoberkommandos und Heeresgruppen kommandiert, und zwar zu ihren Ic's, den Generalstabsoffizieren also, die die Feindlage bearbeiteten. Dadurch hat er die für dieses Buch und seine Aussagen unerläßlichen Einblicke erhalten, und zwar im Osten wie im Westen. Vor allem im Osten wurden ihm seit 1941 Leistungen der geheimdienstlichen Nachrichtengewinnung bekannt, die streng geheimgehalten wurden, um bestimmte »sichere Quellen« nicht zu verstopfen. Auch in den Nachkriegsjahren wurde in der kriegsgeschichtlichen Literatur nur am Rande darüber berichtet. So klafft hier immer noch eine Lücke.
Das vorliegende Buch will versuchen, sie nach Möglichkeit zu schließen. Manche Kriegsereignisse werden dadurch in einem neuen Licht erscheinen.
Wie hat man unmittelbar vor und dann im Zweiten Weltkrieg Geheimnachrichten beschafft? Und welche Institutionen waren damit beauftragt und beschäftigt? War es ausschließlich die Spionage im landläufigen Sinn? Lag das Schwergewicht der Leistung und der gewonnenen Erkenntnisse bei der Abwehrabteilung des Oberkommandos der deutschen Wehrmacht? Diese Fragen sollen beantwortet werden. Dabei ist letztere glatt zu verneinen, was in diesem Buch begründet werden wird. Im übrigen wurden der Abwehr von deutscher und

neuerdings auch von auswärtiger Seite so viele Bücher und Studien gewidmet, daß wir hier auf sie nicht näher einzugehen brauchen. Die Geschichte der Abwehr ist bekannt — und sie ist tragisch. Es war nicht die Schuld von Admiral Canaris und seiner Offiziere, daß sie im Lauf des Krieges immer mehr in den Schatten geriet und schließlich unterging: Es war auch die Folge der besonderen Verhältnisse *und* des Mißtrauens des Obersten Befehlshabers, der keine einheitliche Spitze der Nachrichtendienste zuließ. Immer und überall wollte er teilen und herrschen.
In diesem Buch ist indessen nicht nur von den Geheimen Nachrichtendiensten der deutschen Wehrmacht die Rede, sondern auch von der Tätigkeit und den Leistungen anderer europäischer Nachrichtendienste seit 1937. Auch da gibt es eine Reihe von Überraschungen, die mit dem Klischeebild nicht übereinstimmen. Hier treten auch, ganz im Gegensatz zu dem tierischen Ernst der meisten Spionage-Geschichten, mitunter komische, ja burleske Züge zutage, die einer besonderen Darstellung wert sind. Auch die Funkspiele und Funktäuschungen, von denen hier die Rede sein wird, gehören in dieses amüsante Kapitel: Fast jeder Nachrichtendienst hat einmal die Gegenspieler an der Nase herumgeführt oder ist selbst von den Gegenspielern an der Nase herumgeführt worden. Im ganzen hat aber die deutsche Seite gut abgeschnitten. Nicht umsonst wird im Angelsächsischen der Nachrichtendienst als »Intelligence Service« bezeichnet. Intelligenz ist in der Tat das Haupterfordernis seiner Chefs und ihrer Mitarbeiter, und Intelligenz haben auch sehr viele von ihnen bewiesen, wie wir noch im einzelnen sehen werden. Ihrer Tätigkeit sind die interessantesten Kapitel dieses Buches zu verdanken. Im übrigen läuft es mit einer Art von innerer Folgerichtigkeit *auf das große Duell der Geheimdienste* in Europa zu, das im Jahre 1944 seinen Höhepunkt erreichte. Da gab es Siege und Niederlagen der Intelligenzen, die über den Schlachtfeldern geistig miteinander rangen. Mit der Spionage alter Art im Stil von James Bond hat dieser lautlose Zweikampf nichts mehr zu tun,

so daß der Titel oder Untertitel dieses Buches eben hätte lauten können: *Es war ganz anders.*

Warum aber war es ganz anders? Warum ergaben sich so viele Spielarten der geheimen Nachrichtenbeschaffung über den Feind, während die »Großmutter Spionage« sich auf ihren Altenteil zurückzog? Warum lief der Geheimdienst im Vorfeld des Zweiten Weltkriegs bereits in anderen Bahnen, als es sich der Normalverbraucher von Spionageromanen vorstellt? Aus einleuchtenden Gründen: Der Zeitgeist hatte sich verändert, die Technik gewaltige Fortschritte gemacht; Geheimdienst und wissenschaftliche Verfahren waren eine Vernunftehe eingegangen. So bekam der Nachrichtendienst als Ganzes gesehen ein anderes Gesicht als im Ersten Weltkrieg. Darüber ist indessen nur wenig in die Öffentlichkeit gedrungen, auch oder gerade durch die amtliche oder zünftige Kriegsgeschichte nicht. So blieb bis heute die Masse der Zeitgenossen den hergebrachten Vorstellungen verhaftet: Im Zusammenhang mit dem Geheimdienst denken die meisten immer noch an Spionage, V-Männer, Agenten, Kuriere, tote Briefkästen und Geheimtinten. Zugegeben, daß die Spionage dieser Art kurz nach dem Zweiten Weltkrieg wieder auflebte und nach einiger Zeit sogar erneut ein enormes Ausmaß gewann, aber in den Jahren, die wir hier schildern, war es anders, ganz anders. Damals triumphierte der wissenschaftliche Trend im Geheimen Nachrichtendienst, nicht zuletzt bei den Deutschen.

Im übrigen besteht hier nicht die Absicht, eine umfassende Geschichte aller Nachrichtendienste in Europa zu schreiben, bzw. zu kompilieren. Das wäre auch praktisch unmöglich. Denn es gibt auf diesem Gebiet eben nicht die Unterlagen, die dazu ausreichen. So sollen in der Hauptsache hier die grundsätzlichen Fragen geklärt und Schwerpunkte der Aufklärung gebildet werden, die einen Gesamtüberblick vermitteln. Vor allem aber sind falsche Vorstellungen zu beseitigen, selbst bei den zeit- und kriegsgeschichtlich Interessierten. Denn wer in der breiteren Öffentlichkeit weiß denn schon von dem Dienst, der in der Fachsprache Feindnachrichtendienst hieß? Und wer kann sagen: Wie und woher gewann und beschaffte er seine Informationen? Wer weiß Bescheid über die Ergebnisse der Funkaufklärung, vor allem des deutschen Heeres während des Zweiten Weltkriegs? Wo waren die Möglichkeiten und Grenzen der vielen Funkspiele, die allein von deutscher Seite gestartet wurden? Nur ein Teil von ihnen ist bisher von der Literatur erfaßt.

Der Feindnachrichtendienst muß als Ganzes gesehen werden, um Konturen zu gewinnen. Erst die Herausgabe der Memoiren der »großen« Geheimdienstchefs, soweit sie noch überlebten, hat uns diesem Ziel näher gebracht, obwohl ja auch sie natürlich Wichtiges verschweigen. Wohl gibt es dokumentarische Unterlagen; aber die Masse des deutschen Materials wurde bei Kriegsende zerstreut oder vernichtet. Was übrig blieb oder insgeheim sichergestellt wurde, wie bei »Fremde Heere Ost«, kam in fremde Hände und landete schließlich in den Geheimarchiven der Sieger. Dann blieb es sekretiert, wie der Fachausdruck lautet, also der wissenschaftlichen Auswertung entzogen.

Erst seit einigen Jahren wurde ein Teil der erhaltenen Geheimdokumente wieder der Forschung zugänglich. Ihre Analyse und Kommentierung setzt jedoch besondere militärische Vorkenntnisse voraus, über die die jüngeren Zeithistoriker nicht mehr verfügen. So sind in der Kriegsgeschichte graue und dunkle Stellen geblieben, die aufgehellt werden müssen, weil so erst das ganze Kriegsereignis in das richtige Licht kommt. Vor allem auf deutscher Seite sind seit 1942 mit geheimdienstlichen Mitteln manche Schwächen ausgeglichen, drohende Niederlagen in Abwehrerfolge umgewandelt worden. Das wird in diesem Buch besonders herausgestellt. Die Spionage alter Art war dagegen für die deutsche Wehrmacht nur noch von untergeordneter Bedeutung, seitdem die Funkaufklärung die Masse der Feindnachrichten schnell, sicher und zuverlässig gewann. Ihr gilt darum ein ganzer Abschnitt dieses Buches.

Dem Verfasser ist es im Zweiten Weltkrieg eigentümlich ergangen, wie bereits angedeutet wurde. Um seine Zuständigkeit zu beweisen, sei hier sein Lebenslauf in den fraglichen Jahren in großen Zügen geschildert. Der Einfachheit halber wird in der Ich-Form referiert.

Ich habe den Ersten Weltkrieg als Infanterieoffizier vom April 1915 bis zum Oktober 1918, bis zu einer schweren Verwundung an der Front mitgemacht, dann nach dem Krieg Germanistik und Geschichte studiert und bin nach meiner Promotion Pressemann geworden. Nach zehnjähriger Tätigkeit im April 1933 aus politischen Gründen von den gleichgeschalteten *Münchner Neueste Nachrichten* entlassen, fand ich 1935 im Hause Ullstein wieder ein Unterkommen und bin dann bereits im Jahre 1937 in eine Art Proszeniumsloge der Zeitgeschichte eingewiesen worden, die ich hier schildere: Ich wurde zum Hauptschriftleiter der Waffenzeitschrift *Deutsche Infanterie* bestellt, die im Berliner Deutschen Verlag, früher Ullstein, herauskam. Aber noch wehte der freie Geist von früher durch das große Verlagshaus in der Kochstraße, dem ich sehr viel verdanke. Noch gab es viele urbane Freunde, mit denen ein unbefangener Gedankenaustausch möglich war, und so erinnere ich mich vor allem der Begegnungen mit den Kollegen der *Deutschen Allgemeinen Zeitung:* Mit Peter Bamm, Paul Fechter, Bruno E. Werner. Bei der *B.Z. am Mittag* war es vor allem Walter Kiaulehn, dessen Witz und Geist uns erheiterte. Nach der Verdrängung aus dem Beruf des Theaterkritikers und Feuilletonisten der *Münchner Neueste Nachrichten* war ich also hauptberuflich Militärschriftsteller geworden und hatte mich meiner Erfahrungen aus dem Ersten Weltkrieg zu erinnern. Es erleichterte meine Aufgabe, daß ich von der Inspektion der Infanterie verständnisvoll unter ihre Fittiche genommen wurde. Vor allem ihrem letzten Inspekteur vor dem Krieg, dem jovialen General Ott, bin ich heute noch dankbar verpflichtet. Im übrigen erweiterte das große Verlagshaus in der Kochstraße den weltpolitischen Horizont und bot Gelegenheit zu vielen Begegnungen. Am 1. August 1939 wurde ich zu einer »sechswöchigen Übung« eingezogen, und zwar nach Wien zu dem dortigen Heeresgruppenkommando, später Armeeoberkommando 14 unter dem damaligen Generalobersten List. Ein neuer Abschnitt meines Lebens begann. Ich war damals 41 Jahre alt.

Bereits im Herbst 1939 kam ich mit dem Feindnachrichtendienst in Berührung und begegnete Admiral Canaris. Noch in Friedenszeiten war ich als Zensuroffizier ausgebildet worden. Zusätzlich erhielt ich in der Führungsabteilung des Armee-Oberkommandos 18 (am rechten Flügel der Westfront), in die ich versetzt wurde, die Ausbildung im Ic-Dienst. Generalmajor Erich Marcks, der Chef des Generalstabs AOK 18, wies mich in den Generalstabsdienst ein. Von ihm, dem Sohn des Bismarck-Historikers, habe ich auch erfahren, wie hintergründig das Militärische sein kann, wenn man es als geistige, politische und moralische Verpflichtung auffaßt. Meinem Abteilungsleiter, dem Hauptmann, dann Major i. G. Theo Heinrich, später zeitweise Leiter der ABWEHR III, verdanke ich unverlierbare Erkenntnisse; noch heute stehen wir in freundschaftlicher Verbindung. Als Ordonnanzoffizier des AOKs war ich Ende Mai 1940 V.O. (Verbindungsoffizier) zu einem Korps der Belgischen Armee nach ihrer Kapitulation, Gehilfe von Hauptmann Heinrich bei der Einnahme von Dünkirchen am 4. Juni und schließlich sein Begleitoffizier als Parlamentär bei den Verhandlungen, die nach dramatischen Zwischenfällen am 14. Juni 1940 zur Kapitulation von Paris führten. Nach dem Waffenstillstand beauftragte mich General Marcks, das Kriegstagebuch der Führungsabteilung auszuarbeiten. Anschließend wurde ich ins OKW in Berlin versetzt und kam dort in die Abteilung Wehrmachtspropaganda Heer, damals von dem Verfasser des »Feldherrn psychologus«, Oberstleutnant Dr. Kurt Hesse geleitet. Auch diese freundschaftliche Verbindung besteht bis heute. Dann hat man mich 1941, am Vorabend des Rußlandkriegs, als sog. »Höherer Berichter« in die Berichterkompanie des Oberbefehlshabers des Heeres eingeteilt, zu der ausgewählte Autoren, Journalisten und Militärschriftsteller

gehörten. Sie war vom Propagandaministerium unabhängig.
Im Juni 1941 erfolgte die Kommandierung zum Armeeoberkommando 17 im Osten. Oberbefehlshaber war der ehemalige Chef der Abteilung »Fremde Heere« im Generalstab des Heeres und naher Freund des Generalobersten z. V. Ludwig Beck, General der Infanterie Karl-Heinrich v. Stülpnagel. Er stand von Anfang an dem Verlauf des Ostkrieges skeptisch gegenüber. Schon in den Grenzkämpfen bei Rawa Ruska zeigte sich, wie wenig wir vorher über die Rote Armee und vor allem über den Stand ihrer Panzerwaffe wußten.
Im Herbst erkrankte General v. Stülpnagel. Seine Erkrankung war nicht zuletzt auf die Grausamkeiten des Ostkrieges zurückzuführen. Denn er war human und sensibel, das fast zu sehr für einen Soldaten und Armeeführer in Rußland. Deshalb hatte man ihm auch den robusten und immer betriebsamen Vinzenz Müller als Chef an die Seite gegeben. 1942 wurde K.-H. v. Stülpnagel dann Militärbefehlshaber in Frankreich.
Ungewöhnlich früh begann im Jahre 1941 der Winter. Am 4. Oktober fiel bereits Schnee. Das hatte es seit Menschengedenken in der Ukraine nicht mehr gegeben. Nach geschickter Funktäuschung hatten wir ohne größere Schwierigkeiten bei Krementschug den Dnjepr überschritten und gewannen Poltawa, wo das Armeehauptquartier aufgeschlagen wurde. Dort übernahm Generaloberst Hoth von General v. Stülpnagel den Oberbefehl über die 17. Armee. Die Führungsabteilung war in der sowjetrussischen Kriegsschule untergekommen. Ich erhielt den Auftrag, mir einen Überblick über die Bibliothek zu verschaffen, in der ich mein Feldbett aufgeschlagen hatte. Sie war sehr umfangreich und enthielt auch eine Reihe von deutschen Fachbüchern und Dienstvorschriften, von der *Truppenführung* angefangen bis zu Clausewitz' *Vom Kriege;* ihn gab es in vielen Exemplaren, deutsch und russisch.
Der frühe Schneefall behinderte die Operationen. Der Vormarsch stockte. Er erstickte vollends im Schlamm, als vorübergehend Tauwetter eintrat. Pferde und Fahrzeuge versanken in zähem Modder. Im Stab meditierte man über die Schlacht

bei Poltawa 1709, von Peter dem Großen gegen Karl XII. von Schweden gewonnen, als dessen Invasion Rußlands hier den Kulminationspunkt erreichte. Gab es nicht eine Analogie zwischen dem schwedischen Wittelsbacher und Adolf Hitler?

Zu Beginn des Jahres 1942 wurde ich Verbindungsoffizier der Truppenzeitschrift *Unser Heer* zu der Heereswesenabteilung im OKH. Die Zeitschrift wurde in Berlin redigiert und gedruckt, dann an die Fronttruppe geliefert und bis zu den Kompanien verteilt. Die Aufgabe einer lebendigen Gestaltung der Zeitschrift war schwierig und blieb unbefriedigend. Doch kam ich bei meinen Reisen nach Ostpreußen auch mit der Abteilung »Fremde Heere Ost« in Kontakt, die uns Material zur Verfügung stellte. In Berlin war mein Fachvorgesetzter Generalleutnant Dittmar, der Rundfunksprecher des Heeres. Er war ein vielseitig gebildeter, nobler Soldat, vom Dienst in der Reichswehr geprägt, geistig interessiert und aufgeschlossen und immer bereit zu offenen Gesprächen. Er führte mich in die strategischen Zusammenhänge ein. Im Sommer 1942 fungierte er im Kaukasus als Beobachter, besprach sich dort mit General Köstring, dem damaligen »beauftragten General für Kaukasusfragen« und sagte nach seiner Rückkehr die Wende des Krieges voraus. »›ER‹ (Hitler) kümmert sich nicht um das russische Potential und weiß nicht, was auf uns zukommt. Das wird unser Verderben.« Dittmar sollte recht behalten. Im übrigen wies er immer wieder auf Clausewitz hin. 1940 war auch ich eine Zeitlang geneigt, den Obersten Befehlshaber der deutschen Wehrmacht für einen Feldherrn zu halten; nach einem Besuch im damaligen OKH-Hauptquartier in der ukrainischen Stadt Winniza im Sommer 1942 zeigte man mir die Feindlagenkarte. Seitdem tat ich es nicht mehr. Ich bat um eine andere Verwendung.

Doch erst im März 1943 wurde ich wieder als sogenannter »Höherer Berichter« zur Heeresgruppe v. Manstein im Süden der Ostfront kommandiert. Unterwegs hatte ich mich bei dem »Beauftragten des Führers für die Kriegsgeschichtsschreibung«, dem damaligen Oberst d. G. Walter Scherff, einem versponnenen Schwaben, zu melden. Er sagte zu mir: »Seien Sie vorsichtig; siegen kann nur der Führer.« Kurz darauf wurde ich Zeuge, wie das operative Ingenium Mansteins das Unwahrscheinliche fertig brachte: Er hatte die Russen ungehindert vorstoßen lassen, bis ihre Angriffsspitzen wenige Kilometer vor seinem Hauptquartier Saparoshe erschienen, dann inzwischen in der nördlichen Flanke der leichtfertigen Angreifer die frischen Panzerdivisionen, die eben aus Frankreich kamen, zu einer Stoßgruppe von hoher Kampfkraft versammelt. Nun stieß sie nach Süden durch und zersprengte zuerst die rückwärtigen Dienste der Russen. Der feindliche Vormarsch stockte. Ohne Sprit an den Boden festgenagelt, erlitt die vorgeprellte sowjetische Panzerarmee eine vernichtende Niederlage – und nicht nur das: Ende März 1943 war Charkow zurückerobert, wurde die Front wieder an Donez und Mius vorgetrieben und nach kurzer Zeit stabilisiert. Die Folgen von Stalingrad schienen beseitigt. Ich hatte den dramatischen Erfolg an der Seite des Ic, des Oberstleutnants i. G. Hans-Adolf v. Blumröder erlebt und wußte von den »sicheren Quellen«, auf die sich nicht zuletzt die Entschlüsse des Feldmarschalls stützten. Zu dem letzten großen operativen Sieg an der Ostfront hatte die Funkaufklärung ebenso beigetragen wie später zu den geglückten Ausbrüchen aus den Kesseln von Tscherkassy und von Kamenez-Podolsk. Die Funkaufklärung hatte sich als der rettende Engel der Fronttruppe erwiesen: Das war auch für mich ein unvergeßliches Erlebnis.

Im Sommer 1943 kam zusätzlich ein wichtiger Auftrag: Ich wurde ins OKH gerufen und für eine Woche Feldmarschall Rommel attachiert, um nach seinen Angaben den Abschlußbericht über den Afrikafeldzug zu schreiben. Das OKW wollte ihn der Öffentlichkeit übergeben. Es war keine leichte Aufgabe, den Feldzug in großen Zügen zu schildern und den Bericht so abzufassen, daß er der Wahrheit entsprach. »Das sind wir unseren Soldaten schuldig«, sagte Rommel. So gab es lange abendliche Gespräche mit ihm. Er schien niedergeschlagen, lehnte z. B. den Sekt schroff ab, den die Ordonnanz anbot, und fragte, ob man denn eine Niederlage feiern könne. Dann folgte eine sachliche Kritik an der oft allzu phantasievollen Strategie Hitlers. Für den weiteren Verlauf des Krieges aber trug Rommel einen Zweckoptimismus zur Schau, »unter einer Voraussetzung allerdings«, meinte er, »daß der Führer endlich von seinen Feinden Notiz nimmt«. Rommel erzählte auch von der Horchkompanie, die ihm mit ihrer Funkaufklärung in Afrika die besten Dienste geleistet hatte, bis die britische Offensive sie überrollte. Aber das sollte nicht erwähnt werden. Der Bericht wurde mehrmals geschrieben und umgeschrieben. Endlich war es soweit, daß er Jodl und über Jodl Hitler vorgelegt werden konnte. Der erstere schien mit ihm zufrieden; ich kam in näheren Kontakt mit dem »großen Schweiger«. Aber Hitler gab den Bericht nicht frei. Er war ihm zu sachlich, wie Jodl später gesagt hat.

Das Frühjahr 1944 brachte die Kommandierung nach dem Westen, wieder als »Höherer Berichter«, und zwar zum Stab und damit zum Ic des Oberbefehlshabers West wie zu der ihm unterstellten Heeresgruppe Rommel (H. Gr. B.). So kam ich in freundschaftliche Verbindung mit Oberstleutnant i. G. Wilh. Meyer-Detring, dem späteren Kommandierenden General eines Korps der Bundeswehr, der heute als Generalleutnant a. D. die Zeitschrift *Wehrkunde* redigiert. Außerdem lernte ich General Gimmler kennen, Höherer Nachrichtenführer bei OB West, wie seinen Nachfolger General Oberhäuser, der auch in meinem Buch *Aufstand der Generale* vorkommt. Nach dem Krieg habe ich wieder die Verbindung zu ihm aufgenommen. Er sagte mir wiederholt: »Die Nachrichtenaufklärung war sehr viel schwieriger im Westen als im Osten; erst nach Invasionsbeginn brachte sie nennenswerte Ergebnisse, vor allem durch die ›Großzügigkeit‹ der Amerikaner.« Davon noch später.

Die erste Landung der Alliierten von See und aus der Luft am 6. 6. 1944 vollzog sich unter dramatischen Umständen. Niemand hatte sie schon erwartet. Die See war rauh, die Gezeiten schienen nicht günstig. Rommel war zu einem kurzen Besuch seiner Frau nach Herrlingen bei Ulm gefahren. So hatte Generalleutnant Speidel, der Chef der Heeresgruppe, einen kleinen Kreis, darunter auch Ernst Jünger und mich zum Abendessen eingeladen, dann zu einem freimütigen Gespräch unter acht Augen. Später lag Jüngers Friedensschrift auf dem Tisch. Kurz nach Mitternacht wurden die ersten Absprünge von Fallschirmjägern von der Normandieküste gemeldet. Aber noch war OB-West davon überzeugt, es werde eine zweite Landung an der Kanalküste erfolgen. Luft- und Funkaufklärung – diese allerdings mit ganz geringen Ergebnissen, weil in England annähernd Funkstille gehalten wurde – schienen darauf hinzudeuten. So war den Alliierten das Täuschungsmanöver gelungen. Mit diesem Ereignis wird sich das vorliegende Buch in einem eigenen Kapitel befassen.

Anderthalb Monate später wurde ich in Paris und La Roche-Guyon Zeuge des 20. Juli in Paris, den mein Buch *Aufstand der Generale* schildert. Ich wußte nur zu genau um die Gründe dieses Aufstands: Nicht zuletzt war es die Mißachtung des Feindbildes durch Hitler, die zu immer ungeheuerlicheren Fehlentschlüssen führte. Seine gewaltsame Beseitigung wurde damit zur ultima ratio der Eingeweihten.

Anfang August 1944, kurz vor dem Ende der deutschen Besetzung Frankreichs, wurde ich nach Ostpreußen beordert, um mich in Rastenburg in der Artilleriekaserne beim Chef Wehrmachtpropaganda, Generalmajor Hasso v. Wedel, zu melden. Er eröffnete mir, daß ich mich in die Abfassung des OKW-Berichtes einarbeiten sollte. Er sei in verbrauchten Formeln erstarrt, die ihn unglaubwürdig machten. Generaloberst Jodl wünsche einen Schriftsteller zu seiner Unterstützung. Denn schon seit längerer Zeit war Jodl *allein* für den Bericht verantwortlich: Hitler hatte auf vorherige Durchsicht und Genehmigung verzichtet, auch das Propagandaministerium keinen Einfluß mehr auf seine Fassung. Jodl drang nun darauf, die Wahrheit anzusprechen, soweit dies überhaupt möglich sei, ohne Front und Heimat zu entmutigen. Das war 1944 längst eine Quadratur des Zirkels. Ich versuchte der gestellten Aufgabe nach Möglichkeit nachzukommen und Jodl half, wo er konnte. Er beherrschte die Nuancen der deutschen Sprache und fand oft treffende Formulierungen. Manchmal schrieb er selbst ganze Abschnitte.

Die Tätigkeit war anstrengend und wurde immer bedrückender. Ein Herzanfall, den ich Ende März 1945 erlitt, machte ihr ein unfreiwilliges Ende. Jodl schickte mich zur Erholung in das Hotel »Schiffmeister« am Königssee bei Berchtesgaden. Dort war ich auch mit meiner ersten Frau Lotte zum letzten Mal noch einige Tage zusammen. Sie starb während meiner Kriegsgefangenschaft. Von ihrem Tod am Weihnachtstag 1945 habe ich erst viele Monate später erfahren, als die Postsperre für die PW's aufgehoben wurde. »Er wird sich wieder durchsetzen«, hatte sie noch in ihren letzten Lebenstagen zu unseren Kindern über mich gesagt.

Aber danach sah es nicht aus, als ich am Peter- und Paulstag 1945 in Kriegsgefangenschaft kam. Da war zuerst das Hungerlager Aibling, dann folgten Garmisch mit seiner anfangs so erniedrigenden Behandlung, der Dachboden der Artilleriekaserne in Freising, auf dem ich vielen Prominenten der NS-Zeit noch einmal begegnete. Nach drei Wochen Einzelhaft und genauer Durchleuchtung in den Vernehmungszellen bei Oberursel, von Göring seinerzeit für die abgeschossenen alliierten Flieger angelegt, erhielt ich die Einweisung in das nahegelegene Sonderlager Haus Alaska: Von da an sollte sich die Gefangenschaft als wahre Hochschule für den Zeithistoriker erweisen, von seinen Insassen, ehemaligen Feldmarschällen, Generalen, Ministern, Gesandten, Industriellen und anderen wichtigen Zeitgenossen ließ sich ein Schatz von Informationen gewinnen, die heute noch sehr viel wert sind. Ich werde auch am Schluß dieses Buches noch auf Einzelheiten kommen. Nur der Hinweis auf eine wichtige Begegnung sei hier vorweggenommen: Auf die mit General der Kavallerie Ernst Köstring, dem langjährigen deutschen Militärattaché in Moskau. Den Gesprächen mit ihm verdanke ich tiefe Einblicke nicht nur in die kriegerischen Ereignisse, sondern auch in die russische Psyche.

Die entscheidende Möglichkeit zur Niederschrift dieses Buches aber habe ich General der Nachrichtentruppe a. D. Albert Praun zu verdanken. Ich traf ihn des öfteren in den sechziger Jahren im Wehrbereichskommando VI in München, als ich dort Dienst tat. Seitdem sind wir immer wieder zusammengekommen. In der *Wehrwissenschaftlichen Rundschau*[1], Jahrgang 1970 hat er einen grundsätzlichen Beitrag zum Thema »Vernachlässigte Faktoren in der Kriegsgeschichtsschreibung« veröffentlicht. Darin beklagte er sich mit Recht, daß die militärhistorische Forschung das Nachrichtenverbindungswesen im Zweiten Weltkrieg bisher stiefmütterlich behandelt habe, vor allem aber sei es an der Zeit, die Leistungen der Funkaufklärung, und zwar sowohl der operativen wie der taktischen, ihrer Bedeutung entsprechend zu würdigen.

Damit gab General Praun nicht nur den Anstoß, sondern auch grünes Licht für den Fünften Abschnitt dieses Buches. Von dritter Seite wurden mir bisher unveröffentlichte Unterlagen zur Verfügung[2] gestellt. Im Jahre 1970 war die gründliche Arbeit von Kapitän zur See a. D. Heinz Bonatz über die Marinefunkaufklärung erschienen[3], auch eine solche über die Funkaufklärung der Luftwaffe ist in Vorbereitung.[4] In Übereinstimmung mit General Praun wollte ich jedoch kein Sachbuch über die Heeresfunkaufklärung schreiben, sondern vor allem die Lücken in der Geschichte des Feindnachrichtendienstes ausfüllen: Erst damit fällt m. E. volles Licht auf die Geschichte des Zweiten Weltkriegs, nicht zuletzt auch durch den Blick auf die europäischen Geheimdienste in dieser Zeit. Schließlich ergab sich die Notwendigkeit, das Verhältnis des Obersten

---

[1] a.a.O. 20. Jahrgang (1970) Seite 137—145.

[2] Es handelt sich hauptsächlich um die Studien, die von seiten führender Angehöriger der Nachrichtentruppe für die unter Leitung von Generaloberst a. D. Halder stehende Historical Division angefertigt wurden. Sie sind bisher noch nicht veröffentlicht.

[3] *Die deutsche Marine-Funkaufklärung 1914—1945*. Darmstadt 1970.

[4] Persönliche Mitteilung an den Verfasser.

Befehlshabers der deutschen Wehrmacht zu Spionage und nachrichtendienstlicher Wahrheit grundsätzlich zu untersuchen.

So ist dieses Buch Rechenschaftsbericht und Chronik in einem. Es paßt nicht in das Schema der Kriegshistorie nach konventionellem Muster und ist deshalb vielleicht eine Herausforderung. Aber die Wahrheit steht eben nicht immer nur in den Akten, Kriegstagebüchern und Dokumenten. Gewiß, sie sind die erwünschte Grundlage. Aber nicht selten steht das Erlebte höher und ergibt erst die ganze Wahrheit.

Auch in Bezug auf den deutschen Geheimdienst sollte ich das im Laufe der Kriegsjahre erfahren. Er erwies sich als vielfältiger und komplizierter organisiert, als ich noch 1940 angenommen hatte. Außerdem war er fließenden Veränderungen unterworfen. Offizielle Übersichten über die zahlreichen nachrichtendienstlichen »Apparate« fehlten aus begreiflichen Gründen, und sie fehlen z. T. jetzt noch. So ist es denn zu dem weit verbreiteten Irrtum der deutschen Öffentlichkeit gekommen, der militärische Geheimdienst als Ganzes sei mit der Amtsgruppe Ausland/Abwehr im Oberkommando der Wehrmacht gleichzusetzen, sie allein sei *der* deutsche Nachrichtendienst während des Zweiten Weltkriegs schlechthin. Die Wirklichkeit, in die ich von übergeordneter Warte aus nach und nach Einblick gewann, war indessen ganz anders: Seit dem Zweifrontenkrieg 1941 hat es *sieben* große Dienststellen der deutschen Wehrmacht gegeben, die sich mit geheimdienstlichen Aufgaben befaßten. 1943/44 stellten sie sich etwa folgendermaßen dar:

1. Der *Feindnachrichtendienst.* Sein »Kopf« war die Abteilung »Fremde Heere« bzw. Luftwaffen und Kriegsmarinen im OKH bzw. OKL und OKM. Im Truppengeneralstab waren mit der Gewinnung, Beschaffung und Auswertung von Feindnachrichten die sogenannten Ic's mit ihren Abteilungen beauftragt, zu denen in den höheren Stäben auch Abwehr-Offiziere gehörten (Ic/AO). Dem Ic entsprach bei den westlichen Alliierten der G2.

2. Die *Funkaufklärung,* später *Nachrichtenaufklärung* genannt. Sie war eine Spezialaufgabe der Nachrichtentruppe, die sie mit immer größeren Erfolgen wahrnahm, vor allem an der Ostfront.

Es gab eine operative, taktische und Gefechts-Funkaufklärung. Ihre Meldungen und Erkenntnisse gingen den Ic-Weg bis zu »Fremde Heere«. Organisatorisch und technisch gehörte sie zu der Abteilung Funkwesen in der Amtsgruppe Wehrmachtnachrichtenverbindungen (WNV) im OKW. 1944 stand ein General der Fernmeldeaufklärung an der organisatorischen Spitze.

3. Die *Funkabwehr*. Sie war mit der Überwachung und Ausschaltung des feindlichen Agenten- und Partisanen-Funkverkehrs beauftragt und unterstand der Abt. Funkwesen der WNV.

4. Die *Abteilung Chi* (Chiffrierwesen), ebenso zur Amtsgruppe Wehrmachtnachrichtenverbindungen im OKW gehörend, war für das eigene Chiffrierwesen verantwortlich und hatte die schwierige Aufgabe der Entzifferung aufgefangener feindlicher Funksprüche, die die Fernmeldetruppe nicht lösen konnte.

5. Die *Amtsgruppe Ausland/Abwehr* im OKW. Ihre Abteilung I befaßte sich mit dem Geheimen Meldedienst, also der Spionage. Der Abt. III oblag die Spionage-Abwehr, III F die Gegenspionage. Die Abt. II war mit Sabotage und Subversion beauftragt.

6. Der *SD-Auslandsnachrichtendienst* des Amtes VI im RSHA (Reichssicherheitshauptamt), das dem SS-Brigadeführer Walter Schellenberg unterstand. Das Amt VI übernahm nach der Auflösung der Abwehr im Februar 1944 die Abwehrabteilungen I und II als »Amt Mil« oder Milamt. »Fremde Heere« usw. blieben unangetastet weiterhin die Zentralen der Feindnachrichten, die sich gegen Ende des Krieges fast ausschließlich aus den Erkenntnissen der Fernmeldeaufklärung zusammensetzten.

7. Das *»Forschungsamt«* Hermann Görings, das sich auf das Abhören des Telefonverkehrs spezialisiere.

Dank meiner verschiedenen militärischen Verwendungen vom Truppengeneralstab bis zum OKW und WFSt hatte ich direkt oder indirekt mit diesen »Apparaten« zu tun. Vor allem aber konnte ich mich von ihren Leistungen überzeugen. Die Kriegsgeschichtsschreibung hat sie bisher vernachlässigt und Lücken gelassen. Ich sah es als eine wichtige Aufgabe an, sie zu schließen, um alle Leistungen des deutschen ND während des Zweiten Weltkrieges so zu würdigen, wie sie es verdienen.

ERSTER ABSCHNITT

Geheimdienst in Europa vor und im Zweiten Weltkrieg

Bestandsaufnahme und Bilanz

Wie arbeiteten die Geheimdienste unmittelbar vor und im Zweiten Weltkrieg auf dem europäischen Schauplatz? Der Versuch könnte naheliegen, ihre Geschichte zu schreiben und sie im Zusammenhang mit dem Kriegsverlauf darzustellen. Aber dieses Unternehmen bliebe lückenhaft. Denn der Geheimdienst entzieht sich nun einmal der Geschichtsschreibung, die um die *ganze* Wahrheit bemüht ist. Er arbeitet im Verborgenen, tarnt seine Akteure, geht darauf aus, seine Spuren zu verwischen. Das Geheime scheut das Licht der Forschung.

Im Gesamtverlauf des Zweiten Weltkriegs fließen jedenfalls die Quellen, die über den Geheimdienst Auskunft geben könnten, spärlich. Dazu sind sie teilweise trüb oder bewußt gefärbt, vor allem die aus den Ländern des Ostblocks. Dokumente sind selten, und man weiß nicht immer, ob und wozu sie gefälscht sind. Das ist wohl auch der Grund, warum bisher die Historiker den Reportern und Außenseitern das Feld überließen, die dann ihre Phantasie oft nicht zügeln konnten.

Doch erscheint es möglich, einen Gesamtüberblick über die wichtigsten geheimdienstlichen Leistungen in Europa zu erarbeiten, *soweit sie zuverlässig bekannt wurden*. Das wird hier versucht. Oft faszinieren auch noch die Bruchstücke. Denn der Geheimdienst hat es mit Menschlichem – nicht selten mit Allzumenschlichem zu tun. Aber seine Tarnung kann mitunter enttarnt werden, dann wird der Blick auf bemerkenswerte Hintergründe frei. Wie in der Kriminalistik gelingt das aber nicht immer und eine beträchtliche Dunkelziffer bleibt. Im übrigen hat er von jeher nicht allein »Dunkelmänner«, sondern auch jene »faustischen« Naturen angezogen, die sowohl vom »Drang der Wahrheit« wie »der Lust am Trug« be-

stimmt sind. Für manche hohe Intelligenz ist er im Zweiten Weltkrieg zum Beruf aus Berufung geworden, wie wir noch sehen werden. Im übrigen haben wir nicht die Absicht, eine Psychologie oder Philosophie der Geheimdienste zu schreiben oder gar ihre Psychoanalyse zu entwerfen. Doch werden in den nachfolgenden Kapiteln manche Prolegomena dazu geliefert.
Es geht um die Bestandsaufnahme und Bilanz — um eine Übersicht des Bekanntgewordenen an den Schwerpunkten der kriegerischen Ereignisse. Was ist im verborgenen geschehen, ausgespäht und verraten worden und wie hat es den Kriegsverlauf beeinflußt? Welcher Mittel und Methoden haben sich die verschiedenen Geheimdienste vorzugsweise dabei bedient? Wie und warum haben sich die einen als veraltet, die anderen als fortschrittlich und erfolgreich erwiesen? Das sind die Fragen, die hier aufgeworfen und nach Möglichkeit beantwortet werden sollen. Das Buch soll keine Partei ergreifen, sondern der Wahrheit dienen. Vor allem aber wird es eben das landläufige Vorurteil widerlegen: Geheimdienst ist nicht allein oder vorwiegend Spionage, also Abenteuer, Flucht, Gewalttat, »Sex and Crime«, obwohl er auch damit zu tun hat, wenn auch nur an der Peripherie: Im Zentrum besteht er immer zu neun Zehnteln aus harter und systematischer Kleinarbeit, die von ihren Adepten fordert: Die Gewissenhaftigkeit des Forschers, den Spürsinn des Kriminalisten, die Enträtselungsgeduld des Archäologen. Nur so kam und kommt er zu gesicherten Ergebnissen, zu einem zutreffenden Feindbild. Nur dann kann der Dienst auch der obersten politischen und militärischen Führung die Informationen liefern, die eine abenteuerliche Politik oder Kriegführung ausschließen. Es kann nachgewiesen werden, daß vor allem die Abteilung »Fremde Heere Ost« im Generalstab des deutschen Heeres das gewissenhaft getan hat. Bei Hitler selbst ist sie jedoch nicht mit ihren Erkenntnissen durchgedrungen.
Drei Momente sind es besonders, die während des Zweiten Weltkriegs den Geheimdienst veränderten: 1. Die Zunahme des Landesverrats aus ideologisch-politischen Gründen, die

z. T. reiche Informationsquellen erschloß, und zwar auf der einen wie auf der anderen Seite; 2. die Perfektionierung der Funktechnik, die die sofortige Übermittlung von Geheimnachrichten auf die weitesten Entfernungen erlaubte und 3. der Einbruch in den gegnerischen Funkverkehr trotz aller Verschlüsselungen. Der Spion alter Art trat dementsprechend an Bedeutung zurück. Dagegen wuchs die Wichtigkeit der Auswertung, der Deutung in den Zentralen. Freilich wurde dabei in zunehmendem Maß die Kenntnis fremder Länder, Sprachen, Völker wie ideologischer Systeme Voraussetzung einer erfolgreichen Arbeit. So hat sich im Lauf des Zweiten Weltkriegs der Geheimdienst zu einer Art wissenschaftlicher Disziplin entwickelt. Erst sie fügte die Mosaiksteine der Teilinformationen zu einem sinnvollen Ganzen und öffnete den Einblick in die Geheimnisse des Gegners. Im Kampfgebiet halfen Horchdienst und Gefangenenaussagen weiter. *Die Lagebeurteilung wurde zur Kunst der Prognose.* Hier ergaben sich die wichtigsten Ansätze für die weitere Entwicklung seit 1945.
Der Funkverkehr des Heeres, der Luftwaffe und der Kriegsmarine hat die geheimdienstliche Landschaft beträchtlich verändert. Die Fernmeldeaufklärung konnte vor allem in der zweiten Hälfte des Kriegs als »sichere Quelle« mehr und bessere Erkenntnisse liefern als die oft trüben und inzwischen nur noch sickernden der Agenten und Agentenzentralen, der kostspieligen Residenturen. Allerdings wurden die meist fragmentarischen Informationen aus dem Äther erst sinnvoll, wenn sie bereits vorhandene Kenntnisse bestätigten, ergänzten und erweiterten. Über diese zunehmende Bedeutung der Funkaufklärung wie der Funkabwehr sagt Generaloberst Halder, von 1939 bis 1942 Chef des Generalstabs des deutschen Heeres, in einer unveröffentlichten Aktennotiz bleibend Gültiges.[1]

[1] Veröffentlicht mit freundlicher Genehmigung von Generaloberst Halder, mit dem der Verfasser bis zum Tode Halders 1972 in nachbarschaftlichem Kontakt blieb. Er hat ihm viele kriegsgeschichtliche Informationen zu verdanken.

Er schreibt, nach dem Krieg, 1952: »Die Erfahrung des Zweiten Weltkriegs auf dem hier in Frage stehenden Gebiet beweist, daß für die Führung aller Grade der feindliche Funkverkehr die reichhaltigste und beste Nachrichtenquelle ist. Das können auch die beste Funkdisziplin und das raffinierteste Schlüsselverfahren nicht ändern, höchstens mildern. Je länger ein Krieg dauert, um so geringer wird sich diese Milderung auswirken. Im Zeitalter des Motors bedarf die militärische Führung zur Beherrschung der immer schneller werdenden Bewegungen eines rasch funktionierenden Verständigungsmittels. Die Technik wird also Mittel finden müssen, um den eigenen Funkverkehr bisheriger Art gegenüber der Feindseite abzuschirmen oder sie muß völlig neue Methoden abhörsicherer drahtloser Verbindungen schaffen.«
Dieser Hinweis sei hier vorweggenommen. Das Funkwesen war vor allem die Ursache dafür, daß sich die Schwerpunkte der Geheimdienste verlagerten. Man hat das während des Krieges natürlich nicht ausposaunt, und so lebt noch bis zum heutigen Tag der Spionageroman und Spionagefilm von veralteten Vorstellungen der Öffentlichkeit, die mit der Veränderung nicht vertraut ist. Der Funkaufklärung im Land-, See- und Luftkrieg sind von 1939 bis 1945 zahlreiche Informationen geheimster Art zu verdanken, auch wenn sich die Geheimdienst-Memoiren darüber ausschweigen oder sie nur beiläufig erwähnen. Dabei sind, dem Kriegsverlauf entsprechend, zunächst die Deutschen, dann die Russen in Führung, während die Briten das für die deutschen U-Boote tödliche Aufklärungsmittel der Elektronik entwickelten. So konnte die deutsche oberste Führung bereits von Kriegsbeginn 1939 bis zum Mai 1940 viel aus dieser sicheren Quelle schöpfen, wie der Chef »Fremde Heere West«, der spätere General Liss berichtet. Aber von 1942 an bedienten sich auch die Russen mit steigendem Erfolg dieses Mittels: Vor allem ließen sie in den geräumten Gebieten überall Funkspäher zurück, die über die deutschen Truppenbewegungen berichteten; später schickten sie sie bei ihren Retouroffensiven hinter die deutschen Linien

mit Erkundungsaufträgen voraus. Diese Funkagenten sind mit die Wegbereiter des russischen Endsiegs geworden. Die deutsche Funkabwehr wußte von ihnen. Aber die 12 000 Mann, über die sie schließlich auf allen Kriegsschauplätzen verfügte, reichten eben nicht aus, sie auszuheben oder niederzukämpfen. Davon handelt eines der nachfolgenden Kapitel im einzelnen.

Jedenfalls ergibt »der Gesamtüberblick über alle Verhältnisse« (Clausewitz), daß sich der Geheimdienst im Zweiten Weltkrieg anders darstellt, als man ihn gemeinhin noch immer sieht und einschätzt. Der neuen Technik und den wissenschaftlichen Methoden sind, wie gesagt, seine wichtigsten Erkenntnisse zu verdanken. Nicht nur der äußere Rang seiner Chefs und ihrer Stäbe ist damit gestiegen; es wuchs auch die praktische Leistung, die von jedem Beteiligten immensen Fleiß, Scharfsinn und Kombinationsgabe verlangte. In den Zentralen wird der Dienst zur angewandten Wissenschaft. Diese Entwicklung kann heute auch der Außenstehende dank der Memoirenliteratur verfolgen: In ihren Erinnerungen haben die beiden Abteilungschefs »Fremde Heere« im Generalstab des deutschen Heeres davon berichtet, und zwar sowohl der spätere Generalmajor Ulrich Liss für »Fremde Heere West«, wie zuletzt sein Kollege Reinhard Gehlen für den Osten. Die geheimdienstliche Tätigkeit erscheint hier in einem neuen Licht.

Weithin ist noch das Vorurteil verbreitet, der Geheime Nachrichtendienst habe mit der Beschaffung von Geheiminformationen seine Hauptaufgabe erfüllt. Aber das ist nur ein Teil seiner Funktionen. Denn was beschafft wird, ergibt für die Zentralen meist nur Material, das geprüft, verglichen und kompiliert, mit einem Wort ausgewertet werden muß. Dann erst entsteht das Gesamtbild für die Situationsanalyse: Die Lagebeurteilung wie die Prognose über die voraussichtlichen Absichten des Feindes. So weit so gut. Doch erhob sich im Zweiten Weltkrieg immer wieder die bohrende Frage gerade auf deutscher Seite: *Was geschieht mit den beschafften Informationen?* Was vermögen die Lagebeurteilungen? Erreichen sie überhaupt die oberste Führung und bestimmen oder beeinflussen sie deren Entschlüsse? Im Fall Hitler ist das klar zu verneinen. Der ausgezeichnete Nachrichtendienst »Fremde Heere Ost« arbeitete nach der Entlassung Halders im Sommer 1942 praktisch nicht mehr für den obersten Befehlshaber der deutschen Wehrmacht.

Die Russen, Hauptgegner der Deutschen im Zweiten Weltkrieg, waren da glücklicher. Allerdings auch erst nach anfänglichen schweren Pannen zu der Zeit, als sie noch auf die Spionage alter Art großen Wert legten. Doch erreichten die beschafften Informationen wie die Situationsanalysen später offensichtlich das Ohr Stalins. So hat er für die gesamte oberste militärische Führung nach glaubwürdigen Berichten den größten Nutzen daraus gezogen. Ähnlich war es im Hauptquartier Eisenhowers: Sein Geheimdienstchef Strong gehörte zum »Inneren Kreis« von SHAEF; er hatte direkten Zugang zum Oberbefehlshaber und konnte ihn bei jedem begründeten Anlaß sprechen. Dergleichen war weder dem deutschen Abwehrchef Admiral Canaris möglich noch den Generälen Liss und Gehlen. Hitler interessierte sich kaum mehr für die Feindlage, nachdem das Oberkommando des Heeres 1939 eine zu hohe Meinung vom Kampfwert und Kampfwillen der französischen Armee hatte: Seit dem Blitzkrieg im Westen 1940 wußte Hitler es besser, wie der Feind zu beurteilen sei – bis zum katastrophalen Ende.

Dieser Gesamtüberblick sei vorausgeschickt. Die Tätigkeit wie die Verfahren der wichtigsten europäischen Nachrichtendienste im Zweiten Weltkrieg verdienen miteinander verglichen und analysiert zu werden. Sie sind vielseitig, hintergründig, auch heute noch von manchem Geheimnis umwittert. Eine vorläufige Quintessenz läßt sich etwa in folgende Punkte zusammenfassen:

Die Bedeutung der Spione und Agenten tritt zurück, und zwar um so mehr, je länger der Krieg dauert. Die Technik hat nicht nur neue Möglichkeiten schneller Nachrichten*übermittlung* entwickelt, sondern auch solche der Nachrichten*gewinnung*, vor allem durch die sogenannte Fernmeldeaufklärung. Die Kunst der Entzifferung aufgefangener feindlicher Funksprüche liefert zum Teil sensationelle Ergebnisse. *Hier* ist jetzt der Schwerpunkt der Nachrichtendienste.

Trotzdem konnte und kann man auf den Spion alter Art, den »Vertrauensmann«, nicht ganz verzichten, wenigstens nicht bei den kriegführenden Mächten. Als unentbehrlich hat sich der Informant in einer Zentrale wie etwa dem deutschen OKW erwiesen. Die sogenannte »Wiking-Linie« von dort zum Schweizer Generalstab ist bis zum heutigen Tag noch nicht enttarnt. Aber auch die Beziehungen höchster SS-Stellen etwa seit 1944 zu Allen Welsh Dulles vom amerikanischen OSS in der Schweiz liegen noch im Dunklen.

Daß Bormann, seit 1941 die »graue Eminenz« des Dritten Reiches, zu den Russen übergegangen ist, schien durch zuverlässige Zeugen gesichert, ist aber neuerdings durch den Fund eines Schädels in Berlin in Frage gestellt worden, der »amtlich« als der des ehemaligen Reichsleiters identifiziert wurde. Wie und ob er verriet, ist fraglich. Das wichtigste Ereignis 1944, die Ardennenoffensive, wurde jedenfalls der anderen Seite *nicht* bekannt. Im übrigen gibt es nicht nur zahlreiche Täuschungen, Irreführungen und Mystifikationen im Geheimdienst, von dem wir hier handeln, sondern auch schwerwiegende Selbsttäuschungen auf beiden Seiten. Sie kennzeichnen die Jahre 1944 und 1945.

Grundsätzlich muß man zwischen einer »romantischen« und einer nüchtern wissenschaftlichen Seite des ND unterscheiden, wie Kenneth Strong, der »Feindbearbeiter« (G2) in Eisenhowers Hauptquartier, hervorhebt. Die romantische Seite hat mit Agenten und Spionen zu tun, unter denen sich stets auch »dunkle Ehrenmänner« befinden, während der Feindnachrichtendienst die »sicheren Quellen« der Nachrichtenbeschaffung vorzieht.

Unmittelbar vor und im Zweiten Weltkrieg gab es schon

Nachrichtendienste, die überhaupt auf Spione und Agenten verzichteten. Sie beschafften sich ihre Informationen durch geschickt geführte Gespräche und systematische Auswertung ihres Inhalts. Außerdem schöpften sie aus offenen Quellen wie Zeitungen und Fachzeitschriften. (Übrigens geschah dies erfolgreich auch bei »Fremde Heere«.) In ihren Büros wurde die Mosaikarbeit perfektioniert. Voraussetzung war allerdings, daß 1. die Auswerter die gleiche Sprache sprachen wie die Bewohner des observierten Landes und 2. nachbarschaftliche Kontakte auch im Konfliktfall nicht abrissen. Wichtige Beispiele für die erfolgreiche Arbeit solcher Büros gab es in der Schweiz bis 1945 wie in der Tschechoslowakei bis 1939.

Totalitäre Systeme verschärfen alle Maßnahmen zur Geheimhaltung und erschweren dadurch die Nachrichtenbeschaffung der Gegenseite außerordentlich. Das gilt für NS-Deutschland und noch mehr für die Sowjetunion. Aber totalitäre Systeme haben auch ihre erklärten Feinde im Innern, die mit den Kriegsgegnern sympathisieren. Sie waren im Zweiten Weltkrieg wichtige Informanten für deren Geheimdienst. Wir erwähnen nur den Deutschland-Zweig der Spionage-Organisation »Rote Kapelle«, aber auch Informanten von »Fremde Heere Ost« in der Sowjetunion oder die »Quislinge« in vielen europäischen Ländern.

Indessen kommt es nicht allein auf die Nachrichtenbeschaffung »an sich« an, sondern noch mehr auf die Auswertung in der Zentrale und das von ihr erstellte Feindbild für die Führung. Dort erst kommt die Geheiminformation sozusagen zum Tragen. In einer ganzen Reihe von Fällen hat sie sich als wertlos erwiesen, weil man den Nachrichten »oben« keine Beachtung oder keinen Glauben schenkte. Ein eigenes Kapitel wird sich mit dieser Problematik beschäftigen. Sie ist auch heute noch die der meisten Geheimdienste.

Jeder Geheimdienst eines Landes funktioniert anders. Je nach der Zeit, dem Volk, dem herrschenden politischen System bzw. dem Zustand der Gesellschaft hat jeder Dienst seine eigenen Verfahrensweisen, Vorzüge und Schwächen. Sie sind durch

die nationale Eigenart, das geschichtliche Herkommen, den »Volksgeist« (Hegel) mitbestimmt. Jeder Geheimdienst hat wie jeder Funker seine eigene Handschrift.
Wenn schon der reguläre, offene Krieg das Gebiet des Zufalls ist, wie Clausewitz hervorhebt, dann erst recht der Krieg im Verborgenen, der der Geheimdienste. Immer wieder resultieren aus diesem Zufall wichtige Erkenntnisse oder auch schwere Pannen. Er ist der Hauptfeind der Agenten, die nur allzu oft ein an sich lächerlicher Zufall enttarnt. Beim Wechsel ihrer Identität muß darum buchstäblich an alles gedacht werden. Hat die »Abwehr« dieser Forderung entsprochen? Ihre hauptsächlichsten Leistungen sind der Spionageabwehr, der Abwehr III, zu verdanken.
Agenten haben Schweigeverpflichtung auf Lebenszeit. Die Chefs haben sie erst recht. Deshalb sind sie sparsam mit ihren »Enthüllungen«. Darin gleichen sich alle ihre Memoiren. Aber es gibt auch hier eine Mosaikarbeit, die bei zusammenfassender Auswertung tiefere Einblicke ermöglicht.
Die Sowjetunion war im Zweiten Weltkrieg mit ihrer geheimdienstlichen Arbeit seit 1942 besonders erfolgreich, weil sie die konkreten Möglichkeiten der *Nachrichtenbeschaffung im eigenen Land* erkannt hat. Der Erfolg ist offenbar in der Hauptsache einem Fachmann der Nachrichtentruppe zu verdanken. Es war der General, dann Generaloberst Iwan Terentjewitsch Peresypkin. In Anerkennung seiner Erfolge wurde er 1945 zum Marschall der Nachrichtentruppe befördert.
Wenn man den Geheimdienst in Europa von 1937 bis 1945 betrachtet, ergeben sich seine Verfahren aus den Verhältnissen der Vorkriegszeit, dem Kriegsverlauf, aber auch aus den politischen, technischen und psychologischen Veränderungen während des Krieges selbst. Im ganzen haben sie sich als so fortschrittlich, vielseitig und einfallsreich erwiesen, daß sie wohl der Gesamtdarstellung wert sind. Das soll hier geschehen. Es ist Zeit, so weit wie möglich die Schleier von den Geheimdiensten zu lüften und der Öffentlichkeit zu sagen: *So ist es gewesen.* Die Wirklichkeit war oft spannender als die aus den Fin-

gern gesogenen Spionageromane und Spionagefilme von heute. Mitten im Ernst einer gelegentlich zu weit getriebenen Geheimhaltung hat es aber auch Spiele, Funkspiele gegeben, in denen der homo ludens zu seinem Recht kam. Auch sonst sind Zufälle und Geschichten zu berichten, gegen deren Merkwürdigkeit, aber auch Drastik oder Komik keine »fiction« aufkommt. Noch fehlt ein Dramatiker wie Grabbe, der manche Ereignisse darstellen könnte als »Scherz, Satire, Ironie und tiefere Bedeutung«.

Bis Ende 1972 hatten fast alle wichtigen Chefs der westlichen Geheimdienste im Zweiten Weltkrieg ihre Memoiren veröffentlicht. Ihre Aussagen lieferten wichtige Unterlagen und fügten sich zu dem Gesamtbild, das wir hier zu analysieren versuchen. Besonders aufschlußreich ist oft das, was der eine verschweigt, der andere aussagt. Weitere sichere Informationen, erhaltene Funksprüche z. B., helfen weiter, wie die von 1941 bis Anfang 1944 zwischen Moskau und dem sowjetischen Residenturleiter in der Schweiz gewechselten Sprüche. Es ist interessant, sie mit den inzwischen in Budapest erschienenen Erinnerungen von Alexander Radó[2], genannt »Dora« zu vergleichen. So wird manches noch nachträglich aufgehellt. Freilich: Der Rest ist Schweigen.

---

[2] Radó, Sándor: *Dorá Jélenti*, Budapest 1971, auch deutsch *Deckname Dora*, Stuttgart 1972.

ZWEITER ABSCHNITT

Im Vorfeld des Krieges

ERSTES KAPITEL

Deutsch-Französisches Capriccio

I

Es gibt keinen Geheimdienst »an sich«. Es gibt keine stereotypen Verfahren, um Informationen über fremde Staatsgeheimnisse zu beschaffen: In diesem, von Geheimnissen umwitterten Geschäft, um uns etwas pathetischer als gewohnt auszudrücken, richtet sich alles nach der konkreten Situation, den jeweils gegebenen Möglichkeiten und Chancen. Außerdem sind, wie gesagt, die Methoden durch die Zeitverhältnisse, die Politik, den Nationalcharakter mitbestimmt wie natürlich vor allem durch die Talente, das Vermögen oder Versagen der jeweils Verantwortlichen und ihrer Mitarbeiter. Es kann aber auch vorkommen, daß man dem Gegner bewußt geheimdienstliche Nachrichten zuspielt, die nicht einmal falsch zu sein brauchen, wenn man einen bestimmten politischen oder psychologischen Zweck damit verfolgt. Das hat es vor und im Zweiten Weltkrieg gegeben. Weitere Differenzierungen ergeben sich ferner aus den Motiven und Ideologien, die vorherrschen: Denn das letzte Wort im Geheimkrieg haben immer die Männer und Gruppen, die an der Macht sind und diese Macht diktatorisch oder auch nur dilettantisch ausüben. Wenn Clausewitz einmal gesagt hat[1]: »Halbgebildete Tataren, Republiken der alten Welt, Lehensherren und Handelsstädte des Mittelalters, Könige des 18. Jahrhunderts, endlich Fürsten und Völker des 19. ... sie führen den Krieg anders, mit anderen Mitteln und zu

---

[1] Clausewitz, a.a.O. S. 214.

einem anderen Ziel« – so gilt diese These in Fortführung bis heute und morgen nicht nur für den offenen Krieg, sondern auch für den verdeckten, geheimen in Nacht und Nebel. Immer bleibt dabei eine politische und nationale Komponente, selbst im Zeitalter internationaler Ideologien. Jeder Geheimdienst hat die ihm besonders liegenden Verfahren. Die Praxis im Vorfeld des Zweiten Weltkriegs etwa von 1936 an kann das beweisen.

Zunächst einmal ein Überblick über die »Große Lage« von damals.[2] In den dreißiger Jahren dieses Jahrhunderts wurden die Geschicke Europas, wie die weiter Teile der Erde, immer noch durch die Nachfolgestaaten der vier Großmächte bestimmt, von denen bis 1914 der Gang der Weltgeschichte abhing: Großbritannien, Frankreich, Deutschland (bedingt) und schließlich den Koloß Rußland, der sich von Osteuropa über den gesamten Nordraum des asiatischen Kontinents erstreckt. Gewiß, die Oktoberrevolution von 1917 hatte die Struktur dieses Riesenreiches samt seiner Bevölkerung sehr viel stärker verändert als Niederlage und Umsturz von 1918 die Deutschlands. Aber die Russen blieben im Kern Russen, die Deutschen Deutsche, nur mit anderen politischen Vorzeichen und neuen Gruppen, die sie beherrschten. Die europäischen Siegermächte Frankreich und Großbritannien waren dagegen von tiefgreifenden Änderungen verschont geblieben. Aber vielleicht gerade deshalb machte sich bei ihnen, auch im Zusammenhang mit der Weltwirtschaftskrise der dreißiger Jahre, eine politische Abspannung bemerkbar, ein Niedergang ihrer Initiative. Das geschlagene Deutschland wie das revolutionäre Rußland gewannen dagegen neue Kräfte unter diktatorischen Ideologien. Ihr kontinentaler Einfluß wuchs im Verlauf der Jahre, während der globale Großbritanniens wie der kontinentale Frankreichs unaufhaltsam zurückging. Stagnation auf der

[2] Der Verfasser war in der angesprochenen Zeit Hauptschriftleiter der Waffenzeitschrift *Deutsche Infanterie*, die im »Deutschen Verlag« in Berlin herauskam.

einen und neue Dynamik und Expansion auf der anderen Seite spiegelten sich auch in ihrem Geheimdienst. In den vorliegenden Memoiren der Militärattachés vor allem kann man das bis in die Einzelheiten verfolgen.
In Frankreich war die politische Stagnation besonders offensichtlich. Die furchtbaren Blutopfer des Ersten Weltkriegs hatten das französische Volk überfordert; es zeigte nicht mehr den Willen zur Macht, zur Behauptung der europäischen Hegemonie wie unmittelbar nach dem Ersten Weltkrieg, wenn der Anschein von der immer noch glänzenden französischen Diplomatie auch weiterhin aufrecht erhalten wurde. Wie es in Wirklichkeit aussah, zeigte sich an den rasch wechselnden schwachen Regierungen, vor allem der Volksfront der dreißiger Jahre. Nicht umsonst hatte Hitler eine psychologische Offensive gegen den Kriegswillen der Franzosen eröffnet und bis 1937 bei jeder Gelegenheit seine friedlichen Absichten unterstrichen.[3] Millionen von Veteranen und Kriegsbeschädigten wollten Frieden; sie waren längst ausgesöhnt mit den Deutschen. »Monsieur Dupont« wünschte Ruhe für seine Geschäfte und die junge und alte Bourgeoisie aller Art Muße für ihre Liebhabereien. Im übrigen war man willens, einen beträchtlichen Preis für die Absicherung gegen den ewig unruhigen östlichen Nachbarn zu zahlen und ließ sich den Bau der Maginotlinie viele Milliarden kosten. Trotzdem starrte die Masse der Franzosen weiterhin mißtrauisch über den Rhein, als Hitler zur Macht kam, und nicht mit Unrecht, wie sich 1939 gezeigt hat.

II

Das Deutsche Reich hatte praktisch seit 1871 immer im Mittelpunkt der geheimdienstlichen Interessen Frankreichs gestanden, auch nach der deutschen Niederlage von 1918. Nun verfolgte man die deutsche Aufrüstung vor und besonders nach

[3] S. von Schramm, »... sprich vom Frieden, wenn du den Krieg willst ...«, Kapitel II–IX.

1933 mit Sorgfalt; man war über die »schwarze« Reichswehr im Bilde wie über die paramilitärischen Verbände – kein Kunststück, solange die Alliierte Kontrollkommission im Lande herumreiste und das Rheinland besetzt war (bis 1930). Dann allerdings flossen die Informationen dünner, wurden die Informanten in Deutschland spärlicher. Man maß ihnen auch nicht mehr das Gewicht bei wie in den zwanziger Jahren, als man noch von der militärischen Übermacht rigorosen Gebrauch machte und 1923 einfach das Ruhrgebiet besetzte. Das war vorbei. So konnte Hitler im März 1935 die allgemeine Wehrpflicht in Deutschland wieder einführen und ein Jahr später die entmilitarisierte Zone im Rheinland besetzen, wenn auch zunächst nur symbolisch mit ganzen drei Bataillonen. Aber kein militärischer Gegenzug erfolgte. Seitdem hatte sich die strategische Lage am Rhein von Grund auf verändert und verkehrt: Das Rheinland war nicht mehr französisches Glacis, sondern das freie Aufmarschgebiet für den potentiellen deutschen Aggressor. Trotzdem schienen beträchtliche Gruppen in Frankreich weiter den Friedensversicherungen Hitlers zu glauben, die prompt jeder Expansion folgten. Und der französische Geheimdienst? Es lag nahe, daß er Alarm schlug. Denn er konnte ja auf das rasante Tempo der deutschen Aufrüstung verweisen und sie belegen.

Gerade um diese Zeit wurde an die Spitze des Deuxième Bureau im französischen Kriegsministerium, der Zentrale des militärischen ND, ein Chef berufen, dem der Ruf besonderer Wachsamkeit vorausging. In Wirklichkeit aber war er ein typischer Vertreter des damaligen französischen Quietismus, der Oberst, später General Gauché.[4] Von seinem britischen Kollegen, dem ND-Mann im Verteidigungsministerium, Strong, der 1939 bis zum Zusammenbruch Frankreichs 1940 viel mit Gauché zu tun hatte, wird er anschaulich beschrieben[5]:

---

[4] Siehe auch Gauché: Aufgabe und Arbeitsweise des 2. Bureau, in: *Wehrkunde*, Jg. 10 (1961), 576–579.

[5] Strong II, a.a.O. S. 67 ff.

Ein typischer Franzose, mehr behäbiger Bürger und intelligenter Verwaltungsbeamter als Soldat nach britischen oder deutschen Begriffen, nicht geneigt, aus sich herauszugehen, doch zur Kooperation bereit, wenn sie praktische Erkenntnisse erbrachte, mit intelligent funkelnden Augen hinter dem Kneifer bei Fachgesprächen, ein guter Patron seines freilich unterbesetzten Büros — und darum vielleicht allzu sehr dem Bürodienst verhaftet. Das war der Chef des berühmten Deuxième Bureaus im französischen Kriegsministerium, das eine ähnliche Aufgabe hatte wie die Abteilung IV »Fremde Heere« im Generalstab des deutschen Heeres. Nach dem Urteil Strongs ist man außerdem in Paris im cartesianischen Drang nach Methode zu weit gegangen: Vor lauter Überlegungen und Berechnungen, Thesen und Hypothesen über die möglichen Absichten der deutschen Wehrmacht wurde offenbar die Hauptfrage verfehlt: Was kann und will sie mit ihrer Panzerwaffe? Außerdem lagen, wie Strong kritisch anmerkt, bei den Franzosen die Zahlen der ausgemachten oder vermuteten deutschen Großverbände immer um 20 % höher als bei den Briten. Besonders die deutsche Luftwaffe wurde überschätzt. Doch besaß Oberst Gauché das Ohr General Gamelins, seit 1935 Generalinspekteur der französischen Armee und Vizepräsident des Obersten Rates der nationalen Verteidigung: Auch Gamelin neigte zu einer Überbewertung der Methode, die seine Initiative lähmte und 1939 entscheidend gelähmt hat.
Der militärische französische ND ist so organisiert, daß das fünfte Bureau die Nachrichten beschafft, daher »bureau des reseignements« heißt, während das zweite die Aufträge stellt, die Ergebnisse kompiliert, auswertet und nach oben berichtet.[6] Im übrigen war der Nachrichtendienst Frankreichs durch eine merkwürdige Zwiespältigkeit den Deutschen gegenüber gekennzeichnet: Die Regierung fürchtete Hitler und unterschätzte ihn zugleich, weil sein Verhalten nicht dem gewohnten diplomatischen Stil entsprach — und sie überschätzte ab 1936 die Stärke

---

[6] Siehe Strong II, Frankreich S. 67–108.

der deutschen Wehrmacht wie das Kriegspotential des Reiches bei weitem. Der Grund ist merkwürdig, aber bezeichnend für die nachrichtendienstliche Situation von damals: Das Deuxième Bureau bekam nicht zu wenig oder zu vage Informationen – die ewige Klage aller Geheimdienste –, *sondern eher zu viel, und zwar direkt vom Gegner.* Das war so neu in diesem Geschäft, daß man offenbar in Paris die erste aller ND-Pflichten z. T. hintansetzte: die des Mißtrauens, der Skepsis auch »ersten« Quellen gegenüber, also die genaue Nachprüfung der Informationen nach Konsultation der Verbündeten. Das 5. Bureau, der deutschen Abwehr in den Beschaffungsaufgaben vergleichbar, schien in diesen letzten Vorkriegsjahren überflüssig geworden, vor allem in bezug auf die deutsche Luftwaffe – ein einzigartiger Vorgang.

Die Aufklärung dieser frappanten Entwicklung ist erst vor wenigen Jahren erfolgt. Wir verdanken sie in der Hauptsache dem Erinnerungsbuch des späteren französischen Luftwaffengenerals Paul Stehlin mit dem bezeichnenden Titel *Auftrag in Berlin,* 1964 in Paris, 1965 in Berlin auch in deutscher Sprache erschienen.[7] Es sagt viel aus, auch das, was die Geheimakten verschweigen, wenn es nach der bewährten Ic-Methode ausgewertet wird. Jedenfalls wird daraus ersichtlich: Die NS-Luftwaffe, das Lieblingskind des Dritten Reiches, ist damals neue Wege der scheinbar rückhaltlosen Information auch des möglichen Gegners, in Wirklichkeit aber der psychologischen Beeinflussung und Desinformation gegangen. Ziel war, die Franzosen, wenn möglich, vom Kriege abzuhalten. Und das machte man dann so: Eine bestimmte Offenheit gehört zum deutschen Nationalcharakter. »Offen und ehrlich« galt hierzulande der älteren Generation als erste Forderung moralischen Verhaltens. Von diesem Verhalten kann man natürlich auch einen gezielten Gebrauch machen, einen fiktiven nämlich, und berechnete Zwecke damit erreichen. Das taten die Nationalsozialisten mit

[7] Stehlin, a.a.O. Siehe vor allem den Abschnitt: »Göring, seine Umgebung und seine Familie«, S. 62–72.

Hitler an der Spitze. Der Zweck solcher »Offenheit« in einem Bereich, der sonst strikte Geheimhaltung verlangt, war seit 1937 der, den Franzosen durch die betonte und überbetonte Stärke, Modernität und Schlagkraft vor allem der deutschen Luftwaffe zu imponieren und ihr politisches Verhalten dadurch entsprechend zu beeinflussen. Das wurde auch beinahe erreicht. Das Spiel überließ man dabei keinen nachgeordneten Organen: Göring selbst, dann sein Chefadjutant General Bodenschatz wie General Udet spielten dabei die führenden Rollen. Es ist nicht sicher, ob die Franzosen dies völlig durchschauten. Sehen wir jedenfalls zu, was der damalige Gehilfe des französischen Luftwaffenattachés, Capitain Paul Stehlin, darüber berichtet. Denn er war der Mittelsmann der für Frankreich bestimmten Zweckindiskretionen, die er natürlich prompt weitergab.

Es war kurz nach Ostern 1937. Stehlin, der »gefährlich gut deutsch sprach«, wie der damalige deutsche Militärattaché Generalleutnant Kühlenthal in Paris ihn vertraulich bei seinen Berliner Vorgesetzten angekündigt hatte, dieser charmante junge Franzose elsässischer Abstammung, wurde in letzter Minute als Lückenbüßer zu einem Abendessen eingeladen, an dem auch Frau Riegele, die Lieblingsschwester Görings, teilnahm. Es war einer der Zufälle, die zu diesem Metier gehören. Stehlin erhielt den Ehrenplatz neben Frau Riegele. Es entspann sich eine lebhafte Unterhaltung und der Gast sparte nicht mit Lob für den Schöpfer der deutschen Luftwaffe. Frau Riegele fand daran so Gefallen, daß sie den Capitain schon für den nächsten Tag in ihr Haus einlud – und siehe da, später kam auch Göring persönlich. Nach einer betont herzlichen Begrüßung nahm er Stehlin beiseite und sagte ohne Umschweife, wie dieser berichtet[8]: »Wir haben Ihnen gegenüber den Vorteil, mit nichts angefangen zu haben. Ich habe nur dynamische Mitarbeiter mit Phantasie und modernen Ideen, die in der Lage sind, etwas Neues zu schaffen und Flugzeuge zu bauen, wie

---

[8] Stehlin, a.a.O. S. 68 f.

man sie 1937 braucht. Ich habe alle weggeschickt, die am Vergangenen, an 1918 wieder anknüpfen wollten, wie das bei Ihnen der Fall ist.« Natürlich widersprach der so Überrumpelte höflich. Aber Göring lachte nur, faßte den Franzosen am Arm und fuhr renommierend fort: »Wenn Sie die verantwortlichen Männer nicht auswechseln, wird das, was ich aufstelle, mit dem, was Sie haben, bald nicht mehr die geringste Ähnlichkeit besitzen. Gehen Sie in die Fliegerhorste, sehen Sie sich die Übungen an, besichtigen Sie unsere Fabriken, ich habe Ihnen nichts zu verbergen, und Sie werden sich eine bessere Vorstellung von unserer besten Waffe machen können.« Die Eröffnung solcher Informationsmöglichkeiten war natürlich *die* Chance für Capitain Stehlin. Er wußte sie auch zu nützen und tat sich um. Außerdem hielt er laufend Kontakt mit Ernst Udet, seit 1938 Generalluftzeugmeister, und dann vor allem mit General Bodenschatz. Eine Art Freundschaft hat sich offenbar zwischen dem Älteren und dem Jüngeren entwickelt: Bodenschatz, »offen und ehrlich«, wurde zum besten Informanten des französischen Attachégehilfen. Und hier klärt der »Gesamtüberblick aller Verhältnisse«, den wir erst heute besitzen, was sich damals ereignete, auch wenn es scheint, als ob Stehlin das bis zum heutigen Tag noch nicht ganz durchschaut hat. Denn er schreibt, verwundert über die Fülle und den Wert der ihm zuteil gewordenen Informationen: »Gleichwohl war ich überzeugt, daß Bodenschatz, zweifellos unbewußt, mir manchmal sehr viel mehr sagte, als er mir sagen wollte. Auf jeden Fall, und wie immer man die vertraulichen Mitteilungen einer deutschen Persönlichkeit in verantwortlicher Stelle an einen Hauptmann im französischen Nachrichtendienst erklären mag, ich habe keinesfalls und niemals Bodenschatz als Informant betrachtet. Er wollte seinem Land dienen und wahrscheinlich in Übereinstimmung mit Göring den kriegerischen Plänen Hitlers entgegenwirken.«[9]

Wollten das die beiden wirklich? Ohne Zweifel waren sie dem

[9] Stehlin, a.a.O. S. 65.

Beauftragten des französischen Nachrichtendienstes gegenüber so offen, weil sie ein gemeinsames Ziel hatten: Frankreich durch »Imponiergehabe«, wie wir heute sagen würden, aus dem Kriege herauszuhalten, auf den Hitler zusteuerte. Offenbar wollten sie so dazu beitragen, daß die bevorstehenden Konflikte an den Ostgrenzen des Reiches lokalisiert blieben und kein neuer Weltkrieg daraus entstand. Denn das wußte Göring natürlich, daß dann Gefahr drohte, der Konflikt werde sich zu einem Weltbrand ausweiten. Daher seine Offenheit den Franzosen gegenüber. – De facto blieb Bodenschatz das vertrauliche Sprachrohr der Hitlerregierung von damals. Denn er gab Stehlin auch Informationen, die nicht nur die deutsche Luftwaffe betrafen. Das beweist das folgende Ereignis, das besonders hervorgehoben zu werden verdient, und zwar so, wie es Stehlin schildert[10]: Es geschah wieder nach einem Abendessen, zu dem diesmal der französische Botschafter François-Poncet Mitglieder der Reichsregierung und einige Offiziere – Deutsche und Franzosen – eingeladen hatte. Auch Bodenschatz und Stehlin waren da. Nach dem Souper gab Bodenschatz Stehlin einen Wink und die beiden zogen sich in die stille Ecke eines Nebenzimmers zurück. Dann machte der deutsche Fliegergeneral dem Gehilfen des französischen Luftwaffenattachés eine Eröffnung, die mit der Luftwaffe nichts zu tun hatte, sondern eine strategische Maßnahme der deutschen Landesverteidigung betraf: Bodenschatz betonte zunächst die friedliche Haltung und Einstellung Deutschlands Frankreich gegenüber und unterstrich »den unerschütterlichen Willen des Führers«, jeden Konfliktstoff mit Frankreich auszuräumen. »Daher«, so sagte Bodenschatz zu Stehlin dann wörtlich, »will die Reichsregierung ihre friedliche Haltung Ihnen gegenüber unter Beweis stellen, indem sie eine Verteidigungslinie von der Nordsee bis zur Schweiz, entlang der holländischen, luxemburgischen, belgischen und französischen Grenze

10 Stehlin, a.a.O. S. 92–99: Die deutschen Befestigungen im Westen, die Siegfried-Linie.

errichtet. Es handelt sich im wesentlichen darum, unsere Westgrenze mit einer großen Anzahl von Bunkern zu befestigen.« Dann teilte Bodenschatz Einzelheiten über die Art dieser Bunker mit, sprach vom Einsatz des Arbeitsdienstes und nannte Zahlen. Die der Pionierbataillone, die zum Ausbau herangezogen werden sollten, bezifferte er auf 65; das können aber nicht nur »echte« gewesen sein, sondern zusätzlich Einheiten der OT, der Organisation Todt. Denn nach den vorhandenen Unterlagen verfügte das Heer im Jahre 1938 zwar über etwa 65 Pionierbataillone insgesamt, aber etwa ein Viertel von ihnen hatte Spezialaufgaben wie Brückenbau usw. Zum Schluß versicherte Bodenschatz noch einmal mit Nachdruck: »Wir haben keinerlei aggressive Absichten gegenüber Frankreich, und natürlich wollen wir in gar keinem Fall an Frankreich rühren. Es handelt sich einfach um eine zusätzliche Verhandlungsbasis mit Ihnen und den Engländern, damit wir bei unserem in erster Linie wirtschaftlichen Drang nach Osten zumindest Ihrer Neutralität sicher sein können.«

Diese Erklärung, deren Bekanntwerden wir Stehlin verdanken, ist in dreifacher Beziehung wichtig: Zum ersten wurden die Franzosen zwar nicht offiziell, aber doch sozusagen von einer hohen Amtsperson einer führenden deutschen Kommandobehörde über den Bau des Westwalls informiert. Dann wurde der Geheimdienst überspielt, indem man übertriebene Angaben machte, die nur mit erheblichem Aufwand nachgeprüft werden konnten, und zum dritten sagte Hitler auf dem schnellsten, nämlich dem geheimdienstlichen Weg, der französischen Regierung beschwichtigend, was er vorhatte und durchführte. Die in der Form konziliante Erklärung enthielt aber auch eine Warnung: Sie bereitete Frankreich darauf vor, daß die französische Armee die westliche Reichsgrenze abwehrbereit finden werde, sollte sie Lust haben, sich im Fall der bevorstehenden Expansionen im Osten (Österreich, Sudetenland, Tschechoslowakei) in das Abenteuer einer militärischen Intervention einzulassen. Das wurde auch in Paris richtig verstanden, wie die kommenden Ereignisse zeigten.

Die vertrauliche Information hatte also den gewünschten Erfolg. Zunächst setzte sie den französischen ND-Apparat in Bewegung, der schleunigst daran ging, den deutschen Zeitbedarf für die Herstellung der Verteidigungsfähigkeit des Westwalls zu errechnen. Dabei wurde auf die deutschen Unterlagen für den Bau der sogenannten Siegfriedlinie im Ersten Weltkrieg zurückgegriffen, wie Stehlin berichtet. Man fand heraus: Die Deutschen hatten dazu 1916/17 ganze neun Monate gebraucht. »Durch Vergleich aller bekannten Elemente, wie Länge und Tiefe der Befestigungsanlagen, der eingesetzten Arbeitskräfte, des erforderlichen Materials, der Bestückung und vieles andere kam unser Militärattaché zu dem Schluß, daß die Arbeiten etwa zwölf Monate beanspruchen würden, das hieß bis Sommer 1939.« Das stimmte in großen Zügen. Allerdings war auch dann der Westwall noch längst nicht fertig ausgebaut. Aber das Abschreckungsziel war erreicht, auch schon im Spätsommer 1938.

Dieses Auswertungsergebnis in Sachen »Westwall« ist natürlich beschleunigt an General Gamelin weitergeleitet worden. Und von da an sollte es allen Anzeichen nach auch die französischen Operationspläne beeinflussen. Der »Westwall« irritierte die auf perfekte Methodik bedachten Franzosen von damals. Man wollte keinen neuen hohen Blutzoll. Den aber hätte nach den Vorstellungen des Ersten Weltkriegs der allein mögliche Frontalangriff ohne schwere und schwerste Artillerie gekostet. So wollte man abwarten, bis England und Frankreich nachgezogen und vollends aufgerüstet hatten. Man übersah darüber nur, daß die Zeit mit Vorrang für das dynamische System arbeitete, das dadurch einen immer größeren Rüstungsvorsprung gewann, wenigstens noch in den nächsten Jahren, und dieses System war eben die Diktatur Hitlers.

Dank solcher engen Berliner Kontakte wurde der französische ND in den letzten Vorkriegsjahren mit Informationen förmlich überschwemmt, ohne daß Agenten und V-Männer alter Art dazu nötig gewesen wären. Die Informanten hießen, wie gesagt, Bodenschatz, Udet, ja Göring persönlich. Zu diesem

Verfahren gehörte natürlich auch, daß der Oberbefehlshaber der französischen Luftwaffe, General Vuillemin, nach Berlin eingeladen wurde, um sich selbst ein Bild von der deutschen Luftrüstung zu machen.[11] Mitte August 1938, also kurz vor dem Münchner Abkommen, kam er mit einer fünfköpfigen Delegation von Sachverständigen zu Besuch ins Reich, um fünf Tage zu bleiben. Diesmal war es der erst im Januar 1973 verstorbene Generalinspekteur der Luftwaffe, Erhard Milch, der ebenso informiert wie geblufft hat. Nach den üblichen Begrüßungsreden und Trinksprüchen auf eine friedliche Zukunft baute man einen der imposantesten »Türken« der neueren Militärgeschichte: Jedes Jagdflugzeug, das intakt war, wurde nach einem großen Flugplatz in Süddeutschland geflogen, wo General Vuillemin eine kurze Zwischenlandung machen sollte. In Augsburg zeigte man ihm Messerschmitts neuestes Produkt, die Me 109. Im neuen Heinkelwerk Oranienburg führte eine He 111 ihre wirklich erstaunliche Manövrierfähigkeit selbst mit nur einem Motor vor, und schließlich richtete man es so ein, daß der Oberbefehlshaber der französischen Luftwaffe einen Blick auf Dutzende nagelneuer He 111 in der Einflughalle erhaschte. Das Tüpfelchen auf dem i war eine Führung durch die Luftschutzanlagen des Werkes – da war an alles gedacht und vorbereitet, bis hin zu den zehn Bleistiften, die gespitzt bereitlagen. Der französische General war sichtlich beeindruckt und rief: »Je suis écrasé.«

Nach dem Blitzsieg im Westen 1940 ergab sich für »Fremde Heere« und »Fremde Luftwaffen West« wie für die Operationsabteilung im OKH die seltene Gelegenheit, nachzukontrollieren, wie das französische Feindbild ausgesehen hatte: Auf dem Bahnhof in La Charité an der Loire wurde nämlich ein Eisenbahnzug sichergestellt, in dem sich Massen von Akten und Unterlagen des französischen Hauptquartiers befanden. Vor allem stieß man auf Lagebeurteilungen Gamelins.[12] Sie

---

[11] Irving, a.a.O. S. 115 f.

[12] Liss, a.a.O. S. 252 f.

waren die Bestätigung dessen, was man schon aus der Praxis wußte: Die den Franzosen zugespielten Informationen hatten gewirkt. Sowohl die Stärke des Westwalls wie die Zahl der deutschen Divisionen und der Luftwaffengeschwader wurden überschätzt. Infolgedessen sah der französische Oberbefehlshaber eine französische Offensive gegen die deutschen Westbefestigungen als untragbar an, vor allem auch, weil man mit dem Gesamteinsatz von 7000 deutschen Flugzeugen rechnete. Der psychologische Geheimkrieg gegen die Franzosen mit Hilfe von »vertraulichen« Informationen hatte also praktischen Erfolg, auch wenn er die Franzosen nicht aus dem Krieg herausgehalten hatte.

ZWEITES KAPITEL

Unter künftigen Verbündeten

Auch zwischen dem britischen und deutschen Nachrichtendienst auf Attachéebene haben sich in den letzten Jahren vor dem II. Weltkrieg persönliche Beziehungen entwickelt, jedoch anderer Art als zwischen dem deutschen und französischen. Dabei war aber nicht die NS-Luftwaffe tonangebend, sondern das konservative Heer, auch das »friderizianische« geheißen, wie man gleichzeitig von einer immer noch »kaiserlichen« Marine sprach. Wahlverwandte Fairneß hat sich dabei getroffen. Die Kenntnis dieser Vorgänge hinter den Kulissen, von denen nur ganz wenige »aktenkundig« wurden, verdankt man gleichfalls einem seriösen Zeugen aus dem Bereich der Attachés: dem späteren Major General Sir Kenneth Strong, damals zweiter britischer Militärattaché in Berlin. Seinen Erinnerungen *Geheimdienst in Krieg und Frieden* hat er noch ein zweites Buch *Die Geheimnisträger* folgen lassen, das weitere bemerkenswerte Aufschlüsse erbringt.[13] Strong, seit 1937 in Berlin, sprach gleichfalls gut Deutsch, das er in der Nachkriegszeit seit 1919, damals auch schon im Nachrichtendienst der Armee bei den britischen Besatzungstruppen tätig, im Hauptquartier Wiesbaden gelernt hatte. Vervollständigt wurden seine deutschen Sprachkenntnisse offenbar weiter noch durch die Zuneigung zu einer jungen Deutschen, von der er kurz und doch vielsagend berichtet. Sie liebten sich sehr, trennten sich aber dann doch. Strong ist Junggeselle geblieben.

---

[13] Strong II. Das Buch enthält auch einen eigenen Abschnitt »Deutschland«, S. 109–156.

Im übrigen ist aufschlußreich, was Strong berichtet. Denn auch da war alles ganz anders. In Berlin hatte er zwar keinen so mitteilungsfreudigen Informanten wie Bodenschtaz im Falle Stehlin, aber er fand einen wahlverwandten Gesprächspartner in dem damaligen Major i. G. Ulrich Liss, Chef »Fremde Heere West«. Man war also in der Lage, Fachgespräche zu führen. Die Freundschaft zwischen dem britischen und dem deutschen Nachrichtenoffizier hat dann den Krieg und die deutsche Katastrophe überdauert und bis zum Tod von Liss im Jahre 1967 vorgehalten. Sie war wie ein Vorgriff auf die künftige Allianz. Darüber Strong[14]: »Während meiner Berliner Zeit war Major Ulrich Liss Leiter der Generalstabsabteilung »Fremde Heere West«. Er kannte England sehr gut und war ein hochqualifizierter Offizier. Obwohl ich ihn nicht so oft sehen konnte, wie ich es wünschte, lernte ich ihn dennoch sehr schätzen, denn er besaß Verständnis auch für die Welt außerhalb Deutschlands. Nach dem Krieg hatte ich Gelegenheit, Erfahrungen mit ihm auszutauschen.« Auch in seinem zweiten Buch kommt Strong noch einmal ausführlich auf Liss zu sprechen und schildert ihn »als höchst angenehmen Gesellschafter, mittelgroß, von frischer Gesichtsfarbe, heiter und geschäftig, in vieler Beziehung der typische deutsche Offizier.« »Aber«, vermerkt Strong weiter, »in seiner Familie gab es keine Militärs, was eher ungewöhnlich war. Er sprach ausgezeichnet Englisch, Französisch, Spanisch und Italienisch und hatte England oft besucht. 1934 wurde er der 7th Field Battery der Royal Artillery zugeteilt, wo er viele Freunde gewann.«
Über solche persönlichen Freundschaftserklärungen hinaus gibt Strong aber auch Aufschlüsse, die die andere Seite der Geheimdienste beleuchten. So erzählt er von dem geselligen Verkehr der deutschen und englischen Offiziere in Berlin und schildert, wie es dabei zuging. Aber er lüftet auch den Vorhang vor Begebenheiten, die nur aus den damaligen Zeitverhältnissen verständlich sind. So schreibt er z. B. mit verständnisvoller Ironie

[14] Strong II, S. 118 f.

über die Vorsichtsmaßnahmen, die die Wehrmachtführung getroffen hatte, um den gesellschaftlichen Verkehr der deutschen und ausländischen Offiziere zu kontrollieren[15]: Wenn er einen deutschen Offizier zum Essen einlud, so hatte dieser zuvor immer die Erlaubnis seiner Vorgesetzten einzuholen. Im Fall Strong wurde diese Erlaubnis ohne weiteres erteilt, denn er galt als Freund Deutschlands. Im übrigen aber mußten die Eingeladenen am nächsten Tag über den Verlauf des Abends berichten. Als Hauptpunkte dieser Berichte waren anzuführen, wer am Abendessen teilgenommen und worüber man gesprochen hatte, dann Besonderheiten; wie üblich also. Dazu Strong: »Manchmal hatte das komische Auswirkungen, wenn man sich beim nächstbesten gesellschaftlichen Anlaß von einem ranghöheren Offizier befragt sah, offensichtlich mit dem Ziel, sich den Inhalt der erhaltenen Berichte bestätigen zu lassen.«

Es blieb indessen nicht immer so in diesem Vorzimmer des Krieges. Nicht immer begnügte man sich mit diskreten Fragen und diplomatischen Antworten, um vorzufühlen und sich an die Wahrheit heranzutasten. Im Großen gesehen war dies auch gar nicht nötig. Sowohl Strong wie Stehlin berichten, daß sie sich im Lande relativ frei und ungezwungen bewegen und so bestimmte Feststellungen treffen konnten, wenn sie wohl auch hin und wieder beschattet wurden. Offenbar ist es damals der deutschen Staatsführung mehr darauf angekommen, ihre Aufrüstung zu zeigen, mit ihrer neuen Stärke zu prunken, als sie zu verbergen. Aber dann stießen aufmerksame und vertrauenswürdige Militärattachés wie Strong auf ein unerwartetes Phänomen: Gerade die zunehmende Stärke und Schlagkraft der Wehrmacht – *das war es, was manche ihrer deutschen Freunde beunruhigte.* Die Fremden bekamen überraschenden Einblick in die Zwiespältigkeit, die in diesen Jahren durch das Offizierskorps vor allem des Heeres hindurchging. Es ist wichtig, daß dies heute von einem Briten bezeugt wird. Nicht immer stand die ganze Wahrheit in den von den einge-

---

[15] Strong I, S. 67 f.

ladenen Deutschen abgegebenen Berichten an die höheren Vorgesetzten über ihre gesellschaftlichen Unterhaltungen. Das wäre Selbstmord gewesen. Denn, wie Strong schreibt, sind manche der deutschen Offiziere, besonders im mittleren Alter, die noch am Ersten Weltkrieg teilgenommen hatten, oft sehr weit mit ihren Bekenntnissen gegangen. Der Alkohol löste die Zunge, aber auch die kameradschaftliche Atmosphäre, das Wissen, es mit freien Männern zu tun zu haben, spielte dabei eine Rolle. Mit Vorrang ergab sich das bei den Engländern, die Deutsch sprachen. Da konnte man sich zu vorgerückter Stunde auch einmal Luft machen. Dann kamen überraschende Dinge zur Sprache, über die Strong berichtet:

»Eine Reihe von Freunden in meinem Alter und Rang (Major) pflegten im Laufe eines solchen Abends indiskret zu werden und jene streng geheimen Informationen über Deutschland zu diskutieren, die wir so unschätzbar wertvoll fanden.«

Unschätzbar wertvoll waren allerdings diese Bekenntnisse. Sie zeigten die wahre Stimmung, vor allem des mittleren Offizierkorps. Strong war teilweise befriedigt über die Erkenntnisse, auf weitere Informationen bedacht, aber auch wieder belustigt und zugleich irritiert, daß die Deutschen sich so rückhaltlos mitteilten, was ein Engländer wohl kaum getan hätte. So fragte er die deutschen Majore und Hauptleute, von denen manche vor kurzem erst reaktiviert waren, warum sie denn so offen redeten. Da kam es vollends heraus: Sie wollten keinen neuen Krieg und erst recht keinen Zweiten Weltkrieg. Sie fürchteten ihn wie die Hölle. Sie sahen auch keinen Grund, den mit Erfolg begonnenen Aufbau durch unverantwortliche Kriegsabenteuer aufs Spiel zu setzen. Da fühlten sie sich solidarisch mit den Kameraden vor allem in englischer Uniform. Die europäische Solidarität war also schon damals auf dem Weg. In der Hoffnung auf ihren weiteren Fortschritt teilten sich die Deutschen rückhaltlos mit. Daraus erklärt sich die Offenheit dieser Gespräche, wie sie Sir Kenneth bezeugt. Es gab also einen merkwürdigen Geheimnisbruch in diesem Vorfeld des Krieges, der in kein hergebrachtes Schema paßt: Wenn die Deutschen so offen aus sich herausgingen, dann erwarteten sie doch wohl, daß ihre Bekenntnisse weitergegeben wurden. Ja, sie sagten es rundheraus, daß sie die englische Regierung alarmieren wollten, damit sie handle, der beginnenden Hybris aktiven Widerstand leiste. So wurde von diesen Offizieren offen vorgeschlagen, wie Strong schreibt, sofort in Frankreich eine britische Division zu stationieren, um die Geschlossenheit der Entente Cordiale zu demonstrieren. Vielleicht bringe das Hitler zur Vernunft und bräche Bahn für die europäische Verständigung.

Aber solche Versuche, hinter denen Hoffnung und Verzweiflung zugleich standen, blieben vergeblich, auch der englischen Regierung gegenüber. Allerdings kam sie auf diese Weise in den Besitz von Informationen und Erkenntnissen, die der wahren Lage näher kamen als die Berichte des Botschafters Henderson. Denn dieser war der Faszination verfallen, die von Hitler ausging. Das europäische Schicksal nahm seinen Lauf, bis es sich zur abendländischen Tragödie des neuen Krieges auswuchs, zur Katastrophe des deutschen Reiches, des deutschen Volkes.

DRITTES KAPITEL

Moskau und die totale Geheimhaltung

Wie aber war die Situation der fremden Waffenattachés in diesem Zeitabschnitt in Moskau? Man kann sich keinen größeren Gegensatz denken als den zwischen ihren Lebensumständen und Arbeitsbedingungen in der deutschen und denen in der sowjetischen Hauptstadt von damals. Da gab es keine vertraulichen Informationen in stillen Ecken und keine offene Aussprache über die gemeinsamen Probleme von Krieg und Frieden. Die etwa zwanzig Waffenattachés, die damals in der UdSSR akkreditiert waren, lebten praktisch in einem Getto. Auch bei dem deutschen Militärattaché, Ernst Köstring, war dies nicht anders, obwohl er so ausgezeichnete Voraussetzungen für persönliche Kontakte mitbrachte wie kein anderer seiner Kollegen. Als Oberst von 1931 bis 1933 zum ersten Mal in militärischer Mission in Moskau, seit 1935 bis 1941 als Generalmajor zum zweiten Mal, sprach Köstring, 1885 in Rußland geboren und in Moskau auf die höhere Schule gegangen, Russisch wie ein Russe, kannte die russische Psyche genau und hatte eine ausgesprochene Neigung für das russische Volk. Er wußte auch, was er von den neuen Herren des Riesenreiches zu halten hatte. Deshalb ist es von besonderer Bedeutung, daß auch er seine Erinnerungen schrieb: Sie reichen bis zum Krieg mit Polen und sind durch amtliche Berichte an das Reichswehrministerium, den Generalstab des Heeres und das Auswärtige Amt (vom September 1935 bis Mai 1936) ergänzt.[16] Außerdem enthält der Band 62 privatdienstliche Schreiben an den

---

[16] Köstring, a.a.O. S. 93.

Oberquartiermeister IV im Generalstab des Heeres, Oberst, dann Generalmajor v. Tippelskirch, und vom Mai 1941 ab an dessen Nachfolger Matzky. Sie beschreiben die sowjetische Wirklichkeit. Lebenslauf, Berichte und Briefe Köstrings sind eine ebenso ergiebige wie sichere Quelle von Informationen über die Sowjetunion und deren Entwicklung in diesen Jahren. Vor allem unterstreicht der erfahrene und kenntnisreiche Beobachter, daß man es dort nicht mit »Zuständen« zu tun hatte wie in vielen, ja den meisten westlichen Staaten, sondern mit einer totalitären Dynamik, einer vorangetriebenen Entwicklung. Das wurde von fremden Besuchern damals oft übersehen.

Es war unmöglich, sich in der Sowjetunion als Ausländer und gar als Militärattaché auch nur einigermaßen frei zu bewegen. Die Waffenattachés wurden auf den genehmigten Reisen im Lande immer begleitet oder beschattet. Niemand wagte gesellschaftlich mit ihnen zu verkehren. Das galt auch für Köstrings Freunde und Bekannte aus seiner Jugendzeit in Moskau. Bei offiziellen Zusammenkünften, Gastmählern und Feiern zu vorgerückter Stunde kam es wohl gelegentlich zu Trinksprüchen, ja sentimentalen Verbrüderungen, aber nie zu vertraulichen Aussprachen. Was in der Sowjetunion draußen im Lande vor sich ging, was in der Roten Armee geschah, umgab eine Mauer des Schweigens, deren wenige Zugänge argwöhnisch bewacht wurden. »Die Russen«, schreibt Köstring, »wußten zwar alles militärisch Wichtige, das man besser hätte geheimhalten sollen, aus der europäischen Presse, wir aber erfuhren nichts aus den sowjetischen Zeitungen.«[17] Eine Rote Armee schien es nach ihnen überhaupt nicht zu geben, so schwiegen sie sich über alles Militärische aus.

Die damaligen Zustände in Moskau beleuchtet eine von Köstring erzählte Geschichte: Bei einem festlichen Empfang zur Feier des Jahrestags der Oktoberrevolution traf er einen höheren russischen Offizier, den er von früher her kannte; bei

---

[17] a.a.O. S. 86.

einem Truppenbesuch im Kaukasus hatte er vergnügte Stunden mit ihm verlebt. Aus der Provinz kommend und nicht vertraut mit den Moskauer Verhältnissen, begrüßte der Russe den deutschen General laut und fröhlich und zog ihn, da an kleinen Tischen gespeist wurde, in einen Kreis jüngerer Offiziere. Da Köstring so gut russisch sprach wie die anderen, gingen die Wogen der Begeisterung nach kurzer Zeit hoch; laute Trinksprüche wurden ausgebracht; man rief und lachte durcheinander, zum nicht geringen Ärger der Nebentische, die dergleichen anstößig fanden. Bald wurde die Fête jäh unterbrochen: Der »Chef des Protokolls« tauchte auf, flüsterte unserem »Vorsitzenden« etwas zu — und Totenstille beendete das Symposium.[18]

Indessen war es nicht die Sache des Militärattachés, etwa zu spionieren oder »Agentchen«, wie Köstring ironisch schreibt, zu empfangen und mit Aufträgen ins Land zu schicken: Seine Aufgaben lagen auf der höchsten, der militärpolitischen Ebene. Und da erkannte Köstring als aufmerksamer Beobachter bald den konzentrierten Trend zur Aufrüstung und militärischen Konsolidierung. So warnte er die Berliner Dienststellen nachdrücklich vor einer Unterschätzung der Sowjetarmee und verwies auf das Gesamtpotential, die schnell wachsende Schwer- und Rüstungsindustrie: Nicht umsonst hatte sie die Priorität in den Fünfjahresplänen erhalten. Davon berichtete Köstring, die technische Gesamtentwicklung wie die militärische aufmerksam verfolgend. Es war nicht zu verkennen, daß sich die Qualität der Roten Armee ständig verbesserte, der Wert ihrer Bewaffnung und Ausbildung zunahm. So heißt es im Vorbericht über die Parade des 1. Mai 1936: »Bekleidung und Ausrüstung der Truppen waren auffallend gut und gleichmäßig. Bemerkenswert (auch) die entschieden besser gewordene Kleidung des vorbeimarschierenden ›Bewaffneten Proletariats‹ (etwa 8000 Mann).«[19]

---

[18] a.a.O. S. 174.

[19] a.a.O. S. 96.

Wichtig sind auch die Anmerkungen Köstrings zu den terroristischen »Säuberungen« der Jahre 1936/37: Dabei wurden nicht nur die Angehörigen der alten bolschewistischen Garde: Sinowjew, Bucharin, Radek und andere Revolutionäre der ersten Stunde, sondern bekanntlich auch Marschall Tuchatschewski liquidiert, der noch die Sowjetunion bei den Krönungsfeierlichkeiten in London 1936 vertreten hatte. Außerdem fielen nicht weniger als 5000 höhere Offiziere und Beamte diesem Wüten zum Opfer. Köstring schreibt dazu: »Die russische Armee wurde um den Preis einer schweren Einbuße an militärischer Schlagfertigkeit von ihren deutsch-freundlichen Elementen gesäubert. Die Stimmung der Sowjetregierung wandte sich ausgesprochenerweise gegen Deutschland.«[20] Aber gleichzeitig lief nach Köstring etwa 1936 die Umstellung der inneren Politik der UdSSR auf einen nationalen Kurs an – und damit auch die Vorbereitung auf den »vaterländischen Krieg«.

Im übrigen hatte der deutsche Militärattaché auf dem Gebiet des ND einen Erfolg zu buchen, den er der Solidarität der nichtkommunistischen Waffenattachés verdankte. Auch das paßt nicht in das allgemeine Vorstellungsschema. Die westlichen Waffenattachés hielten offensichtlich auch dann zusammen, wenn ihre Regierungen in politischen Gegensätzen standen, weil sie sich durch die gemeinsamen Schwierigkeiten in diesem Lande verbunden fühlten. Bei der Informationsbeschaffung, die ja besonders erschwert war, halfen sie sich gegenseitig. So gab es bald eine regelrechte Nachrichtenbörse in Moskau: Man tauschte geheime Nachrichten aus wie Naturalien, aus den oder jenen spärlich fließenden Quellen beschafft, immer nach dem Grundsatz des do ut des. So gab es hier einen schwunghaften Nachrichtenhandel. Allerdings ist diese Moskauer Nachrichtenbörse nicht mit jenem Klatsch und Tratsch zu verwechseln, wie er z. B. in der Schweiz bei Beginn des Zweiten Weltkriegs von journalistischen Dunkelmännern als

[20] a.a.O. S. 136 f.

Geheimes Informationsmaterial herumgeboten wurde. Wir bringen später einige Beispiele.
Der Solidarität der westlichen Militärattachés gelang es einmal, sogar in Moskau die sowjetische Geheimniskrämerei zu überspielen. Da es an Bildmaterial von der Roten Armee mangelte, hatte einer der Waffenattachés, der am Roten Platz wohnte, einen glorreichen Einfall — Köstring nennt weder Namen noch Nationalität —: Während er selbst an den alljährlichen Paraden auf dem Roten Platz teilnahm, bei denen nicht fotografiert werden durfte, versah sich die Dame des Hauses mit einer Handfilm-Kamera und filmte die vorüberziehenden Kolonnen durch das offene Fenster, natürlich so, daß sie nicht von außen beobachtet werden konnte. Das geschah mehrere Jahre hintereinander. Die Auswertung der Filmstreifen ergab mit eindringlicher Bildhaftigkeit, wie Waffen und Ausrüstung der Roten Armee sich ständig verbesserten und deren Schlagkraft erhöhten.
Dieser Film war das wichtigste ND-Material, das Köstring 1939 aus Moskau mitbrachte. Wahrscheinlich hat er sogar zu der deutsch-sowjetischen Annäherung mit beigetragen. Denn Köstring mußte auf Ribbentrops Weisung — Ribbentrop war seit dem 4. 2. 1938 Außenminister — Anfang 1939 zur Berichterstattung nach Berlin kommen. Bei der zwanglosen Unterhaltung im Berliner Kaiserhof wurde er von dem deutschen Außenminister mit der Frage überrascht: »Sie sollen ja Woroschilow gut kennen.« »Ja, allerdings, aber ...« »Dann können Sie ja einmal ein Schnäpschen mit ihm trinken und ihm dabei sagen, daß wir gar nicht so böse Leute sind.« Nach der Meldung bei Keitel wurde Köstring auch zu Hitler befohlen — auf den Obersalzberg. Nach einem fast zweistündigen Lagebericht, dem Hitler ruhig und sichtlich interessiert zuhörte, machte ihn Köstring darauf aufmerksam, daß er auch über einen Film verfüge, der wichtige Aufschlüsse über die Rote Armee vermittle, da er Aufnahmen aus mehreren Jahren umfasse. Dieser Film machte dann in der Tat Furore. Zuerst wurde er von »Fremde Heere Ost« zerschnitten, damit ihn

die einzelnen Waffeninspekteure begutachten konnten, dann wieder zusammengeklebt und schließlich Hitler vorgeführt. Dieser zeigte sich beeindruckt, vor allem auch von der Persönlichkeit Stalins. Alle weiteren Warnungen vor der Sowjetunion hatten aber nur *den* Erfolg: Der Oberste Befehlshaber der deutschen Wehrmacht näherte sich im Sommer 1939 durch diplomatische Kontakte Moskau, um sich die Rückenfreiheit für den beabsichtigten Krieg zu sichern. Aus diesem Krieg aber sollten die Westmächte herausgehalten werden, denen man so bereitwillig alle Informationen über die Stärke der deutschen Wehrmacht zugespielt hatte. Wenn sie sich dadurch von einem Waffengang abschrecken ließen, dann war die Zeit für den großen Beutezug in die Kornkammern der Ukraine gekommen. Aber bis dahin war noch ein weiter Weg für die Geheimdienste.

DRITTER ABSCHNITT

Die neuen Aspekte

ERSTES KAPITEL

Geheimdienst mit britischen Augen gesehen

Eine andere Internationale

Es lohnt, sich genauer mit der seriösen Literatur des Geheimen Nachrichtendienstes der Vor- und Nachkriegsjahre zu befassen. Man wird dabei bemerkenswerte Feststellungen machen und vor allem zu dem überraschenden Ergebnis kommen: Die obersten und wichtigsten Geheimnisträger des Westens kennen sich fast alle. Sie sind sich in der Vorkriegszeit begegnet und haben oft Freundschaft miteinander geschlossen; ja sie trafen sich nach dem Kriege wieder, um ihre Erfahrungen auszutauschen – und zwar, das ist die echte Sensation bei dieser Geschichte –, auch oder gerade dann, wenn sie sich von 1939 bis 1945 als Feinde gegenübergestanden hatten. Das war nicht nur bei General Gehlen und General Wedemeyer der Fall, von denen wir noch berichten werden, sondern das galt in besonderem Maße von dem ersten Mann des westalliierten militärischen Geheimdienstes Sir Kenneth Strong und seinem deutschen Gegenspieler bis 1943, dem späteren Generalmajor Ulrich Liss, von 1938 an Chef »Fremde Heere West« im Oberkommando des deutschen Heeres. Davon war ja bereits die Rede.

Gerade diese beiden hohen Militärs waren Kontrahenten im gleichen Spiel, die sich selbstverständlich auch an die gemeinsamen Spielregeln hielten. Eine Art sportlicher Kameradschaft verband sie untereinander, was den Wettkampf natürlich nicht ausschloß, aber diesen im Sinne des Kampfspiels, wie es von Johan Huizinga in seinem *Homo ludens* eindringlich herausgearbeitet wurde.[1] Unter Spionen gibt es dergleichen nicht.

In der Memoiren-Literatur dieses Bereiches erlebt man jedenfalls Überraschungen. Die erfreulichsten vom humanen Standpunkt aus sind diejenigen in dem Buch *Die Geheimnisträger*, das Strong seinen Erinnerungen *Geheimdienstchef in Krieg und Frieden* hat folgen lassen. Person und Leistung von Liss sind in dem Abschnitt »Deutschland«[2] noch einmal anschaulich geschildert und sachlich gewürdigt. Gegenseitige Sympathie kommt unbefangen zum Ausdruck ebenso wie die Genugtuung über ein gemeinsames Wissen von Staats- und militärischen Geheimnissen, das den einen wie den anderen aus der Menge gleichrangiger Offiziere heraushebt. So Strong über Liss: »Ich fand in ihm einen höchst angenehmen Gesellschafter und nebenbei einen Bewunderer Großbritanniens und des britischen Empire.« Auch Strong schätzte andererseits die Deutschen, wie sich in seinen Büchern immer wieder zeigt: Er hat vor *dem* deutschen Nachrichtenoffizier, dessen Typ Liss verkörperte, Achtung, und er hält auch damit nicht hinter dem Berg. So erzählt er z. B. als Beweis der systematischen Arbeit von Liss und seinen Mitarbeitern: »Die französischen Mobilmachungspläne gehörten zu den bestgehüteten Geheimnissen Frankreichs, und Liss und seine Kollegen waren natürlich an deren Einzelheiten besonders interessiert. Durch genaue Analysen der französischen Reaktionen in den verschiedenen Krisen der Zwischenkriegsjahre und durch exakte Untersuchung der Veränderungen am französischen Eisenbahnnetz konnten sie sich ein fast genaues Bild von diesen Plänen machen. Daher konnten sie jede Einzelheit bei der Mobilmachung der französischen

[1] Der bedeutende niederländische Geschichtsforscher und Kulturphilosoph Johan Huizinga (1872–1945) hat in seinem 1938 erschienenen berühmten Werk u. a. auf den Spielcharakter des ritterlich geführten Krieges hingewiesen. Rowohlts Deutsche Enzyklopädie Band 21, Hamburg 1956, S. 90–104: Kapitel »Spiel und Krieg«.

[2] Siehe Strong II, a.a.O. S. 109–154.

Streitkräfte beobachten und Gegenmaßnahmen vorschlagen, die nicht so stark waren, um als Provokation zu wirken, aber auch nicht so gering, um zwecklos zu sein.«[3] Oder mit anderen Worten: Mit Scharfsinn, Methode und Kombinationsgabe wurden mehr zuverlässige Informationen gewonnen als durch Scharen von Agenten, die man zur Ausspähung der französischen Mobilmachungs-Pläne hätte ansetzen müssen.

Übrigens hebt Strong an Liss auch hervor, daß der Deutsche (Liss) ein großer Pferdefreund und -kenner gewesen sei und natürlich auch ein ausgezeichneter Reiter mit sechsundvierzig gewonnenen größeren Turnieren. Im Kriege kam diese noble Passion auch einem fremden Heeresverband zugute: diesmal den Franzosen, und zwar folgendermaßen: Im Februar 1939, demselben Jahr also, in dem der Zweite Weltkrieg ausbrach, hatte die Equipe der französischen Kavallerieschule Saumur auf dem Reit- und Fahrturnier in Berlin sich besonders ausgezeichnet und nicht nur Beifall, sondern Bewunderung für die Eleganz und Leichtigkeit ihrer Reitkünste geerntet. Diese Kavallerieschule trat am 19. Juni 1940 mit der einzigen deutschen Kavalleriedivision ins Gefecht und leistete heftigen Widerstand an den Loire-Übergängen. Nach dem Waffenstillstand konnte dann der damalige Oberst Liss beim OKH durchsetzen, daß die Kavallerieschule Saumur mit allen Offizieren, Bereitern und Pferden freies Geleit in das unbesetzte Frankreich erhielt, also nicht zur Beute des Siegers gehörte. Über dieses Ereignis schreibt Liss: »Ein Höhepunkt der französisch-deutschen Beziehungen von Armee zu Armee war das Auftreten des ›cadre noir‹, der Dressurquadrille der Kavallerieschule Saumur beim Berliner Februarturnier 1939. Selbst der Reiter- und Pferdefeind Hitler wurde durch das herrliche Bild veranlaßt, die Schaffung einer deutschen Schulquadrille zu gestatten, die wir seit Jahren hätten haben können. Wer ahnte damals, daß schon etwa 16 Monate später die einzige noch bestehende deutsche Kavalleriedivision im Kampf mit den

[3] Strong II, a.a.O. S. 127.

Offiziersschülern von Saumur um die dortige Loirebrücke stehen würde. Nach dem Waffenstillstand marschierten die Dressur- und Springpferde der Kavallerieschule Saumur auf französisches Ansuchen in freiem Geleit von Saumur über die Demarkationslinie in den neuen Standort der Schule in Tarbes am Fuß der Pyrenäen, quer durch das deutsche Heer hindurch, geführt von dem uns aus Friedenszeiten wohlbekannten Equipechef Colonel de Laissardière.«[4]

Liddell Hart und der Nachrichtendienst

Es gab damals also noch eine chevalereske Internationale, eine gegenseitige selbstverständliche Achtung der Soldaten über alle Grenzen. Sie erstreckte sich, wie gesagt, auch auf die Geheimnisträger, vor allem die der obersten Ränge, auch noch im Krieg. Man braucht sich deshalb nicht zu wundern, in dieser Gruppe einem Mann zu begegnen, der zwar nicht unmittelbar mit dem Nachrichtendienst zu tun hat, aber auch für ihn durch sein scharfsinniges Urteil kompetent ist: Dem As der britischen Militärschriftsteller Liddell Hart. Am 24. Oktober 1941, also schon mitten im Zweiten Weltkrieg, hielt er einen Vortrag über den Geheimen Nachrichtendienst, und zwar so sachlich und überparteilich, daß ihn die deutsche Monatsschrift für alle Wehrfragen *Wehrkunde* genau zwanzig Jahre später[5] deutsch publizierte, ohne ein Wort daran zu ändern. Auch ein Beweis im übrigen dafür, wie die deutschen und englischen Auffassungen auf diesem Gebiet grundsätzlich übereinstimmten. Gleich zu Beginn seines Vortrags stellte Liddell Hart fest: »Wie jeder weiß, der ernsthaft Kriegsgeschichte studiert, haben die Meisterspione und -spioninnen, die in volkstümlichen Geschichten herumgeistern, in der wirklichen Kriegsgeschichte und in der Arbeit jedes guten Nachrichtendienstes eine verhältnis-

---

[4] Liss, Ulrich: *Westfront 1939–1940*, Neckargemünd 1959, S. 51.
[5] *Wehrkunde*, Oktober 1961, S. 645 ff.

mäßig geringe Rolle gespielt. Wenige von diesen Agenten hatten das nötige militärische Wissen, um die Bedeutung dessen zu erfassen, was sie erfuhren, und die meisten waren unzuverlässig.«

Es war, wie gesagt, bereits im dritten Jahr des Zweiten Weltkriegs, als das geschrieben wurde. Im übrigen war Liddell Hart fair genug, ohne Rücksicht auf die damaligen Feindseligkeiten zwischen Großbritannien und Deutschland, den deutschen Militärs zuzugestehen, daß sie seit dem Ersten Weltkrieg auch im Geheimen Nachrichtendienst viel hinzugelernt hätten, wie er überhaupt bei dieser und anderen Gelegenheiten ihre militärischen Qualitäten hervorhob. Jedes neue militärische Buch z. B., das in England herauskomme, werde sofort in Deutschland bekannt und errege dort meist viel mehr Aufmerksamkeit als im Ursprungsland selbst; jede Neuerscheinung werde von den Deutschen diskutiert. Dieses wache Bedürfnis nach Informationen komme natürlich auch ihrem Nachrichtendienst zugute, der jedes neue Buch auszuwerten wisse und auch sonst »toujours en vedette« sei. Zum Exempel gab Liddell Hart eine Geschichte zum besten, die er selbst General Fuller, dem anderen As der britischen Militärschriftsteller verdankte: Fuller war wieder einmal in Deutschland, wie des öfteren zwischen den beiden Kriegen, im Oberkommando des Heeres immer ein gern gesehener Gast, weil er ebenso als Freund Deutschlands galt wie als führender Experte in allen Fragen, die die Panzerwaffe betrafen. Diesmal besuchte er auch die Abteilung, die Nachrichten aus Rußland sammelte, also wohl »Fremde Heere Ost«. Da gab es einen umfangreichen Akt »Fuller«. Der zuständige Sachbearbeiter hatte alle Artikel gesammelt und registriert, die die sowjetische Fachpresse über Fuller und seine Theorien gebracht hatte – und jeder dieser Artikel war analysiert. So konnte man aus verschiedenen Anzeichen schließen, wofür sich die Russen am meisten interessierten, und diese Schwerpunkte ließen dann wieder Rückschlüsse auf die Taktik und Organisation ihrer jungen Panzerwaffe zu. Diese Eröffnung machte großen Eindruck auf Fuller, wie Liddell Hart seinen Zuhörern berichtete und zur Nachahmung empfahl.

Was verlangt übrigens Liddell Hart von einem tüchtigen Nachrichtenoffizier? Man kann es auf einen einfachen Nenner bringen: Wißbegierde, wissenschaftliche Arbeit und Methode. Seine Forderungen faßte er im übrigen in fünf Punkten zusammen, die hier dem Sinne nach in aller Kürze wiedergegeben seien. Liddell Hart stimmte dabei mit den deutschen Anschauungen in großem Umfang überein, wenn er verlangte:

1. Die Beherrschung der fremden Sprache, ein gründliches Wissen von Geschichte, Geographie und Wirtschaft des zu beobachtenden Landes, Kenntnis der Volksseele, des Nationalcharakters, der Militärdoktrin und natürlich vor allem der politischen Verhältnisse.
2. Die Fähigkeit, auch bloße »Nachrichtenfetzen« zu einem logischen Ganzen in Beziehung zu setzen.
3. Neugier und gezielte Wißbegierde als Grundmotiv der »Feindforschung«; all das bezeichnete Liddell Hart als das dynamische und männliche Prinzip am ND.
4. Die Exaktheit der Analyse wie auch das kritische Verhalten den »Quellen« gegenüber, ähnlich wie in der Geschichtsschreibung – als das weibliche Prinzip.
5. Unbedingte Sachlichkeit in allen Urteilen! Kein Offizier im Nachrichtendienst darf Wunschvorstellungen nachgeben, weder eigenen noch gar solchen von höheren und höchsten Vorgesetzten.

Dieser fünfte Punkt ist oft ausschlaggebend, wie die Kriegsgeschichte zeigt. Es genügt eben nicht, daß der oder die Nachrichtenoffiziere ihre Lageanalysen erarbeiten und gut formuliert weitergeben oder vortragen: Sie müssen sich mit ihrem fundierten Urteil auch »oben« Gehör verschaffen, selbst wenn sie sich dadurch Schwierigkeiten aufladen. In keinem Fall dürfen sie ihre Feindbeurteilung zu Gefälligkeitsgutachten degradieren. Das allerdings ist immer wieder vorgekommen und so zeigt sich einmal mehr, wieviel Charakter und Takt zusätzlich von den Feindlagebearbeitern der obersten Kommandobehörden verlangt werden. Das gilt für alle Armeen. Liddell Hart ist unbefangen genug, an einem Ereignis des Ersten Weltkriegs nachzuweisen, wie man sich damals gegen die Wahrheit versündigte. Er macht dabei auch nicht Halt vor dem späteren Feldmarschall Douglas Earl of Haig, dem Oberbefehlshaber der britischen Armeen in Nordfrankreich und Flandern, einem gewiß nicht unbedeutenden Heerführer des Ersten Weltkriegs. Haig hatte im Laufe des Jahres 1917 bei seinen Armeen Angriffserfolge zu verzeichnen. Infolgedessen war er auf die Idee gekommen, in Flandern eine britische Allein-Offensive zu starten – ohne französische Unterstützung. Bald hatte er sich in diese Idee förmlich verbissen. Aber dann geschah eben die Sünde wider den Geist des Nachrichtendienstes: Haigs Nachrichtenchef, Brigadier John Charteris, der schon in Indien zum Stab von Haig gehört hatte, war der naiven Meinung, daß er die Absichten seines Oberbefehlshabers unterstützen müsse und gab ihm übertriebene Zahlen hinsichtlich der deutschen Verluste mit auf den Weg nach England. Denn dort wollte sich Haig die Genehmigung zu der Alleinoffensive holen. Natürlich tat Haig dann auch noch das Seine, um die deutschen Verluste weiter zu übertreiben; ja er verstieg sich schließlich zu der Behauptung, die Deutschen seien am Ende des Jahres auch am Ende ihrer Reserven. So wurde natürlich die Flandern-Offensive genehmigt. Aber Haig und sein Nachrichtenchef hatten nicht die Momente mit ins Kalkül gezogen oder genügend abgeklärt, die Liddell Hart besonders hervorhebt:

1. Das Wetter. Nach den meteorologischen Unterlagen der letzten 80 Jahre war in Flandern höchstens mit einer Schönwetterperiode von 14 Tagen zu rechnen.
2. Der Boden in Flandern war in der Hauptsache drainiertes Marschland. Durch das Artilleriefeuer, das die Drainage zerstörte, würde er sich in einen einzigen Sumpf verwandeln.
3. Die so geschaffene Versumpfung würde den Einsatz der »Tanks«, der neuen Panzerwaffe, erschweren oder entscheidend behindern.

Die Flandern-Offensive Haigs im Oktober 1917 ist dann auch bekanntlich gescheitert: Sie ging unter in den Trichtersümpfen von Paschendaele. Man hatte, statt die Lage umfassend zu klären, einem Wunschdenken nachgegeben. Und warum? Weil sich weder der Oberbefehlshaber noch sein Nachrichtenchef über die Beurteilung der Wahrheit im Kriege klar gewesen sind: Sie muß hart angesprochen werden, weil es nicht nur um militärische Erfolge oder Mißerfolge, sondern um Tatsachen und Menschenleben geht. Der Feindbearbeiter muß dabei alle konkreten Momente berücksichtigen, die der Feindseite zugutekommen können, nicht nur seine zahlenmäßige Stärke oder Schwäche. Das ganze Ausmaß der möglichen Schwierigkeiten ist zu berücksichtigen. Dann ist es die Sache der Befehlshaber und Oberbefehlshaber, abzuwägen, ob sie es sich und der Truppe zutrauen, mit den vorhandenen Mitteln und Kräften das gesteckte Ziel zu erreichen.

Sicher gehörte auch Mut zur Wahrheit dazu, daß Liddell Hart das Versagen von Haig, der einmal sein Oberbefehlshaber war, rückhaltlos ansprach. Er tat es indessen nicht um der negativen Kritik willen, sondern um Lehren daraus zu ziehen und auf die Aufhellung des Verantwortungsbewußtseins hinzuwirken. Dazu noch Captain Liddell Hart: »Vertrauen und Entschlußkraft sind die wesentlichen Eigenschaften eines Befehlshabers. Diese sind aber belanglos oder sogar gefährlich bei der Arbeit seines Nachrichtendienstes. Hier sind der strikt wissenschaftliche Geist und die wissenschaftliche Methode die wesentlichen Bedingungen für guten Dienst für den Befehlshaber. Jede Ermutigung zu vorgefaßter Meinung aus mißverstandener Loyalität ist der schlechteste Dienst, den der Nachrichtendienst leisten kann.«

Der Engländer spricht damit die eigentliche Problematik aller Nachrichtendienste an. Das ist sein geschichtliches Verdienst. Wie schwer wird sich ein Captain oder Major gegenüber dem Kommandierenden General durchsetzen oder auch noch ein Generalmajor gegenüber dem Feldmarschall oder gar dem Obersten Befehlshaber! Das Rezept ist noch nicht erfunden, das den

Sachbearbeiter nachgeordneten Ranges berechtigt, sich über den hergebrachten militärischen Grundsatz hinwegzusetzen: Befehl ist Befehl. Es gibt für ihn nur den »Befehl des Gewissens«.

Im übrigen hebt der britische Militärschriftsteller in seinem Vortrag noch eine Eigenschaft besonders hervor, die zu jedem guten Nachrichtenoffizier gehört: *Die schöpferische Einbildungskraft.* »Dies ist die Kraft, wie es Wellington ausdrückte, das, was auf der anderen Seite des Hügels vorgeht, hinter den Linien des Feindes und in seinem Kopf zu durchschauen. Sie bedeutet etwas mehr als die Fähigkeit, Fakten zu bemerken. Sie bedeutet die Kraft, diese zum Leben zu bringen und die entstehende Lage sich zur rechten Zeit vor Augen zu stellen, so daß ihr entgegengetreten werden kann, bevor sich eine neue, ungünstigere Lage entwickelt.«[6] Diese schöpferische Einbildungskraft auf wissenschaftlicher Grundlage ergibt dann, was man Intuition heißt, wie wir hinzufügen möchten, »ein Ahnen und Herausfühlen der Wahrheit, nach welchem gehandelt werden muß«. Das sagt Clausewitz dazu. Er sagt auch warnend weiter: »Ist diese Fähigkeit der Phantasie zuzuschreiben, so ist dies fast auch der einzige Dienst, welchen die kriegerische Tätigkeit von dieser ausgelassenen Göttin fordert, die ihr übrigens eher verderblich als nützlich ist.«[7] Das gilt im negativen wie im positiven Sinn.

Im Falle Hitlers, das sei hier am Rande bemerkt, trifft der verderbliche Einfluß der Phantasie auf die Kriegführung unbedingt zu. Sie wurde keiner wissenschaftlichen Reflexion unterworfen und sah nur das, was sie sehen wollte. Daher uferte sie immer mehr aus. Auch fehlte ihr das Gegengewicht eines Nachrichtenchefs mit der notwendigen Autorität »ganz oben«. Aber wer war denn nach dem Sieg im Westen 1940 Hitler noch gewachsen? Seitdem hatte sich sein Charakter zum *Eigensinn* entwickelt. Und dazu sagt Clausewitz, dieser grandiose

---

6 a.a.O. S. 648 f.

7 Clausewitz, a.a.O. S. 59.

Menschenkenner, was wir hier zur Ergänzung der Gedanken von Liddell Hart besonders hervorheben möchten[8]: »Eigensinn ist kein Fehler des Verstandes: wir bezeichnen damit das Widerstreben gegen bessere Einsicht und dieses kann nicht ohne Widerspruch in den Verstand als das Vermögen der Einsicht gesetzt werden. Der Eigensinn ist *ein Fehler des Gemüts.* Diese Unbeugsamkeit des Willens, diese Reizbarkeit gegen fremde Einrede, haben ihren Grund nur in einer besonderen Art von Selbstsucht, welche höher als alles andere das Vergnügen stellt, über sich und andere nur mit eigener Geistestätigkeit zu gebieten. Wir würden es eine Art von Eitelkeit nennen, wenn es allerdings nicht etwas Besseres wäre: der Eitelkeit genügt der Schein, der Eigensinn beruht auf dem Vergnügen an der Sache.« Er legt es nämlich darauf an, unbedingt Recht zu haben oder Recht gehabt zu haben, wie wir hinzufügen möchten.

Mit Eigensinn und Rechthaberei haben es die Nachrichtenoffiziere immer wieder zu tun. Admiral Canaris z. B. hatte, um dies gleich anzusprechen, weder von der Organisation noch von der Praxis her die Voraussetzungen für einen echten Nachrichtenchef Hitlers. Er war nicht eingesetzt, um dem Obersten Befehlshaber reinen Wein über die große Lage einzuschenken, was er auch gar nicht gekonnt hätte, sondern um den Geheimen Meldedienst zu dirigieren, der oft auf abenteuerlichem Wege Nachrichten beschaffte oder abenteuerliche Unternehmungen leitete, wie die der Abwehr II mit Hilfe der »Brandenburger«. Das gefiel Hitler, weil es seine Phantasie erregte und seine Strategie immer zum Phantastischen neigte. Niemals aber ist bei diesen Unternehmungen auch nur ein annähernd so kriegswichtiges Ergebnis herausgekommen wie etwa bei Lawrence in Arabien im Ersten Weltkrieg.[9]

[8] Clausewitz, a.a.O. S. 57.

[9] Thomas Edward Lawrence, 1886—1935, Archäologe und Sprachforscher, im I. Weltkrieg als Agent Englands Organisator des Aufstands der Araber gegen die Türken.

Aus der Zentrale des britischen Nachrichtendienstes

Wie die Deutschen in General Liss oder später Gehlen, so verfügten die Briten in dem späteren Major General Sir Kenneth Strong über einen hervorragenden Experten des modernen Nachrichtendienstes; auf Grund fortschrittlicher Prinzipien und Methoden hat er Ungewöhnliches geleistet. Daß hier auch eine Wahlverwandtschaft zu den Deutschen mit im Spiel war – darauf ist schon hingewiesen worden. Aber Strong befand sich in jeder Hinsicht in einer glücklicheren Position als seine deutschen Kollegen. Denn die Gesamtorganisation, in der er den militärischen ND leitete, blieb in den britischen Traditionen gegründet und durch die englische Männergesellschaft mit ihren freiheitlichen Umgangsformen begünstigt. So war der britische Nachrichtendienst sicher der beste und erfolgreichste aller kriegführenden europäischen Staaten. Das ergab sich vorrangig daraus, daß er für eine vernünftige Aufgabenteilung organisiert war und ihn ein Diplomat koordinierte, der die Politik obenan stellte. Offenbar hatte er auch das Ohr der Regierung. Das hinderte diese natürlich nicht daran, die gelieferten Informationen gelegentlich beiseite zu schieben. Indessen hat jeder Geheime Nachrichtendienst, der sich im Halbdunkel abspielt, immer wieder mit dem Menschlich-Allzumenschlichen zu rechnen. Es ist der Reiz der britischen Memoirenschreiber, daß sie das unbefangen berichten, statt wie die Deutschen »Helden« aufzubauen und ihre Motive zu idealisieren. Die wahren Leistungen werden dann in dem Blendlicht leicht übersehen.

Man wird den Namen *Bill Cavendish-Bentinck* vergeblich in der populären Literatur über den Geheimen Nachrichtendienst suchen. Er kommt nicht in der Bibliographie der Geschichte des Geheimen Nachrichtendienstes vor, die Max Gunzenhäuser vorgelegt hat[10]; auch Gert Buchheit nennt ihn nicht in seinem

---

[10] Max Gunzenhäuser: *Geschichte des Geheimen Nachrichtendienstes. Literaturbericht und Bibliographie,* 434 Seiten, Frankfurt/Main 1968.

großen Überblick *Die anonyme Macht*. Erst Strong hat ihn in seinen beiden Büchern, die seit 1968 erschienen sind, der Weltöffentlichkeit vorgestellt. Und das wohl aus dem Grund, weil Cavendish-Bentinck offenbar mit der Spionage im Sensationsstil nicht das geringste zu tun hatte. Trotzdem gehörte er unter die Geheimnisträger ersten Ranges. Strong hat ihm jedenfalls das beste Zeugnis ausgestellt, indem er von ihm berichtet[11]: »Als Bill Cavendish-Bentink im Oktober 1939 die Szene betrat, war der britische Geheimdienst in einem ziemlichen Durcheinander und suchte nach einer entsprechenden Führung. Die Übernahme dieser Führung sollte Cavendish-Bentincks größter Beitrag zum britischen Geheimdienst im besonderen und zu den Kriegsanstrengungen im allgemeinen werden ... Cavendish-Bentinck erkannte bald, daß der Geheimdienst, wenn er eine nützliche Funktion erfüllen und die ihm zukommende Rolle in den Kriegsbemühungen spielen sollte, im Einklang mit den Grundsätzen einer wirksamen Planungsorganisation entwickelt werden müßte.«

Das besondere Merkmal dieses offenbar höchst erfolgreichen Koordinators des englischen Nachrichtendienstes im Zweiten Weltkrieg war seine Unauffälligkeit. Auch später hielt er sich im Hintergrund. Er hat weder Memoiren geschrieben noch sich durch Presse-Interviews ins Licht der Öffentlichkeit ziehen lassen. Nur einer seiner Mitarbeiter, unser Gewährsmann Strong, brach offenbar das Schweigen um ihn und hat ihn so lebensnah beschrieben, wie das nur Angelsachsen können, wenn ihnen Humor und Menschenkenntnis die Feder führen. Hier seine Porträtskizze: »Seine neuen Kollegen entdeckten in ihm einen ausgezeichneten Vorsitzenden (nicht Vorgesetzten, Anm. W. v. S.), der sich durch Takt, Gelassenheit und Gutmütigkeit auszeichnete. Klug und listig dreinblickend, pflegte er sich mit zusammengepreßten Fingerspitzen in seinen Sessel zurückzulehnen, geduldig zuzuhören und dafür zu sorgen, daß das Gespräch sachlich blieb. Hie und da griff er in seiner leicht scherz-

---

[11] Strong II, a.a.O. S. 186.

haften Art ein, um heftigen Kontroversen die Spitze zu nehmen. Er verfügte über die Skepsis des guten Geheimdienstoffiziers und war so den anderen Ausschußmitgliedern stets um ein entscheidendes Stück voraus.«

Auch von seinen Kollegen hat Strong ein lebendiges Bild entworfen, mit einem Anflug von Ironie freilich, der das Typische leicht unterstreicht. So schildert er den Kollegen von der Marine z. B. folgendermaßen: »Der Chef des Marinegeheimdienstes, Konteradmiral John Godfrey, hatte die traditionelle Haltung des britischen Marinegeheimdienstes übernommen, der sich stets der Armee und der Luftwaffe überlegen fühlte. Er pflegte Geheimdienstler, deren Ansichten von denen der Marine abwichen, gleichsam als widerspenstige Matrosen zu betrachten, die hart angefaßt werden müßten. Er war zweifellos die dominierende Gestalt unter den Geheimdienstchefs der drei Teilstreitkräfte und ein Meister der Verallgemeinerung. Obwohl kaum eine Frage ausschließlich maritimer Natur war, wurde jeglicher Hang, einen eventuellen Einfluß der Marine auf eine solche Frage zu übersehen, drastisch zurückgewiesen.«

Auch die anderen Geheimdienstchefs, schreibt Strong, seien lauter Individualisten gewesen, er offenbar mit eingeschlossen. Die diplomatischen Fähigkeiten Cavendish-Bentincks mußten sich also bewähren. Und doch geschah, was zunächst als unwahrscheinlich erschien: Die Geheimdienstchefs der drei Teilstreitkräfte, zu denen sich noch ein ziviler Vertreter des Ministeriums für Kriegswirtschaft gesellte, zögerten nicht lange, einen Zivilisten und Diplomaten, der ursprünglich über keinerlei geheimdienstliche Erfahrungen verfügte, als Vorsitzenden anzuerkennen. Es erwies sich eben doch als vorteilhaft, einen Präses zu haben, der über den Einzelinteressen stand, und zudem über große diplomatische Erfahrungen wie enge Kontakte zum Außenministerium verfügte. Jedenfalls war das die beste Lösung. Denn keiner der anderen Geheimdienstchefs wäre bereit gewesen, den Vorsitz eines seiner Kollegen zu akzeptieren![12]

---

[12] Ebenda S. 188 f.

Die wichtigsten Leistungen des britischen ND 1939–1943

Über die Nachrichtengewinnung des Geheimen Meldedienstes in Großbritannien, des Secret Service, schweigt Strong diskret. Warum? Man kann vermuten, daß die Geheimverbindungen, die sich in den letzten Friedensjahren nach Deutschland ergeben hatten, doch nicht ganz unterbrochen waren – und dann war da offenbar ein gut funktionierendes Agentennetz in Polen, von dem laufend Informationen über deutsche Truppenbewegungen kamen, sonst wäre Cavendish-Bentinck wohl kaum nach dem Krieg der erste britische Botschafter in Polen geworden. Jedenfalls lag der britische Geheimdienst in den drei großen Entscheidungen richtig, bei denen es um die Existenzsicherung Großbritanniens bis 1941 ging, nämlich bei der Frage der Invasion der britischen Insel durch die Wehrmacht 1940, um die deutschen Pläne zur Wegnahme Gibraltars am Ende des Jahres und schließlich um Zeitpunkt und die Aussichten des Rußlandkriegs Hitlers 1941. Hier waren ebenso politische wie militärische Fragen mit im Spiel. Der Politiker Cavendish-Bentinck aber stellte in jedem Fall die richtigen Prognosen, wie Strong hervorhebt. Er hatte eben enge Kontakte zum Außenministerium, und über das Außenministerium, so möchten wir vermuten, kamen bisweilen relevantere Informationen als über den secret service. Denn überall gab es englandfreundliche Diplomaten.

Das diplomatische Korps in den Hauptstädten war und ist immer eine Quelle von geheimen Nachrichten, besonders im Krieg. Es gibt Querverbindungen: Was der Botschaftsrat X der einen Mission weiß, das erfährt bald der Attaché Y einer anderen, um es dann an Z weiterzugeben. Immer und überall lohnen sich persönliche Kontakte. Auf diese Weise war z. B. auch in Madrid mit Sicherheit zu erfahren, daß Generalissimus Franco nicht daran dachte, Spanien in einen neuen Weltkrieg hineinziehen zu lassen, wie Hitler wollte. Und die Invasion der britischen Insel, die die Deutschen im Sommer 1940 so intensiv vorzubereiten schienen? Sie war unwahrscheinlich geworden, nachdem die Engländer die Luftschlacht über dem Kanal und ihrer Insel gewannen. Die deutschen Luftangriffe waren zu Selbstvernichtungen geworden, die die Invasion schließlich unmöglich machten. Auch das sagte Cavendish-Bentinck rechtzeitig voraus. Denn offenbar verfügte er durch Strong oder dessen Luftwaffenkollegen nicht nur über die genauen Zahlen der deutschen Flugzeuge, sondern auch über die der Kapazität der deutschen Flugzeugindustrie. England konnte aufholen und überholen: »Der Löwe hat Flügel«, verkündete Churchill.

Und was war mit dem Angriff Hitlers auf Rußland? Er würde den lebenswichtigen Zeitgewinn für die Insel bringen. Hat Strong durch seine Freunde in Deutschland rechtzeitig davon erfahren? Wahrscheinlich, vielleicht auch über die »Rote Kapelle«. Außerdem ist zu vermuten, daß polnische Patrioten den deutschen Aufmarsch im Osten genau verfolgten und London durch Funk informierten. Funkagenten arbeiteten ja überall in den besetzten Gebieten als geheimdienstliche Beobachter. Die deutsche Funkabwehr wußte darum. Aber gerade durch die Blitzsiege in Polen, im Westen, in Norwegen wuchsen ihr die Aufgaben über den Kopf: Ihre Mittel und Kräfte reichten einfach nicht aus, um alle Agentensender anzupeilen oder gar auszuheben. Jedenfalls erhielt Großbritannien zusätzlich Informationen aus ganz Europa. Der Feindnachrichtendienst der drei Wehrmachtsteile wie der Geheime Meldedienst der »Abwehr«, konnten sich demgegenüber noch soviel Mühe geben, sie waren und blieben geheimdienstlicher Mittelstand. Dazu noch Strong: »Die Qualität der geheimdienstlichen Arbeit der Abwehr ist umstritten.«[13]

Der englische Nachrichtendienst hatte nicht nur die bessere Organisation und einheitliche Führung; er hatte offenbar auch die besseren Informanten, schon als Großbritannien noch ganz allein gegen Hitler kämpfte. Bei Strong ist da ein wichtiger Hinweis zu finden: Als 1947 aus dringendem Anlaß die CIA,

---

[13] Ebenda S. 113.

die Central Intelligence Agency, in den Vereinigten Staaten gegründet wurde, berief man zunächst den Admiral Roscoe Hillenkoetter an die Spitze. Warum? Der Admiral war im Zweiten Weltkrieg bei der französischen Vichy-Regierung von 1940 bis Dezember 1941 US-Marineattaché gewesen. Er hatte der alliierten Sache wertvolle Dienste geleistet, bemerkt Strong. Dem Kundigen sagt diese Bemerkung genug darüber, worin diese »wertvollen Dienste« bestanden.

Jedenfalls konnte der Ausschuß der britischen Geheimdienste unter Cavendish-Bentincks aus vielen, meist sicheren Quellen schöpfen und war darum in der Lage:

1. Frühzeitig zu wissen, daß die Vorbereitungen für eine Invasion in England nach der von den Deutschen verlorenen Luftschlacht vorerst und dann endgültig abgeblasen wurden.
2. Daß das Unternehmen »Felix«, der Angriff auf Gibraltar Ende 1940 nicht stattfinden würde, weil sich Franco dem widersetzt hat.
3. Daß schon im Herbst 1940 die Vorbereitungen für das Unternehmen Barbarossa begannen.

Von weiteren Leistungen in der zweiten Hälfte des Krieges ist in späteren Kapiteln die Rede.

ZWEITES KAPITEL

Ein ND ohne Spione und bezahlte Agenten

Zum Schutze der Schweizer Neutralität

Nächst dem britischen Geheimdienst darf die Schweizer Eidgenossenschaft vor und im Zweiten Weltkrieg besondere ND-Leistungen für sich in Anspruch nehmen. Sie hatte bereits in den dreißiger Jahren einen Nachrichtendienst entwickelt, der ohne Spione und bezahlte Agenten auskam und doch die Nachrichten beschaffte, die das Land zum Schutz seiner politischen Freiheit brauchte. Eigentlich war dies eine Ironie der Geschichte. Denn gerade in der Schweiz selbst, dem neutralen Land zwischen den Staaten Europas, die in wechselvollen Konflikten standen und dann gegeneinander Krieg führten, gerade dort wimmelte es von 1938 bis 1945 von Agenten, V-Männern und Spionagezentralen, die für die eine oder andere kriegführende Partei arbeiteten. Die Residentur Alexander Radós z. B. ist weltweit bekannt geworden. Es gab dort aber auch kleine Nachrichtenhändler, die an Freund und Feind lieferten. Man kann vielleicht sagen, daß die Schweiz gegen diese Umtriebe auf ihrem Boden nicht allzu energisch durchgriff; ihrerseits aber war sie in die Zwangslage geraten, nach 1939 ihren politischen Bestand zu schützen und gegen diejenigen zu arbeiten, die ihn bedrohten, und das waren nun einmal die »Achsenmächte«. Gesinnungsmäßig stand jedenfalls die Mehrheit der Eidgenossen eindeutig auf seiten der Demokratien und leistete begreiflicher Weise auch deren Nachrichtendiensten Vorschub. Daß z. B. aber auch ein tüchtiger Journalist wie PAKBO-Pünter für die Sowjetunion arbeitete, berichten freimütig dessen Erinnerungen. Die Gründe sagt schon der Titel: *Der Anschluß fand nicht statt.*[1]

Jedenfalls mußte die Schweiz bereits vor dem Zweiten Weltkrieg ganz anders auf der Hut sein, als vor dem Ersten, in dem keine Bedrohung für sie bestand. Der Zugzwang zu vorbereitenden Abwehrmaßnahmen hat sich dadurch ergeben.

Die Schweiz hatte nach dem Ersten Weltkrieg überhaupt keinen Nachrichtendienst, der diesen Namen verdiente. Ihre Neutralität machte ihn überflüssig, wie es schien. Mit Frankreich bestand eine traditionelle Freundschaft ohne Konfliktmotive. Das Deutsche Reich, mit dem 1914—1918 der damalige eidgenössische Oberbefehlshaber General Wille und die Mehrheit der Milizoffiziere sympathisierten, war seit 1919 entmachtet; also hatte man keinen Grund zur Vorsicht und konnte sich mit einer bescheidenen Nachrichtenabteilung, der 5. Sektion der Generalstabsabteilung, begnügen. In etwa erinnerte sie an die statistische Abteilung im Reichswehrministerium vor 1933. Dementsprechend niedrig war der Etat von 20 000 bis 30 000 Franken jährlich. Er reichte gerade aus, die internationale militärische Fachpresse zu beschaffen und auszuwerten. Auf den Geheimen Meldedienst wurde verzichtet. Die traditionell neutrale Schweiz, so glaubte man bis in die dreißiger Jahre, durfte sich das weder leisten, noch hatte sie dergleichen nötig.

Erste Spannungen mit Nachbarn ergaben sich allerdings bereits seit dem faschistischen Umschwung in Italien 1922. Nun herrschten in beiden Staaten völlig verschiedene politische Systeme, so daß in der Schweiz weiterhin die politische und bürgerliche Freiheit, in Italien die nationale Staatsmacht und ihre Mehrung obenan standen. Da konnten politische Spannungen nicht ausbleiben. Freiheitlich gesinnte Italiener, darunter so überragende Persönlichkeiten wie der Dichter Ignazio Silone emigrierten in die Schweiz, nicht wenige von ihnen mit der ausgesprochenen Absicht, gegen das faschistische Italien zu operieren. Aber auch das Regime Mussolinis machte kein Hehl

---

[1] Pünter, Otto: *Der Anschluß fand nicht statt,* Bern 1967.

daraus, daß es sich am liebsten das Tessin einverleibt hätte, wo bekanntlich italienisch gesprochen wird. Die Schweizer Eidgenossenschaft war ja kein Nationalstaat, sondern eine Konföderation von vier Nationalitäten, die seit Jahrhunderten aus freien Stücken zusammenlebten und eine gemeinsame freiheitliche Verfassung hüteten. Manchen nationalistischen Zeitgenossen erschien dies als ein provozierender Anachronismus aus der Vorstellungswelt des alten Reiches, nachdem nun einmal die nationalstaatliche Idee seit der französischen Revolution die europäische Politik beherrschte. Der gleichen Meinung waren auch viele Nationalisten in Deutschland nach dem Systemwechsel und der Machtergreifung Hitlers am 30. Januar 1933. Die Schweiz bekam ihre Folgen rasch zu spüren, und zwar direkt und indirekt. Immer mehr Gefährdete flohen über den Bodensee und begehrten Asyl: Juden, Kommunisten, Sozialdemokraten, Freimaurer und Linksliberale, auch freie Bürger, die es einfach ablehnten, unter einem totalitären System zu leben, und die sich die Emigration eben leisten konnten. Nicht wenigen Emigranten zeigte die Schweiz aber auch notgedrungen die kalte Schulter.

Bereits im Sommer 1933 war die demokratische Freiheit in Deutschland beseitigt. Zwischen der freiheitlich gesinnten Schweizer Presse – voran die *Neue Zürcher Zeitung* – und der »gleichgeschalteten« Presse in Deutschland kam es zu Pressefehden. Die Konflikte steigerten sich, je mehr Hitler politische Erfolge errang und seine Macht auch jenseits der Grenzen spürbar wurde. In der Schweiz mehrten sich seine Anhänger und Sympathisanten. Fünf Jahre nach 1933 war es dann soweit: da hatte sich der vordem befreundete Groß-Staat im Norden zu einem potentiellen Gegner der Schweizer Freiheit entwickelt. Zudem war aus einem politisch schwachen und militärisch rückständigen ein selbstbewußtes Deutschland geworden, das rasch aufrüstete und von Jahr zu Jahr mehr politisches Gewicht gewann, während die Macht Frankreichs mit ihrem Anspruch auf die europäische Hegemonie allmählich zerbröckelte. Alarmzeichen waren vor allem die Wiedereinführung der allgemeinen Wehrpflicht in Deutschland im März 1935; ein Jahr später die Rheinlandbesetzung, die die strategische Lage in Westeuropa von Grund auf veränderte, wie man natürlich auch in der Schweiz erkannt hat.

Trotzdem erfolgten von Frankreich nur papierne Proteste, die auf politische Schwäche schließen ließen und Hitler in seinem Aggressionsdrang bestärkten. Es war also Zeit, daß sich die Schweiz selbst energisch um ihre Sicherheit kümmerte, ihre Landesverteidigung und ihre Armee modernisierte. Wehr- und sicherheitspolitisch sah sie sich bereits 1936 vor drei Notwendigkeiten gestellt:

1. Die Wiedererweckung des halb eingeschlafenen Wehrgeistes, nicht zuletzt bei der Arbeiterschaft und ihrer wichtigsten politischen Vertretung in der Schweiz, der Sozialdemokratie.
2. Modernisierung der eigenen Streitkräfte und zusätzliche Verteidigungsmaßnahmen, die die Risiken eines potentiellen Angreifers erhöhten.
3. Die Einrichtung eines voll effektiven Nachrichtendienstes, der laufend über die wehrpolitischen Vorgänge und Absichten, vor allem der nördlichen »Anrainer«, informierte.

Die Schweiz hat dieses Problem gelöst und zusätzlich mit einem »privaten« ND-Büro zugleich ein Exempel spontaner Aktivität damit statuiert, und zwar auf ungewöhnliche Weise. Als treibende Kraft bewährte sich dabei ein Mann, der nicht auf den Staat und die immer schwerfälligen Parteien oder gar den Verwaltungsapparat zu warten gewillt war. Dieser Mann handelte für das Gemeinwesen. Es zeugt aber auch für den politischen Sinn der Schweizer, für ihre Wachsamkeit und Bürgerinitiative, daß sie dies akzeptierten: Dergleichen gab und gibt es nur noch in der Eidgenossenschaft. Der Mann, der aus freien Stücken daranging, das Notwendige zu tun und auf eigene Faust Nachrichten zu beschaffen, war nämlich kein offiziell Beauftragter, kein Berufsmilitär und kein Berufspolitiker, sondern »nur« ein Milizhauptmann, von Beruf Großhändler in Foto- und Filmapparaten und entsprechenden Artikeln und späterhin der führende Mann dieser Branche in der Schweiz. Er hieß Hans Hausamann.[2] Er hat auch Schritt für Schritt den Schweizer Wehrwillen neu belebt. Darüber hinaus wurde er eine der interessantesten Figuren im europäischen Nachrichtendienst überhaupt.

Hans Hausamann, 1896 geboren, wohnte in Teufen im Appenzeller Land. Er war ein bewußter Bürger und Wehrmann, dazu ein ausgezeichneter Organisator. Bereits in den dreißiger Jahren wurde er der Sprecher und Pressechef der Schweizer Offiziersgesellschaft, der mit Artikeln und Vorträgen für eine Belebung der Schweizer Verteidigungsbereitschaft eintrat. Seine ersten Sporen für die Landesverteidigung – Hausamann war übrigens auch passionierter Reiter – verdiente er sich bei der Wehrvorlage vom 24. 2. 1935, die mit einer Mehrheit von 75 000 Stimmen angenommen wurde. Der erste Schritt zur Wiedererweckung des Schweizer Verteidigungswillens war damit getan. Bald darauf erfolgte der zweite, vielleicht noch wichtigere: Er bestand darin, die Schweizer Sozialdemokratie für die Landesverteidigung zu gewinnen. Das schien zunächst eine schwierige Aufgabe. Denn selbstverständlich überwogen damals in den Arbeiterkreisen der Schweiz, wie in den Gruppen der Intelligenz, die mit ihnen sympathisierten, pazifistische und internationalistische Tendenzen. Aber diese Einstellung wich 1938 schlagartig einer realistischen Beurteilung der Lage: Österreich war als selbständiger Staat von der Landkarte verschwunden und das Großdeutsche Reich proklamiert. Jetzt stand der potentielle Gegner nicht mehr allein im Norden, sondern auch im Osten, in Vorarlberg. Wieder kam es zu einem Ereignis, das nicht so leicht in einem anderen Gemeinwesen möglich gewesen wäre. Bundesrat Minger[3], Chef der Eidgenössischen Militär-Departements, empfahl den Sozialdemokraten als Militärberater und Wehrexperten genau den

[2] Siehe Kurz, Hans Rudolf: *Nachrichtenzentrum Schweiz,* S. 21–23, »Das Büro Hausamann«.

[3] Schweizer *Woche,* Dezember 1971: Interview mit Hans Hausamann.

Mann, den manche Genossen vorher bekämpft und als »Militaristen« scheel angesehen hatten: Hauptmann Hans Hausamann. Niemand, so erklärte Minger, würde überzeugender darlegen, warum die Sozialdemokraten jetzt für die Landesverteidigung eintreten müßten: nämlich, um den »Anschluß« zu verhindern. Sollten totalitäre Gruppen auch in der Schweiz an die Macht kommen, dann war es um die freiheitlichen Überlieferungen der Eidgenossen geschehen und damit um ihre politische Selbstbestimmung. Die Sozialdemokratie würde dann überhaupt verschwinden, wie man es 1933 in Deutschland erlebt hat. Dieses Argument wurde von Hausamann mit besonderem Nachdruck vertreten und ist dann wohl auch ausschlaggebend geworden. Der führende Mann in der Schweizer Sozialdemokratie, Nationalrat Hans Oprecht, eine weitblickende Persönlichkeit von großer politischer Verantwortung, wurde unter Hausamanns Einfluß Befürworter der Landesverteidigung unter den gegebenen Verhältnissen. Sie erhielt nun auch von der Sozialdemokratie die notwendigen Mittel bewilligt und – was vielleicht noch mehr zählte – auch die ideelle Bejahung und Unterstützung. In allen wehrpolitischen Fragen stand Hausamann als Berater zur Verfügung.

Diese Kooperation erschloß aber auch dem privaten Nachrichtendienst Hausamanns weitere Informationsquellen. So gewann sie allmählich Gestalt. Denn selbstverständlich ergaben sich auch damit neue Kontaktmöglichkeiten zur sozialistischen Internationale und zu den alten Genossen in Deutschland. Man hatte sie diffamiert, festgenommen, aus ihren Stellungen und Ämtern entfernt oder verjagt und auf die Straße geworfen. Aber noch blieben ihnen die alten, persönlichen Verbindungen, nicht zuletzt mit den Genossen in der Schweiz. Ihnen gegenüber brauchten sie aus ihrem Herzen keine Mördergrube zu machen, wie man zu sagen pflegt. So gaben sie bald auch manche vertrauliche Information über die Grenze, oft wichtige Mosaiksteine für das Büro Hausamann, wie sie »amtlich« kaum besser hätten beschafft werden können. So war auch im Schweizer Exempel alles ganz anders.

Das Büro Ha arbeitet

Seit 1936 hatte sich die Schweizer Landesverteidigung, wie bereits berichtet, in einem eigentümlichen Dilemma befunden. Sie verfügte zwar über eine Nachrichtenabteilung, jetzt unter dem aufgeschlossenen Oberstleutnant im Generalstabsdienst Roger Masson, der zu den wenigen Berufsoffizieren der Armee gehörte. Aber ganz offensichtlich wollte man in Bern vermeiden, daß sie sich auf illegale Weise Nachrichten beschaffte. Die traditionelle Neutralität schien das zu verbieten. Es war also besser, wenn ein Privatmann tätig wurde. Und das war vor allem Hausamann. So drängte sich förmlich auf, daß er alle politischen wie militärischen Informationen systematisch sammelte, die er und seine Mitarbeiter auf ihren europäischen Reisen gewannen. Dazu sagte Hausamann in einem Interview, das er im Dezember 1971 der Schweizer *Woche* gab: »Als Berufsoffizier hätte ich niemals die Aktivitäten entfalten können wie als Milizoffizier.«

Vier Momente kamen dem Schweizer Milizhauptmann bei dem Aufbau seines Büros Ha besonders zustatten, wie diesem Interview zu entnehmen ist.[3a]

1. Die Tatsache, daß er deutsch sprach wie ein Deutscher und besonders in Berlin enge Geschäftsbeziehungen unterhielt. Durch Zufall kam er in Kontakt mit maßgeblichen Leuten des Dritten Reiches, den er natürlich aufrecht erhielt. »Im Gespräch hatten sie keine Hemmungen, sogar über Geheimstes zu reden. Sie hielten mich möglicherweise für einen Sympathisanten und ich hatte keine Veranlassung, sie eines Besseren zu belehren«, so Hausamann wörtlich in der *Woche*.
2. Die Tatsache, daß er Offizier war und dazu noch der Pressechef der Schweizer Offiziersgesellschaft seit 1935. Als solcher konnte er sich als Fachmann für alle militärischen Dinge interessieren, ohne daß dies aufgefallen wäre. Außer-

---

[3a] Schweizer *Woche*, Dezember 1971: Interview mit Hans Hausamann.

dem gab es damals noch so etwas wie eine Solidarität westlicher Offiziere, der man auch im Geheimen Nachrichtendienst immer wieder begegnete. So kam Hausamann u. a. mit zwei deutschen Offizieren in Verbindung, die an einem kombinierten Schießkurs am Simplon teilgenommen hatten, Jahre vor dem II. Weltkrieg.

Dazu Hausamann: »Von da an hatte ich mit den beiden gute Kontakte. Bei Besuchen in Berlin (ich war fast jede Woche zu jener Zeit dort) nahm ich von Zeit zu Zeit mit ihnen und über sie mit anderen Fühlung auf und erfuhr in der Folgezeit Dinge, über die sie bestimmt nicht gesprochen hätten, wären sie im Bilde gewesen ... Zu jener Zeit aber war es für unsere Instanzen wichtig, über das, was im Dritten Reich vorging und sich nicht im Scheinwerferlicht abspielte, unterrichtet zu sein.« Natürlich waren das vor allem die laufenden Erkenntnisse über die Aufrüstung der deutschen Wehrmacht.

3. Die Tatsache, daß er mit der Sozialdemokratie in Verbindung stand, eröffnete Hausamann, wie gesagt, weitere internationale Beziehungen und Kontakte. Man brauchte sie nicht erst zu suchen, sie ergaben sich von selbst.

4. Es war für die neutrale Schweiz nur möglich, »privat« mit anderen Nachrichtendiensten bzw. Exponenten Verbindung aufzunehmen und nach dem alten Grundsatz »do ut des« Informationen auszutauschen. Hausamann tat dies; er erwähnt Engländer, Franzosen, Amerikaner und vor allem die Tschechen. Bei dem Gesandten Masaryk in London sei er vor dem Krieg ein- und ausgegangen.

Hausamann war nun einmal ein internationaler Geschäftsmann und Schweizer Patriot zugleich. Er betrieb Im- und Export und dies bereits seit der Zeit nach dem Ersten Weltkrieg. Er brauchte keine Scheinfirmen zu gründen, um unauffällige Kontakte herzustellen, er hatte sie. Als seriöser Kaufmann und Schweizer Milizoffizier und Pressechef der SOG hatte er darüber hinaus politischen und moralischen Kredit, so daß man ihm auch Staats- und militärische Geheimnisse anvertraute, die man anderen bestimmt vorenthalten hätte; er brauchte sie weder zu kaufen noch auszuspähen. Die Details, die er erfuhr, mußten nur richtig kompiliert und ausgedeutet werden. Mit der Zeit wußte die angeborene konspirative Begabung der »Grauen Eminenz« des Schweizer Nachrichtendienstes für die Nachrichtenbeschaffung immer ergiebigere Informationen zu gewinnen. Ähnlich wie den Berliner Militärattachés bei ihren Herrenabenden, von denen wir berichteten, sind Hausamann bei solchen Anlässen Informationen zugekommen, die der Spionage alter Schule noch Tausende gekostet hätten, und noch dazu stammten viele Informationen aus erster Hand. Sehr viel erfuhr die Schweiz von gutgläubigen deutschen Offizieren, die Hausamann ihre Skrupel anvertrauten oder einfach ihrer Empörung Luft machten. Der Oberste Befehlshaber, Führer und Reichskanzler hatte Frieden, Aufbau und Verständigung versprochen, aber in Wahrheit steuerte er auf den Krieg zu. Krieg war gleichbedeutend mit dem Zweiten Weltkrieg, den sie infolge ihrer Kriegserinnerungen fürchteten. Ähnlich wie Strong gewann so Hausamann Einblick in die zwiespältige deutsche Mentalität und bald auch in die Licht- und Schattenseiten, die Stärken wie die Schwächen des Dritten Reiches und seiner Gesellschaft. Er wußte von den Hoffnungen und Sympathien, die es auch in der Schweiz erweckte und konnte sie sogar verstehen. Aber er erfuhr auch von dem Terror, den die Machthaber des Dritten Reiches im Dunkeln ausübten. So wußte er schon vor 1939 besser über das Dritte Reich Bescheid als die meisten Deutschen.

Allem Anschein nach war Hausamann ein Naturtalent im Geheimdienst. Er hat sich dabei genau so verhalten, wie es Liddell Hart von einem guten Nachrichtenoffizier verlangt: Wißbegierig, umsichtig, scharfsinnig, unter Umständen auch gerissen, und vor allem mit Vorstellungskraft begabt. Außerdem war natürlich Verschwiegenheit erstes Erfordernis. Über alle diese Eigenschaften verfügte Hausamann. Außerdem konnte er ungestört in seine Aufgabe hineinwachsen und laufend aus seinen Erfahrungen lernen, was er auch getan hat. Zusätzlich profitierte er offenbar von seinen tschechischen Freunden, die ihm wohl auch gezeigt haben, wie man die deutsche Provinzpresse systematisch auswerten und aus ihr Standorte der Wehrmacht oder neue Flugplätze der Luftwaffe samt Belegung ermitteln könne. So konnte das Büro Ha in einem bescheidenen Rahmen gehalten werden und sich mit einem geringen Personalaufwand begnügen: Es war zunächst in Teufen in drei Räumen untergebracht und verfügte lediglich über einen ständigen Sekretär und eine »feste« Sekretärin sowie über eine pensionierte Telegraphistin, die den Funkverkehr unterhielt. Hausamann läßt sich allerdings nicht weiter darüber aus, was da gefunkt wurde und mit welchen Gegenstationen. Dieses Stammpersonal blieb dann auch während des ganzen Krieges weiter an der Arbeit, als Hausamann mit seinem Büro nach Luzern in die Villa Stutz übersiedelte, um dort unter dem Decknamen »Pilatus« in der Nähe der Nachrichtensammelstelle 1 weiterzuarbeiten ..... Aber auch dort wahrte und behielt er seine Selbständigkeit. Seit 1939 war ihm wohl auch der tschechische Oberst Karel Sedlacek eine wertvolle Hilfe. Denn dieser hatte vorher maßgebend im tschechischen Nachrichtendienst gearbeitet und war nun Schweizer Beauftragter der Tschechischen Exilregierung in London mit internationalen Verbindungen und Informationsquellen. Er wohnte in St. Gallen bei der Schwiegermutter Hausamanns, wo er unter dem Decknamen »Onkel Tom« aus- und einging ... Es ist möglich, daß Sedlacek auch den ursprünglichen Dilettanten Roessler in die geheimdienstliche Arbeit einwies, denn es fällt auf, daß Roessler nach dem Krieg für die Tschechoslowakei nachrichtendienstlich tätig wurde: Da war Sedlacek der erste tschechische Militärattaché in der Schweiz.[4] Jedenfalls war und blieb das Büro Ha eine einmalige Institution unter den Nachrichtendiensten in Europa vor und während des Zweiten Weltkrieges. Es kannte keinen aufgeblähten Verwaltungsapparat und keinen Leerlauf, und vor

[4] Kurz, a.a.O. S. 25 ff. »Nachrichtentätigkeit im Gebiet der Schweiz zugunsten dritter Staaten und der Schweiz«.

allem konnte es auf die Nachrichtenbeschaffung durch bezahlte Agenten verzichten, weil es eben die notwendigen Informationen auf andere Weise gewann. Es profitierte von drei menschlich, allzumenschlichen Verhaltensweisen:

1. Von dem allgemeinen Mitteilungsbedürfnis, das unter dem Druck totalitärer Herrschaftssysteme besonders stark wird;
2. von dem Wichtigtun mancher Geheimnisträger, die die ihnen bekannten Staats- und militärischen Geheimnisse nicht für sich behalten konnten und sie dann gern »unter vier Augen« oder »in guter Gesellschaft« ausplauderten und schließlich
3. von politischen Sympathisanten, von denen die Schweizer Eidgenossenschaft gerade im Dritten Reich viele hatte, vor allem in unmittelbar an sie grenzenden Landstrichen wie Württemberg, Baden, Vorarlberg. Hausamann wußte diese Quellen zu nutzen.

So hatte sich das Büro Ha zu der Nachrichtenzentrale in Europa entwickelt, die ohne Zweifel mit dem geringsten Aufwand an Kräften die besten ND-Resultate erzielte. In der Geschichte der Nachrichtendienste hatte es dergleichen noch nie gegeben.

Die Sympathisanten und der offizielle Schweizer ND

Aber auch der offizielle Schweizer Nachrichtendienst ist bei dieser Sachlage nicht leer ausgegangen. Er hatte seit 1938 indessen andere Informanten als Hausamann, wenn beide auch hin und wieder die gleichen Jagdgründe begingen. Hausamanns Informanten – oft ohne es zu wissen – waren in der Mehrzahl Unternehmer und Geschäftsleute, einige Offiziere oder höhere NS-Funktionäre, dann wohl aber auch ehemalige Sozialdemokraten und Gewerkschaftsfunktionäre, die man »entmachtet« hatte. Denn es war eine Verkennung der menschlichen Natur durch das NS-Regime, daß es glaubte, man könne sie einfach durch Furcht oder mit Terror »gleichschalten« und zu willenlosen Mitläufern degradieren. Das galt auch für Berufssoldaten, die im Dritten Reich lebten, inaktive und aktive: Sie hatten eine andere Auffassung von Politik, Recht und Gerechtigkeit als die meisten NS-Funktionäre, vom »Führer« Adolf Hitler angefangen. Einen Schweizer Offizier konnten sie als ihresgleichen betrachten, von einem Gauleiter, wie dem »Frankenführer« Streicher trennten sie Abgründe. Dem ND der Schweizer Armee kam diese Einstellung außerordentlich zugute, das muß rückhaltslos angesprochen werden. Unter der scheinbaren Uniformität des NS-Regimes gab es durchaus eine pluralistische Gesellschaft. Es gab Bestandteile eines Offizierskorps, das auf bestimmte Begriffe wie »Christenheit und Europa« entscheidenden Wert legte. Ihr geistiger Führer war ohne Zweifel Generaloberst Beck, wie dies seine Studien beweisen, vor allen die über den totalen Krieg. Ihm folgte u. a. Generalmajor Oster, der Chef der Zentralabteilung der »Abwehr«. So ist es kein Wunder, daß er von manchen auch als Informant des Schweizer ND angesprochen wird. Für Oster galt noch der alte römische Spruch: »Pacta sunt servanda« (Verträge sind zu halten). Gewiß, im politischen Feld haben sie immer ihre Relativität, wie schon Bismarck erkannte, wenn er als Realist und Pragmatiker sagte, daß sie nur solange gehalten würden, wie sie *beiden* Parteien nützten. Gleichberechtigte Partner wußten das und richteten sich danach. Aber wie ist es mit den Mächtigen und den Schwächeren? Wie war es z. B. mit den Nichtangriffspakten, die das Deutschland Hitlers mit Polen, den Niederlanden, Belgien abgeschlossen hatte? Wie mit den Versicherungen und feierlichen Beteuerungen, man werde die Neutralität der Schweiz respektieren? Bestand nicht bei gewissen Leuten die Gefahr, daß sie auch feierlich abgeschlossene Verträge einfach als Täuschungsmanöver mißbrauchten? Dann war es mit der moralischen Ordnung zu Ende, auf der das Abendland beruhte.

Der Schweizer ND und die deutsche Wehrmacht

Sicher hat der ND der Schweiz von diesen Gruppen profitiert. Das geht vor allem aus der halboffiziösen Darstellung von Hans Rudolf Kurz: *Nachrichtenzentrum Schweiz / Die Schweiz im Nachrichtendienst des II. Weltkrieges* hervor.[5] So wußte der Schweizer militärische ND über die deutsche Wehrmacht, ihre Gliederungen, Bewaffnung, Ausrüstung, aber auch über ihre operativen Bewegungen und Ziele besser Bescheid als jeder andere. Aber auch er verdankte das in erster Linie den Informationen, die nicht durch Spione und Agenten beschafft wurden, also nicht gekauft waren, sondern den zahlreichen spontan fließenden Quellen entstammten, über die die Schweizer in Deutschland verfügten — auch unter den Offizieren. Diese Verbindungen reichten nacheinander bis ins Reichskriegsministerium, dann ins OKW, ja ins Führerhauptquartier: Nach Kurz hat auch ein deutscher Offizier ab und zu Wesentliches aus dessen Geheimakten übermittelt.

Hat hinter solchen Informationen Oberst Oster von der Zentralabteilung der »Abwehr« gestanden? Die Vermutung ist nicht ganz von der Hand zu weisen. Gegenüber einem Neutralitäts- und Vertragsbruch deutscherseits hatte er wie Beck nun einmal ein empfindliches Gewissen. Für den Fall einer Endkatastrophe, die Oster wie Beck voraussahen, mußten nach ihrer Meinung Tatbeweise dafür vorliegen, daß es noch ein anderes Deutschland gab, eine andere Gruppe von Deutschen, und nicht nur NS-Funktionäre, die jedes Unrecht oder gar jedes Verbrechen ausführten, wenn es ihnen befohlen wurde.

Aus diesem Grund hat Oster, wie ja bekannt ist, über seine holländischen Freunde, z. B. den holländischen Militärattaché Sas am Vorabend der Westoffensive die Niederlande gewarnt. So liegt die Möglichkeit nahe, daß er auch der Schweiz ähnliche Nachrichten zukommen ließ, um ihre Neutralität zu schützen. Doch fehlen dafür Beweise oder auch nur Indizien.

---

[5] Kurz, a.a.O. S. 49.

Hauptmann Waibel und die Wiking-Linie

Jeder Nachrichtendienst muß weit vorausschauend planen. Er braucht sogenannte Perspektiv-Agenten. Er muß an alle möglichen künftigen Fälle denken und dafür vorsorglich bereit sein. So war es sicher kein Zufall, daß der Schweizer Generalstab 1936 einen jungen Hauptmann zum Besuch der Berliner Kriegsakademie entsandte; er sollte dort nicht nur generalstabsmäßig ausgebildet werden, sondern sich auch für den ND umtun. Es war der intelligente, umsichtige und joviale Generalstabsanwärter Max Waibel. Bei dieser Gelegenheit konnte er sich natürlich ein legitimes Basiswissen über die deutsche Wehrmacht aneignen, das ihm später von außerordentlichem Nutzen werden sollte. Aber damit noch nicht genug. Bei der üblichen Solidarität europäischer Offiziere konnte er ebenso Freunde gewinnen, wie das Hauptmann Liss, später »Fremde Heere West«, während seiner Dienstzeit in England getan hat. Vor allem aber gelang Waibel offenbar, in dieser Zeit die sogenannte »Wiking-Linie« aufzubauen, die in der Literatur über den Schweizer Geheimdienst immer wieder auftaucht.

Wer hinter der »Wiking-Linie« stand, ist bis heute noch nicht bekannt. Darüber Kurz: »Bei der Wiking-Linie handelte es sich um eine von Major Waibel persönlich aufgebaute Nachrichtenlinie, die mit verschiedenen Endstationen bis ins deutsche Führerhauptquartier hineinreichte und die bei uns auf der Außenstelle ›Pfalz‹ der Nachrichtensammelstelle mündete.« Diese NS 1, deren Hauptquartier Luzern war, stand unter der Leitung von Major i. G. Waibel. Von der Wiking-Linie wußten, wie Kurz berichtet, während des Krieges nur die unmittelbar Beteiligten, später war viel von ihr die Rede. »Aber das Geheimnis, von wem sie in Deutschland ausging und wie sie funktionierte, ist bis heute noch nicht gelüftet.«[6] Sicher ist — so Kurz —, »daß es *nicht* der Leiter von Hitlers Parteikanzlei,

---

[6] Kurz, a.a.O. S. 68 ff.

Martin Bormann, war, wie in den Memoiren von Reinhard Gehlen angedeutet wird«.

Was war mit dieser Linie? Nach allen Anzeichen hat es sich nicht um eine solche für ständig fließende Informationen gehandelt, sondern nur um eine Art von Alarmanlage, dazu bestimmt, die Schweiz zu warnen, wenn ihr Gefahr drohte. Dafür spricht, daß nach Kurz am 18. März 1943 auf der Linie folgende Warnung an die Schweiz eintraf:

»1. Die Schweiz ist ins Gespräch gekommen und damit in den Gefahrenbereich.

2. Wir werden Euch innert ein bis zwei Wochen wieder benachrichtigen, ob konkrete Pläne gefaßt wurden.

3. Zeigt durch eine geeignete Geste, daß die Schweiz nicht überrumpelt werden kann.«

Von dieser Warnung hat dann der Schweizer Geheimdienstchef Masson dem SS-Brigadeführer Schellenberg Nachricht gegeben, nachdem dieser wiederholt in der Schweiz war und persönlichen Kontakt mit Masson aufgenommen hatte. So fragte dieser an, ob die Warnung stimme. Das war natürlich eine unverzeihliche Naivität, aber bei der Einstellung konservativer Offiziere wie Masson durchaus begreiflich. Diese Anfrage hatte dann auch Folgen. Darüber sagt Kurz[7]: »Mit der Bekanntgabe der Tatsache an die Exponenten des deutschen Geheimdienstes, daß man in der Schweiz Alarmmeldungen erhalten habe, wurde Schellenberg auf das Bestehen von einer bisher nicht bekannten, in die Schweiz laufenden Nachrichtenlinie aufmerksam gemacht, was ihn veranlaßte, sofort Nachforschungen nach den deutschen Verratsquellen anzustellen. Dabei wurde ein in einer deutschen Schlüsselposition stehender Verdächtiger festgenommen und während fünf Wochen in Haft gehalten, ohne daß ihm allerdings etwas nachgewiesen werden konnte.

Wenig hätte gefehlt, daß die Unbedachtheit Massons nicht nur die für die Schweiz sehr wichtige Nachrichtenquelle ver-

[7] a.a.O. S. 70.

schüttet, sondern auch die beherzten Helfer der Schweiz der Gestapo ausgeliefert hätte.«
Diese Ereignisse spielten Ende März 1943. Steht die Tatsache, daß Anfang April die Ermittlungen gegen die Abteilung II der Abwehr in Berlin aufgenommen wurden, damit in einem »unterirdischen« Zusammenhang? War die Untersuchung, die Oberstkriegsgerichtsrat Roeder leitete, nicht in Wahrheit schon gegen Oster gerichtet? Er hat sich ja dann auch bei der Verhaftung des Sonderführers von Dohnanyi eine solche Blöße gegeben, daß er zunächst beurlaubt, dann in die Führerreserve versetzt und schließlich im März 1944 aus dem aktiven Dienst entlassen wurde. Seitdem stand er unter scharfer Bewachung. Schellenberg aber war seinem Ziel um den entscheidenden Schritt näher gekommen, die militärische Abwehr an sich zu ziehen und dem Reichssicherheitshauptamt einzugliedern.
Der Schweizer ND hatte im übrigen auch Glück. Über die deutsche Luftwaffe z. B. brauchte er von einem bestimmten Zeitpunkt an nur noch wenig Informationen. Das verdankte er einem Zufall, der an das Ereignis vom 10. Januar 1940 erinnert, aber im Gegensatz zu diesem bisher noch nicht bekannt ist: Wie Korpskommandant a. D. Dr. Alfred Ernst in der Dezember-Nummer 1972 der *Allgemeine Schweizerische Militärzeitschrift* unter dem Titel »Der Schweizerische Nachrichtendienst im Zweiten Weltkrieg«[8] mitteilt, geschah folgendes: »Da wir bei der Schätzung der Bestände an Panzern und Flugzeugen von den im Frieden gültigen Tabellen ausgingen, ... gelangten wir zu übertriebenen Zahlen. Dies galt vor allem hinsichtlich der Luftwaffe. Wir wußten nicht, daß die Mehrzahl der Geschwader nicht drei, sondern nur zwei, manchmal sogar nur eine Gruppe umfaßte. Erst im Frühjahr 1943 gelangten wir durch einen Glücksfall in Besitz der Kriegsgliederung der deutschen Luftstreitkräfte. Der »Fieseler Storch« eines Jagdgeschwaders verirrte sich auf dem Flug nach Sizilien und mußte in Samadan (Engadin) notlanden. Der Pilot führte

[8] Kurz, a.a.O. S. 20.

– gegen das ausdrückliche Verbot des Oberkommandos der Luftwaffe – sämtliche Dienstakten des Stabes mit sich, darunter die vollständige Kriegsgliederung der Luftwaffe. Der Fund war so erstaunlich, daß wir anfänglich an eine Kriegslist glaubten, wie sich nachträglich herausstellte, zu Unrecht.«

Die Informanten Roesslers

In diesem Zusammenhang ist auch noch ein Wort über die Informanten in Deutschland zu sagen, die dem Verleger Rudolf Roessler in der Schweiz – nom de guerre »Lucie« – regelmäßig interessante Nachrichten zukommen ließen. Weitere Nachforschungen haben ergeben, daß WERTHER doch existierte, wenn auch nicht als Einzelperson. Wahrscheinlich hat es sich um mehrere Informanten gehandelt. Auffallend sind die häufigen Rückfragen des Direktors in Moskau nach dem Verbleib von Divisionen, Rückfragen, die dann innerhalb von wenigen Tagen beantwortet wurden. Im übrigen ergibt die Analyse der erhaltenen Funksprüche, daß ihre Informationen nicht aus erster Hand stammen *können*, sondern nur aus zweiter und dritter, sonst wären nicht so viele Ungenauigkeiten unterlaufen. Die Personen, die an Roessler von Berlin aus Nachrichten weitergaben, weisen auf seinen alten Bekanntenkreis um Theater und Verlagswesen hin, die mit ihm in der Ablehnung des Dritten Reiches übereinstimmten. Solche aber gab es unter den ständigen Mitarbeitern von Wehrmacht-Zeitschriften genügend. Das weiß der Verfasser aus eigenem Erlebnis, nachdem er im Jahre 1942 als Verbindungsoffizier zwischen der Heereszeitschrift und der Heerwesenabteilung im OKH tätig gewesen ist. Bei Schauspielern, Journalisten und Schriftstellern nahm man oppositionelle Einstellung nicht allzu tragisch, vor allem, wenn man in der Kritik sachlich mit ihnen übereinstimmte. Aber heute habe ich den *Verdacht*, daß einige von ihnen wahrscheinlich weitergingen. Die »Rote Kapelle« war seit Herbst 1942 zerschlagen, war sie es aber ganz oder hatte sie eine Art Nachfolgeorganisation? Die Mitarbeiter der genannten Zeitschriften wußten viel und konnten täglich im Umgang mit Generälen und Militärschriftstellern noch mehr erfahren; das ergab sich einfach aus ihrer Presse-Aufgabe. Besonders wichtig war aber wohl, daß einige von ihnen *den Zugang zu den Verteilern* hatten, die unter Verschluß gehalten wurden: Aus diesem Verteiler der Zeitschriften war die Zahl der Divisionen und Sonderverbände zu ersehen, die beliefert werden mußten, und vor allem auch der Kriegsschauplatz oder das Gebiet, in dem sie augenblicklich standen. Jedenfalls hatten die Mitarbeiter der genannten Zeitschriften sehr viel mehr Einblick und Überblick als sogar Angehörige hoher Kommandobehörden, die immer nur *einen* Sektor überblickten. So ist zwar nicht zu beweisen, aber möglich: Die Nachrichten, die Roessler aus Berlin bekam und mit WERTHER deklarierte, stammten von Personen aus diesem Berliner Umkreis. Aber auch hier hat es sich nicht um Spione im herkömmlichen Sinne gehandelt.

Undichte Stellen im Schweizer ND

Bewußte und fahrlässige Informationen aus Deutschland hat die Schweiz im Zweiten Weltkrieg in außerordentlichem Umfang erhalten. Dabei tat sich ein Journalist als einer der vorzüglichsten Nachrichtenbeschaffer der Schweiz hervor, wie wir aus dem Buch von Emmenegger »*Q. N. wußte Bescheid*« im einzelnen wissen. Unter dem Decknamen Q. N. verbarg sich der Wirtschaftsjournalist Dr. C. J. Meyer, früher für die *Neue Zürcher Zeitung* in Berlin tätig. Ähnlich wie Hausamann besaß er hervorragende Beziehungen zu maßgebenden deutschen Kreisen von Wirtschaft, Politik und Wehrmacht in Deutschland, die er höchst geschickt in den Dienst seiner Tätigkeit zugunsten des schweizerischen Nachrichtendienstes gestellt hat. Die Liste der spontanen Informanten, die Kurt Emmenegger veröffentlichte, ist in der Tat eindrucksvoll. Es fragt sich indessen, ob sie so freimütig aus der Schule geplaudert oder sich ihrem Partner so rückhaltlos anvertraut hätten, wenn sie ganz im Bilde gewesen wären: Ihre Informationen dienten nicht nur der Sicherung der Schweiz, sondern fanden, entsprechend ausgewertet, auch ihren Weg zu anderen Nachrichtendiensten. Diese Tatsache wird auch nicht bestritten.

Interessant ist der Zeitpunkt, zu dem die Tätigkeit Roesslers für Radó einsetzt, wie der, zu dem das Netz Radós infolge Zugriffs der Schweizer Bundesbehörden aufflog. Der erste fiel mit dem Beginn der Tätigkeit von Dulles Herbst 1942 in der Schweiz zusammen, der zweite Ende 1943 mit der Tatsache, daß die Westalliierten keine Ursache mehr sahen, der Roten Armee den Vormarsch nach Westen auch noch zusätzlich zu erleichtern. Aber auch diese selbst hat zu diesem Zeitpunkt die Residentur Radós mehr oder minder fallen lassen, weil sie sie nicht mehr brauchte: Sie hatte offenbar zu diesem Zeitpunkt bereits sehr viel bessere Quellen in höchsten NS-Ämtern erschlossen, wie sich auch Dulles solche erschlossen haben muß. Seit Ende 1943 blühte der Verrat im Dritten Reich. Aber die Verräter waren nicht in den Kreisen der Erneuerungsbewegung um Generaloberst Beck zu suchen, sondern vornehmlich in SS-Dienststellen, und zwar aus einem naheliegenden Grund: Wer schnell emporgestiegen ist, wird immer dazu geneigt sein, bei den jeweiligen Siegern zu bleiben, auch wenn er damit das preisgibt, wozu er sich bisher mit den Lippen bekannt hat, und nun das anbetet, dem bisher sein Kampf galt. Diese Verräter in den NS-Zentralen machten die herkömmliche Spionage schließlich überflüssig. Sie sind wohl auch die wichtigsten Informanten der westlichen Alliierten in Deutschland gegen Kriegsende gewesen. Aber auch sie wußten und erfuhren nicht alles.

Schließlich bleibt in diesem Zusammenhang eine Geschichte nachzutragen, die nicht ohne Ironie ist. So berichtet der Schweizer Dr. Kurz von einem deutschen »Übermittlungsoffizier«, also wohl einem Kurier im Führerhauptquartier, der den Schweizer ND frühzeitig über wichtige Verlegungen orientierte. Dazu heißt es wörtlich: »So erfuhren wir beispielsweise den Bezug des Führerhauptquartiers in Ziegenberg, der vor dem Beginn des Westfeldzugs erfolgte.« Der Eingeweihte muß da die Schweizer nachträglich enttäuschen. Denn es stimmte nicht, was ihnen zugetragen wurde. Zwar war tatsächlich das Schloß Ziegenberg westlich Bad Nauheim im Taunus als FHQu für den Westfeldzug ausgebaut, aber Hitler hat es niemals bezogen. Am 9. Mai 1940 fuhr er auf einem Umweg über Hamburg nach dem inzwischen außerdem fertiggestellten FHQu »Felsennest« in Rodert bei Münstereifel, wo er am 10. Mai 1940 um 5 Uhr 30 ankam.[9]

Immerhin waren die Schweizer auf Schloß Ziegenberg aufmerksam geworden. Es war ja tatsächlich als FHQu eingerichtet. Anfang 1945 wurde es durch mehrere schwere Fliegerangriffe der westalliierten Luftwaffen zerstört, wenn auch die Bunker standhielten. Die Vermutung kann nicht von der Hand gewiesen werden, daß die westlichen ND in der Schweiz durch die »undichten Stellen« im Schweizer Nachrichtendienst, die niemand bestreitet, von der Bedeutung des Schlosses als Führungszentrale erfuhren und sie auszuschalten versuchten. Das Schloß, damals Hauptquartier Ob. West, ging in Flammen auf, aber dank der Bunker kam niemand zu Schaden.

[9] Hillgruber, Andreas: *Hitlers Strategie. Politik und Kriegführung 1940/41*, Frankfurt/Main 1965: »Itinerar Hitlers vom 1. 9. 1939–31. 12. 1941«, S. 671.

DRITTES KAPITEL

Von der Fragwürdigkeit der Spionage

I

In den dreißiger Jahren macht sich nicht nur in England, sondern bei allen Nachrichtendiensten der großen Staaten ein zeitbedingter Trend bemerkbar: Der Zug zur Methode, zur Rationalisierung, zu wissenschaftlicher Arbeit. Die Bilanz des Nachrichtendienstes im Ersten Weltkrieg ist gezogen; die Ergebnisse wie die Fehlschläge sind unterdessen erfaßt, aufgearbeitet und kritisch ausgewertet. Nun trägt die »Manöverkritik« auch auf diesem Gebiet ihre Früchte. Das Ergebnis liegt auf der Hand: Die herkömmliche Spionage befriedigt nicht mehr und muß zurücktreten; die Feindaufklärung wissenschaftlich fundiert werden. Eine neue Ära der europäischen Geheimdienste beginnt oder setzt sich allmählich durch.

Man hat aus den Schwächen der überkommenen Spionagemethoden gelernt. Vor allem sind dabei zutage getreten: die zeitraubenden Wege der Übermittlung wie der Aufwand an Agenten, die zahlreichen Fehlerquellen durch menschliches Versagen oder die Unzulänglichkeiten des Urteils, aber auch die bewußte Fälschung oder die Weitergabe von Nachrichten, die aus der Luft gegriffen wurden. Wichtige Informationen waren oft überholt, bis sie die Zentrale erreichten. Häufig erwiesen sich Rückfragen als notwendig, die zusätzlich Zeit kosteten. Gewiß, das Funkwesen hatte gewaltige Fortschritte gemacht und konnte Raum und Zeit überbrücken, aber es wurde zugleich eine Quelle von Informationen für die andere Seite, wenn sie in den Code einbrach und die Funksprüche entzifferte. Der größte Unsicherheitsfaktor aber waren und blieben die Agenten selbst, die sogenannten Vertrauensmänner und -damen vor allem, die kein Vertrauen verdienten. Wer kannte sich bei ihnen aus und durchschaute ihre Motive? Wer garantierte die Zuverlässigkeit ihrer Berichte, die Substanz der Informationen, die sie lieferten? Gewiß, die sogenannte Gesellschaftsspionage »aus ersten Kreisen« um Generalstab und Regierung ergab manche Aufschlüsse, aber oft auch mehr Klatsch und Tratsch als substantiierte Fakten. Nie war ganz auszuschließen, daß gerade die Erfolgreichen, Schlauen, die ihre Augen und Ohren überall hatten, zu Doppelagenten wurden und auch der anderen Seite dienten. Wie viele V-Männer verloren sich ins Nichts, bevor sie überhaupt Nachrichten lieferten! Schließlich muß jeder Agent in bestimmten Ländern, vor allem in Kriegszeiten, mit der Todesstrafe rechnen, wenn er enttarnt und gefaßt wird. Es gibt keine Statistik über die Erfolge oder Mißerfolge der Agenten. Kein Nachrichtendienst wird preisgeben, wie groß seine Verluste waren und was bei seinen Einsätzen herauskam. So fehlen Zahlen und Unterlagen. Aber nach glaubwürdigen Schätzungen ist in der Zeit zwischen 1936 bis 1945 mindestens jeder zweite V-Mann gefaßt worden oder übergelaufen, manche schon in dem Augenblick, in dem sie fremden Boden betraten. Wie viele sind in Nacht und Nebel verschwunden! Nein, auf diese Art der Nachrichtenbeschaffung war kein Verlaß; man mußte bessere Methoden finden. An die Stelle der Ausspähung trat immer mehr die Ausforschung.[1] Man mußte vorbauend Kenntnisse sammeln über fremde Armeen, vornehmlich möglicher Gegner im Kriege, und das bereits im Frieden. So entwickelte sich die Wissenschaft Fremde Heere, Luftwaffen, Marinen usw. Besonders ausgebildete Experten wurden herangezogen, die das betref-

[1] Mit diesen Erwägungen hatte der Verfasser bereits im Herbst 1939 im Ic-Dienst bei AOK 18 ständig zu tun. Außerdem liegt aus dem Jahre 1945 eine noch unveröffentlichte Studie von ihm vor: *Wissen und Wissenschaft vom Feind.*

fende Land kannten, die Sprache beherrschten, über ein sicheres Basiswissen der fremden Psyche verfügten. Der in Rußland geborene damalige Major Ernst Köstring z. B. war der eigentliche Gründer der Abteilung »Fremde Heere Ost« im Reichswehrministerium unter Generaloberst v. Seeckt, die sich zuerst systematisch mit der Roten Armee befaßt hat.[2]

Die Notwendigkeit der Beschaffung von Nachrichten auf anderem Wege als auf dem über die Agenten ergab sich außerdem noch durch Sachzwang. In den totalitären Machtbereichen, also zunächst in der Sowjetunion, dann nach 1933 aber auch in NS-Deutschland gab es eine strenge Geheimhaltung und eine allgegenwärtige Geheime Staatspolizei, die die übliche Spionage außerordentlich erschwerten, ja fast unmöglich machten. Aus Rußland waren nur spärliche Nachrichten zu gewinnen, wie von Köstring immer wieder bezeugt wird[3]; aber auch aus dem Dritten Reich hat die Sowjetspionage zum Rückzug blasen müssen, weil die Arbeit dort zu gefährlich wurde. So wurde Deutschland dann von der Schweiz, von Belgien und Frankreich aus observiert oder zunächst auch noch aus der Tschechoslowakei. Umgekehrt gewann die deutsche Abwehr Nachrichten über die Sowjetarmee und -union von den baltischen Staaten, vor allem von Estland aus oder von Ungarn, der Türkei oder von Persien. Später kam noch Rumänien hinzu. Aber die so gewonnenen Erkenntnisse blieben fragmentarisch.

Als weiteres negatives Moment erwies sich: Der Spion, den man einsetzt, ist in der Regel kein militärischer Fachmann. Denn als ungeschriebenes Gesetz gilt jedenfalls für den Westen: Offiziere »gehen« nicht als Agenten, ebensowenig wie sich der Militârattaché mit Spionage befaßt.[4] In der UdSSR ist man da weitherziger und schickt auch Offiziere zu Spionagezwecken in fremde Länder. Aber auch in der Sowjetspio-

---

[2] Köstring, a.a.O. S. 43 f.

[3] Köstring, a.a.O. S. 54 ff. *Meine militärische Tätigkeit in Rußland 1931–33.*

[4] Siehe auch Köstring, a.a.O. S. 55.

nage überwogen die Nicht-Militärs, selbst wenn sie später militärische Ränge erhielten oder befördert wurden, falls sie sich bewährten. Der sowjetische Residenturleiter in der Schweiz, Alexander Radó, genannt Dora, war z. B. zuletzt Oberst der Roten Armee. Aber das hinderte nicht, daß er militärisch ein Dilettant blieb und mehr oder minder wahllos nach Moskau durchgab, was ihm seine Agenten zutrugen. Wir werden das noch im einzelnen belegen.

Die Sowjetrussen haben wohl überhaupt etwas später auf wissenschaftliche Aufklärung umgeschaltet als die Deutschen und Westalliierten, in der Hauptsache wohl erst in den letzten Jahren des Zweiten Weltkrieges. Sie sind nun einmal ein konspiratives Volk und werden es bleiben. Eben deshalb hat sich in Rußland ein Spitzel- und Agentenwesen entwickelt wie nirgends sonst auf der Welt: es gehört zur Tradition, ja zum Volkscharakter und setzte sich auch nach der Oktoberrevolution von 1917 wieder durch, um noch schlimmer zu werden als je zuvor. David J. Dallin, der beste Kenner der Sowjetspionage hat recht, wenn er sagt: »Niemals in der Geschichte hat eine Regierung mehr Vertrauen in den Geheimen Nachrichtendienst gesetzt und ihm größere Bedeutung beigemessen. Ebensowenig hat es je einen solchen unstillbaren, maßlosen Hunger nach Informationen aus anderen Ländern gegeben.«[5] Dieser Hunger wird in der Tat durch die Funksprüche bestätigt – und zwar einmal mehr –, die wir in diesem Kapitel veröffentlichen. Sie sind aber auch deshalb recht aufschlußreich, weil sich an ihnen die Mängel der herkömmlichen Spionage besonders deutlich erweisen, wie wir sie oben bereits beschrieben.

[5] David J. Dallin: *Die Sowjetspionage*, S. 7.

Was der Funkverkehr zwischen der Schweiz und Moskau verrät

Alexander Radó, ungarischer Altkommunist, saß seit 1938 in der Schweiz, und zwar zunächst als Schweigeagent.[6] Als der Leiter des kartographischen Internationalen Presse-Büros »Geopress« in Genf war er ausgezeichnet getarnt. Erst seit dem Jahre 1941, kurz vor dem Überfall Hitlers auf Rußland, gab er laufend durch Funk geheime Informationen nach Moskau. Ein engmaschiges Netz von Agenten, Informanten und Kurieren war zu diesem Zweck aufgebaut worden und stand »Dora« zur Verfügung. Tausende von Funksprüchen hat er in den zwei Jahren von 1941 bis 1943 durchgegeben, bis Radó untertauchen mußte und das Netz aufflog.

Im Zweiten Weltkrieg waren die neutrale Schweiz wie die Türkei und Portugal ein besonders günstiger Boden für Spionage »im Stil 08/15«, wenn wir uns so ausdrücken dürfen. In allen größeren Städten gab es geradezu einen Markt, auf dem Geheiminformationen gehandelt wurden – oder auch solche, die man eben dafür ausgab. Oft wurde lediglich die allerdings gut informierte Schweizer Presse abgeschrieben und umformuliert. So war es zunächst dürftig, was Dora nach Moskau funkte. Gewiß, es gab später auch wichtige Nachrichten, aber eine erhebliche Anzahl von »Geheiminformationen« waren Gemeinplätze. Das ergibt sich aus den vorhandenen Unterlagen der Funksprüche, die von der deutschen Funkabwehr aufgefangen wurden und dann entziffert werden konnten.[7]

Als Beispiel sind hier entzifferte Funksprüche zusammengestellt, die Italien betreffen, der Schweiz benachbart. Aufklärung und Nachrichtenbeschaffung von dort waren nicht schwierig, sollte man denken. Aber gerade in diesem Fall wird die militärische Unzuständigkeit der meisten V-Leute besonders deutlich, ebenso wie die der angeblichen Quellen. Immer wie-

---

6 Sándor Radó: *Deckname Dora*, Aus dem Ungarischen von Josef G. Farkas, Stuttgart 1972.

7 Abschriften der Originaltexte im Besitz des Verfassers.

der kommen Rückfragen aus Moskau, Mahnungen, Aufträge, zu denen leider meist die Antworten fehlen. Die nachfolgenden Funksprüche sind insofern Fragmente. Zum besseren Verständnis folgt jedem einzelnen FS ein kurzer Kommentar von einem ehemaligen Generalstabsoffizier bei der Dienststelle »Der deutsche Bevollmächtigte General beim Hauptquartier der italienischen Wehrmacht«. Die FS, die hier zum erstenmal veröffentlicht werden, lauten:

21. 9. 1941
An Direktor
Hier angekommener Schweizer Militärattaché in Italien berichtet über zunehmende Spannung zwischen italienischer Armee und faschistischer Partei.
Dora

Kommentar: Das pfiffen die Spatzen von den Dächern.

21. 10. 1941
An Direktor
Von Salter
Deutsche konzentrieren Truppen zwischen München und Brenner wegen Möglichkeit eines Umsturzes in Italien. Italiener setzen Befestigung der Nordgrenze fort.

Kommentar: Die Information über deutsche Truppenkonzentrationen in dem genannten Raum und zu der genannten Zeit waren falsch oder ein vom Auslands-SD ausgestreutes Zweckgerücht.

6. 12. 1941
An Direktor
Aus chinesischen diplomatischen Kreisen
In Italien halten 400 000 (!) Deutsche alle strategischen Punkte besetzt als Garantie gegen italienischen Sonderfrieden. Stimmung in Italien zunehmend antideutsch und besonders gegen Giano.
Dora

Kommentar: Die Zahlen sind Unsinn.

Schon vorher waren diese Informationen und sicher noch andere aus der Zwischenzeit, die nicht vorliegen, der Moskauer

Zentrale zu vage und zu unwahrscheinlich. Daher Rückfragen wie diese (etwa ein Jahr später).

22. 11. 1942
An Dora
Bitte dringend feststellen:
1) Wie viele Divisionen sind nach ehemaligem unbesetzten Frankreich von Deutschen eingeführt worden? Nummern dieser Divisionen und wo sind sie disloziert?
2) Hat Deutschland nach Italien und Balkan Truppen geschickt? Wieviel und Nummern der geschickten Truppenteile.
3) Wieviel Truppen hat Deutschland nach Afrika geschickt? Nummern dieser Truppeneinheiten.
4) Passen Sie sorgfältig auf die Lage in Südeuropa auf und informieren Sie uns regelmäßig darüber. Direktor

Kommentar: Der deutsche Einmarsch in das bisher unbesetzte Frankreich war am 11. 11. 1942 erfolgt. Elf Tage später ist Moskau trotz seines weitverzweigten Spionage-Apparates in Westeuropa offenbar über den Umfang der deutschen Truppenverschiebungen noch nicht informiert. Allerdings handelt es sich auch um eine Kontrollfrage, wenn der Direktor funkt wie folgt:

13. 12. 1942
An Dora
Kontrollieren Sie sofort durch Gruppe Taylor[8] wichtige Information von Grau über angebliche Ankunft in Norditalien aus Frankreichs Armee des Generals v. Witzleben mit 10 Divisionen. Armeestab Mailand. Direktor

Kommentar: Feldmarschall v. Witzleben war bereits im Februar 1942 als Oberbefehlshaber West abgelöst und durch Feldmarschall von Rundstedt ersetzt worden. OB West hatte Großverbände nach Italien abgegeben, aber die Zahl von 10 Divisionen ist weit übertrieben.

[8] Nach dem dem Rechenschaftsbericht von Hans Rudolf Kurz: *Nachrichtenzentrum Schweiz,* Frauenfeld und Stuttgart 1972 beigegebenen Übersichtsschema war »Taylor« = Schneider der Übermittler zwischen Roessler (Lucie) und »Sissy« = Dübendorfer, die ihrerseits Radó belieferte.

14. 12. 1942
An Dora
1) Was antwortet Bukarest an italienisches Königshaus und was war Ihrer Meinung nach Ursache der Anfrage?
2) Wie ist Lage in Italien, Stimmung der Bevölkerung, Regierung, Faschisten, Mussolinis, Militärs? Anzahl deutscher Truppen? Direktor

> *Kommentar:* Zu 1) Es handelt sich um damals in Diplomatenkreisen umlaufende Gerüchte. Sie konnten auf ihre Richtigkeit nicht nachgeprüft werden.
> Zu 2) Zu einer präzisen Lagebeurteilung Italiens Ende Dezember 1942, also noch *vor* der Katastrophe von Stalingrad, fehlten wohl der Schweizer Residentur die notwendigen Verbindungen.

Die Anfrage »Anzahl deutscher Truppen« vom 22. 12. 1942 wird dringend wiederholt am
28. 12. 1942
Wieviel deutsche Truppen und welche befinden sich in Italien?
Direktor
Antwort ist nicht bekannt.

8. 1. 1943
An Dora
Wer bereitet vor neue Regierung in Italien und wer soll daran teilnehmen?
Ob in Italien neue Truppen für Sendung Ostfront gebildet werden? Welche Jahrgänge werden in Deutschland einberufen? Wieviel von 25? Direktor

> *Kommentar:* Die erste Frage konnte damals nur ein Agent beantworten, der das Vertrauen des italienischen Königs hatte oder von Marschall Badoglio. Die Antwort auf die zweite Frage ist wohl wieder sehr vage ausgefallen. Die auf die dritte war von Kriegsgefangenen besser zu erhalten, so daß sie als Kontrollfrage gelten muß.

Schließlich wird Moskau ungehalten und funkt:

12. 1. 1943
An Dora
Alle Angaben, daß die Deutschen in Italien 25 oder sogar 30 Divisionen stehen haben, sind zweifelhaft. Es ist unverständlich, woher diese

Divisionen stammen sollen. Wir ersuchen um Nachprüfung aller Quellen und genaue Feststellung, wieviel Truppen Deutschland in Italien hat, welche und wo disloziert. Nummer der Einheiten. Kann Pakbo[9] durch Schweizer Nachrichtendienst nichts erfahren? Schweizer müssen doch darüber Bescheid wissen. Direktor

Kommentar: Das ist nun schon in den erhaltenen FS die dritte Anfrage dieser Art innerhalb eines knappen Vierteljahres. Was Dora bisher nach Moskau darüber gefunkt hat, waren offenbar keine geheimdienstlichen Informationen, sondern Gerüchte. Die Aufforderung an Dora, sich über den Berner Journalisten PAKBO-Pünter vom Schweizer Nachrichtendienst genaue Unterlagen zu verschaffen, ist die zum Neutralitätsbruch. Sie war auch leichtfertig, denn im Fall der Entzifferung lieferte sie den Deutschen Munition gegen die Schweiz und deren ND.

Zwei Tage später die erneute Aufforderung:

14. 1. 1943
An Dora
Rot soll sagen, von wo Deutschland 30 Divisionen nach Italien schickte. Wie steht es mit Reserven in Deutschland? Direktor

Kommentar: Das war kurz vor der Kapitulation der 6. Armee in Stalingrad. Die Frage nach den operativen Reserven ist deshalb für die sowjetische Führung besonders wichtig.

Es ist kein FS erhalten, der auf eine befriedigende Antwort hinweist. Über die deutschen Reserven war Moskau kaum richtig im Bilde, denn die Ankunft vor allem der SS-Divisionen aus dem Westen bei der Heeresgruppe Süd (v. Manstein) im Februar hat überrascht.

Dagegen stimmt wohl die folgende Information, weil sie von einem kommunistischen Sympathisanten in der Waffenfabrik Oerlikon stammt:

---

[9] Nach Kurz, a.a.O. Übersichtsschema war Pünter-Pakbo, der eine Gruppe von westlichen Nachrichtenbringern führte, der wichtigste ND-Lieferant für Radó.

27. 1. 1943
An Direktor
Von Bruder (!)
a) Oerlikoner Waffenfabrik lieferte 1942 an Deutsche von 20-mm-Geschützen 1185 Bodenabwehrgeschütze, 1004 Schiffabwehrgeschütze, 1230 Flügelkanonen, 1600 Reserveläufe, 8550 große, 700 mittlere, 8600 kleine Trommeln.
b) Bestellt sind 1000 Schiffabwehrgeschütze, 10 000 kleine Trommeln, 8 Millionen 20-mm-Granaten, mehrere Millionen Zünder für 75-mm-Granaten. Dora

Kommentar: Mit solchen »politischen« Lieferungen mußte sich damals die Schweiz die Chance erkaufen, ihre Selbständigkeit trotz ihrer Einschließung zu behaupten.

Dagegen ist der folgende FS wieder charakteristisch für die Substanzlosigkeit vieler Agentenberichte:

3. 4. 1943
An Direktor
Von Werther (also angeblich direkt aus dem OKW)
Seit 4. März unternommene Angriffe v. Arnims[10] sollten zur Eroberung von ganz Nordtunesien führen.

Kommentar: Das lag doch auf der Hand. Für eine solche »Information« brauchte Moskau keinen Agenten.

Dieser Funkspruchwechsel ist beispielhaft auch für andere Kriegsgebiete. Er macht die Diskrepanz deutlich zwischen dem, was die Agenten beschaffen oder nicht beschaffen können. Jedenfalls beweist er einmal mehr: Die wichtigste Funktion im Geheimen Nachrichtendienst haben nicht der Spion oder die Agentin, auch wenn die Kolportage immer neue Sensationen um sie erfindet oder halbwahre aufbauscht, sondern die Nachrichtenzentralen, die um ein zutreffendes *Gesamtbild des geg-*

[10] Generaloberst v. Arnim, Ob. der 5. Pz.-Armee in Tunis.

nerischen Kräftepotentials bemüht sind. Darauf kommt es an. Sie brauchen präzise, sachliche Informationen, genaue Einzelheiten, vor allem über den Verbleib der operativen Reserven.
So hat sich in Westeuropa eine *Zweiteilung des Nachrichtendienstes* entwickelt, durch seine verschiedenen Funktionen bedingt: Die der Nachrichtenbeschaffung und die der Nachrichtenzusammenfassung und Auswertung. Die Nachrichtenauswertung hat die Hauptaufgabe: Sie ist das eigentliche Gehirn, der »braintrust«, wie wir heute sagen würden, des Geheimen Nachrichtendienstes. Sein Haupt und Gewissen für Deutschland war in erster Linie zunächst die 4. Abteilung des Generalstabs des Heeres unter dem Namen »Fremde Heere«, die später in die 4. und 12. Abteilung »Fremde Heere West« und »Fremde Heere Ost« aufgeteilt wurde, wie wir wissen. Diesen Abteilungen entsprachen »Fremde Luftwaffen« und »Fremde Marinen« bei den anderen Teilstreitkräften. Über die Arbeit der Abteilungen »Fremde Heere West« wie »Fremde Heere Ost« ist die Öffentlichkeit in großen Zügen unterrichtet, nachdem ihre Chefs Generalmajor Liss und später auch Generalmajor Gehlen ihre Memoiren veröffentlichten. Natürlich gaben sie nicht alle ihre Geheimnisse preis. Aber in ihre Arbeit kann man durch sie einen guten Einblick gewinnen. In den Vorschriften wie im dienstlichen Schriftverkehr von damals werden die Aufgaben, die sie im Kriege wahrnahmen, als *Feindnachrichtendienst* bezeichnet, während die »Abwehr« als *Geheimer Meldedienst* angesprochen wurde. Das sei hier noch einmal unterstrichen. Der Geheime Meldedienst ist streng genommen *nur der Handlanger* und Zuträger für den F.N.D., den Feindnachrichtendienst. So ist es irreführend, die »Abwehr« schlechthin als *den* deutschen Geheimdienst zu bezeichnen. Ein Menschenalter nach dem Ende des Zweiten Weltkriegs erscheint es an der Zeit, hier endlich klare Vorstellungen zu schaffen.

VIERTES KAPITEL

Schwerpunktverlagerung

Geheimdienst ist jedenfalls nur bedingt und teilweise Spionage. Er hat viele Informationsquellen und wird immer neue entdekken, wenn intelligente und erfindungsreiche Köpfe in seinen Laboratorien am Werk sind. So hat sich immer wieder gezeigt, daß das sogenannte offene Material, vor allem Fachliteratur, Zeitungen, Zeitschriften und Bücher mitunter mehr Erkenntnisse vermitteln als hochbezahlte Informanten. Man muß sie nur sorgfältig studieren und alle Hinweise und Teilangaben auszuwerten wissen. Hier sei auch daran erinnert, daß der ältere Moltke, dieser wissenschaftliche Kopf par excellence unter den führenden Soldaten im 19. Jahrhundert, den Aufmarsch der französischen Armee an der Ostgrenze des Landes im Jahre 1870 aus einem gewöhnlichen Fahrplan errechnete. Ähnliches gelang auch »Fremde Heere West«, der Generalstabsabteilung im Oberkommando des deutschen Heeres 69 Jahre später.[1] Dazu brauchte man keine »Vertrauensmänner«, Spione und Agenten.

Freilich besteht ein erheblicher Unterschied zwischen Krieg und Frieden für die Nachrichtenbeschaffung der Geheimdienste. Was im Frieden möglich ist, der freie Verkehr von einem Land zum andern, ist im Krieg eingeschränkt oder versperrt. Im Krieg ist die Wachsamkeit größer, sind die Kontrollen schärfer, gibt es schwer zu durchdringende Fronten. In den kriegführenden Ländern wird Spionage mit dem Tode bedroht, sogar in der Schweiz wurden während des Zweiten Weltkrieges dreiunddreißig Todesurteile ausgesprochen, sieb-

[1] Siehe Liss, a.a.O. S. 96.

zehn vollstreckt. Im Frieden fließen auch die offenen Quellen reichlicher, während sie im Kriege spärlich werden oder versiegen. Im übrigen aber wurden im Zweiten Weltkrieg neue Möglichkeiten für den Geheimdienst erschlossen, da es viele Sympathisanten gegnerischer Systeme gab, die aus ideologischen Gründen gegen das eigene Land arbeiteten – oder auch fahrlässigen Landesverrat sich zu Schulden kommen ließen. Davon hat aber das Dritte Reich bis 1942 sehr viel mehr profitiert als etwa Moskau, was bekannter sein sollte, als es ist. Noch nie war ein Feindnachrichtendienst über die Gegenseite so gut informiert wie »Fremde Heere Ost« im Rußlandfeldzug. Schließlich hat dann den ganzen Krieg über die Funkaufklärung und Funkabwehr massenhaft »sichere Quellen« erschlossen, wie wir noch im einzelnen sehen werden. Der Funkaufklärung und Funkabwehr ist darum ein breiter Raum dieses Buches gewidmet. So hatten sich die Schwerpunkte verlagert.

Die Aufgaben des Feindnachrichtendienstes

Nach dem Polenfeldzug 1939, den Feldzügen in Norwegen wie im Westen 1940, ging man Anfang 1941 im Oberkommando des Heeres daran, die Erfahrungen bei der Beschaffung und Auswertung von Feindnachrichten kritisch zu sichten und eine entsprechende Dienstanweisung zu formulieren. Am 1. 3. 1941 genehmigte der damalige Chef des Generalstabs des Heeres, Generaloberst Halder, den Entwurf der geheimen Heeresdienstvorschrift *Feindnachrichtendienst; F.N.D. (HDv. 89 g)*. Seitdem war sie verbindlich für den Ic-Dienst der Kommandobehörden, von »Fremde Heere« im OKH bis zu den Feindbearbeitern im Divisionsstab. Die maßgebenden Praktiker waren zu ihrer Ausarbeitung herangezogen worden. Der Entwurf hat sich dann so bewährt, daß es im Laufe des Krieges überflüssig wurde, ihn durch eine neue, endgültige Fassung zu ersetzen.
Es ist hier nicht der Ort, die Kapitel und Ziffern der Dienstvorschrift im einzelnen zu zitieren. Sie gehen den Fachmann

an. Doch verdienen einzelne Teile, wie z. B. gleich die Ziffer 1 der Einführung, allgemeines Interesse, weil sie die Aufgabe des F.N.D. deutlich machen. Es heißt da: »Der Feindnachrichtendienst ist für die Führung von großer Bedeutung. Nächst dem eigenen Auftrag geben die Feindnachrichten die wichtigsten Unterlagen für die Beurteilung der Lage und den Entschluß. Sie sollen dem Truppenführer ein möglichst klares Bild der Kräfteverteilung, der Absichten (und Möglichkeiten), des Kampfverfahrens und des Kampfwertes des Gegners geben und dadurch der eigenen Truppe die wirksame Bekämpfung des Gegners erleichtern.«

Soweit die Ziffer 1 der HDv. *Feindnachrichtendienst.* Daß im übrigen auch der russische militärische ND nach ähnlichen Grundsätzen verfuhr wie der deutsche, erhellt aus den Rückfragen aus Moskau, die wir oben zitierten. Die Übereinstimmung wird des weiteren bestätigt durch all die Aufträge, die der Direktor »Dora« erteilt. Sie ist nicht von ungefähr: Nicht umsonst hatte Ende der zwanziger Jahre eine Elite von Sowjetoffizieren die damals noch getarnte deutsche Kriegsakademie besucht. Sie waren seitdem mit der methodischen Arbeit der Deutschen vertraut. Jedenfalls zeugt die Dienstvorschrift *Feindnachrichtendienst* von wachem Sinn für Methode und wissenschaftlichem Kritizismus. So warnt sie schon in den Grundsätzen vor der Illusion, daß man je völlig Klarheit gewinnen könne über die Stärke und Absichten des Gegners. Mit Glücksfällen (wie die offenen Funksprüche der beiden russischen Oberbefehlshaber über ihre Absichten vor der Schlacht bei Tannenberg 1914) sei nur in Ausnahmefällen zu rechnen. In jedem Fall aber müsse sich der F.N.D. von vorgefaßten Meinungen freihalten, den Wert aller eingehenden Meldungen kritisch prüfen und *keine Möglichkeit ungenutzt lassen,* neue Erkenntnisse zu gewinnen. Die Kenntnis der nationalen Eigenschaften und bestimmter Verhaltensweisen von fremden Heeren sei wichtig, nützlich auch die der Charaktereigenschaften von fremden Heerführern. (Jeder von ihnen hat nach Clausewitz seine eigene »Handschrift«.) Der F.N.D., sagt die Vorschrift ferner, stellt hohe Anforderungen an die in ihm tätigen Offiziere. Sie brauchen in der Regel längere Generalstabs- und Sonderausbildung, vor allem aber eigene Ideen. Sie müssen über die eigenen wie die fremden Führungsgrundsätze Bescheid wissen und genau das Heer kennen, mit dem sie zu tun haben. Nur dann sind sie auch in der Lage, alles, was sie erfahren, richtig zu deuten, in den gehörigen Zusammenhang einzuordnen und sinnvolle Aufträge zur weiteren Feindaufklärung zu erteilen. So lautet die Forderung an den Feindbearbeiter auf allen Stufen der militärischen Hierarchie kategorisch: »Aufklärung und Auswertung erfordern eine ununterbrochene, peinlich genaue Arbeit. Aus zahlreichen, sich teilweise widersprechenden, häufig nur an versteckter Stelle auffindbaren und oft nur mühsam deutbaren Einzelnachrichten soll in kürzester Zeit ein geschlossenes Bild von Gliederung und Absicht des Feindes entstehen.«

An den Original-Funksprüchen, die wir oben zitierten, wird aufgefallen sein, daß sie fast stets eine Quelle nennen. Dieser Grundsatz gilt für alle Nachrichtendienste und wird unbedingt festgehalten. Denn man will doch wissen, woher bestimmte Informationen kommen, wobei oft ein Name bereits ein Gütesiegel bedeutet, auch wenn es sich um einen nom de guerre handelt. (Siehe den Decknamen PAKBO in dem letzten, oben zitierten Auftrag aus Moskau.) Rück- und Kontrollfragen zur Bestätigung von Nachrichten sind wichtig, oft unerläßlich.

Natürlich heißt es auch ausdrücklich, daß die beste Nachricht zwecklos wird, wenn sie denjenigen zu spät erreicht, für den sie bestimmt ist. Hauptaufgabe des F.N.D., wie gleichfalls aus dem Funkspruchwechsel zwischen der Schweiz und Moskau ersichtlich, bleibt die Aufklärung über Stärke, Verbleib und Gruppierung der operativen Reserven des Gegners: Kennt man sie, macht oft die Feindlagekarte bereits seine nächsten Absichten deutlich. Ebenso aufschlußreich sind natürlich größere Transportbewegungen auf Eisenbahnen und Straßen. Die Luftaufklärung ist dann besonders wichtig, wird aber oft durch

das Wetter behindert. Wie überall, so muß man auch auf diesem Gebiet zwischen operativer Fernaufklärung, taktischer und Gefechtsaufklärung unterscheiden.
Höchst bemerkenswert werden in der Dienstvorschrift klare Grenzen gezogen *zwischen den Aufgaben des F.N.D. und denen des Geheimen Meldedienstes, also der »Abwehr« im OKW*. Es wird diesem zugestanden, daß er *im Frieden* eine der wichtigsten Nachrichtenquellen sei. »Im Krieg«, so heißt es dann weiter, »wird seine Tätigkeit durch Abwehrmaßnahmen des Gegners, Ausfall von Agenten, Überwachung oder Schließung neutraler Grenzen erschwert. Besonders zu Kriegsbeginn geht die Zahl der auf diesem Wege eingehenden Nachrichten zurück.« Der Geheime Meldedienst ist andererseits häufig das einzige Mittel, die rückwärtigen Gebiete des Gegners aufzuklären, in seine Hauptstadt zu gelangen und Kontakt mit der Zivilbevölkerung zu gewinnen. Erfahrungsgemäß befinden sich hier immer besonders wichtige Nachrichtenquellen. Allerdings stellt auch die Vorschrift ausdrücklich fest: »Es ist nicht zu vermeiden, daß mit den Meldungen des Geheimen Meldedienstes eine Anzahl unklarer und wertloser Nachrichten eingehen.« Dagegen hilft nur die gründliche Ausbildung vor allem der Beauftragten des Geheimen Meldedienstes, die die Agenten führen und ihnen die Aufträge mit auf den Weg geben.
Drei besondere Leistungen des F.N.D. verdienen hervorgehoben zu werden. Sie sind alle drei von grundsätzlicher Bedeutung für die gesamte Kriegführung geworden. Wohl nur unter besonders glücklichen Umständen wären Agenten in der Lage gewesen, derartige qualifizierte Unterlagen zu beschaffen. Die Informationen betrafen:

Den Funkverkehr des französischen Kriegsministeriums von Kriegsbeginn 1939 bis zum 10. 5. 1940.
Die Gesamtstärke der Roten Armee und schließlich
den Aufrüstungsplan der Vereinigten Staaten.

Es hat sich dabei *ausschließlich* um Aufklärungsleistungen der Abteilungen »Fremde Heere« im OKH gehandelt, und zwar im ersten Fall um eine solche von »West«, in den beiden anderen von »Ost«. Die entsprechenden Berichte sind den Memoiren ihrer jeweiligen Chefs zu entnehmen: Für »West« war das bekanntlich Oberst i. G. Ulrich Liss, für »Ost« Oberst i. G. Reinhard Gehlen. Es handelt sich also um kriegsgeschichtliche Informationen aus erster Hand.

Liss berichtet[2]: Im Oktober 1939 »wurde es Licht in der Funkaufklärung. Wie versprochen trafen bald die in Frankfurt entschlüsselten Funksprüche ein. Der gesamte Funkverkehr des französischen Kriegsministeriums in der Rue St. Dominique zu den Heeresgruppen, Armeen, Heimatbehörden, nach Nordafrika und nach Syrien wurde allmählich mitgehört. Alle vier Wochen wechselte der französische Schlüssel, aber es dauerte immer nur wenige Tage, bis man die Funksprüche mitlesen konnte. Nur der am 10. Mai 1940 eingeführte Schlüssel ist nicht mehr geknackt worden. Bei dem schnellen Verlauf der Offensive spielte das keine Rolle mehr.«

Die Funksprüche bestätigten die Gliederung der französischen Heeresgruppe 2 sowie der 8. französischen Armee am Oberrhein. Später konnte auch das Bestehen einer Armeeabt. A festgestellt werden und im Frühjahr klärte sich der Aufmarsch weiterer französischer Armeen. Auch sonst ergaben die Funksprüche wertvolle Informationen, z. B. über Neuaufstellungen von Truppenteilen. So hatte man im Laufe der Zeit ein Gesamtbild aus »sicherer Quelle« und konnte den Geheimen Meldedienst, der allmählich wieder auflebte, zur weiteren Aufklärung von Einzelheiten einsetzen. Bis zum Beginn des großen Angriffs im Westen am 10. Mai 1940 war ein zutreffendes Feindbild gewonnen.

Noch bemerkenswerter, weil ganz und gar durch eigene geistige Leistung ermittelt, war das Verfahren von »Fremde Heere Ost« bei der Aufklärung der zahlenmäßigen Stärke der Roten Armee 1942. Hier tappte man aus den bekannten Gründen zunächst im dunkeln. Auch der Rußlandkenner General Köstring, der seinerzeitige Militärattaché in Moskau,

---

[2] Ebenda S. 20.

hatte ja nicht weiterhelfen können. Indessen ist nicht nur die Strategie ein System von Aushilfen, wie der ältere Moltke erklärt hat – auch der F.N.D. muß sich systematisch zu helfen wissen, wenn die üblichen Aufklärungsmittel versagen. 1942 verfügte er im Osten nur über *eine* sichere Unterlage, von der er ausgehen konnte, nämlich die Ergebnisse der Volkszählung in der Sowjetunion von 1939. »Fremde Heere Ost« mußte sich also schon etwas Außergewöhnliches einfallen lassen.
Dieses Außergewöhnliche war die systematische Auswertung dieser Volkszählung der UdSSR nach Abzug aller Ausfälle und Kriegsverluste seit 1939. Gehlen hat dem komplizierten Verfahren viele Seiten gewidmet.[3] Nach seinem Abschluß war schließlich im Frühjahr 1942 eine Stärke des sowjetrussischen Heeres in Höhe von 6 bis 6,5 Millionen errechnet. Diese Berechnung wurde durch Nachrichten aus sicherer Quelle (sowjetischer Rundfunk) bestätigt, als Stalin Ende März 1942 sagte: »Ich habe die Bedürfnisse eines 6-Millionen-Heeres zu befriedigen.« Von einem ausländischen Diplomaten war das gleiche zu erfahren: Somit gab es also auch hier die berühmten zwei Zeugen zur Bekundung der Wahrheit.
Sehr viel einfacher war die Ermittlung des Gesamtplans für die Aufrüstung der Vereinigten Staaten: Durch die sorgfältige Auswertung der US-Presse ließ er sich rekonstruieren und kam so bereits im Frühjahr 1942 dem deutschen Oberkommando zur Kenntnis. Gehlen erzählt in diesem Zusammenhang eine hübsche Geschichte, kennzeichnend auch für die Vertraulichkeit der Kollegen vom Nachrichtendienst untereinander, wenn sie sich im Frieden wieder begegneten[4]: »Der amerikanische General Wedemeyer, der von 1936 bis 1938 die deutsche Kriegsakademie besucht hatte, und der wohl einer der operativ begabtesten amerikanischen Führerpersönlichkeiten des Zweiten Weltkriegs gewesen ist, erzählte mir 1960, daß niemals geklärt werden konnte, auf welche Weise dieses streng

[3] Gehlen, a.a.O. S. 32 ff.
[4] Ebenda S. 22.

geheime Papier in den Besitz der Presse gelangte. Wedemeyer war zu dieser Zeit der erste Generalstabsoffizier der amerikanischen Operationsabteilung. Er durchlebte im Verlauf dieser Affäre wohl die aufregendsten Stunden seines Lebens, ging aber völlig entlastet aus den Untersuchungen hervor. Er hat mir diese Episode ... sehr anschaulich geschildert.« Die Soldaten hatten jedenfalls dicht gehalten. Aber im Verlauf der Recherchen ist zumindest der Verdacht laut geworden, die »undichte Stelle« habe sich in der engsten Umgebung des Präsidenten Roosevelt befunden.

Und Hitler? Wie hat sich Hitler den so bekannt gewordenen US-Aufrüstungsplänen gegenüber verhalten? Genau so, wie er es in anderen Fällen auch getan hat: Er reagierte mit Vorurteilen und vorgefaßter Meinung. So meinte er bei den Tischgesprächen[5] z. B., daß die amerikanische Rüstungsindustrie nicht in der Lage sei, zum Ausgleich der britischen Schiffsverluste beizutragen: Die 23 Millionen Erwerbslose der USA seien nur eine Quelle ständiger Schwierigkeiten für die Regierung und ihre Aufrüstungsarbeit, da sie sich als ein Proletariat fühlten, das einen neuen Stand verkörpere. Nur dadurch, daß *er* das deutsche Volk mit Hilfe der nationalsozialistischen Bewegung in einen ausgesprochen idealistischen Zustand versetzt habe, sei es ihm gelungen, die bei der Machtübernahme vorhandenen 7 Millionen Arbeitslose in den Produktionsprozeß einzugliedern. Den USA traute Hitler also eine ähnliche Beseitigung der Arbeitslosigkeit durch eine großzügige Aufrüstung nicht zu. Im übrigen hatte er sowohl die Zahl der deutschen wie der amerikanischen Arbeitslosen propagandistisch übertrieben.

Die »Geheimnisträger« waren dagegen um objektive Erkenntnisse bemüht. Sie hatten damit auch erhebliche Erfolge, diesseits wie auf der »anderen Seite des Hügels«.

---

[5] *Hitlers Tischgespräche im Führerhauptquartier 1941/42*. Neu hrsg. von Percy Ernst Schramm, Stuttgart 1963, S. 385 (3. 6. 1942).

Die Organisation des deutschen Geheimdienstes

Der deutsche Geheimdienst als Ganzes war im übrigen nicht so zweckmäßig organisiert wie der englische und französische. Vor allem fehlte ihm unter Hitler eine einheitliche Spitze. Genau genommen bestand er aus drei Organisationen, die »der Führer« gegeneinander ausspielen konnte, wenn er wollte. Und das tat er dann auch später. Da war zunächst die *Abwehr,* das Amt Ausland/Abwehr im OK der Wehrmacht, die unter der Führung von Admiral Canaris einen legendären Ruf erlangte, allerdings mehr im Inland als im Ausland. Doch ist dieser inzwischen umstritten. Indessen geht es nicht an, die »Abwehr« schlechthin als *den* deutschen Geheimdienst anzusprechen: Sie war neben ihrer wichtigen Aufgabe der Spionageabwehr im militärischen Bereich vornehmlich mit illegaler Nachrichtenbeschaffung befaßt, mit dem *Geheimen Meldedienst,* in der Fachsprache des Heeres. Die eigentliche *Auswertung* der so beschafften Informationen jedoch, wie die der Funkaufklärung und der verschiedenartigsten anderen, offenen oder versteckten Quellen, geschah in den Abteilungen »Fremde Heere« des OKH oder in den entsprechenden Abteilungen der anderen Teilstreitkräfte »Fremde Marinen« und »Fremde Luftwaffen«. Hier lag der Schwerpunkt *des Geheimen Nachrichtendienstes* im Krieg. Schließlich gab es in Hitler-Deutschland auch noch den politischen Geheimdienst des Reichssicherheitshauptamtes, den *SD Ausland,* dem dann 1944 nach der Entlassung von Canaris die militärische Nachrichtenbeschaffung, die Abwehr I, als »Mil. Amt« eingegliedert wurde. Die Methoden und Arbeitsweisen dieser drei Zweige am Baum der geheimdienstlichen Erkenntnis in Hitler-Deutschland waren unterschiedlich. Am erfolgreichsten jedoch haben sich die von »Fremde Heere Ost« erwiesen, sogar noch über das Kriegsende 1945 hinaus: Deshalb ist dann auch der Chef dieser Abteilung, Generalmajor Reinhard Gehlen, der erste Präsident des Nachrichtendienstes der Bundesrepublik Deutschland geworden — eine interessante Karriere.

Was heißt Feindnachrichtendienst?

Was heißt *Feindnachrichtendienst?* Die Heeresdienstvorschriften haben in dem genannten Zeitraum klar zwischen ihm und dem Geheimen Meldedienst unterschieden. Der Unterschied bestand nicht nur in dem Auftrag des einen, ein präzises, wissenschaftlich fundiertes Feindbild als *Ganzes* zu erarbeiten, während der andere auf geheimen Wegen entsprechende Informationen *dazu* beschaffte: Auch die Methoden und Quellen waren anders. Das erhellt schon aus dem Verfahren bzw. der Reihenfolge, in der z. B. bei den hohen Kommandobehörden die Feindlage von den zuständigen Generalstabsoffizieren vorgetragen wurde.

Zuerst wurden in der Regel die Ergebnisse der Luftaufklärung bekanntgegeben, und zwar die der frontnahen wie die über die Bewegungen in den rückwärtigen Gebieten des Gegners, meist aus Luftaufnahmen gewonnen. Sie wurden durch die Erdbeobachtungen ergänzt. Dann folgte die Funkaufklärung, wiederum mit ihren taktischen und operativen Erkenntnissen. Weiter wurde zusammenfassend berichtet, was Beutepapiere und die Vernehmung von Kriegsgefangenen erbrachte, die natürlich gezielt erfolgte. Erst die letzte Stelle nahmen die Informationen ein, die von Agenten und Frontläufern stammten. Ähnlich wurde es in der Zentrale der deutschen Ostfront gehalten, eben bei »Fremde Heere Ost«. Die sorgfältig gesiebten Meldungen der Ic-Dienste sind täglich dorthin weitergegeben worden, wichtige sofort.

Natürlich war dieses System oder Schema nur im Kriege zu praktizieren; es hatte die sogenannte »Feindberührung« zur Voraussetzung, den kriegerischen Kontakt mit dem Gegner. Aber es war bereits in Spannungszeiten vorbereitet. Auch gab es schon eine Luftaufklärung in größter Höhe, der Sicht entzogen, wie es bereits die Funkaufklärung gab. Natürlich muß auch auf das sogenannte »Forschungsamt« Hermann Görings hingewiesen werden, das sich in die Diplomatengespräche einzuschalten wußte, und schließlich kamen weitere von neutralen Diplomaten gelieferte Geheiminformationen dazu. Das alles hatte größeres Gewicht als die herkömmliche Ausspähung durch V-Leute, es sei denn, daß sie über Verbindungen zu den höchsten Stellen verfügten. Der Austausch von vertraulichen Informationen zwischen den diplomatischen Vertretungen in neutralen Ländern erbrachte schließlich Erkenntnisse, von denen wir bis heute am wenigsten wissen.

Wir schließen an früher Gesagtes an, um noch einmal zu unterstreichen: Eine Revision der herkömmlichen Anschauungen über den Geheimdienst ist notwendig und an der Zeit. Schon vor dem Zweiten Weltkrieg, aber in seinem Verlauf immer häufiger, ist ja mit zwei Gespannen oder auf zwei Geleisen gefahren worden: Da war auf der einen Seite die Spionage wie eh und je, die in der Hauptsache mit Agenten und V-Leuten in die Geheimnisse des Gegners einzudringen versuchte, auf der anderen aber der Feindnachrichtendienst, der das gleiche Ziel hatte, sich jedoch anderer Mittel zur Nachrichtengewinnung bediente. Die Erkenntnisse des einen waren in der Hauptsache von und durch Personen gewonnen, die des anderen auf den verschiedensten Wegen erbracht oder durch methodische Ausforschung erarbeitet. Das Wichtigste aber war das Gesamtbild. So war das höchste Ziel der Abwehr, Dokumente aus den feindlichen Panzerschränken oder die Information unmittelbar aus den Führungszentralen des Gegners zu gewinnen. Der Feindnachrichtendienst aber schöpfte aus *allen* erreichbaren Quellen, um die Gesamtheit der Stärke, Kräfteverteilung und Absichten der anderen Seite zu ermitteln. Seine Aufgabe war neben der regelmäßigen Lagebeurteilung auch die Prognose möglicher feindlicher Operationen. Im Laufe des Krieges aber hat sich der Schwerpunkt der Nachrichtengewinnung immer mehr auf den F.N.D., also den Ic-Dienst und die Abteilungen »Fremde Heere« im Oberkommando des Heeres verlagert. Besonders bei der Abteilung »Fremde Heere Ost« sind höchst erfolgreich geheime Nachrichten beschafft und ausgewertet worden, während der Abwehr im OKW eine Auswertungsstelle überhaupt gefehlt hat.

Die Kriegs- und Zeitgeschichte, aber auch die Massenmedien, haben bisher die Geheime Nachrichtenbeschaffung des F.N.D. recht stiefmütterlich behandelt. Das gilt für alle Bereiche, nicht nur für den deutschen. Freilich erklärt sich das auch aus publizistischen Gründen. Denn Arbeit, Forschung und nochmals Arbeit, sie sind eben nicht annähernd so interessant wie die Abenteuer der Spione und Agenten. So mußten erst die Chefs der Geheimdienste selbst sprechen, um hier Wandel zu schaffen und eine Vorstellung vom Geheimen Nachrichtendienst in seiner Gesamtheit zu vermitteln. Seitdem kann endlich den unzähligen Reportagen und Kolportagen auf diesem Gebiet eine Reihe seriöser Erinnerungen entgegengehalten werden, wie die von Ulrich Liss, »Fremde Heere West«, dann von Sir Kenneth Strong für die westlichen Alliierten, Allen Welsh Dulles für die Vereinigten Staaten, Gauché für Frankreich. Zuletzt 1971 sind auch noch die Memoiren von Reinhard Gehlen für das deutsche Ostheer im Zweiten Weltkrieg hinzugekommen, ferner die von Radó.

In einem Punkt freilich sind die Nachrichtenchefs meist zurückhaltend: wenn es um die Nachrichtenbeschaffung durch Funkaufklärung geht. Gewiß, sie wird erwähnt; es wird ganz allgemein von ihrer Bedeutung gesprochen, aber präzise Angaben über ihre Ergebnisse sind selten. Freilich erklärt sich diese Zurückhaltung bis heute auch dadurch, daß man keine schlafenden Hunde wecken wollte, und zwar bei allen am Zweiten Weltkrieg beteiligten Armeen. Vor allem im deutschen Bereich wirkte offensichtlich, wie man bei Nachfragen immer wieder feststellen kann, die strikte Geheimhaltung während des Krieges nach, nachdem eine Ziffer der Dienstvorschrift *F.N.D.* ausdrücklich verfügte: »*Bei der Weitergabe der Ergebnisse der Funkaufklärung ist deren Herkunft stets zu tarnen.*«[6]

Aus der gleichen Dienstvorschrift sind auch die Gründe für

---

[6] Die Dienstvorschrift ist dem Verfasser seit deren Erscheinen bekannt.

diese Forderung zu erfahren. Sie kennzeichnen den Wert der Funkaufklärung und interpretieren sie in einer weiteren Ziffer so: »Die Funkaufklärung ist eine besonders ergiebige und wertvolle Nachrichtenquelle, vor allem für höhere Kommandobehörden. Sie gibt häufig Einblick in die feindliche Gliederung und Verteilung der Gesamtkräfte und gestattet daraus Rückschlüsse auf operative Absichten. Sie läßt bei schnell verlaufenden Operationen Veränderungen des Feindbildes ohne Zeitverlust erkennen. Ihre Nachrichten haben den Vorteil der Unmittelbarkeit und Eindeutigkeit. Auch wenn es nicht gelingt, die feindlichen Funksprüche zu entschlüsseln, kann die Funkaufklärung durch sorgfältige Beobachtung der Verkehrsbeziehungen und durch Peilung Aufschlüsse über die Gliederung des Feindes und den Sitz der Kommandobehörden bringen. Der Vergleich mit den Ergebnissen anderer Nachrichtenquellen führt in solchen Fällen oft zu weitreichenden Erkenntnissen. Ein Wechsel im feindlichen Funkschlüssel kann diese Nachrichtenquelle zeitweilig oder dauernd verstopfen. Zu berücksichtigen ist, daß der Gegner seinen Funkverkehr planmäßig zu verschleiern und durch Täuschungsmanöver die eigene Aufklärung irrezuführen sucht.«

Die Heeresdienstvorschrift *Feindnachrichtendienst* wurde am 1. März 1941 erlassen, wie wir wissen. Dieser Zeitpunkt war nicht von ungefähr. Daß die Leistungen des Geheimen Meldedienstes, also der ABWEHR, für den künftigen Kriegsverlauf nicht mehr ausreichten, stand inzwischen fest. Unter strengster Geheimhaltung rüstete man schon seit Herbst 1940 für den Fall BARBAROSSA, also den Feldzug gegen die Sowjetunion, aber das Wissen über die Rote Armee war gering. Die deutschen Armeen, die nach und nach aufmarschierten, hatten nur dürftige Unterlagen über den Feind, gegen den sie antreten sollten. Es war bekanntlich nicht möglich, in der Sowjetunion Spionage wie etwa im Westen zu treiben, das riesige Land mit einem Netz von Vertrauensleuten zu überziehen. Das einzige, was man ganz sicher wußte, war die schnelle Regenerierung der Roten Armee nach dem Aderlaß von 1936/37, in den letzten Jahren von Stalin und den ihm ergebenen Sowjet-Marschällen mit Hochdruck betrieben. Aber die Einzelheiten der Um- und Aufrüstung fehlten. Auch die Geheime Luftspionage, die von der Sonderstaffel des Obersten Rowehl betrieben wurde, brachte nur lückenhafte Ergebnisse.

So kam es zu der tiefgreifenden Veränderung im Geheimen Nachrichtendienst auf deutscher Seite: Mit dem Beginn des Rußlandkrieges verlagerte sich der Schwerpunkt vom Geheimen Meldedienst des Admiral Canaris mehr und mehr auf »Fremde Heere Ost« im OKH und damit auf den eigentlichen Nachrichtendienst des Heeres. Er trug nun die Hauptlast der Nachrichtenbeschaffung, vor allem aber die der Sammlung und Auswertung. Er hatte der Heerführung laufend zu melden und regelmäßig Lageberichte vorzulegen. Selbstverständlich arbeitete die Abteilung »Fremde Heere Ost« mit der ABWEHR zusammen, aber doch in der Hauptsache nur, um mit deren Hilfe Einblick in die Tiefe des Hinterlandes und die politischen, strategischen und wirtschaftlichen Zentren der Sowjetunion zu gewinnen. Denn bis dahin reichte die Luft- und Erdaufklärung nicht, versagte wohl auch die Funk- bzw. Fernmeldeaufklärung, weil diese obersten Behörden sich der schwersten Chiffrierverfahren bedienten oder überhaupt nicht funkten.

So hat der Geheime Nachrichtendienst der Wehrmacht, im Ganzen gesehen, eine doppelte Geschichte. Er veränderte sich nicht nur nach Kriegslage und Kriegsschauplatz, sondern bediente sich an der Ostfront, aber auch im Westen 1944/45 *anderer* Mittel zur Vervollkommnung der Nachrichtenbeschaffung. Er hat sich anzupassen gewußt. So ergab sich von 1941 an ein in seiner Art unübertroffener Nachrichtendienst, während die Schatten über der ABWEHR länger wurden. Die Leistungen des F.N.D. steigerten sich zudem mit der wachsenden Kriegserfahrung. Im übrigen ist im Interesse der geschichtlichen Wahrheit hervorzuheben: Wenn es im Umkreis des OKW undichte Stellen gab, aus denen Staats- und militärische Geheimnisse durchsickerten, so gab es sie in den Zentralen in

Moskau auch, offenbar gleichfalls aus Motiven der Abneigung gegen das herrschende totalitäre System. Hinweise darauf sind u. a. in den Erinnerungen von Reinhard Gehlen zu finden.[7] Aber weder in dem einen noch in dem andern Fall war diese Art des Landesverrats kriegsentscheidend. Weder in der Schweiz noch in Moskau wurde der Zweite Weltkrieg durch Spionage gewonnen. Auch Sándor Radó, der Leiter der sowjetischen Spionagezentrale in Genf 1939 bis 1943 unterstreicht das in seinen Memoiren.

Freilich muß auch gesagt werden: in Berlin, in der »Wolfschanze« in Ostpreußen oder in Berchtesgaden, den jeweiligen Führerhauptquartieren also, lagen manche Dinge im Argen. Dort wäre eine bessere Kriegführung und vielleicht auch ein nicht so katastrophaler Kriegsausgang zu erreichen gewesen, hätte der Oberste Kriegsherr auf die Erkenntnisse des Feindnachrichtendienstes gehört und die Folgerungen daraus gezogen. Wir werden das noch näher begründen und belegen. Truppe, Kommandeure, Oberbefehlshaber wußten dagegen die Erkenntnisse des F.N.D. zu nutzen; für eine vernünftige politische und militärische Strategie der obersten Führung sind sie indessen *nicht* ausgewertet worden. Ja, Hitler hat sie brüsk zurückgewiesen, wie wir wissen. Aufgrund der Ergebnisse des F.N.D. hätte der Rußlandkrieg bei vernünftiger Führung der Deutschen Wehrmacht durchaus mit dem Ausgleich der deutschen und russischen Interessen beendet werden können, *unter der einen Voraussetzung freilich,* daß sich die Deutschen wie die Russen von ihren Diktatoren befreiten. Millionen Russen sind Stalin 1941/42 davongelaufen. Das Attentat auf Hitler, 1944, scheiterte.

Die Zentrale des Feindnachrichtendienstes im Rußlandfeldzug wurde eindeutig die 12. Abteilung des Generalstabs des Heeres. Sie wurde es dann vor allem, als sie am 1. 4. 1942 der seinerzeitige Adjutant des Generalobersten Halder, der Oberst i. G. Reinhard Gehlen, übernahm. Der Generalstabschef wußte

---

[7] A.a.O. S. 72.

genau, wen er dazu ausersehen hatte, denn es gab zwischen dem Obersten und dem Generalobersten wohl auch noch eine andere als eine rein militärische Übereinstimmung. Der Abteilung »Fremde Heere Ost« sind seit Beginn des Rußlandkrieges *politische* Aufgaben in steigendem Maße zugewachsen. Sie ist dann auch Zentrum der Bestrebungen geworden, den Ostkrieg, wenn irgend möglich, politisch zu beenden. Natürlich mußte sie sich dabei tarnen, aber sowohl bei einzelnen Feldmarschällen als auch bei der Organisationsabteilung des Heeres fand sie Verständnis, ja Unterstützung, vor allem bei Oberst i. G. Stieff und Major i. G. Graf Stauffenberg. Hier lagen nicht zuletzt deren Motive für den 20. Juli 1944.

Im übrigen soll noch besonders hervorgehoben werden, was Reinhard Gehlen über die Arbeit von FHO (»Fremde Heere Ost«) sagt[8]: »Es war keine geheimnisvoll umwitterte Hexerei, die von meinen Mitarbeitern vollbracht wurde. Fleiß, Gründlichkeit, Fachkenntnis und Schnelligkeit befähigten uns, zu zutreffenden Aussagen über Lage und Absichten des Gegners zu kommen. Die Ergebnisse entsprachen zumeist nicht dem Wunschdenken Hitlers, dem ich nur viermal persönlich vorgetragen habe, weil dies in erster Linie Aufgabe des jeweiligen Generalstabschefs, zuerst Halders, dann Zeitzlers, und schließlich Guderians war ... Ich kann nur bestätigen, wie heftig meine Vorgesetzten immer wieder mit diesem Mann gerungen haben, um offensichtlich falsche Entschlüsse zu verhindern ... Die Feindlage war bei diesen Auseinandersetzungen oft das gewichtigste Argument. Die in ihrem Rahmen gewonnenen Erkenntnisse wurden immer wieder mit sich im Lauf der Jahre steigernder Heftigkeit als Defaitismus und sogar als Sabotage gegenüber seinen Intentionen bezeichnet ...«

---

[8] A.a.O. S. 61.

Die Entwicklung des Nachrichtendienstes zwischen 1938 und 1945

Die Entwicklung der Nachrichtendienste in Europa im Zeitraum von 1938 etwa bis 1945 wurde bisher noch nicht im Zusammenhang beschrieben. Natürlich hängt das mit den Kriegsereignissen zusammen, aber auch mit dem Material, das nur lückenhaft vorliegt. Trotzdem läßt sich ein aufschlußreicher Überblick gewinnen. Vom deutschen Standpunkt aus sind fünf große Phasen zu unterscheiden, die sich etwa so darstellen:

1. *Die Spannungszeit an der Schwelle des Zweiten Weltkriegs.* Sie bringt, wie gesagt, eine erhöhte Aktivität der europäischen Nachrichtendienste mit sich, ihre Vorbereitung auf eventuelle kriegerische Konflikte. In Deutschland wird besonders die Luft- und Funkaufklärung intensiviert. In Berlin ist man bemüht, den westlichen Militärattachés mit der deutschen Aufrüstung zu imponieren, sie als mächtiger darzustellen, als sie tatsächlich ist.

2. *Die Periode der Blitzfeldzüge von 1939 bis 1941.* Sie war von deutscher Seite nachrichtendienstlich gut vorbereitet. Der Erfolg ist bekannt: das vorläufige Ausscheiden von großen und kleineren Staaten aus dem Krieg: Polen, Holland, Belgien, Norwegen, Frankreich, der Balkan und Griechenland. »Fremde Heere West« hatte nur noch England zu observieren, ebenso die Abwehr, die aber wenig Glück hatte mit ihren Agenten drüben. Die wichtigsten geheimdienstlichen Unterlagen für den Norwegen-Feldzug hatte im übrigen Vidkun Quisling in seiner Eigenschaft als früherer norwegischer Kriegsminister höchst persönlich geliefert. Es gibt kein Gegenstück zu ihm auf der Seite der Alliierten.

3. *Die Periode der deutschen Siege im Osten* (wie in Nordafrika), die Millionen von Gefangenen, Überläufern und Kollaborateuren erbringen. Diese liefern bereitwillig und reichlich Informationen aus erster Hand. Erst Stalingrad Anfang 1943 bedeutet auch hier die Wende.

4. *Die Phase der Defensive ab 1943,* in der viele der bis-

herigen Informationsquellen versiegen, während die Kriegsgegner Hitlers neue gewinnen. 1943 ist *das* Erfolgsjahr der Sowjet-Residentur Alexander Radó, genannt Dora, in der Schweiz.

5. *Der deutsche Endkampf 1944 und 1945.* Der geheime Meldedienst kommt nahezu zum Erliegen. Bei der Invasion Frankreichs gelingt dem Geheimdienst der Alliierten das erfolgreichste Täuschungsmanöver der neueren Kriegsgeschichte. Aber auch die Ardennenoffensive Hitlers im Dezember 1944 verdankt ihren taktischen Überraschungserfolg der vollendeten Geheimhaltung auf deutscher Seite. Die deutsche Führung ist immer mehr auf die Funkaufklärung angewiesen, die bis zum Schluß ausgezeichnet funktioniert. Im Osten überspielen jedoch die sowjetrussischen Funkagenten im Rücken der deutschen Wehrmacht die deutsche Funkabwehr.

Diese Phasen kennzeichnen die Veränderungen der Lage zwischen 1938 und 1945. Sie sind auch ein Gradmesser für die jeweiligen Leistungen der Abwehr. Vor dem Krieg hatte sie gute Arbeit getan und viele wichtige Informationen beschafft, die meist von »Fremde Heere« ausgewertet wurden. Dann aber war sie eigentlich nur noch in den immer ausgedehnteren besetzten Gebieten bei den eigentlichen *Abwehraufgaben* erfolgreich, bei der Bekämpfung der feindlichen V-Männer, Agenten und Widerstandsgruppen. Mit der Zeit waren ihre Kräfte überfordert. Die »innere Führung« der Abwehr versagte. Das war der sachliche Grund zur Ablösung von Canaris. Aber es war auch der Anfang vom Ende ihrer Selbständigkeit überhaupt.

Nutzlose Geheiminformationen

Ausspähen, Herumhorchen, aufwendiges Leben, Abenteuer und Weibergeschichten: Das ist noch immer die landläufige Vorstellung vom Geheimdienst. Die Wirklichkeit im Zweiten

Weltkrieg war anders. Denn es genügte z. B. nicht, daß »Cicero« nächtlicherweile wichtige Geheimdokumente photographierte. Die Ablichtungen mußten auch in die richtige Schmiede gelangen *und zu Entschlüssen führen.* Die Geschichte, die wir hier schreiben, wird aber nachweisen, daß das nicht immer, in Deutschland seit 1942 überhaupt nur bis zu den Oberbefehlshabern der Fall war. *Hitler wollte die Wahrheit über den Feind nicht wissen.* Noch im April 1945 hat er Reinhard Gehlen wegen Defaitismus gefeuert, als ihm dieser die tatsächliche Feindlage an der Ostfront ungeschminkt vortrug. Aber auch auf der Gegenseite gab es Pannen. Z. B.: Warum hat Stalin die Nachrichten vom bevorstehenden Überfall Hitlers auf Sowjetrußland nicht glauben wollen? Warum wurden aus den Resten der Papiere des deutschen Kurieroffiziers, der am 10. Januar 1940 in Belgien notlanden mußte, falsche Schlüsse gezogen, die nämlich, daß es sich um ein deutsches Täuschungsmanöver handelte? Wie konnte es dazu kommen, daß sich beide Seiten mit ihren »Funkspielen« narrten, nicht nur die Deutschen die Engländer, sondern auch umgekehrt? Warum blieb so viel unaufgeklärt, wie die »Wiking-Linie«, die vom deutschen OKW nach der Schweiz lief? Was war mit Martin Bormann? Was mit Walter Schellenberg? Wer hatte die Hand mit im Spiel, daß offenbar die wichtigsten der entschlüsselten Funksprüche, die zwischen »Dora« und dem »Direktor« gewechselt wurden, in Berliner Dienststellen 1944/45 verschwanden? Welchen Informanten hatte Dulles damals als Sonderbeauftragter Roosevelts in der Schweiz, im Auswärtigen Amt in Berlin, mit dem er 1942–1945 Postkarten wechseln konnte?[9] Welche Leute aus dem Reichssicherheitshauptamt hatte er kaufen können? Das wird wahrscheinlich niemals ans Licht kommen. Im Geheimen Nachrichtendienst gibt es nur wenige Dokumente, die etwas verraten, und die Geheimnisträger sind bis zu ihrem Tode zum Schweigen verpflichtet. Nur in Ausnahmefällen werden sie von dieser Verpflichtung entbunden. So gibt es hier eine natürliche

[9] A.a.O. S. 210.

Grenze der Forschung. Doch kann sie eines erreichen, daß auch die Öffentlichkeit das Faktum einsieht: Der Geheime Nachrichtendienst mag den Gang der kriegerischen Ereignisse beeinflussen, zu Sieg oder Niederlage beitragen. Aber einen Krieg hat er noch nie entschieden, geschweige denn seine ab 1941 ziemlich untergeordnete Zuträgerin, die Spionage.
Die nachfolgenden Kapitel, vor allem die über die Funkaufklärung, werden davon handeln.
Zunächst jedoch ist im europäischen Rahmen ein weiteres großes Problem zu klären: Das des sowjetischen Geheimdienstes. Natürlich verfolgte er die gleichen oder ähnlichen Ziele wie die anderen ND auf dem europäischen Kriegsschauplatz. Hinsichtlich seiner Geschichte, seiner Entwicklung und Methoden, wie des Schicksals seiner Mitarbeiter aber, bleibt er durchaus ein Sonderfall. Jedenfalls ist es ebenso notwendig wie aufschlußreich, sich näher mit ihm zu befassen.

VIERTER ABSCHNITT

Sonderfall Sowjetischer Geheimdienst

ERSTES KAPITEL

Die Grosse Säuberung

Es gibt kein Schema im Geheimdienst. Seine Struktur, seine Methoden und Leistungen werden von Staat zu Staat variieren und vor allem von den jeweils führenden Personen und deren Charakter und Leistungsfähigkeit bestimmt sein. Politik und Ideologie tragen erheblich zu dieser Verschiedenheit bei, ebenso wie das traditionelle Sein und Verhalten des in Betracht kommenden Volkes. So kann man damit rechnen, daß trotz übereinstimmender Grundregeln der Konspiration jeder Geheimdienst auf seine Weise determiniert ist. Anders ist er bei den Chinesen als bei den Russen, und wieder anders bei Deutschen, Angelsachsen, Franzosen. Kurz, auch im Geheimdienst offenbart sich der Nationalcharakter. So sahen wir ja bereits, daß die westlichen Nationen, vor allem die Briten und die Deutschen auf wissenschaftliche Verfahren besonderen Wert legen, die Franzosen auf das Methodische schlechthin, während die Russen zu einer Übersteigerung der Konspiration neigen und dies überall praktizieren. Solche Tendenzen muß der Geschichtsschreiber berücksichtigen ebenso wie die Nachrichtendienste selbst, wenn sie sich gegenseitig ausforschen. Der Trend zur Wissenschaft vom potentiellen Gegner war, wie gesagt, in der Zeit, die wir hier nachzeichnen, die besondere Stärke der Abteilungen »Fremde Heere« im Oberkommando des deutschen Heeres; aber auch bei den Briten, seit 1942 bei den Westalliierten führend auf diesem Gebiet, bestimmte der wissenschaftliche, logisch und psychologisch fundierte Zug ihren militärischen Geheimdienst. In der zweiten Hälfte des Krieges errangen sie damit große Erfolge.

Bei den Sowjets lagen die Dinge anders und komplizierter, wie wir vor allem durch Abgesprungene und Überläufer wissen. Sie waren und sind nicht nur Meister der Tarnung und Geheimhaltung in einer totalen Weise, wie sie nur Diktaturen gelingt; außerdem aber haben die Russen eine traditionelle Neigung zur Geheimbündelei wie zur Untergrundarbeit überhaupt. Sie sind meisterhafte Versteller, zeigen gern zwei Gesichter und ziehen ihr volles Lebensgefühl oft aus der Doppelrolle, die sie spielen. Dostojewskis *Dämonen* geben darüber Aufschluß. Hier besteht aber auch eine starke Affinität zwischen Russen und Juden: Die Juden waren deshalb besonders stark im Geheimdienst Moskaus vertreten, damals. Heute ist das allerdings anders. Die konspirative Neigung der Russen mag im übrigen noch aus der Zeit der Tatarenherrschaft stammen, die sie Jahrhunderte lang unterdrückte; sie zeigte sich aber auch weiter unter den Zaren und ihrem Absolutismus und führte schon damals zu einer Hypertrophie der Bespitzelung, einerseits durch die Geheimpolizei im Innern, andererseits durch die Spionagedienste nach außen. Unsummen sind dafür ausgegeben worden. Gewiß, die russische Spionage war vor 1914 erfolgreich; es sei nur an den Verrat des k. und k. Generalstabsobersten Redl erinnert. Aber den Ersten Weltkrieg hat sie ebensowenig gewonnen wie die Ochrana die Oktoberrevolution von 1917 verhindern konnte. Das sei hier angemerkt, weil es typisch ist für die Leistungsgrenzen aller Geheimdienste. Gewiß, sie tragen zu Sieg oder Niederlage bei. Den Krieg als solchen entscheiden aber andere Faktoren auf höchster Ebene, vor allem die politische und dann die militärische Strategie der obersten Führung oder revolutionäre Bewegungen.

Im übrigen hat jeder Geheimdienst seine eigene Geschichte, sein Schicksal, seine Höhen und Tiefen. Er fordert auch überall sein Opfer. Gerade weil er mit politischen Geheimnissen zu tun hat, kann er in die Mühle innerer Konflikte geraten, die seine Hauptträger zermalmen, vor allem in totalitären Systemen. Admiral Canaris und eine Anzahl seiner Mitarbeiter der deutschen Abwehr wurden z. B. davon betroffen. Indessen blieben dies Einzelfälle an dem Gesamtschicksal der Raswedupr gemessen, d. h. der 4. Abteilung des Generalstabs der Roten Armee (Kurzform für Glawnoje Raswedywatelnaje Uprawlenje)[1], als sie die große Säuberung Stalins 1937/38 überwältigte. Sie wurde damals ins Mark getroffen, ihre Führung, Organisation und personelle Zusammensetzung völlig verändert. In ihrer Leistung war sie dadurch um Jahre zurückgeworfen. Daraus vor allem sind ihre Versager in Mittel- und Westeuropa der Jahre 1941 bis 1943 zu erklären, wie wir noch im einzelnen sehen werden. Schwere Pannen und Niederlagen hat sie damals einstecken müssen. Erst mit der Operation »Zitadelle« im Sommer 1943 hatte sie sich wieder gefangen. Dieser Niedergang, dem dann allerdings ein neuer Aufstieg gefolgt ist, hängt, wie gesagt, aufs engste mit den Säuberungen Stalins zusammen. Die Rote Armee, und da vor allem ihre Kommandobehörden wie ihr Nachrichtendienst sind damals um- und umgekrempelt worden, und zwar unter schauerlichen Begleiterscheinungen. Die Schreckensherrschaft, die Stalin 1937/38 mit den Säuberungen entfesselte, hat die ganze Sowjetunion erschüttert. Sie hatte, wie Leonhard Schapiro es auslegt[2], in ihrer ersten Phase offenbar den terroristischen Zweck, die Masse der Altkommunisten auszumerzen, die zu Stalin in kritischer Opposition standen, um Stalinisten als Befehlsempfänger an ihre Stelle zu setzen. Die zweite Phase ist schwer zu erklären, weil sie vor allem die Rote Armee traf. Aber warum? Sie hatte u. E. keinen Anlaß gegeben, der Zweifel an ihrer Loyalität hätte wecken können. Trotzdem ging Stalin besonders verschlagen und grausam gegen sie vor. Dazu der Sowjet-Kenner Paloczi-Horvath in seiner Monographie über Chruschtschow[3]: »Stalin und sein NKWD arbeiteten in größter Heimlichkeit. Manche Spitzenfunktionäre nahmen einen Tag

[1] Siehe Heinz Höhne: *Kennwort Direktor*, Frankfurt 1972 S. 28 f.

[2] S. Leonhard Schapiro: Die große Säuberung, in: *Die Rote Armee*, zusammengestellt und bearbeitet von Captain B. H. Liddell Hart, Bonn o. J., S. 71–79.

[3] Georg Paloczi-Horvath: *Chruschtschow*, Frankfurt/Main o. J., S. 117.

vor oder sogar am Tag ihrer Verhaftung an wichtigen öffentlichen Veranstaltungen teil. Marschall Tuchatschewskij zum Beispiel stand während der Maiparade des Jahres 1937 auf dem Leninmausoleum direkt neben Stalin. Ein paar Tage später war er verhaftet und am 12. Juni erfuhr man, daß er hingerichtet worden war. Stalin erließ die Verhaftungsbefehle stets in letzter Minute.«

Nach Schapiro und anderen glaubwürdigen Berichten sind in der Roten Armee damals der Säuberung zum Opfer gefallen: Drei von fünf Marschällen, Marschall Tuchatschewskij an der Spitze, dreizehn von fünfzehn Armeebefehlshabern, 57 von 85 Kommandierenden Generälen, 110 von 195 Divisionskommandeuren, 220 von 406 Brigadekommandeuren, alle elf Kriegssowjetkommissare und schließlich 75 von 80 Mitgliedern des Obersten Militärrats, die im Mai 1937 im Dienst waren. Das bedeutete: 90 % aller Generäle und 80 % aller Obersten wurden liquidiert. Ein ungeheuerlicher Eingriff in die Kommandostruktur der Roten Armee. Die Veteranen des Bürgerkrieges wurden ebenso gnadenlos ausgemerzt wie die letzten höheren Offiziere, die noch aus der Zarenarmee stammten. Der deutsche Militärattaché in Moskau dieser Jahre, General Köstring, hat nach den Säuberungen dem damaligen Oberquartiermeister IV im Generalstab des Heeres, v. Tippelskirch, am 25. 12. 1937 zusammenfassend berichtet[4]: »Im Juni (1937) knallten die Schüsse gegen die bekanntesten Armeeführer – da horchte die Welt auf. Wie viele Offiziere schon vorher verschwunden waren oder die Waffe mit dem Spaten in den Tundren und Wäldern vertauschten, wird erst jetzt allmählich erkennbar, wenn die neuen Stellenbesetzungen durchsickern; Armeen, die in ein paar Monaten mehrere Befehlshaber wechselten, Hauptleute als Regiments-, Leutnants als Bataillonskommandeure reden eine beredte Sprache.«

Was wollte Stalin mit dem Terror? Nach rationalen Maßstäben normalen Denkens ist das schwer zu enträtseln. Aber die

---

[4] Köstring, a.a.O. S. 188.

sowjetrevolutionären Maßstäbe sind offenbar anders. Die blutigen Operationen waren Präventivmaßnahmen gegen mögliche Umsturzversuche. Sie verschafften dem Diktator den bedingungslosen Gehorsam der überlebenden Militärs, wie er der Furcht entspringt. Die Unterwürfigkeit, zu der der slawische Volkscharakter ohnedies neigt, wurde noch intensiviert. Vor allem aber gewann Stalin auf diesem grausamen Weg eine Armee von stalinistischer Homogenität, nachdem sich die von ihm Beförderten und Bevorzugten unwillkürlich als Stalin-Kreaturen verstanden. Ähnlich verfuhr ja auch Hitler, wenn auch weniger blutig und terroristisch, aber nicht weniger skrupellos, wenn es ihm darauf ankam. Man braucht nur an den Fall des Generalobersten v. Fritsch zu denken. Die ganze Armee sollte von oben bis unten blind dem Diktator folgen. In Deutschland blieb das ein Wunschtraum, in Rußland wurde das Ziel beinahe erreicht, allerdings nur auf Kosten der furchtbaren Rückschläge der Kriegsjahre 1941 und 1942. Dann aber führte »der Stählerne« die Rote Armee zum triumphalen Sieg über die deutsche Wehrmacht.
Ist im übrigen der Sturz von Tuchatschewskij und seinen Anhängern einer Machenschaft der deutschen Geheimpolizei zuzuschreiben? General Köstring, sicher hier besonders kompetent, schreibt in seinen Erinnerungen[5]: »Aus Publikationen der Nachkriegszeit ist bekannt geworden, daß der unrühmlichst bekannt gewordene Gestapo-Beamte Heydrich (Chef des Reichssicherheitshauptamtes) ... durch gefälschten Briefwechsel zwischen hohen deutschen und sowjetischen Offizieren, den er über Benesch Stalin in die Hände spielte, die ›Säuberung‹ veranlaßt haben soll. Falls diese Angabe von Benesch zutrifft, ist es doch undenkbar, daß durch eine solche kleine Machination eine ›Säuberung‹ hervorgerufen wurde, die riesenhafte Maßnahmen in der Folge hatte, die nicht nur die bekanntesten Politiker und hohe Offiziere erfaßte, sondern sich auf viele Hunderttausende Funktionäre von Partei in Stadt und Land

[5] Köstring, a.a.O. S. 99.

erstreckte, auf jede Schicht, auf Arbeiter und Bauern ... Daß Heydrich an Canaris herangetreten ist, mit der Bitte, ihm Originale von Briefen deutscher und russischer Persönlichkeiten zu beschaffen, ist mir neuerdings bekannt geworden. Auch die Literatur über diese Vorgänge läßt den Schluß zu, daß Heydrich auf Weisung von Hitler den Versuch gemacht hat, das hohe Offizierskorps der Roten Armee ans Messer zu liefern. Aber ein Versuch mit untauglichen Mitteln. Stalin hätte auch ohne diese Hilfe losgeschlagen.«

Mit der Roten Armee wurde aber auch der militärische ND, die Raswedupr oder später GRU geheißen, ins Mark getroffen. Der Fachliteratur mit ihren verschiedenen Veröffentlichungen ist die folgende makabre Liste zu entnehmen, wie sie Heinz Höhne in seinem Report *Kennwort Direktor* zusammengestellt hat[6]. Liquidiert wurden:

Chef der GRU General Jan *Bersin*.

Sein Nachfolger S. P. *Uritzkij*. Er hatte im Februar 1936 an einem Gastabend bei Köstring teilgenommen, auf dem dieser einen Film über seine Weltreise vorführte.[7]

Der Sowjetische Militärattaché in London, Witow *Putna*, von dort zurückberufen.

Auch die westlichen Residenturleiter fielen ohne Ausnahme der Stalinschen Säuberung zum Opfer:

Ignaz *Reiss*, Raswedupr-Chef in Westeuropa, wurde auf Schweizer Gebiet ermordet.

Liquidiert wurden ferner die Komintern-Organisatoren *Ossip Piatnitzkij* und sein Stellvertreter *Mirow-Abramow*, oberste Chefs der OMS Ordjel Mjeschdunarodni Swajazi – Abteilung für Internationale Verbindungen, der Komintern im Westen, die dem ND Agenten vermittelte und falsche Papiere beschaffte.

Indessen gab es für den Stalinistischen Terror auch einige Pannen wie fast immer bei solchen Terror-Aktionen: Der Residen-

[6] Heinz Höhne, a.a.O. S. 60.

[7] Köstring, a.a.O. S. 166.

turleiter für Westeuropa, General Walter *Krivitzkij*, sprang ab und flüchtete nach den Vereinigten Staaten. Der Geheimdienstchef General *Orlow* folgte ihm. So erfuhren die Amerikaner, aber auch andere wißbegierige Geheimdienste viel von dem, was sie wissen wollten, aus erster Hand. Man muß dem Urteil Heinz Höhnes zustimmen, wenn er in *Kennwort Direktor* die Bilanz der Stalinistischen Säuberungen folgendermaßen zieht: »Die Europa-Organisation des sowjetischen Geheimdienstes war zerstört. Rußlands Spionage-Elite lag in den Todeskellern der Geheimpolizei.«

Den schwersten und zunächst unersetzlichen Verlust hatte die Raswedupr mit der Liquidierung ihres Chefs Jan Bersin erlitten. Er hatte sie aufgebaut, sich dabei vor allem der Komintern bedient, um ganz Europa mit einem Spionage-Netz zu überziehen; er hatte die kommunistischen Parteien vor allem der westlichen Länder dazu veranlaßt, ihm nicht nur Geheiminformationen jeglicher Art zu liefern, sondern auch billige Agenten und V-Leute. Bis 1936 mußte der ND der Roten Armee als der am besten versorgte Nachrichtendienst der Welt gelten. Denn keinem westlichen ND stand ein solches Agenten-Reservoir zur Verfügung. Aber gerade diese Machtfülle beunruhigte offenbar Stalin. Der ND ließ sich nicht in die Karten schauen. Er war so etwas wie ein Staat im Staate geworden; dem Stalinschen Mißtrauen schien es daher geboten, ihn präventiv zu zerschlagen, seine Führer zu liquidieren und durch abhängige neue Leute zu ersetzen. Da gab es keine Verdienste und »mildernden Umstände« oder sachliche Rücksicht. Das war die persönliche Tragik Jan Bersins, jenseits aller politischen Ideologie.

Wer war dieser Mann? Er hatte das Fundament des Nachrichtendienstes der Roten Armee gelegt. Seine Person wie die Charakteristik seiner Verfahren gehören in den Zusammenhang dieses Buches.

Jan Bersin hatte die Raswedupr aufgebaut und zu Erfolgen geführt, die ungewöhnlich waren. Sie war sein Werk, in einem halben Menschenalter geschaffen. Zu Beginn der 30er Jahre dieses Jahrhunderts gab es, wie gesagt, keinen militärischen Nachrichtendienst in der Welt, der besser und reichlicher informiert war als die Vierte Abteilung des Generalstabs der Roten Armee in Moskau. Das hing natürlich damit zusammen, daß der Altkommunist Bersin die Komintern als *die* Hilfsorganisation der Sowjetspionage benutzte, auch in rein militärischer Beziehung. Günther Nollau hat in seiner grundsätzlichen Untersuchung *Die Internationale* dem Thema »Die Komintern und die sowjetischen Nachrichtendienste« einen eigenen Abschnitt gewidmet.[8] Infolge dieser Verquickung, die Bersin für selbstverständlich hielt, gab es bezeichnenderweise in Deutschland parteiintern keine, in Frankreich dagegen grundsätzliche Konflikte. Einem solchen ist auch die Schilderung Bersins in der zeitgeschichtlichen Literatur des Westens zu verdanken. Wir werden sie unten bringen.

Als der Chef und Leiter der GRU trat Jan Bersin nach außen hin kaum in Erscheinung. Nicht einmal der deutsche Militärattaché General Köstring, selbst in Moskau geboren und russisch sprechend wie ein Russe – nicht einmal Köstring erwähnt ihn je in seinen Erinnerungen oder in seinen privatdienstlichen Berichten. In aller Verborgenheit war aus dem Genossen Bersin der Kommandeur und schließlich der General geworden, *die* geheimdienstliche Autorität der sowjetischen Militärapparatur Anfang der 30er Jahre. In der deutschen Komintern leistete man ihm alle konspirative Hilfe, die er verlangte. Nur in der KP Frankreichs gab es bezeichnenderweise eine Strömung, die sich versagte; Henri Barbé, der einflußreiche Leiter ihres Politbüros, war damals ihr Sprecher, 1931 wurde er nach Moskau beordert, um diese Meinungsverschiedenheiten auszuräumen. Aber Barbés Vorstellungen bei Pianitzkij und Manuilskij, den Spitzenfunktionären der Komintern, waren vergeblich. So wurde er zu General Bersin persönlich bestellt. Barbé berichtet über diese Begegnung[9]: »Am

[8] Günther Nollau: *Die Internationale*, Köln 1959, S. 142–146.

[9] Zitiert u. a. nach Heinz Höhne, a.a.O. S. 28 und Nollau, a.a.O. S. 143.

nächsten Morgen wurde ich von Offizieren der Roten Armee im Hotel Lux abgeholt. Wir fuhren mit einem Wagen durch Moskau und kamen schließlich an ein großes Gebäude am Kropotkin-Platz in Moskau, an dem kein Schild oder Zeichen auf die hier arbeitende Dienststelle hinwies. Dies war das Hauptquartier, die Zentrale des sowjetischen Militärnachrichtendienstes. Ich wurde in einen großen Raum geführt, an dessen Wänden riesige Karten von Europa und Asien hingen. Hinter dem Schreibtisch stand ein Mann von ungefähr fünfzig Jahren, uniformiert, zwei Orden vom Roten Banner auf der Litewka, sehr kräftig, ungefähr 1,75 Meter groß, kahlgeschoren. Er sah mich mit lebhaften, durchdringenden blauen Augen an. Ich stand vor General Bersin, dem Chef des ND der Roten Armee. Der General, der fließend französisch sprach, war angeregt, ein wenig nervös. Bersin begrüßte mich herzlich, schüttelte mir die Hand und bestellte Tee und Gebäck. Dann begann er mit einem langen Vortrag über die Wichtigkeit der Informations- und Nachrichtenarbeit für die Verteidigung des Sowjetvaterlandes. Er gab mir zu verstehen, daß er über die Haltung der Führer der französischen Kommunisten zur Frage der Verwendung von Parteimitgliedern für die sowjetische Nachrichtenarbeit unterrichtet sei. Er gab zu, daß uns das Ungelegenheiten bereiten könne, sah sich aber nicht in der Lage, darauf zu verzichten.«

Und nicht nur das: General Bersin schob die Einwände und Vorbehalte des französischen Polit-Büro-Leiters beiseite. Ja, er machte ihm das unmißverständliche Angebot, in engere Beziehungen zur Vierten Abteilung zu treten, um nachrichtendienstlich für sie zu arbeiten. Barbé war wie vor den Kopf geschlagen. Er gab zu verstehen, es sei Tradition in der französischen Arbeiterbewegung, keine Spionage zu treiben; da stelle sie die Interessen der eigenen Nation über die des »Sozialistischen Vaterlandes«, der Sowjetunion. Dann schloß er mit einem erneuten Appell an General Bersin, auf die Anwerbung von Agenten aus den Reihen der KP Frankreichs zu verzichten. Es kam zu einer lebhaften Auseinandersetzung zwischen

dem Franzosen und dem sowjetischen ND-General: »Bersin erklärte mir wütend, mit zornrotem Gesicht, daß ich vielleicht die Wichtigkeit der Arbeit nicht verstehen möge, aber andere würden sie begreifen ... Beim Abschied forderte mich Bersin auf, alles noch einmal zu überdenken.«
Dies zur Charakteristik von General Jan Karlowitsch Bersin 1931. Sechs Jahre später war er ein toter Mann. Bei Beginn des spanischen Bürgerkrieges schickte man ihn als ersten Berater der republikanischen Regierung nach Madrid. 1937 wurde er erschossen.
Das gleiche Schicksal traf seinen Nachfolger in Moskau, General Semjon Petrowitsch Uritzkij, und den Gehilfen Bersins, Alexander Korin. So wurde die alte Raswedupr liquidiert, die neue auf Jahre hinaus gelähmt. Der Schlag, der die Rote Armee dezimierte, hatte ebenso große und nachhaltige weltpolitische Folgen wie die Säuberung der 4. Abteilung ihres Generalstabs: Direkt und indirekt verhalfen sie Hitler mit zu seinen großen außenpolitischen Erfolgen der nächsten Jahre, besonders von München 1938. Die Rote Armee schied zunächst als europäischer Machtfaktor aus. Vor allem in Frankreich wurde sie nach der Dezimierung ihres höheren Offizierskorps nicht mehr außenpolitisch gewertet. Denn dort waren noch die Besprechungen in lebhafter Erinnerung, die Marschall Tuchatschewskij mit dem französischen Generalstab geführt hatte: Es war damals, im Februar 1936, um den französisch-sowjetischen Beistandspakt gegangen. Auch der sowjetische Militärattaché in London, General Putna, war zu den Generalstabsbesprechungen zugezogen worden. Und nun waren sie hingerichtet, die Sowjetarmee entscheidend geschwächt. *Auch wegen der ungewissen Militärhilfe von seiten der Sowjetunion ging offenbar der französische Ministerpräsident Daladier im September 1938 nach München.*
Die große Säuberung Stalins in den Jahren 1937/38 hatte aber auch noch weitere Folgen für den sowjetischen Geheimdienst. Nicht alle folgten den Befehlen Moskaus, als sie »zur Berichterstattung« dorthin berufen wurden, so blind ergeben wie der

einstige BB-Chef Burda, nun in Skandinavien Spionageleiter der Raswedupr (Burda: »Ich gehe jetzt in den Tod, aber ich habe keine Wahl«). — Es gab auch andere: sie erbaten und erhielten politisches Asyl im Westen, natürlich um den Preis, daß sie sagten, was sie wußten. Da zerriß der Vorhang der totalen Geheimhaltung, und die westlichen Geheimdienste erfuhren so viel über Methoden und Personalien, Informationen aus erster Hand, für deren Beschaffung sonst Hunderte von Agenten nötig gewesen wären, wenn sie es überhaupt schafften. So arbeitete die große Säuberung damals dem Westen in die Hände. Deshalb entschloß sich u. E. die Raswedupr auch zum Rückzug aus Deutschland.

In diesem Zusammenhang ist das Schicksal des Generals Krivitzki besonders bemerkenswert.[10] Er war ursprünglich aus der Vierten Abteilung des Roten Generalstabs hervorgegangen und galt als Meisterschüler Bersins. Anfang der 20er Jahre gehörte er als Leutnant zu den Kadern von Sowjetoffizieren, die nach Deutschland entsandt wurden, um dort die kommunistische Machtübernahme bzw. den Bürgerkrieg vorzubereiten. Drei verschiedene Organisationen waren damals im Untergrund tätig: Der Nachrichtendienst der KP unter der Leitung der Vierten Abteilung, dann eine Organisation, die die Bildung von Kadern der künftigen Roten Deutschen Armee zum Ziel hatte, und schließlich eine Institution, die systematisch Reichswehr und Polizei unterwandern sollte, um ihre Moral zu zersetzen oder sie doch zu »verunsichern«. Die Aktion scheiterte bekanntlich, weil keine Zersetzung gelang und die Masse der Arbeiterschaft sich dem revolutionären Experiment versagte. Immerhin hatte sich der damalige Leutnant Krivitzkij seine »ersten Sporen« dabei verdient. Seine Leistung in der ND-Arbeit führte schließlich dazu, daß er bis zum General avancierte und Residenturleiter im Westen wurde. Er wählte aber die Freiheit, als man ihn aus Paris nach Moskau zurückbeorderte. 1940 hat er seine Memoiren veröffentlicht. Bald darauf

---

[10] Gert Buchheit: *Die anonyme Macht*, Frankfurt 1969, S. 149.

ist er in seinem Hotelzimmer in Washington tot aufgefunden worden – angeblich hatte er Selbstmord verübt. Ein weiterer führender Nachrichtenmann Moskaus im Westen, General Alexander Orlow, der leitende Agent des NKWD in Spanien, setzte sich gleichfalls ab, entging aber den Nachstellungen seiner früheren Kollegen, obwohl er unterdessen aufschlußreiche Bücher über Stalin und den sowjetischen Nachrichtendienst veröffentlichte. Der früher in der Türkei eingesetzte Residenturleiter G. S. Agabekow, der in Berlin 1930 ein Buch über die GPU publizierte, tauchte in Belgien unter, wurde aber dort aufgespürt und nach Moskau entführt. Auch er ist natürlich hingerichtet worden.

ZWEITES KAPITEL

Die Folgen bis 1942

Dallin zieht in seiner *Sowjetspionage* die folgende Bilanz: »Als 1938 der Sturm abflaute und Berija an Jeschows Stelle getreten war, lag ein stark geschwächtes Rußland zwischen den beiden Staaten Deutschland und Japan. Sein ND-System war zerschlagen und Reserven frischen Blutes waren für eine stärkende Injektion nicht vorhanden.«[11] In der Tat war am Vorabend des Zweiten Weltkrieges ein großes Leck in das Schiff des sowjetischen ND gerissen, so daß es für längere Zeit praktisch manövrierunfähig wurde. Auch die Rote Armee war so angeschlagen, wie wir schon sahen, daß sie während der Sudetenkrise 1938 nicht ins Gewicht fiel. Die Sowjetunion mußte sich also bei dem Münchner Abkommen mit der Rolle des bloßen Zuschauers begnügen. Die Folgen der Säuberungen Stalins konnten allerdings in der Armee seit 1938 Schritt für Schritt ausgeglichen werden, wenn sie auch noch im Winterkrieg gegen Finnland 1939/40 versagt hat. Anders aber bei der Raswedupr. Noch bis in die ersten Jahre des deutsch-sowjetischen Krieges fehlten militärische Experten, die die notwendigen Grundkenntnisse über die deutsche Wehrmacht mitbrachten. Auch mangelte es dem allzu hastig und oberflächlich ausgebildeten Nachwuchs an den Erfahrungen, zwischen »Spreu und Weizen«, Information und Gerede zu unterscheiden. Es rächte sich auch, daß man im Ausland vorwiegend auf Kominternmitglieder zurückgreifen mußte, die den Säuberungen entgangen waren, doch keine militärischen Kenntnisse besaßen. Vor allem aber fehlte es offenbar in der Zentrale an

[11] Dallin, a.a.O. S. 65.

Männern mit praktischer Erfahrung. Denn nur so sind die schweren Rückschläge zu erklären, die sich bis 1942 in den westlichen Agentennetzen der GRU ereigneten:

1. Es war keine Vorsorge getroffen, daß man im Kriegsfall in Berlin über die notwendigen leistungsfähigen Kurzwellensender verfügte. Vor allem fehlten ausgebildete Funker.
2. In der Not wurden ungeeignete, ungeschulte Agenten geworben. Man versäumte, sie auszubilden. Es gab keine ausgebildeten Agentenführer. So hat die Berliner Gruppe unter Führung von Schulze-Boysen die Regeln der Konspiration sträflich mißachtet. Diese Leichtfertigkeit kostete Dutzenden von Randfiguren das Leben.
3. Die Zentrale beging irreparable Fehler. Z. B. wurden in einem Funkspruch des Direktors drei genaue Berliner Adressen angegeben. Die Berliner Kerngruppe Schulze-Boysen, Arwid Harnack und Adam Kuckhoff ist damit der Geheimen Staatspolizei ans Messer geliefert worden. Mit Schulze-Boysen fiel der wichtigste militärische Fachmann als Informant.
4. Die Schweizer Residentur unter Sándor Radó, ursprünglich nur als Reserve-Netz gedacht, hatte keinen militärisch ausgebildeten Leiter. Das machte sich empfindlich bemerkbar, als fast alle anderen Netze im Westen ausfielen. Erst im Spätherbst 1942 wurde das anders[12], als man einen mili-

[12] Siehe v. Schramm: *Verrat im Zweiten Weltkrieg*, 2. Auflage, Düsseldorf 1969, 4. Kapitel: »WERTHER – Person oder Phantom?« Unsere Nachforschungen sind seitdem weitergediehen. Heute liegt der Verdacht nahe, daß der frühere tschechische ND-Offizier, Oberst Karel Sedlacek (alias Simpson) im Herbst 1942 als Berater des militärisch wenig versierten Roessler tätig wurde. Nach Hans Rudolf Kurz: *Nachrichtenzentrum Schweiz*, Frauenfeld und Stuttgart 1972, S. 23, wohnte Sedlacek in St. Gallen bei der Schwiegermutter Hausamanns, während Hausamann über Dr. Wallner den Kontakt mit Lucie-Roessler aufrecht erhielt. Nach dem Krieg wurde Sedlacek der erste tschechoslowakische Militärattaché in der Schweiz. Es muß auffallen, daß dann auch Roessler für den Prager ND arbeitete.

tärischen Experten für Roessler gewann und WERTHER auftrat. Nach dem Westen wurden 1939 zwar einige militärisch vorgebildete Agentenführer abgestellt. Doch hatte man bei dem notwendigen Schnellverfahren ihren Charakter nicht nachprüfen können. So wichtige Männer wie der »petit Chef« Kent, Viktor Sukulow, verfielen dann rasch den Versuchungen des »süßen Lebens«.

Zur Erläuterung unserer Thesen, vor allem der vierten, muß hier etwas vorgegriffen werden.
Nach der Säuberung wurden im Westen neue Residenturleiter eingesetzt. Es waren, wie gesagt, meist langjährige Kominternangehörige mit konspirativen Erfahrungen und ausgezeichneten Tarnberufen. So Alexander Radó als Leiter des Geopress-Verlags oder Leopold Trepper als Direktor einer großen Import- und Export-Firma. Aber als militärische Dilettanten waren sie den Kriegsaufgaben in keiner Weise gewachsen. Das sollte sich vor allem bei der Schweizer Residentur bemerkbar machen. Denn aus dem erhaltenen und entzifferten Spruchmaterial[13] geht hervor, wie bereits nachgewiesen, daß von 1941 bis zum Herbst 1942 sehr viel substanzloses Geschwätz nach Moskau gefunkt wurde. Dann allerdings wurde es auffallend besser. Hier noch einige weitere Beispiele.

6. September 1941
An Direktor
Aus chinesischen diplomatischen Kreisen
Deutschland ist einverstanden, daß Finnland nach Einnahme Leningrads Sonderfrieden schließt, da dies Verkürzung der deutschen Front, Freiwerden deutscher Truppen, Versorgungs- und Transporterleichterung bedeuten würde. Dora

Kommentar: Das war ein vom SD ausgestreutes Zweckgerücht, das damals in Berlin kursierte.

---

[13] Abschriften der Texte im Besitz des Verfassers.

Und am gleichen Tag:

An Direktor
Nach Aussage eines in der Bretagne stationierten hohen deutschen Offiziers sind bis jetzt 30 Divisionen aus dem Westen nach der Ostfront geworfen.
Dora

(Der Spruch trägt die Nummer 207)

Es war nicht angegeben, von wann bis wann diese Divisionen nach dem Osten abtransportiert wurden und welche anderen Großverbände oder Neuaufstellung sie eventuell ersetzten. So war mit dieser vagen Information nichts anzufangen.

Noch am 6. 8. 1942 muß der Direktor in Moskau monieren:

An Dora
Sind erstaunt darüber, daß PAKBO noch keine Angaben darüber gemacht hat, wo sich das Hauptquartier Hitlers zur Zeit befindet.
Direktor

Kommentar: Das Hauptquartier Hitlers befand sich um diese Zeit in Winniza in der Ukraine. Im »inneren Kreis« des OKW wußte man das (z. B. auch der Verfasser, damals in Berlin). Von dieser Gruppe wurde PAKBO also nicht informiert.

Noch im August 1942 muß der Direktor an Dora funken:

Wir können Zuverlässigkeit der letzten Taylor-Meldungen nicht glauben. Klären Sie unbedingt ab, woher diese Meldungen stammen. Ist keine Provokation möglich? Kann Taylor für Zuverlässigkeit seiner Quelle bürgen? Nehmen Sie endlich direkte Verbindung zu Taylors Quelle auf.
(In Moskau wehte seit einiger Zeit ein anderer Wind)

DRITTES KAPITEL

Der Funk-Fachmann schaltet sich ein

Niemand ist unersetzlich. Auch General Bersin und der eingefuchste Stab seiner alten Mitarbeiter waren es nicht. Doch dauerte es noch Jahre, bis der militärische ND der Sowjetunion und Roten Armee wieder voll leistungsfähig wurde. Bei Kriegsbeginn 1941 war dies offenbar noch nicht der Fall, besonders nicht bei den westlichen Residenturen. Besser war es in der Moskauer Zentrale, vor allem, nachdem sie angesichts des herannahenden neuen Weltkrieges ihre Selbständigkeit wiedergewonnen hatte.
In diese Zentrale wurden seit 1938 immer mehr jüngere Offiziere berufen, die ein ähnliches Verhältnis zu Stalin hatten wie viele ihrer gleichaltrigen Berufsgenossen in Deutschland zu Hitler, nämlich das der Ergebenheit und linientreuen Gefolgschaft. Gewiß, noch waren sie nicht mit allen Schikanen des Geheimdienstes, vor allem der Agentenführung, vertraut und machten Fehler, die sich verhängnisvoll auswirkten, aber sie waren lernbegierig wie die meisten jüngeren Russen und gewannen immer mehr Kenntnisse über die deutsche Wehrmacht. Das ist an den erhaltenen Rückfragen des Direktors an Radó zu verfolgen. Seit 1942 holte die Raswedupr auf.
Noch ein weiterer Umstand kam ihrem Auf- und Ausbau zustatten: Der Ersatz und Nachwuchs für den ND der Roten Armee wurde offenbar vornehmlich der Nachrichtentruppe entnommen, die über zahlreiche technische Intelligenzen verfügte. An der Spitze dieser Waffengattung aber stand seit 1941 ein Mann, der sich bald als sowjetischer »Fellgiebel« erwies und offenbar auf das gesamte Funkwesen der Roten Armee im allgemeinen wie der GRU im besonderen nach und nach entschei-

denden Einfluß gewann; es war der spätere Marschall der Nachrichtentruppe Iwan Terentjewitsch Peresypkin.
Als Kommandeur oder Chef des Stabes hatten inzwischen der vorherige Militärattaché in Berlin, General Orlow, ein kürzeres oder längeres Gastspiel gegeben, denn Köstring berichtet in einem Brief aus Moskau vom 28. März 1938: »Der Clou der Russen war unser Orlow, jetzt Divisionskommandeur und Chef der Nachrichtenabteilung, also etwa unser Canaris, den der Hausherr (der amerikanische Botschafter, Anm. d. Verf.) beim Abgang bis zur Haustür begleitete!«[14] Auf Orlow ist dann bereits im Oktober 1941 nach dem offensichtlichen Versagen der Raswedupr der Generalleutnant A. P. Panfilow gefolgt, der aus der Panzertruppe kam. Aber auch er scheint nicht reussiert zu haben, den schon 1942 wurde ein neuer »Direktor« bestellt, Generalleutnant Iwan Iwanowitsch Iljitschow, dessen Stärke aber offenbar auch mehr im Politischen lag, da er nach dem Krieg Hoher Kommissar und dann Sowjetbotschafter in Wien wurde. Er hielt sich auch nur ein Jahr, dann trat endlich 1943 ein Mann an die Spitze des ND der Roten Armee, der offensichtlich in jeder Beziehung befriedigte: Der Generalleutnant Fjodor Fedorowitsch Kuznezow, der aus der politischen Hauptverwaltung stammte.[15] Unter ihm erreichte der militärische Nachrichtendienst der Sowjetarmee den Höhepunkt seiner Leistung. Kuznezow war es wohl auch, der die Residentur Sandor Radós in der Schweiz mehr oder minder aushungern ließ und den landeseigenen Agentenfunk zum Hauptlieferanten geheimer Nachrichten gemacht hat. Die technischen Mittel und das ausgebildete Personal dazu stellte die Nachrichtentruppe, die nun ebenso eng mit der GRU zusammenarbeitete wie dies die gleiche Waffengattung der deutschen Wehrmacht mit dem Feindnachrichtendienst des Heeres usw. tat.

---

[14] Köstring, a.a.O. S. 198.

[15] Wir folgen hier den Angaben Höhnes, a.a.O. S. 63 ff. und seiner Zuschrift an die FAZ vom 15. 8. 74 »Peresypkin nicht Spionagechef«

Schwerpunkt eines modernen Nachrichtendienstes im Krieg lag jetzt nicht mehr bei der Ausspähung alter Art, sondern beim Funk mit seinen verschiedenen Verwendungen, und zwar sowohl bei den Funkagenten wie bei der Funkaufklärung. Auch eine sehr viel strengere Funkdisziplin war notwendig geworden, wie man erkannte. Hören wir dazu einen besonders qualifizierten Fachmann, den schon des öfteren zitierten Oberst Randewig, in einem ungedruckten Bericht:
»An und für sich waren die russischen Funkverfahren durchdacht, wenn auch für westliche Begriffe etwas schwerfällig, damit aber der Intelligenz des einzelnen Funkers angepaßt. Es war bald festzustellen, daß der Russe mit einfachen, schematischen Rufzeichensystemen arbeitete, welche die taktischen Zusammenhänge bald erkennen ließen. Ebenso war es mit Kerngruppen in jedem Spruch, die die Arbeit unserer Aufklärung erleichterten.« Aber: »*Schon am 1. 4. 1942 verbesserte der Russe sein Funkverfahren gründlich,* so daß die Sicherheit seines Funkverkehrs wuchs und unsere Aufklärungsergebnisse eine Zeitlang zurückgingen ...«
Zusammenfassend stellt Oberst Randewig fest: »Jedenfalls muß anerkannt werden, daß die verantwortliche höchste Heeresfunkleitung des Russen sich den ganzen Krieg über bemühte, mit Erfolg das eigentliche System aufwärts zu entwickeln. Die praktische Anwendung jedoch hielt hiermit nicht Schritt.«
Diese fortschreitende Verbesserung geht ohne Zweifel auf das Verdienstkonto des Funkfachmanns Peresypkin. Er war zwar nicht der »Direktor«, wie die deutschen Zeithistoriker zunächst annahmen, aber sein Einfluß auf die GRU nahm offenbar ständig zu. Schon seit 1939 war deren Aufwertung zu beobachten, als sie wieder für die Spionageabwehr zuständig wurde, die bis dahin dem KGB unterstand. Die Raswedupr übernahm auch die Feindaufklärung in den grenznahen Militärbezirken. Für die Sonderabteilung Funk liefen Speziallehrgänge an der Schule für Radio-Telegraphie in Moskau. Die Raswedupr hatte zudem eine eigene Chiffrierabteilung erhalten, die ein schon erprobter Fachmann, der Oberstleutnant Krawtschenko, übernahm. Ge-

wiß, noch stand die sowjetische Funkdisziplin nicht auf der Höhe; noch machte man bei der Truppe von den Funksprechgeräten leichtfertig Gebrauch. Aber diese Fehlleistungen wurden durch andere Vorzüge kompensiert: Im Laufe des Krieges ist eine ständige Verbesserung des sowjetischen F.N.D. zu beobachten, nicht zuletzt durch die Zusammenfassung aller einzelnen Dienste und ihre Koordination durch die GRU. Außerdem hatten ihre Chefs offenbar das Ohr Stalins im Gegensatz zu Hitler, der die Erkenntnisse »aus sicherer Quelle« in den Wind schlug.

Im ganzen gesehen hat Peresypkin für den sowjetischen F.N.D. eine ähnliche Bedeutung wie Fellgiebel für den deutschen. Nur ist ihr curriculum vitae sozusagen gegenläufig. Der Chef des deutschen Nachrichtenwesens schaffte im Frieden bereits die Voraussetzungen für die Erfolge der deutschen Funkaufklärung, die sich steigerten bis zum katastrophalen Ende des Krieges, das Fellgiebel voraussah, aber nicht mehr erlebte, weil er nach dem 20. Juli 1944 schmählich hingerichtet wurde. Bei Peresypkin ist es umgekehrt: Er verdankt seinen raschen Aufstieg unter Stalin nicht zuletzt dessen grausamen »Säuberungen«, dann muß er massierte Pannen erleben, gerade auch durch das Funkwesen, das er als oberster Nachrichtenmann verantwortet, aber schließlich folgt er der Parole Lenins »Aufholen und überholen« und sorgt dafür, daß die Möglichkeiten dieser lautlosen Aufklärungswaffe *offensiv* ausgenutzt werden. So hat Peresypkin von allen großen »Chefs«, von denen dieses Buch handelt, am meisten reussiert: Canaris, Oster und Fellgiebel wurden »liquidiert«, der verdienstvolle Chef »Fremde Heere Ost«, Gehlen, als Generalmajor noch gegen Kriegsende gefeuert, was allerdings der Anstoß zu einer neuen Karriere werden sollte, der tüchtige und erfolgreiche G2-Chef Eisenhowers, dem die Invasions-Überraschung gelang, wurde immerhin als Major-General geadelt: Sir Kenneth Strong. Aber Peresypkin wurde Marschall der Nachrichtentruppe und mit den höchsten Kriegsorden dekoriert.

FÜNFTER ABSCHNITT

Feindnachrichtendienst 1939 bis 1945

ERSTES KAPITEL

Geheimdienst im Zweiten Weltkrieg

I

Es gab gewiß im Zweiten Weltkrieg eine Reihe von Spionagefällen, die weltweites Aufsehen erregten. Es gab, wie schon des öfteren erwähnt, den Fall Sorge, der in Japan spielte, den Fall der Roten Kapelle in Deutschland und Westeuropa, die sowjetische Spionagezentrale Sándor Radós in der Schweiz, den Fall Cicero in der Türkei, alles Fälle, die eine außerordentliche Publizität gewannen, und es gab außerdem zahllose größere und kleinere Spionage-Angelegenheiten, mit denen die Massenmedien Sensation machten. Der Titel eines »Meisterspions« wurde verschwenderisch verliehen. Ja, er war schließlich eine stehende Redensart für alle die Agenten und V-Leute geworden, die angeblich die tiefsten Staats- und militärischen Geheimnisse der anderen Seite ausgespäht und so nach der landläufigen Meinung entscheidend zum Sieg oder zur Niederlage der einen oder anderen Partei beigetragen hatten. Zwei französische Reporter haben sich schließlich sogar zu der Behauptung verstiegen: Der Krieg wurde in der Schweiz gewonnen[1] – natürlich durch die geheimen Informationen, die von dort aus ein Klüngel von Agenten an Moskau lieferte.

Die Wirklichkeit war anders: Ein großer Teil des Nachrichtendienstes, auf den die Kriegführenden wirklich Wert legten, vollzog sich überhaupt ohne Spione und Agenten. Wir möchten

---

[1] So die Artikelserie in der Schweizer *Weltwoche* 1965 von Pierre Accoce und Pierre Quet. Dann als Buch unter dem Titel *Moskau wußte alles*, Zürich 1966.

das wiederholt unterstreichen. Es gab große und folgenreiche Erkenntnisse auf geheimdienstlichem Gebiet, die ohne ihre Zwischenschaltung mit anderen Mitteln gewonnen werden konnten. Ja, diesen ist der Gewinn eines Gesamtwissens zuzuschreiben, das nicht nur auf dieser oder jener Geheimnachricht, sondern auf laufenden Informationen beruhte. Diese Dienste blieben dauernd am Feind. Wie lang oder wie kurz waren dagegen die obengenannten »Meisterspione« tätig? Richard Sorge wurde schon Ende 1941 enttarnt, kaum daß der deutsch-sowjetische Krieg angefangen hatte. Die Rote Kapelle in Deutschland flog bereits im September 1942 auf, und bei der Residentur Sándor Radós in der Schweiz läßt sich nachweisen: sie hat nur *ein* Jahr lang wertvolle Informationen nach Moskau geliefert, nämlich vom Herbst 1942 bis zum Herbst 1943. Dann mußte Radó untertauchen. Der Fall Cicero verpuffte, weil sich Hitler nicht für die von dem Kammerdiener beschafften Dokumente interessierte, geschweige denn Folgerungen für die Kriegführung daraus zog. Natürlich sind es sehr viel weniger die tatsächlichen Ergebnisse der Spionage, die sie für die breite Öffentlichkeit so interessant machen, als eben das Abenteuerliche, Zwielichtige und Gefährliche, die Sphäre des Geheimnisvollen, in der sie sich abspielt. Es sind die *Umstände* der Nachrichtenbeschaffung, weniger ihre tatsächliche Substanz, die die Phantasie der Leser oder der Zuschauer beschäftigt, ihre Sensationslust reizt. Im ganzen gesehen und an dem Wert seiner Information gemessen, ist jedoch der Spion oder Informant alter Art im Zweiten Weltkrieg eine Randfigur geworden. Es gab keinen ähnlichen Fall wie den des k. u. k. Generalstabsobersten Redl von 1912. Das Gesamtvolumen dessen, was man vom Feind wissen wollte und erkannte, und zwar laufend, hatte sich weiterentwickelt: Da reichten menschliche Augen und Ohren einzelner oder auch vieler längst nicht mehr aus, um die notwendigen Einblicke in Aufmarsch, Stärke, Operation, Rüstung und Absichten der anderen Seite zu gewinnen. Dazu brauchte man andere Mittel und Methoden.

Die eigentlichen Meister der Geheimdienste im Zweiten Weltkrieg haben deshalb auch nicht Sorge, Roessler oder Cicero oder wie sonst immer geheißen, sondern blieben fast anonym, bis sie ihre Memoiren schrieben oder auf andere Weise in Nachkriegszeiten hervortraten. Für ihre Person haben sie sich aus jeder Spionage herausgehalten. Sie gaben nur Aufträge, faßten zusammen, analysierten, werteten aus, was an Informationen hereinkam. So konnten sie aus den von ihnen erarbeiteten, von den Außenstellen gewonnenen Unterlagen oft die Absichten des Feindes voraussagen. Es waren die Männer, die die Geheimdienstzentralen leiteten und die »Forschungsaufträge« vergaben, also in Europa vor allem »der Direktor«, Kenneth Strong, Reinhard Gehlen, Ulrich Liss und Allen Welsh Dulles, sämtlich von Einfluß auf den Verlauf des Krieges, der eine mehr, der andere weniger vom Kriegsglück begünstigt. Sie alle verdienen einen hervorragenden Platz in der Zeit- und Kriegsgeschichte. Wenn Admiral Canaris nicht in dieser ersten Reihe genannt wird, dann hängt das mit den tragischen Umständen zusammen, die nicht nur ihn persönlich und seine Entlassung und schließliche Hinrichtung betrafen: Die deutsche Abwehr war, wie man zugeben muß, weder so organisiert noch personalmäßig so besetzt, daß sie Überdurchschnittliches hätte leisten können. Das schlimmste Handicap aber war, daß der »Geheime Meldedienst«, den Canaris leitete, besonders unter der Aufgabenteilung litt, dem Nebeneinander geheimdienstlicher Institutionen: Es gab Abwehr und »Fremde Heere«, die eine für das Oberkommando der Wehrmacht zuständig, die andere für den Generalstab des Heeres; es gab eine Funkaufklärung an den Fronten und eine Funkabwehr für die besetzten Gebiete, wenn auch erst seit 1942; aber es gab keinen General und keine übergeordnete Dienststelle, die *alle* diese Erkenntnisse wie die der drei Wehrmachtteile – auch Marine und Luftwaffe hatten ja ihren eigenen Feindnachrichtendienst – zusammenfaßten und das Wichtigste laufend dem Obersten Kriegsherrn vortrugen. Hitler interessierte sich nicht dafür – im Gegensatz zu Stalin und Eisenhower im weiteren Verlauf des Krieges. So wurden Canaris und Oster wie manche anderen Abwehroffiziere zwangsläufig zu Defaitisten. Nicht wenige Abwehrangehörige waren auch deprimiert darüber, daß sie einer veralteten Einrichtung dienen mußten, die immer weniger erbrachte.

Denn der Geheime Meldedienst *war* veraltet. Er stützte sich in der Hauptsache auf Personen und persönliche Informanten und konnte oft nur vage Erkenntnisse gewinnen. Immer und überall hatte er mit dem Menschlich-Allzumenschlichen zu tun. Mit dem technischen Fortschritt war aber auch für diesen Bereich ein neues Instrumentarium erwachsen, das Raum und Zeit gedankenschnell überbrückte, das Subjektive einengte, ja ausschaltete: Der Funk in seiner doppelten Funktion sowohl als Kommunikationsmittel, aber auch als »sichere Quelle«, dann nämlich, wenn die Funksprüche der einen von der anderen Seite mitgehört oder mitgelesen werden konnten. Wir möchten Generaloberst Halder, den Chef des Generalstabs des deutschen Heeres von 1938 bis 1942, an dieser Stelle noch einmal zitieren, der gesagt hat[2]: »Die Erfahrung des Zweiten Weltkriegs auf dem hier in Frage stehenden Gebiet hat gezeigt, daß für die Führung aller Grade der feindliche Funkverkehr die reichhaltigste und beste Nachrichtenquelle ist. Das können auch die beste Funkdisziplin und das raffinierteste Schlüsselverfahren nicht ändern, höchstens mildern. Je länger ein Krieg dauert, um so geringer wird sich diese Milderung auswirken. Im Zeitalter des Motors bedarf die militärische Führung zur Beherrschung der immer schneller werdenden Bewegungen eines rasch funktionierenden Verständigungsmittels. Die Technik wird also Mittel finden müssen, um den eigenen Funkverkehr bisheriger Art gegenüber der Feindseite abzuschirmen oder sie muß völlig neue abhörsichere Methoden drahtloser Verständigung schaffen.«

In der kriegerischen Praxis ergaben die Fortschritte der Funk-

---

[2] Abschrift der Vortragsnotiz, die Halder während seiner Tätigkeit bei der Historical Division in Karlsruhe niederschrieb, im Besitz des Verfassers.

technik auch entscheidende Fortschritte sowohl der taktischen und operativen Führung, aber auch des geheimen Nachrichtendienstes. Sie erschlossen neue Möglichkeiten der direkten Übermittlung von Nachrichten auf immer weitere Entfernungen durch Kurzwellen; langwierige, zeitraubende Wege von Informationen wie von Befehlen und Meldungen waren damit entfallen, so daß sie frisch die Zentrale erreichten. Das aber war notwendig: Bei den rasch wechselnden Lagen im Krieg sind in der Regel nur die Nachrichten wertvoll, die neu oder nur wenige Stunden alt sind. Dann und nur dann sind Gegenmaßnahmen zu treffen. Auch der Sprechfunk war an der Ostfront seit 1942 ein beliebtes Kommunikationsmittel, aber auch eine sichere Quelle für den Nachrichtendienst der anderen Seite; allerdings nur unter bestimmten Voraussetzungen. Mit einem solchen Eindringen in die Geheimnisse des Gegners konnte die Abwehr alter Art immer weniger konkurrieren: Aus diesem Grund glauben wir, daß der Direktor in Moskau auch die Spionagezentrale Sándor Radós in der Schweiz Ende 1943 sich selber überlassen hat. Wir werden darauf noch eingehen.

Seit 1942 wird der feindliche Funkverkehr besonders im Osten der Hauptinformant für die deutsche Führung aller Grade, mit Ausnahme des Obersten Kriegsherrn. Es scheint, daß diese Tatsache bisher nicht so bekannt ist, wie sie es verdient. Die Ergebnisse der Funkaufklärung, seit 1944 Nachrichtenaufklärung genannt, stellen die der Abwehr immer mehr in den Schatten, so daß sie, von ihren abnehmenden Ergebnissen her beurteilt, nicht ganz ohne Berechtigung 1944 die Selbständigkeit verliert und dem SD im Reichssicherheitshauptamt unterstellt wird. Die Kunst des Entzifferns auch schwerer Verschlüsselungen hat dagegen in der Chiffrierabteilung des Oberkommandos der Wehrmacht inzwischen hohe Grade erreicht. Aber auch an der Front, bis zur Division abwärts, konnten von der Nachrichtenaufklärung, die über betr. Spezialisten verfügte, viele Funksprüche mitgelesen werden. So war sie die Hauptwaffe des Geheimen Nachrichtendienstes geworden, vor allem an der

Ostfront. Oft war sie die einzige, aber wirkungsvolle Abwehrhilfe in Lagen, die aussichtslos erschienen. Die Ergebnisse, über die wir in den folgenden Kapiteln berichten, werden das beweisen.

Allerdings hat es Jahre gedauert, bis man vor allem in Deutschland die Möglichkeiten dieser Aufklärungswaffe im Äther begriff und sie nützte. Aber selbst heute noch stehen sie vielfach außerhalb hergebrachter militärischer Vorstellungen, so daß gefragt wird: Sind denn das überhaupt Soldaten, die horchen, statt zu kämpfen, aufschreiben, statt zu schießen, sich absondern, statt die Front zu verstärken? Der letzte Chef der Wehrmachtnachrichtenverbindungen und des Heeresnachrichtenwesens, General der Nachrichtentruppe a. D. *Albert Praun,* hat Klage darüber geführt, daß dieses Gebiet noch immer zu den vernachlässigten Faktoren der Kriegsgeschichtsschreibung gehört. In einer Studie unter dem genannten Titel[3] stellte er fest: »Das ... Reichsarchivwerk *Der Weltkrieg von 1914 bis 1918* ... verzichtet darauf zuzugeben, daß das deutsche Heer im Gegensatz zu dem der verbündeten Österreicher und dem der Franzosen vor dem Kriege keine Vorbereitungen getroffen hatte, fremde Funkverkehre für die Feindaufklärung zu beobachten, zu entziffern und taktisch auszuwerten. Als dann bei der Vorbereitung der Schlacht von Tannenberg am 25. August 1914 der Oberbefehlshaber der 8. Armee, General v. Hindenburg, die vollständigen Armeebefehle der zwei feindlichen Oberbefehlshaber, des General v. Rennenkampf der russischen Njemen-Armee und General Samsonow der russischen Narew-Armee zur Verfügung hatte, stellte das Reichsarchivwerk *abwertend* fest: ›Das fügte ein besonderer Glücksfall.‹ Hätte nicht gesagt werden können, daß hier zum ersten Mal in der Kriegsgeschichte mit Hilfe des zeitgemäßen Aufklärungsmittels, der Funkaufklärung, ein Teil der ›Ungewißheit‹ (Clausewitz: *Vom Kriege*) vom Feldherrn genommen wurde? Der Vergleich der reichen russischen Funkausstattung mit der

[3] *Wehrwissenschaftliche Rundschau,* Jahrgang 1970, S. 144.

ungenügenden deutschen fehlt ebenso wie die Erwähnung der unvorsichtigen Funkerei der deutschen Heereskavallerie vor Paris und deren Nutzen für die Franzosen.«

Der Grund, warum man beim deutschen Höheren Kav.-Kommando II (v. d. Marwitz) auf dem rechten Flügel des deutschen Westheeres offen hatte funken müssen, war bezeichnend: Der zuständige Generalstabsoffizier hatte in der Aufregung des Kriegsausbruches vergessen, die Schlüsselunterlagen mitzunehmen. So blieb eben nichts anderes übrig. Den Franzosen wurden damit Informationen von größter Bedeutung für ihre Operationen aus erster Hand geliefert, die sie zu nutzen wußten. Der spätere General Civièrge, Leiter der Chiffrierstelle des Generalstabs der französischen Armee, hat nach dem Krieg ausführlich darüber berichtet.[4] Die Fehlleistung auf deutscher Seite aber war kennzeichnend für die Geringschätzung, die man damals dem Funk auch noch im Generalstab entgegengebracht hat.

II

Im Gegensatz zu der Vernachlässigung des Funkwesens in der kaiserlich deutschen Armee vor dem Ersten Weltkrieg hatte man in der Donaumonarchie ein sicheres Gespür für seine Möglichkeiten auch in geheimdienstlicher Beziehung. So hat die Zentrale des militärischen Geheimdienstes, das k. u. k. Evidenz-Büro, bereits im italienisch-türkischen Krieg von 1911 den Funkverkehr der Italiener beobachtet und dessen Geheimschriften entziffert. Maßgebend für diesen Fortschritt war der spätere Chef des Büros, Generalmajor Max Ronge, dem man das 1930 erschienene aufschlußreiche Buch *Kriegs- und Industriespionage* verdankt.[5] In Oberst Andreas Figl hatte das Büro

[4] Auszug aus dem Buch von General Marcel Civièrge: *Au service du Chiffre. 18 ans de souvenirs 1907—1925.* Amiens 1930. Kapitel 15: »Deutsche Klartext-Funksprüche vom September 1914«.

[5] Max Ronge: *Kriegs- und Industriespionage,* Wien 1930, S. 311.

außerdem einen Entzifferer von nahezu legendärem Ruf: In der Entzifferung von russischen, serbischen und rumänischen Geheimschriften erwies er sich ebenso als Meister wie in der der Italiener. Diese haben sich über die Funkaufklärung der Österreicher im Ersten Weltkrieg folgendermaßen geäußert: »Es wird genügen, auf die hohe Entwicklung des Radioabhorchdienstes zu verweisen, der von einem wunderbaren Entzifferungsdienst ergänzt wurde, dem unter anderem während des Rückzugs (nach der Schlacht bei Karfreit Oktober 1917) die Ermittlung unserer Radiostationen und die Entzifferung unserer Telegramme zur Feststellung unserer Rückzugslinien gelang, indem die nach dem Waffenstillstand erbeuteten Dokumente bewiesen, daß der Feind nahezu alle unsere Chiffren, einschließlich der geheimsten und schwierigsten, gelöst hatte.«

Eigentümlich lagen die Verhältnisse im Ersten Weltkrieg bei den Russen, deren Generalstab gleichfalls schon früh, sicher von den Franzosen darauf aufmerksam gemacht, die Bedeutung der Funktelegraphie für die Führung erkannte. Darüber schrieb der russische Exgeneral Noskoff eine Studie, die die Zeitschrift der Nachrichtentruppe *Die F-Flagge* 1938 (Heft 6) publizierte. Es heißt da: »In richtiger Erkenntnis der Bedeutung der Funktelegraphie in zukünftigen Kriegen hatte der russische Generalstab in den Jahren vor dem Weltkrieg erstrebt, wenn möglich auch den Stäben der Infanteriedivisionen leichte Funkstationen zuzuteilen. Das aber war wegen des Mangels an geschultem Personal nicht zu erreichen. Nur die Kavalleriedivisionen erhielten leichte Stationen. Zu Beginn des Krieges hatten alle Armeekorps, die in den Grenzgebieten standen, ihre Funkstationen erhalten. Wenn die Russen den Deutschen in dieser Hinsicht voran waren, so ist es doch notwendig zu betonen: Das Personal war in vielen Fällen seiner Aufgabe nicht gewachsen. Die Schicht der gebildeten Leute, die zu diesem Zweck zur Verfügung standen, war außerordentlich dünn. Daher brauchte die Ausbildung zuviel Zeit. Bei dem großen Bedarf in den Stäben hat man dem neuen Verbin-

dungsmittel nicht genug Aufmerksamkeit geschenkt. Gewiß waren die Russen, was die technische Ausrüstung betrifft, besser versorgt als die Deutschen. Dagegen hatte man mit der Ausbildung des Personals erst kurz vor Beginn des Krieges begonnen. Hierunter hatten die Russen während des ganzen Krieges zu leiden. Das Geheimschriftverfahren bereitete stets die allergrößen Schwierigkeiten. Es gab keine Möglichkeit, die Schlüssel oft genug zu wechseln, was zu der verhältnismäßig leichten Entzifferung unserer Funksprüche führte.«
Das erklärt auch, warum die Russen ihre Angriffsbefehle am 25. August 1914 in Klartext funkten. Dazu General Noskoff weiter: »Man sah in der 8. (deutschen) Armee (v. Hindenburg) einen Gegner, der nach einem mißglückten Kampf schleunigst hinter die Weichsel zu entkommen versuchte. Man meinte daher, es würde keine allzu große Gefahr bedeuten, wenn ›der Fliehende‹ etwas mehr über den Gegner wissen werde, als ihm sonst ›gebührte‹.«

III

Diese Ereignisse auf dem Funkgebiet hatten aber auch positive Folgen für die weitere Entwicklung und Ausstattung der deutschen Nachrichtentruppe, wie wir inzwischen wissen.[6] Vor allem der verantwortliche Funkoffizier des Höh. Kav.-Kommandos v. d. Marwitz hatte daraus gelernt und die praktischen Folgerungen gezogen: Es war kein anderer als *Erich Fellgiebel*, der von 1929 bis 1931 die Chiffrierstelle des Reichswehrministeriums leitete, dann Chef des Stabes der Inspektion der Nachrichtentruppe und am 1. Oktober 1934 selbst deren Inspekteur wurde. Er hat sie bis zum Kriege praktisch auf- und ausgebaut. Vor allem aber hatte Fellgiebel die Bedeutung des Funks nicht nur als Kommunikationsmittel, sondern auch als sichere Quelle für den Nachrichtendienst erkannt. Unter seiner Leitung

---

[6] Siehe Albert Praun: »Über Klartext und Geheimschriften«, in: *Wehrwissenschaftliche Rundschau*, Jg. 1968, Heft 7, S. 399–415.

wurde dann auch die Geheime Heeresdienstvorschrift 17 erarbeitet, die die Verfahren der *Aufklärung durch Nachrichtenmittel* erläuterte und festlegte. Das erste Heft war der taktischen Nah-, das zweite der operativen Fern-Aufklärung gewidmet. Die Voraussetzung für eine dritte Form der Nachrichtengewinnung war damit gegeben: Die erste war die systematische Auswertung »offener« Informationen in Presse, Literatur und Rundfunk der anderen Seite, die zweite die Information durch Sympathisanten und der dritte Weg also galt der Aufklärung durch Nachrichtenmittel. Sie gewann im Krieg immer größere Bedeutung und hat schließlich jede andere Form der Nachrichtengewinnung überflügelt. Der Weg dazu wurde mit dieser Vorschrift geebnet. Genehmigt wurde der Entwurf bald nach der Eingliederung Österreichs im Frühjahr 1938 vom Oberkommando des Heeres, Allgemeines Heeresamt, Inspektion 7 (Nachrichtentruppe) i. A. gez. Fellgiebel.

Die deutsche Funkaufklärung holte auf. 1939 etwa betrat sie die Bühne der Zeit- und Kriegsgeschichte. Dann zeigte es sich im Verlauf des Zweiten Weltkriegs, was sie vermochte und wie sie für die Führung auf allen Kommandostufen, von der Division angefangen, immer unentbehrlicher wurde. Gewiß, bei den ersten Blitzfeldzügen in Polen und Norwegen spielte die Funkaufklärung noch keine entscheidende Rolle. Aber schon im Westfeldzug bewährte sich die weitvorausschauende Arbeit Fellgiebels ausgezeichnet. Wir kommen darauf noch im einzelnen zurück.

Erich Fellgiebel war ein ungewöhnlicher Mann[7] und als Soldat nicht mit konventionellen Maßstäben zu messen, wie übrigens auch andere seiner Waffengattung. Er war in Schlesien als Sohn eines Gutsbesitzers geboren, aber in der Provinz Posen aufgewachsen. Wie viele Nicht-Adlige damals ging er zu einer

---

[7] Siehe vor allem die Biographie: *Erich Fellgiebel, Meister operativer Nachrichtenverbindungen. Ein Beitrag zur Geschichte der Nachrichtentruppe*, herausgegeben von Karl Heinz Wildhagen, Hannover 1970 (Selbstverlag).

technischen Truppe, dem Telegraphen-Bataillon 2 in Frankfurt an der Oder, um Berufsoffizier zu werden. Er war technisch begabt und im übrigen allseitig interessiert. Nach seinen negativen Erfahrungen beim Höh. Kav.-Kommando 1914 gewann dann der junge Offizier positive neue Erkenntnisse über die Möglichkeiten der Funkaufklärung im Osten bei den Österreichern. Denn 1916 war er als Hauptmann Funkkommandeur der Armee Mackensen, mit General v. Seeckt als Chef des Generalstabs. Seeckt wurde auf Fellgiebel aufmerksam und schickte ihn auf einen Lehrgang für Generalstabsoffiziere, den dieser ausgezeichnet bestand. Als Hauptmann im Generalstab wird er dann Feindnachrichtenbearbeiter (Ic) in der Führungsabteilung v. Seeckts des Armeeoberkommandos: Die Nachrichtentruppe hatte sich mit dieser Ernennung eine wichtige neue Aufgabe erschlossen. Gewisse Analogien im Werdegang Fellgiebels zu dem seines späteren sowjetischen »Kollegen« und Hauptgegenspielers Peresypkin sind nicht zu verkennen. Nur fehlt die Tragik bei dem Russen.

Am 1. Januar 1929 wurde, wie schon erwähnt, Major Fellgiebel Leiter der Chiffrierstelle des damaligen Reichswehrministeriums in Berlin in dessen sogenanntem Ministeramt. Er begann eine systematische Überwachung fremder Funkdienste zu organisieren und legte so die Grundlage für die spätere Nachrichtenaufklärung. In der Chiffrierstelle bot sich auch die beste Gelegenheit, den Funkaufklärungs- und Überwachungsdienst im Frieden zu einem der leistungsfähigsten Instrumente der oberen Führung auszubauen. Nicht alle höheren Vorgesetzten haben diese Initiative damals verstanden. Auch die Kriegsgeschichte hat sie bisher nur in den beiden Fachbüchern: Albert Praun, *Soldat in der Telegraphen- und Nachrichtentruppe* und Erich Fellgiebel, *Meister operativer Nachrichtenverbindungen, ein Beitrag zur Geschichte der Nachrichtentruppe,* herausgegeben von Karl Heinz Wildhagen Wennigsen/Hannover o. J., gewürdigt. Aber beide Bücher sind bezeichnenderweise im Selbstverlag erschienen. Die Wirkung auf eine breitere Öffentlichkeit, auch auf die Kriegshistoriker wurde also gering eingeschätzt. So ist dieses Kapitel des Geheimen Nachrichtendienstes bisher nur erwähnt, gestreift, aber noch nie seiner Bedeutung entsprechend herausgestellt worden. Freilich aus begreiflichen Gründen: »Funkspruch, Fernschreiben und Kabeltelegramm, Code, Schlüsselmaschine und Entzifferung, Funkbeobachtung, Funkpeilung, Funkortung und Funkbild sind für den Historiker oft nebelhafte Begriffe, die mit ihnen verbundenen Verfahren bleiben ihnen geheimnisumwitterte Wunder, deren Möglichkeiten, Grenzen und auch Gefahren er kaum abzuschätzen weiß. Unsicherheit des in diesen Techniken übermittelten oder erfaßten Materials mit oft gravierenden Fehlern in der Beurteilung und Bewertung der historischen Dokumente sind die Folge.«[8]

IV

Im Rahmen dieser Darstellung wird allerdings nicht nur an die zünftige Kriegsgeschichte gedacht, sondern auch an die Zeitgeschichte überhaupt. Es besteht ein breites Interesse für die Geheimdienste und ihre Tätigkeit im Zweiten Weltkrieg. Zahllose Bücher sind bekanntlich darüber erschienen. Bis zum Jahre 1968 konnte dagegen der Bibliograph des Geheimen Nachrichtendienstes, Max Gunzenhäuser, in seiner Zusammenstellung[9] lediglich zwölf Titel über das Funkwesen verzeichnen, die meisten außerdem nur Zeitschriftenbeiträge. Diese geringe Publizität steht im schroffen Gegensatz zu der tatsächlichen Bedeutung und Leistung der Funkaufklärung vor und während des Krieges. Sie ist ab 1943 sehr viel größer als die aller Meisterspione zusammen von 1937 bis 1945.

Allerdings sind die Chefs der Geheimdienste auch nicht ganz unschuldig an diesem Mißverhältnis: Wie sehr sie darauf aus

---

[8] Sonderdruck *Militärgeschichtliche Mitteilungen* Nr. 2/68, S. 158. Stellungnahme von Dr. Jürgen Rohwer.

[9] Max Gunzenhäuser: *Geschichte des Geheimen Nachrichtendienstes. Literaturbericht und Bibliographie*, Frankfurt 1968.

waren, ihre »sicheren Quellen« zu tarnen, beweisen die Anlagen vom 1. 7. 1944 und vom 4. 12. 1944. Sie sprechen nicht viel von ihrer Geheimwaffe, gerade weil sie für ihre Dienste immer wichtiger wurde. Sie scheuen sich auch, nachträglich noch Geheimnisse preiszugeben und »schlafende Hunde damit zu wecken«. Das ist auch gut zu begreifen. Denn auf diesem Sonder-Gebiet der Nachrichtenbeschaffung schöpft man meist oder kann man nur schöpfen aus Fehlern, Nachlässigkeiten, Schematismus der anderen Seite, ferner aus dem Verrat, dem Verlust oder der Preisgabe der Funkschlüssel. Auch das zieht sich wie ein roter Faden durch diese Schattengeschichte der Geheimen Nachrichtendienste. Der größte Landesverrat von Staats- und militärischen Geheimnissen, und zwar qualitativ wie quantitativ, wurde durch Nachlässigkeiten begangen, sowohl der Funker wie ihrer Aufsichtsorgane. Er übertrifft die Summe des Landesverrats aus ideologischen Gründen bei weitem. Auch das ist bisher noch nicht angesprochen worden. Allerdings lüfteten auch die Fachleute erst allmählich den Schleier über den Erfolgen der deutschen Funkaufklärung. Leo Hepp machte den Anfang in der »Militärwissenschaftlichen Rundschau« 1954, dann folgte General Albert Praun, dessen Chef des Stabes Hepp 1944/45 war, in seinen Erinnerungen »Soldat in der Telegraphen- und Nachrichtentruppe« 1965 und fünf Jahre später einer der verdienten sechs Kommandeure der Nachrichtenaufklärung, Karl-Albert Mügge, in seinem Beitrag zu dem Erinnerungsbuch für Erich Fellgiebel, in dem er u. a. schrieb: »Ähnlich war es mit der im Frieden vom Inspekteur mit Nachdruck geförderten und in Polen bewährten, laufend verbesserten Fernmeldeaufklärung. Sie leistete Hervorragendes. Besonders gilt dies für die letzten Kriegsjahre, als die Luftaufklärung infolge der Fliegerüberlegenheit des Gegners nahezu ausfiel und als die Agentenaufklärung oftmals mehr für den Feind als für die eigene Führung arbeitete.«[9a]

[9a] *Erich Fellgiebel. Meister operativer Nachrichtenverbindungen.* Hannover 1970, Selbstverlag des Herausgebers Karl Heinz Wildhagen, S. 101.

Die Kapitel über die andere Seite des Geheimen Nachrichtendienstes sind übrigens auch völkerkundlich interessant. Denn sie enthüllen mit die Stärken *und* Schwächen der Völker. Die Deutschen z. B. haben offenbar keine besondere Neigung und Begabung zur Konspiration, ganz im Gegensatz zu den Russen. Doch erwiesen sie sich als zäh, tüchtig und beharrlich, wenn schwierige Aufgaben z. B. der Entzifferung zu lösen waren und ruhten nicht eher, bis sie gemeistert wurden. Ihre Leistungen sind hier mit denen auf dem Gebiet der Ausgrabungen der Archäologen zu vergleichen, die methodisch zu den Schichten der alten Kulturen vorstoßen und dann aus den Teilfunden sich ein Bild des Ganzen zu machen suchen. Auch der Zug zu systematischer wissenschaftlicher Arbeit auf der einen und die herrschende Funk- und Arbeitsdisziplin auf der anderen Seite kamen der Funkaufklärung wie überhaupt dem Nachrichtenwesen zugute. Da waren es gerade die Schwierigkeiten aller Grade, von denen starke Naturen angezogen wurden, ähnlich wie beim Bergsteigen und Segeln. Die Arbeit lohnte sich aber auch. Denn mancher entzifferte Spruch wog auf, daß man sonst Regimenter, ja Divisionen hätte zu Hilfe schicken müssen. In den letzten Kriegsjahren waren sie einer wendigen Führung vollends unentbehrlich geworden. Wir werden davon noch das Wichtigste berichten.

Nur der Oberste Kriegsherr wollte, wie gesagt, von den Nachrichten aus sicherer Quelle nichts wissen. Er hatte 1940 »intuitiv« die Franzosen richtig beurteilt, während sie der Generalstab des Heeres überschätzte – und er blieb seitdem dabei, nur seine Intuition treffe immer das Rechte. Aber bereits beim Entschluß zum Ostkrieg hatten ihn die »guten Geister« verlassen, und dann folgte ein strategischer Führungsfehler dem anderen, bei einer katastrophalen Unterschätzung der wachsenden Macht der Gegner. Die Funkaufklärung verschaffte immer neue sichere Unterlagen darüber – aber umsonst. Bis zum Heeresgruppenkommando waren sie unentbehrlich; nur Hitler kümmerte sich nicht um sie. Ist es da ein Wunder, wenn bei den verantwortlichen Männern der

Nachrichtenbeschaffung der Ingrimm wuchs? Dazu gehörten nicht nur Canaris und Oster, sondern auch Fellgiebel, Thiele und andere hohe Offiziere der Nachrichtentruppe. Sie erkannten, daß Hitler das Reich in die Katastrophe führte. Aus loyalen Soldaten wurden sie mit der Zeit Todfeinde des Mannes, der das Gefüge Europas zerstörte. Sie bejahten schließlich die Notwendigkeit seiner Beseitigung. Indessen haben sie sich ebenso wenig als Meister der Konspiration erwiesen wie die Beck, Stauffenberg, Olbricht. Mit Fellgiebel und seinen Mitarbeitern sind die besten Köpfe der Nachrichtentruppe der Rache Hitlers zum Opfer gefallen – eine bedenkliche Ähnlichkeit totalitärer Verfahren, in denen Hitler Stalin gefolgt ist. Nur daß in Rußland 1938 ein neuer Anfang gemacht wurde, während das Jahr 1944 praktisch bereits finis Germaniae bedeutete. Mit Fellgiebel zusammen wurden sein Stellvertreter, General Thiele, und der Chef des Stabes, Oberst Hahn, am 4. September 1944 in Plötzensee gehenkt. Der Kommandeur der Leitstelle für Nachrichtenaufklärung im OKW, v. d. Osten, erschoß sich, nachdem ihn die Gestapo zur Vernehmung vorgeladen hatte.

Als Nachfolger Fellgiebels übernahm Generalleutnant Praun diese vielleicht schwierigste und vielfältigste Funktion der deutschen Wehrmacht.[10] Er war zuletzt Kommandeur der 277. Inf.-Division im Westen und entging so dem Debakel, das sich auch an dieser Front bereits abzeichnete. Als eine seiner ersten Amtshandlungen konnte er durchsetzen, daß die Leitstelle der Nachrichtenaufklärung zu einer Generalstelle aufgewertet wurde. Sie wurde mit Oberst Bötzel besetzt, dem der Ruf eines tüchtigen Fachmanns und chevaleresken, musischen Soldaten vorausging. Die Informationen für den Feindnachrichtendienst der höheren Stäbe waren inzwischen zu 80 % und höher allein der Funkaufklärung zu verdanken.

---

[10] Siehe Albert Praun: *Soldat in der Telegraphen- und Nachrichtentruppe*, Würzburg o. J., vor allem das Kapitel »Chef des Heeresnachrichtenwesens 1944/45«, S. 218–256.

ZWEITES KAPITEL

Die Deutsche Funkaufklärung hört mit

I. Funkaufklärung und Nachrichtenbeschaffung

Zunächst eine allgemeine Bemerkung: Alle Armeen und Streitkräfte zu Wasser, in der Luft wie auf der Erde der am Zweiten Weltkrieg beteiligten Staaten führten auch im Äther Krieg gegeneinander. Alle hatten in diesen geheimen und lautlosen Schlachten Erfolge und Mißerfolge, haben gewonnen oder Niederlagen erlitten. Jede Seite traf Anstalten, den gegnerischen Funkverkehr zu beobachten, mitzuhören und mitzulesen, wer funkte, was telegrafiert wurde, die angewandten Geheimschriften zu entziffern, um dadurch schnelle Informationen und sichere Nachrichten aus erster Hand zu gewinnen. Den eigenen Funkverkehr suchte man dagegen mit allen Mitteln gegen feindliche Einbrüche abzusichern. Es war ein lautloser Krieg um Geheimnisbruch und Geheimhaltung, der da im Äther ausgetragen wurde. Die Tatsache ist in großen Zügen bekannt, aber die Ergebnisse werden verschwiegen und sind es teilweise bis heute. Die Chefs der großen Geheimdienste sprechen in ihren Memoiren nur in Andeutungen davon.
Aber das hatte auch negative Folgen für die Darstellung der Kriegsgeschichte, wie wir wissen. So kommt es z. B., daß auch die seriöse Literatur meist die »Abwehr« der deutschen Wehrmacht mit *dem* deutschen Geheimdienst schlechthin identifiziert. Es muß deshalb noch einmal nachdrücklich daran erinnert werden: Die deutschen geheimen Dienstvorschriften des Zweiten Weltkrieges unterscheiden zwischen dem Feindnachrichtendienst (F.N.D.) insgesamt und dem geheimen Meldedienst der Abwehr. Zitieren wir noch einmal die Heeresdienst-

vorschrift *Feindnachrichtendienst* (HDv. g. 89 vom 1. 3. 1941) mit ihrer Ziffer 16, die besagt:

»Der Geheime Meldedienst ist *im Frieden* eine der wichtigsten Nachrichtenquellen. *Im Kriege* wird seine Tätigkeit durch Abwehrmaßnahmen des Gegners, Ausfall von Agenten, Überwachung oder Schließung neutraler Grenzen erschwert. Besonders zu Kriegsbeginn geht die Zahl der auf diesem Wege eingehenden Nachrichten zurück.«

Es waren die Erfahrungen der deutschen Abwehr, die hier angesprochen wurden. Aber mit Kriegsbeginn standen auch andere Mittel der Feindaufklärung zur Verfügung.

Das wichtigste dieser Mittel war und blieb die Funkaufklärung. Das soll die Öffentlichkeit heute wissen, dann fallen auch viele veraltete Vorstellungen von der Bedeutung der Spionage für die Kriegsentscheidung in sich zusammen. Vor allem sollte endlich bekannt sein: Mit Beginn des Krieges trug nicht mehr die Abwehr, sondern der Feindnachrichtendienst die Hauptlast der geheimen Nachrichtenbeschaffung. Vor allem die Sowjetunion war kein Tummelplatz für Spione, aber die Rote Armee funkte. Sie funkte sehr viel und sie funkte durchaus nicht immer so diszipliniert, wie es nötig gewesen wäre. Hier war ihre Achillesferse. So gelang der deutschen Funkaufklärung der Einbruch in ihre Geheimnisse: Sie hatte ihr Ohr in den sowjetischen Hauptquartieren wie in den Etappengebieten, vor allem aber in den Gefechtsständen der Kommandeure. Gewiß, bald nach Beginn des Krieges am 22. 6. 1941 konnte der Feindnachrichtendienst des Heeres ganz aus dem Vollen schöpfen, aus Gefangenenaussagen und Beutepapieren das zutreffende Feindbild gewinnen, die Gliederung, Stärke und voraussichtliche Absicht des Gegners dadurch erfahren. Aber seit 1943 flossen letztere Quellen immer spärlicher, um schließlich fast ganz zu versiegen. Nur die Funkaufklärung funktionierte weiter und erbrachte reiche Informationen aus »sicherer Quelle«. Wie aber konnte sie das? Wie konnte sie das Vakuum ausfüllen, das der Geheime Meldedienst hinterließ, als seine Ergebnisse immer geringer wurden und in bestimmten Bereichen ganz aufhörten? Was erklärt diese Leistung? Wir versuchen hier die Antwort darauf zu geben. Ein psychologischer Grund verdient dabei sicher besondere Beachtung: Das erste Erlebnis Fellgiebels bei Kriegsbeginn 1914. Es war eine Art Trauma für den späteren Inspekteur des Nachrichtenwesens, daß die eigene Funkerei damals versagt und den Franzosen so wichtige Aufschlüsse geliefert hatte. Er hatte sie ja nach dem Krieg in dem Buch von Marcel Givièrge nachlesen können. Auch das Beispiel und die Erfolge der Österreicher, mit denen er sich bei der Armee Mackensen vertraut machte, waren offenbar starke Motive für ihn, die Scharte von 1914 auszuwetzen. Diese starken Impulse hat er offenbar auch auf die Nachrichtentruppe übertragen. Die deutsche Gründlichkeit und die langen Ausbildungszeiten der Reichswehrsoldaten erbrachten dann ein Fachpersonal erster Ordnung. So standen bei Kriegsbeginn 1939 hochqualifizierte Funkspezialisten und ein technisch durchgebildetes Führerkorps der Nachrichtentruppe zur Verfügung. Besonders der ausgezeichnete Horchdienst der Funkaufklärung war dann das Fundament der deutschen Aufklärungserfolge im Zweiten Weltkrieg.

Das soll nicht heißen, daß nicht auch die Kriegsgegner ihre Erfolge hatten. Auch sie waren z. T. funktechnisch auf der Höhe, die Engländer in ihrer Funkdisziplin vorbildlich. Aber zu einer so wirksamen Abwehrwaffe wie die deutsche Funkaufklärung im Osten seit 1942 hat sich ihr Horchdienst niemals entwickelt, nicht zu entwickeln *brauchen*. Deshalb ist es kriegsgeschichtlich notwendig und an der Zeit, hier die deutsche Funkaufklärung besonders hervorzuheben und ihre Leistungen im einzelnen zu schildern. Sie waren so effektiv, daß sie oft die fehlenden Reserven aufgewogen haben: Aufgrund ihrer Ergebnisse war es möglich, immer wieder feindliche Angriffsabsichten bereits im Keime zu ersticken, feindliche Ansammlungen zu zerschlagen.

Im Lauf des Zweiten Weltkriegs ist die deutsche Funkaufklärung ständig ausgebaut und verbessert worden. Bis zum Jahre 1943 waren zahlreiche Fernaufklärungs- und Nahaufklärungskompanien im Einsatz, vor allem an der deutschen Ostfront, die bei den Armeen zu Aufklärungsabteilungen zusammengefaßt wurden. Die Heeresgruppe hatte einen eigenen Kommandeur der Nachrichtenaufklärung, der mit dem jeweiligen Ic, dem Feindlagebearbeiter, eng zusammenarbeitete. Hören wir dazu einen besonders qualifizierten Fachmann, den Oberst Randeweg, dessen ungedrucktem Bericht wir hier folgen[1]: In der Armee kooperierte der Ic, also der Generalstabsoffizier der Führungsabteilung, der die Feindlage bearbeitete, mit der im Armeeabschnitt eingesetzten Nachrichtenaufklärungsabteilung, und zwar seit 1943 mit steigendem Erfolg. Er erteilte ihr die Aufträge für ihre Beobachtungsräume und Schwerpunkte wie für die Aufklärung selbst. Von der Nahaufklärungskompanie erhielt er alle taktischen Beobachtungs- und Horchergebnisse vor dem Armeeabschnitt, von der Fernaufklärungskompanie den Überblick über die operativen Vorgänge und Zusammenhänge beim Feind. Da die Kompanie in der Lage war, schon einfache Schlüssel zu entziffern, ergab die tägliche *Funklagenmeldung* bereits umfangreiche Informationen. Sie war aus der Verkehrs- und Peilbeobachtung gewonnen wie aus dem Inhalt der Funksprüche, die mitgelesen werden konnten.

Bei den Heeresgruppen war das anfallende Material noch reichhaltiger. Denn hier kam die Inhaltsauswertung der entzifferten Funksprüche hinzu, die ihrer Bedeutung entsprechend schwieriger verschlüsselt waren – und trotzdem bald entziffert werden konnten. So hat sich meist eine enge Zusammenarbeit zwischen dem Kommandeur der Nachrichtenaufklärung und den Ic's ergeben. Bis zum Jahre 1943 war *ihr Anteil an der gesamten Nachrichtenbeschaffung auf etwa 75 % gestiegen* und hielt sich so bis etwa 1944. Dann erbrachten die Aufklärungsverbände der deutschen Nachrichtenaufklärung ein-

---

[1] Manuskripte Kunibert Randewig, *Erfahrungen bei der Beobachtung der feindlichen Funkdienste* (110 Seiten): In Verwahrung des Verfassers.

schließlich der Fernsprechaufklärung sogar 95 % aller geheimdienstlichen Informationen. *Die Spionage war praktisch ausgefallen.* Generalfeldmarschall Kesselring hat dies als Oberbefehlshaber West in der letzten Kriegsphase besonders anerkannt. Im übrigen wurde es bei den meisten Armeen die Regel, daß die Funkaufklärungsergebnisse täglich bei der »Lage« von den Nachrichtenführern persönlich vorgetragen wurden. Soweit Randewig.

Die Nachrichtenbeschaffung aus dem Äther ergab in der Tat laufend Einblick in die feindlichen Absichten. Man kann dem summarischen, aber fachmännisch kompetenten Urteil des Kapitäns z. S. a. D. Heinz Bonatz durchaus zustimmen, der schreibt[2]: *»Ein schnelleres, zuverlässigeres und billigeres Aufklärungsmittel als eine erfolgreich arbeitende Funkaufklärung ist nicht denkbar.«* Grundsätzlich war dabei zwischen dem Horchdienst, der Entzifferung der chiffrierten Texte und schließlich der Auswertung zu unterscheiden.

Alle Geheimnachrichten über den Feind liefen schließlich bei der Leitstelle im Oberkommando der Wehrmacht zusammen, seit Herbst 1944 ihrer Bedeutung entsprechend zu einer Generalstelle aufgewertet. Hier wurden die schwierigsten Chi-Sprüche durch erste Spezialisten entziffert, ihr Inhalt den Abteilungen »Fremde Heere« sofort gemeldet. Die enge Zusammenarbeit war durch eigene Verbindungsoffiziere gesichert. Auch dem Chef des Wehrmachtführungsstabes sind die wichtigsten Erkenntnisse »aus sicherer Quelle« laufend vorgelegt bzw. vorgetragen worden. Nur Hitler, der Oberste Befehlshaber der Deutschen Wehrmacht, in Personalunion seit Weihnachten 1941 gleichfalls Oberbefehlshaber des Heeres, verschloß sich diesen Informationen. Er hat sich auch durch die Niederlage vor Moskau, die Katastrophen von Stalingrad und von Afrika wie den schweren Rückschlag von »Zitadelle« im Sommer 1943 keines Besseren belehren lassen: »Fremde

---

[2] Bonatz, Heinz: *Die deutsche Marine-Funkaufklärung 1914–1945*, Darmstadt 1970, S. 31.

Heere Ost« hatte aufgrund der Funkaufklärung in allen Fällen Aufmarsch und voraussichtliche Absichten des Feindes rechtzeitig und zutreffend gemeldet. Die Oberste Führung hätte diese Meldungen zur Grundlage ihrer Entschlüsse machen können, ja machen müssen.

In diesem Zusammenhang muß allerdings noch auf eine weitere geheime Informationsquelle hingewiesen werden, die im Verlauf des Ostfeldzugs vor allem die Erkenntnisse der Funkaufklärung ergänzte und vertiefte. Die bisherige Kriegsgeschichte hat sie gleichfalls noch kaum beachtet. Es waren dies Außenstellen des OKW, und zwar der Abteilung »Wirtschaft und Rüstung«: Sie arbeiteten mit besonders qualifizierten technischen Fachkräften und hatten vor allem die Aufgabe, Beutewaffen zu untersuchen und gefangene Techniker und Truppeningenieure des Gegners zu vernehmen. Wenn das Vernehmungsgespräch locker und in humanen Umgangsformen geführt wurde, dazu von Fachmann zu Fachmann, brachte es oft überraschende Ergebnisse und wertvolle kriegstechnische Erkenntnisse.

Im Bereich der Heeresgruppe Süd an der Ostfront stand die genannte Außenstelle des OKW unter besonders geschickter und erfolgreicher Leitung, nämlich der des Oberstleutnants d. R. Prinz Reuß, der sich bald allgemeiner Anerkennung erfreute. Seine Leistungen wurden allerdings mehr bei der Führungsabteilung der Heeresgruppe gewürdigt als beim Oberkommando der Wehrmacht, wo man sie im Routinebetrieb kaum beachtete. Um so dankbarer war Fremde Heere Ost, an die die Informationen, die Prinz Reuß aus den Vernehmungen gewann, gleichfalls sofort weitergegeben wurden. Dort haben sie dann das Gesamtbild des sowjetischen Rüstungspotentials ergänzt, erweitert und vertieft.[3]

[3] Persönliche Mitteilung des seinerzeitigen Ic der Heeresgruppe Süd Oberstleutnant i. G. Hans-Adolf v. Blumröder an den Verfasser.

II. Praktische Ergebnisse

Nicht der Oberste Befehlshaber der deutschen Wehrmacht, wie schon gesagt, aber die Oberbefehlshaber der Heeresgruppen und Armeen zogen aus dem Feindnachrichtendienst sehr viel praktischen Gewinn. Besonders die Ergebnisse der Funkaufklärung, und zwar sowohl die der operativen wie der taktischen, erwiesen sich als ungewöhnliche Hilfen. Führungsentschlüsse und Befehle waren fast immer darauf gegründet. Zunächst war es vor allem Feldmarschall von Rundstedt, der als Oberbefehlshaber der Heeresgruppe Süd bereits 1941/42 auf seinen Kommandeur der Nachrichtenaufklärung Oberst Kunibert Randewig gehört hat und den hohen Wert der Informationen erkannte, die Randewig laufend lieferte.[4] So konnte während des deutschen Vormarsches in die östliche Ukraine fast jeder Funkspruch des Gegners mitgelesen werden. Denn damals reichte der Ausbildungsgrad der sowjetischen Truppenfunker einfach noch nicht aus, schwierigere Schlüsselverfahren zu verwenden, so daß sie oft aus Bequemlichkeit oder im Drang des Gefechts zum Klartext übergingen. Einmal allerdings gab es auch eine böse Überraschung für die Wehrmacht bei der Einnahme von Kiew: In der Stadt ereigneten sich mehrere schwere Explosionen, die erhebliche Verluste kosteten. Wie war es dazu gekommen? Zunächst stand man vor einem Rätsel. Dann aber fand ein Funkfachmann der Nachrichtentruppe die Erklärung: Es hatte sich um drahtlose Fernzündung auf tonmodulierten Trägerwellen gehandelt. Den deutschen Horchverbänden, durch die operative Nachrichtenaufklärung völlig in Anspruch genommen, waren diese gefährlichen Impuls-Verkehre entgangen. Um sie künftighin zu erfassen und ihre Frequenz zu stören, wurde ein eigener Horchzug eingesetzt. Nach mißglückten Anfangsversuchen, die Zündimpulse lahmzulegen und weitere zu verhindern, war man endlich er-

[4] Manuskript Randewig: *Die deutsche Funkaufklärung gegen Rußland vor der Heeresgruppe Süd* (unveröffentlicht), 14 S.

folgreich. Immerhin hatte es sich wieder einmal gezeigt, daß die Masse der Sowjetrussen zwar in der durchschnittlichen Ausbildung noch hinter den deutschen Funkern zurückblieb, die Rote Armee aber gleichzeitig bereits über Spitzenkräfte und eine fortgeschrittene Funktechnik verfügte, die es mit jeder der alten Industrienationen aufnahm.

Bei der Heeresgruppe Süd kam es Ende 1941 zum erstenmal auch zu einer Differenz der Lagebeurteilung mit der des Wehrmachtführungsstabes. In den entzifferten Funksprüchen tauchten nämlich die Nummern von Divisionen auf, die als zerschlagen galten. Etwa zu gleicher Zeit wurde im sowjetrussischen Hinterland ein Kurzwellen-Funknetz erfaßt, das offenbar der Kommunikation zwischen Rüstungsbetrieben diente. Der Wehrmachtführungsstab sprach diese Meldungen als russische Täuschungsmanöver an. In Wirklichkeit aber war dieser Funkverkehr das Anzeichen der Konsolidierung und Auffrischung der Roten Armee nach den schweren Niederlagen der ersten Monate. Wie weit diese Konsolidierung schon ging, hat sich ja dann um die Jahreswende zur Überraschung der deutschen Führung gezeigt. So mußte z. B. im Süden der Ostfront Rostow vor starken Sowjet-Angriffen geräumt werden. Im rückwärtigen Gebiet aber hatte die deutsche Funkaufklärung bereits im November eine Massierung von etwa zehn sowjetischen Großverbänden geortet. »Oben« war dieser Meldung jedoch keine Bedeutung beigemessen worden wie in andern Fällen auch. Generaloberst Halder notierte über einen Führervortrag vom 6. Dezember 1941: »Er (Hitler) läßt sich auf eine zahlenmäßige Betrachtung des Stärkeverhältnisses nicht ein.«[5]

Die Rote Armee lernte dagegen aus den 1941 im Funkverkehr begangenen Fehlern, wie sich im Sommer 1942 zeigen sollte: Während der deutschen Offensive im Juli, die über den Donez

[5] Zitiert nach Warlimont, a.a.O. S. 256. »Vom Feinde nahm er lediglich an, was ihm gefiel und weigerte sich oft genug sogar, das Nicht-Gefallende nur anzuhören.«

vorbrach, um den Don zwischen Rostow und Woronesch zu erreichen, blieb die eigene Funkaufklärung ohne Ergebnis: »Die russischen Divisionen schienen auszuweichen, ohne zu funken. Sogar die Möglichkeit setzte aus, die Funkverkehrsbeziehungen der oberen Führung zu verfolgen, die man bisher stets unter Kontrolle hatte halten können. An der nördlichen Donfront schien die Leitung des russischen Funkverkehrs in der Hand einer überaus tatkräftigen Persönlichkeit zu liegen.«[6]

Allerdings änderte sich das Funkbild wieder im August 1942: »Es gelang, einen großen Teil der russischen Funkgeheimschriften zu entziffern, die nun wieder sehr reichlich anfielen. Die Kräfteverteilung der neu gebildeten Stalingrad-Front auf der Don-Wolga-Landbrücke konnte damit geklärt werden. Ein derart umfassendes Ergebnis hatte man nach den Erfahrungen des Frühsommers nicht erwartet. Die Erklärung dafür gab ein russischer Funkspruch, aus dem hervorging, daß der Gegner aus Mangel an Drahtverbindungen die von ihm angestrebte Funkbeschränkung nicht hatte halten können. Aus dem gleichen Grunde schien er gezwungen, Beurteilungen der Feindlage auf dem Funkwege zu übermitteln. Diese aber zeigten, daß er die Schwäche der rumänischen und italienischen Armee und die empfindliche Naht zwischen den beiden zutreffend erkannt hatte.«[7]

So verlief, in großen Zügen geschildert, der geheime Krieg im Äther 1941/42 bei der Heeresgruppe Süd des Feldmarschalls v. Rundstedt.

Die kommenden Kriegsjahre brachten andere Schwerpunkte. Besonders beim Afrika-Feldzug des späteren Feldmarschalls Rommel kam es zu einer dramatischen Entwicklung. Hier vor allem erwies sich die Funkaufklärung als beste und schnellste Nachrichtenbeschaffung über den Feind. Ähnliches geschah, als die 1. Panzerarmee im März 1944 aus dem Kessel von Kame-

---

[6] Manuskript Randewig S. 10 ff.

[7] Randewig, a.a.O. S. 11.

nez Podolsk offensiv ausbrach. Dank dieser Hilfe ist der Ausbruch damals gelungen. Noch Entscheidenderes hätte gelingen können, wäre der Oberste Kriegsherr, Hitler, für solche Erkenntnisse des Geheimen Nachrichtendienstes ansprechbar gewesen.

III. Rommel und die Nachrichtenaufklärung in Afrika

Das deutsche Afrika-Korps verfügte bei seinem Einsatz in Libyen im Februar 1941 lediglich über einen Horchzug. Im Verlauf des erfolgreichen Bewegungskrieges, der dann einsetzte, wurde er aber bald zu einer Horchkompanie ausgebaut, offenbar auf Verlangen Rommels. Zu dieser Horchkompanie wurden auch Entzifferer kommandiert, die schon Erfahrungen mit dem britischen Funkverkehr hatten machen können. Seitdem gehörten der »Wüstenfuchs« und der Funk zusammen: Rommels Intelligenz wußte ihn sowohl als Führungs- wie auch als Aufklärungsmittel zu nutzen. Am liebsten führte er vorn, den Feind in Sicht, immer bereit, von jeder sich bietenden Erfolgschance auf der Stelle Gebrauch zu machen und überraschende Schwerpunkte zu bilden. Denn Rommel war nicht einfach verwegen, sondern schlagfertig im buchstäblichen Sinn. Nach den Erfahrungen im Westfeldzug konnte er sich auf sein blitzschnelles Erkennen der Lage verlassen. Indessen faßte er seine Entschlüsse nicht ohne die gesicherten Unterlagen, wie es die deutsche Kriegslehre von den Heerführern verlangte, und diese gesicherten Unterlagen erhielt er von seiner Funkaufklärung. Mit jedem Monat in Afrika wurde sie besser und wichtiger; denn laufend nahm die britische Luftüberlegenheit zu. 1942 war sie schließlich so stark geworden, daß sie der deutschen Luftwaffe fast ganz die Einsicht hinter die britische Front verwehrte. Da sprang die Funkaufklärung in die Bresche. Sie hatte den Krieg im Äther gewonnen – zunächst.
Ein beträchtlicher Teil der Anfangserfolge Rommels in Afrika geht somit auf das Konto dieser geheimen Erkundungswaffe: Sie sind den Aufklärungsergebnissen der Horchkompanie des

deutschen Afrika-Korps zu verdanken; denn sie war den besonderen Anforderungen des Wüstenkrieges technisch ebenso gewachsen wie taktisch den hohen Anforderungen Rommels. Noch hatte das Funksystem der britischen 8. Armee damals erhebliche Schwächen, da man die deutsche Funkaufklärung offenbar weit unterschätzte. Die mangelnde Funkdisziplin der Verbände, die aus britischen Schutzgebieten und Kronkolonien stammten, kam der Aufklärungsarbeit der Rommelschen Horchkompanie zustatten.

Natürlich gab es auch Lücken in den Erkenntnissen. Aber in großen Zügen und manchmal auch bis ins Detail war der »Wüstenfuchs« laufend über die Lage beim Gegner, seine Absichten und Bewegungen im Bild; einige Glücksfälle kamen dabei zu Hilfe.

Für die Horchkompanie des deutschen Afrika-Korps bestand dieses Kriegsglück z. B. in einem »Greenhorn«, dem US-Verbindungsoffizier zur 8. britischen Armee: Er machte von seinem Funk allzu reichlich Gebrauch und sandte eifrig die Absichten der britischen Verbündeten in den Äther. Rommel las sie über seine Horchkompanie mit. So konnte er seine Gegenmaßnahmen treffen und behielt die Initiative. Es ist begreiflich, daß die Kriegsberichte kein Wort darüber verloren, um die sichere Quelle nicht zu verstopfen.

Aber auch sonst drang offenbar von der Leistung der Horchkompanie nicht allzu viel nach hinten und nach oben, denn Rommel wußte, daß Hitler die Funkaufklärung geringschätzte. Das war ein Grund mehr, daß sie im Schatten blieb und die Kriegsgeschichte sie kaum erwähnte. Nach kompetentem Zeugnis[8] hat im Zweiten Weltkrieg auf deutscher Seite kaum eine Horchkompanie so eng und erfolgreich mit ihrem Oberbefehlshaber zusammengearbeitet wie die in Afrika mit Rommel. Nirgends wurden ihre Erkenntnisse aber auch so rasch in Entschlüsse umgesetzt.

---

[8] Persönliche Mitteilung des Generals d. Nachr.-Tr. Albert Praun an den Verfasser.

Ein weiterer Glücksfall kam dieser engen Zusammenarbeit zu Hilfe: Im Sommer 1942 hatte ein deutsches U-Boot im östlichen Mittelmeer ein feindliches Handelsschiff gekapert. Bei der genauen Durchsuchung der schwimmenden Beute fand sich der Funkschlüssel für die Versorgung aller britischen Wehrmachtsteile von Gibraltar bis nach Ägypten. Um die wertvollen Unterlagen sicherzustellen und auszuwerten, wurde das U-Boot sofort nach seinem griechischen Basishafen zurückbeordert. Vierzehn Tage lang konnten alle Funksprüche dieses Versorgungsnetzes mitgelesen werden, die Deutschen sich danach richten und Gegenmaßnahmen treffen – zur See wie in der Luft. Das kam vor allem dem eigenen Nachschub nach Afrika zugute. Aber dann hatte die Gegenseite es »spitz bekommen«. Sechs Wochen setzte der Funkverkehr völlig aus, bis endlich wieder mit einem neuen Schlüssel gefunkt wurde. So lange hatte es also gedauert, bis alle Beteiligten durch Kuriere damit ausgerüstet werden konnten.

Im Sommer 1942 waren die beiden ersten Runden des Krieges im Äther für Rommel gewonnen. Er hat dies nie an die »große Glocke« gehängt. De facto verfügte er über sichere Unterlagen für seine einfallsreiche und wendige Taktik wie seine listenreichen Operationen, die er durch Augenerkundung ergänzte. Auch wenn er mit seinem Befehlswagen unterwegs war, ließ er sich laufend über die Feinderkenntnisse unterrichten. Offenbar war das so selbstverständlich für ihn, daß er das auch in seinem Erinnerungsbuch *Krieg ohne Haß* nicht weiter hervorhob, allerdings auch aus vorerwähnten Gründen geheimhielt.

Im übrigen hatte die Funkaufklärung einmal eine merkwürdige Feststellung gemacht: Im Wüstenfort Bir Hacheim südwestlich Tobruk lag ein Bataillon Deutscher, lauter deutsche Kommunisten. Es wurde von Ludwig Renn kommandiert, der den vielbeachteten Bericht *Krieg* geschrieben hatte und in Wirklichkeit Arnold Vieth von Glossenau hieß. Sein Kommunisten-Bataillon sandte dringende Hilferufe in den Äther, bis es mit der französischen Besatzung unter General Koenig ausbrach.

Immer wichtiger wurde die Funkaufklärung in Afrika, je

mehr die deutsche Luftaufklärung versagte und sich die britische 8. Armee verstärkte. Die britische Luftüberlegenheit nahm bedenkliche Formen an und bedrohte nicht nur die Truppen und höheren Stäbe mit ihren Bomben, sondern vor allem den Nachschub zu Land und über See. Aber Hitler wollte dergleichen nicht wahrhaben und bestand auf der letzten Offensive von El Alamain in Richtung Kairo, mit dem bekannten negativen Ergebnis: Zu Beginn des Jahres 1943 aber hatte der Generalinspekteur der Luftwaffe, Erhard Milch, seinen Mitarbeitern eingehämmert: »Man kann den Krieg nur mit der Luftwaffe gewinnen. Man muß jeden Krieg verlieren, wenn man nicht die Luftüberlegenheit an den Stellen, wo es notwendig ist – nicht im ganzen Himmelsbereich, sondern an den wichtigsten Stellen –, im Schwerpunkt hat. Es ist für Erdtruppen ohne Luftüberlegenheit oder Luftherrschaft ... nicht möglich zu siegen.«[9]

Das sollte auch Rommel in der dritten Phase des Afrika-Feldzuges erfahren. Ein weiteres Unglück vervollständigte dann die Niederlage von El Alamain: Sie führte zum Verlust der gesamten Horchkompanie mit allen Konsequenzen. Rommel hatte damit nicht nur die Schlacht auf der Erde, sondern auch die im Äther verloren. Seine Führung wurde infolge der britischen Luftüberlegenheit blind; außerdem war sie auch taub geworden. Denn nun hatte er nicht mehr das Ohr in den Befehlszentralen des Gegners. Schließlich erfolgte die Landung der Amerikaner und Briten Anfang November 1943 in Marokko und Algier gleichfalls unerwartet.[9a] Unter diesen Umständen hätte ein wirklicher Stratege zum Rückzug geblasen, um Europa selbst zur Verteidigung einzurichten. Aber dergleichen vorausschauende Strategie gehörte nicht zum Verfahren des Obersten Kriegsherrn der deutschen Wehrmacht.

---

[9] Irving: *Die Tragödie der deutschen Luftwaffe,* S. 251.

[9a] Nach Angaben von AST Bremen lagen entsprechende Meldungen vor, die aber vom OKW nicht weitergegeben wurden.

IV. Die verlorene Kompanie[10]

In *einem* Punkt allerdings machte auch Rommel einen verhängnisvollen Fehler: In der Abwehr bei El Alamain setzte er seine Horchkompanie als Kampftruppe ein, weil er sich aus Mangel an infanteristischen Kräften in einer Zwangslage befand. So wurde die Horchkompanie, statt in der Nähe des Führungsstabes zu bleiben, dicht hinter einen von Italienern verteidigten Abschnitt als eine Art Korsettstange beordert. Aber das war verfehlt, die Kompanie zu schwach für diese Aufgabe: Ende Oktober 1942 wurde die Front an dieser Stelle durchbrochen, die Funkkompanie überrollt. Bei verzweifelter Gegenwehr verlor sie über hundert Mann; der schwerverwundete Kompaniechef, Hauptmann Seebohm, geriet in Gefangenschaft und starb bald darauf im Lazarett in Kairo. Vor allem aber: Der britische Durchbruch kam so überraschend, daß die Horchunterlagen nicht mehr vernichtet werden konnten. So erbeuteten die Angreifer nicht nur die deutschen Auswertungsergebnisse der jüngsten Zeit, sondern auch die deutschen und italienischen Funkunterlagen und -schlüssel, erfuhren also die Fehler und Unterlassungen ihrer eigenen Funker und Funkerführer. Man hörte ihre Genugtuung zwischen den Zeilen, als bald nach dem Durchbruch der Sender Kairo in deutscher Sprache funkte: »Vortrefflicher Hauptmann Seebohm schwer verwundet in Gefangenschaft. Wir bedanken uns für das ausgezeichnete und umfangreiche Material.«
So war in Afrika die Schlacht im Äther verloren. Die Schwierigkeiten des Rückzuges wurden dadurch vervielfacht. Sie wären leichter zu ertragen und auszugleichen gewesen, hätte das deutsche Afrika-Korps noch über seine Horchkompanie verfügt, wären nicht ihre Schlüsselunterlagen der britischen 8. Armee in die Hände gefallen, die sie zu nutzen wußte. An eine bewegliche Führung und blitzschnelle Gegenschläge von seiten

---

[10] Wir folgen hier außer persönlichen Mitteilungen von General Praun dem Manuskript Randewig, Teil »Afrika – Naher Osten«.

Rommels war jetzt nicht mehr zu denken, wie in den ersten Phasen des Afrika-Feldzugs. Die Depression darüber war sicher mit eine der Ursachen seiner Erkrankung.

Als der Verfasser nach dem Verlust Afrikas im Juni 1943 dem Feldmarschall zugeteilt wurde, um nach dessen Angaben für die Öffentlichkeit den Abschlußbericht zu schreiben, hat Rommel eine Andeutung in diesem Sinne gemacht. Im übrigen wurde der Bericht niemals veröffentlicht; er verschwand in der Schublade Hitlers.

Die Vernichtung der Horchkompanie Afrika war ein schwerer Rückschlag für die gesamte deutsche Funkaufklärung. Sie verlor nicht nur geheime Schlüsselbücher und wertvolle tropenfeste Geräte – die waren zu ersetzen –, sondern vor allem unersetzliche Funkspezialisten. Wohl gab es noch in Athen eine Horchkompanie, die die große Lage in Ägypten wie im Vorderen Orient weiter unter Beobachtung hielt, aber die taktische Überwachung Nordafrikas, vor allem an der Nordwestküste, fiel aus, wo sie dringend nötig gewesen wäre. So kam es Anfang November 1942 zu einer weiteren Überraschung in diesem Gebiet, als die Westalliierten mit starken Kräften zwischen Casablanca und Oran landeten. Zwar wußte man aus der Funkaufklärung: Die Amerikaner hatten starke Kräfte nach England überführt, aber ihr Ziel war unklar, weil methodisch ausgestreute Zweckgerüchte und Funktäuschungen dieses Ziel verschleierten.

Auch die deutsche Waffenstillstandskommission in Casablanca hat sich täuschen lassen, trotz der ihr zugeteilten Abwehroffiziere. Dazu General Warlimont, der stellvertretende Chef des Wehrmachtsführungsstabes, in seinem Bericht *Im Hauptquartier der deutschen Wehrmacht*[11]: »Ausreichende Unterlagen aus dem eigenen Nachrichtendienst fehlten dazu ebenso wie aus dem des italienischen Oberkommandos, dessen gleichartige und besser begründete Meinungen erst später bekannt wurden, ohne daß im übrigen in beiden Fällen der nahe Zeit-

---

[11] a.a.O. S. 279.

punkt der Landungen – befand sich doch die Landungsflotte schon im Anmarsch – richtig eingeschätzt worden wäre.«
Nach der Geschichte des Zweiten Weltkrieges von Kurt von Tippelskirch traf Eisenhower bereits am 5. November auf seinem provisorischen Gefechtsstand in Gibraltar ein. Der Flugplatz der Felsenfestung war bis zur Grenze seines Fassungsvermögens mit Jagd- und Bomberstaffeln belegt. Bei den guten Beziehungen von Admiral Canaris zu Spanien ist es ein Rätsel, daß diese sicheren Anzeichen einer großen Landeoperation der deutschen Abwehr verborgen blieben. Oder scheute man sich einfach, der vorgefaßten Meinung des Obersten Kriegsherrn zu widersprechen? Der hielt eine Landung in Nordafrika nicht für möglich wegen der deutschen U-Boote!

V. Die Funkaufklärung hilft eine Armee retten

Überhaupt hatte sich damals eine einmalige Lage ergeben. Der Oberste Befehlshaber wollte mit seiner »gegenpoligen Kriegführung«, wie der Beauftragte des Führers für die Kriegsgeschichtsschreibung, Generalmajor Scherff, das nannte, alles *einfach ganz anders* machen als bisher. Das sagte Scherff dem Verfasser bei einer Meldung im FHQu im März 1943 persönlich. Hitler glaubte damit die Konvention zu durchbrechen und neue Erfolgswege zu erschließen. Zu dieser »gegenpoligen Kriegführung« gehörte auch, daß kein Fußbreit Boden preisgegeben werden sollte. Die zähe Verteidigung irgendwelcher Objekte, im Ersten Weltkrieg unter völlig anderen Bedingungen bewährt, wurde nun zur »heiligen Kuh«, über die mit Hitler nicht diskutiert werden durfte. So hatte sich in den ersten Monaten des Jahres 1944 im Süden der Ostfront eine geradezu groteske Lage ergeben: Während der rechte Flügel noch immer am unteren Dnjepr aushielt, hing der linke praktisch südlich der Pripjet-Sümpfe in der Luft. Der weite Frontbogen, der durch die Ukraine in westnordwestlicher Richtung lief, war so gefährlich überdehnt, daß er die Rote Armee zu einer neuen Zangenoperation geradezu einlud. Bereits vor Eintritt der Krise hatte »Fremde Heere Ost« unter Generalmajor Gehlen die sowjetische Offensive richtig vorausgesagt, zu der der Oberbefehlshaber der 1. Ukrainischen Front, Marschall Schukow, aufmarschieren ließ. Aufgrund des Feindbilds, in der Hauptsache aus der Funkaufklärung gewonnen, war zu ersehen, daß starke sowjetische Kräfte, vor allem Panzerarmeen, sich versammelten, um zum Durchbruch im Süden der Ostfront anzusetzen. Der nur noch dünn besetzten deutschen Front fehlten dagegen alle operativen Reserven.

Am 15. März 1944 durchbrach die sowjetische 3. Garde-Panzer-Armee die 4. Deutsche Panzer-Armee westlich des wichtigen Bahnknotenpunktes Schepetowka und stieß in südlicher Richtung durch. Dann schnitt sie die rückwärtigen Verbindungen der 1. Deutschen Panzer-Armee – Oberbefehlshaber General Hube – ab, so daß deren fünf Korps von drei Seiten eingeschlossen wurden. Bis zum 25. März gelang es zwei weiteren sowjetischen Panzerarmeen, der 4. und 1., weit westlich von Kamenez Podolsk zwischen den Flüssen Zbrutsch und Sereth südwestlich davon tief nach Süden vorzustoßen. Die 1. sowjetische Panzerarmee überschritt den Dnjestr und ging weiter in Richtung Tschernowitz vor. Die 4. sowjetische Panzerarmee drehte nördlich des Dnjestr südostwärts ein. Durch weitere Stöße von zwei sowjetischen Gardearmeen im Norden sollte der Kessel weiter eingeengt und dann aufgespalten werden. Die Lage der deutschen Verteidiger im Großraum von Kamenez Podolsk wurde bedrohlich und schien mit jedem Tag aussichtsloser zu werden.

Um sich auf alle Fälle den Rückzug nach Süden offen zu halten, hatte General Hube mit einer Kampfgruppe bei Hotin einen Brückenkopf auf beiden Dnjepr-Ufern gebildet. Vor allem aber sorgte er dafür, daß seine Armee nicht stehen blieb. Nur aus der Bewegung heraus konnte sie noch den Durchbruch wagen und gewinnen.

Der Verfasser muß sich hier mit eigenen Erlebnissen einschalten. Er war von März 1943 bis Anfang März 1944 zur Führungsabteilung der Heeresgruppe Süd – Oberbefehlshaber

Feldmarschall von Manstein – kommandiert. Dann wurde er vorübergehend nach dem Westen geschickt, bald aber wieder zurückbeordert. So ist er Zeuge des geglückten Ausbruchs der 1. Panzerarmee aus dem Kessel von Kamenez Podolsk geworden, zuerst im Hauptquartier der Heeresgruppe in der Nähe von Lemberg und dann bei der 1. Panzerarmee. Er selbst hat auch einen Bericht darüber geschrieben, der, nur für den Dienstgebrauch bestimmt, an die höheren Stäbe der Heeresgruppe ausgegeben wurde.

Damals lernte der Verfasser die außerordentliche Bedeutung der Funkaufklärung für operative Entschlüsse kennen und schätzen. Oft war sie Gegenstand des Gesprächs mit dem Ic der Heeresgruppe, Oberst i. G. Hans-Adolf v. Blumröder, dem Bearbeiter der Feindlage.

Seit dem Verlust der deutschen Initiative, wie sie dem Scheitern der Operation »Zitadelle« im Sommer 1943 zwangsläufig gefolgt ist, war diese Funkaufklärung vollends unentbehrlich geworden. Denn seitdem fehlten Gefangene, Beutepapiere und vor allem die aussagefreudigen Überläufer in größerer Zahl. Die erfahrenen Spezialisten der Funkaufklärung brachten dafür den Ausgleich. Ihre Arbeit wurde erleichtert durch die Sorglosigkeiten und Fehler der sowjetrussischen Funker; mit den zunehmenden taktischen und operativen Erfolgen der Roten Armee wurden sie wieder häufiger.

So hatte die Heeresgruppe von Manstein mit der Jahreswende 1943/44 sozusagen »Meisterspione« im Hauptquartier der 2. ukrainischen Front sowie auf den meisten Gefechtsständen der sowjetischen Befehlshaber. Sie erfuhren praktisch alles, was drüben vorging und meldeten es unverzüglich weiter. Wie seinerzeit Rommel in Afrika, so wurde auch Manstein über viele Befehle und Absichten der Gegenseite schnell und zuverlässig informiert. Der Ic der Führungsabteilung der Heeresgruppe Süd konnte den Vormarsch der beiden Panzerarmeen im Westen des Kessels von Kamenez Podolsk bis in die Einzelheiten verfolgen und Manstein laufend darüber berichten. Die Zusammenarbeit in der Führungsabteilung war eng. Auch der

Quartiermeisterfunk der beiden Sowjetarmeen im Westen wurde laufend abgehört und entziffert. So war man auch über den jeweiligen Standort der rückwärtigen Dienste drüben genau im Bilde. Ja, beim Lagevortrag mittags und abends war der Ic durchaus in der Lage, die Zahl der einsatzfähigen Panzer jeder Panzerbrigade der Sowjets anzugeben und über Marsch und Angriffsziele zu berichten.

So kommt auch Paul Carell in seinem Bericht *Verbrannte Erde,* in dem er sich gleichfalls mit diesen Ereignissen befaßt, zu dem Schluß: »Hier erweist sich einmal mehr, wo im Krieg die Quellen für wichtige und verläßliche Informationen sprudeln, Quellen, die an Qualität und Quantität der Nachricht jeden Kundschafter oder Überspion erblassen lassen. Ganz zu schweigen von der Unmittelbarkeit und Schnelligkeit, mit der die Information die Fronten überquert. Damit kann kein Meisterspion konkurrieren.«[12]

Im März 1944 sollte sich die lautlose Waffe der Funkaufklärung im Osten als einzigartige Hilfe erweisen. Denn nun deutete sie auf die richtigen Wege des Ausbruchs der 1. Panzerarmee und half so entscheidend mit, eine Viertelmillion Soldaten vor dem Untergang zu retten. Dank der Führungskunst des Feldmarschalls von Manstein außerhalb und der Entschlossenheit des einarmigen Generals Hube innerhalb des Kessels von Kamenez Podolsk wurde damit ein zweites Stalingrad verhindert, die Ostfront im Rahmen des Möglichen wiederum stabilisiert. Noch einmal war eine drohende Katastrophe in einen Abwehrerfolg verwandelt, wenn auch unter erheblicher Einbuße von Panzern, Geschützen und Fahrzeugen.

Der Verfasser war Zeuge dieser Ereignisse. Er war, wie gesagt, Mitte März noch einmal aus Frankreich zurückbeordert worden und trat wieder zur Führungsabteilung der Heeresgruppe. Sie lag damals in einer landwirtschaftlichen Schule in der Nähe von Lemberg. Bei der Abteilung Ic, der er, wie immer, zugeteilt wurde, bekam er täglich die Feindlagekarte zu Gesicht und

[12] Paul Carell: *Verbrannte Erde,* S. 396.

las die Berichte »aus sicherer Quelle«. Auch wurde er Zeuge des Ringens um den Entschluß, wo ausgebrochen werden sollte. General Hube und sein Generalstabschef Wagener wollten es zunächst im Süden, in Richtung Rumänien versuchen, weil sich der Einkreisungsring um die Armee dort noch nicht völlig geschlossen hatte. Aber Manstein erkannte die damit verbundenen Nachteile und Gefahren in doppelter Hinsicht. Schon waren starke russische Panzerspitzen dabei, den ehernen Ring auch im Süden zu schließen und sich dem Dnjestr-Übergang vorzulegen; außerdem wurde, selbst wenn der Ausbruch gelang, ein gewaltiges Loch in die deutsche Ostfront gerissen, den Sowjets praktisch der Weg westwärts durch Galizien geöffnet. Das war unbedingt zu verhindern. Deshalb wünschte das OKH den Ausbruch nach Nordwesten zum Anschluß an den rechten Flügel der 4. Panzerarmee, der im Raum südwestlich Tarnopol zum Gegenangriff bereitstand. Doch auch in diesem Fall wäre eine beträchtliche Lücke zur Heeresgruppe A (Südukraine) entstanden. So kam man bei der Heeresgruppe folgerichtig zu dem Entschluß, den Ausbruch nach Westen zu befehlen. Gewiß, auch dagegen gab es Bedenken. So wies Hube mit Recht darauf hin, daß dabei mehrere Flüsse, die nach Süden strömten, zu überwinden seien. Indessen wurden diese Hindernisse als das geringere Übel in Kauf genommen. Denn nach der Funkaufklärung war hier eben damit zu rechnen, daß man auf »weiche Stellen« des Einschließungsringes stieß. Die Masse der sowjetischen Infanterie, die den starken Panzerverbänden nach Süden folgte, hing noch zurück, hatte noch nicht aufschließen können. Außerdem war von deutscher Seite ein Funkspiel gelaufen, um Marschall Schukow davon zu überzeugen, daß die Deutschen nach Süden ausbrechen würden. Die Parole »Lietzmann« war für diesen Fall ausgegeben worden. So rechnete Schukow nicht mit dem deutschen Durchstoß in westlicher Richtung.

Ende März war der Ring um die 1. deutsche Panzerarmee geschlossen. Am 2. April ging bei ihren höheren Stäben ein offener Funkspruch ein, in dem sie zur Waffenstreckung aufgefordert wurden. Er schloß wörtlich: »Alle Offiziere, die freiwillig mit Widerstand aufhören, *wird die alten Gewehre, die Orden und Transportmittel* bewandt!« (!) Dann kam eine Berichtigung: »Um 11 Uhr ist eine sinnentstellende Fassung des nachfolgenden Vorschlags des Frontkommandierenden, Marschall der Sowjetunion Schukow, durchgegeben worden. Es muß heißen: Die deutschen Soldaten, die freiwillig ihre Waffen niederlegen, haben gute Behandlung zu erwarten. Erschossen, und zwar vor der Front ihrer Truppen, werden lediglich die Kommandeure der Einheiten, an die sich das Angebot des Marschalls richtet, wenn sie den sinnlosen Widerstand bis zum Abend des heutigen Tages nicht aufgeben wollen. Sie werden erschossen zur Strafe für das sinnlos vergossene Blut der ihnen anvertrauten Soldaten.« gez.: Schukow, Frontkommandeur und Marschall der Sowjetunion.

Feldmarschall von Manstein und General Hube, dieser nach dem Ausbruch zum Generalobersten befördert, unterrichtet von der deutschen Funkaufklärung, machten dem Sowjetmarschall einen Strich durch die Rechnung. Der Ausbruch nach Westen glückte. Die Funkaufklärung hatte die richtigen Wege gewiesen: Dort waren die »weichen Stellen«. Auch die Flußhindernisse wurden bewältigt. Die Intelligenz der Führung, der Zusammenhalt und die Initiative der Fronttruppe und schließlich die Aufklärung der Horchtruppen hatten die Massen der sowjetischen Angreifer überspielt. Von Nordwesten her stießen den Ausbrechern das 48. Panzer- und das 2. SS-Panzerkorps entgegen und vereinigten sich mit ihnen. Mitte April hatte sich die Front beiderseits Buczacz an der Strypa wieder gefestigt. Das zweite Stalingrad, das bereits drohte, war in einen deutschen Abwehrerfolg umfunktioniert, eine Armee gerettet.

Hatten die Sowjets gemerkt, wer ihren Sieg in letzter Minute vereitelte? Sie blieben auf ihre Weise nicht müßig und schickten Funkagenten und Partisanen mit gezielten Aufträgen in den Rücken der Deutschen. Von einem Partisanen wurde jedenfalls der Kommandeur der Funkaufklärung bei der Heeresgruppe Süd, Oberstleutnant Barchewitz, erschossen. Er ging, wie täglich, in einem Park in Lemberg spazieren, da fielen von hinten die tödlichen Schüsse. Der Täter konnte entkommen.

War dieser Täter nur ein Bandit, der zufällig auf Barchewitz schoß, wie er auf jeden anderen deutschen Offizier, der allein ging, geschossen hätte? Oder handelte er im Auftrag? Hatte man die Gepflogenheiten des Oberstleutnants ausgekundschaftet? Wußte man, daß er ein besonders tüchtiger Fachmann war? Das ist heute nicht mehr zu klären. Aber das eine wußte man damals bereits: Wenn die Deutschen die Funkaufklärung hatten, die sie laufend orientierte, dann taten dies bei den Sowjets Scharen von Funkagenten und Spähern hinter den deutschen Linien. Sie waren mit den örtlichen Verhältnissen vertraut, stammten meist aus der Gegend und lebten unter den Einheimischen »wie der Fisch im Wasser«. Sie meldeten durch Funk alles, was sie sahen und erfuhren. Dann erhielten sie neue Befehle wieder durch Funk. Wozu brauchte man da noch eine Residentur Radó in der Schweiz?

So ist es wohl möglich, daß auch das Hauptquartier Schukows über die Aufgaben des Oberstleutnants Barchewitz informiert war, vielleicht auch eine andere Stelle, die dann den Befehl zu seiner Liquidierung erteilte. Die Umstände waren tragisch für Barchewitz und seine Familie. Aber das Instrument, das er so vortrefflich eingespielt hatte, blieb erhalten und bewahrte die Heeresgruppe weiterhin vor dem Schlimmsten. Ein neuer tüchtiger Kommandeur trat an die Stelle des Gefallenen. Gegen die Masse der sowjetischen Funkagenten konnte freilich die deutsche Funkaufklärung nicht aufkommen. Deshalb hatte man neben ihr unterdessen noch eine eigene Funkabwehr geschaffen. Davon im einzelnen später.

Aber nicht nur für Oberstleutnant Barchewitz endeten diese Ereignisse tragisch, sondern auch für den Oberbefehlshaber der ausgebrochenen 1. Panzerarmee, wenn auch aus ganz anderen Gründen: Hube wurde ins Führerhauptquartier nach Berchtesgaden befohlen, um dort die Schwerter zum Eichenlaub des Ritterkreuzes entgegenzunehmen. Dann wollte er seine junge Frau in Berlin besuchen. Im Morgendunst hatte die Maschine,

die offenbar von einem nicht ortskundigen Piloten gesteuert wurde, am Rande des Flugplatzes Ainring bei Bad Reichenhall »unfreiwillige Bodenberührung«, wie dieser euphemistische Ausdruck lautete. Hube wurde in der Kanzel, in der er saß, erdrückt, während die meisten der anderen Insassen des Flugzeuges mit Verletzungen davonkamen.
Der Verfasser hatte Hube noch wenige Tage zuvor in dessen Hauptquartier in Buczacz besucht. Da lag er mit einer Grippe zu Bett, die er sich beim Ausbruch zugezogen hatte, war aber sonst guter Dinge und ganz erfüllt von dem Hochgefühl der Rettung seiner Armee. Manstein selbst kam nicht mehr in den Genuß der Freude über den Abwehrerfolg, den er doch maßgeblich eingeleitet hatte: In den kritischen Tagen wurde er nach Berchtesgaden befohlen und traf dort einen unschlüssigen Hitler. Es war zwecklos, ihn auf die Ergebnisse der Funkaufklärung hinzuweisen, wie Manstein und seine Begleiter wußten, aber es gelang, Hitler die Genehmigung zum Ausbruch nach Westen abzuringen. Es war die letzte Führungsleistung Mansteins. Mitten in der Operation, am 30. März, wurde er ohne erkenntlichen Anlaß, nach der Verleihung der Schwerter zum Ritterkreuz, von seinem obersten Kriegsherrn entlassen. Dabei sagte Hitler: »Die Zeit des Operierens ist vorbei, ich brauche jetzt nur noch Steher.«[13] Der Steher, den Hitler brauchte, war Feldmarschall Model. Er wurde der Nachfolger Mansteins als Oberbefehlshaber der Heeresgruppe Süd. Er war tüchtig, mutig und immer unterwegs. Aber auch er brachte die rote Flut nicht zum Stehen, die immer stärker von Osten her anbrandete. Ihre Vorreiter, die Funkagenten, waren hinter der deutschen Front, um deren schwache Stellen auszumachen.

[13] Manstein, Erich von: *Verlorene Siege*, Bonn 1953, S. 615; siehe auch Warlimont, a.a.O. S. 449.

DRITTES KAPITEL

Aus der kriegsgeschichtlichen Praxis

I

Es gibt viele merkwürdige Geschichten aus der Geschichte der Nachrichtenaufklärung im Zweiten Weltkrieg. Sie sind bisher unbekannt geblieben, aber von unbedingt zuverlässigen Gewährsmännern überliefert, von General Praun und Oberst Randewig vor allem – und sie zeigen sämtlich, daß neben Wachsamkeit, Beharrlichkeit und Methode zu diesem Aktionsbereich des Geheimdienstes auch immer glückliche Zufälle gehörten: Dann erschlossen sich oft mit einem Schlag die militärischen Geheimnisse der anderen Seite. Das war sowohl auf dem Gebiet der Fernaufklärung, der sogenannten operativen, wie bei der Nah- und Gefechtsaufklärung der Fall.
Bis zum heutigen Tag wird von den Schriftstellern, die sich mit Spionage befassen, fast immer zuerst nach ihren abenteuerlichen Umständen gefragt und dann erst nach dem Gewicht der Informationen, die sie erbracht hat. Die Ergebnisse werden aufgebauscht und als kriegsentscheidend bezeichnet. In den seltensten Fällen jedoch können sie neben den Informationen bestehen, wie sie die deutsche Fernmelde- und Gefechtsaufklärung Jahre hindurch beschaffte. Die Geheimnachrichten z. B., die Alexander Foote 1941–1943 aus der Schweiz nach Moskau funkte, fallen entschieden dagegen ab. Foote war militärischer Laie. Die meisten, die sein *Handbuch für Spione* lasen, waren es gleichfalls. Die führenden Männer der Funkaufklärung schwiegen – damals noch –, und so ist es auf diesem Gebiet zu völlig faschen Vorstellungen gekommen. Aber nun wird es Zeit, sie zu berichtigen. Diesem Zweck sollen die nachfolgenden Ge-

schichten dienen. Sie sind überwiegend noch unveröffentlichten Berichten entnommen, die wir den führenden Persönlichkeiten auf diesem Gebiet verdanken. Gleichwertiges Material steht leider von seiten der Kriegsgegner in einem ähnlichen Ausmaß nicht zur Verfügung.

Von 1942 ab gab es an der Ostfront vor allem für die Gefechtsaufklärung mit Funk beträchtliche Beute, und zwar fast täglich. Allerdings war schon zu spüren, daß durch den Einfluß von Generaloberst Peresypkin, der offenbar die Schwächen des praktischen Funkverkehrs bei den Fronttruppen erkannt hatte, die so dringend notwendige Funkdisziplin bei den Sowjets anzog. Aber die Russen funkten nun einmal zuviel: Das lag auf der einen Seite an ihrer naiven Freude an diesem technischen Spielzeug, auf der anderen aber auch an der Infrastruktur des Landes, an seinen weit unterentwickelten Fernsprech- und Straßenverbindungen. Das Netz der Kommunikationsmittel der Sowjetunion war dünn, an dem von West- und Mitteleuropa gemessen. So hatte die Rote Armee beim Aufbau ihres Nachrichtenwesens gleich höher angesetzt und der Funktelegraphie den Vorzug vor den Drahtverbindungen gegeben. Diese Tendenz herrschte bereits im Ersten Weltkrieg, wie wir wissen, und verstärkte sich im Zweiten. Solcher technischen Fortschrittlichkeit entsprachen aber keineswegs Können und Bildungsniveau der Funker. So wurde in der Hitze des Gefechts häufig auch offen oder nur leicht verschlüsselt gefunkt, noch öfter das Sprechfunkgerät benutzt. Der deutschen Funkaufklärung bot das natürlich außerordentliche Möglichkeiten des Mithörens und -lesens, die sie nach Kräften nutzte. Dazu kam, daß General Fellgiebel, der selbst über eigene reiche Erfahrungen seit 1914 verfügte, die weitere Entwicklung tatkräftig vorantrieb. Durch die Funkaufklärung waren deshalb auch kriegsentscheidende Informationen zu gewinnen. Aber der Oberste Kriegsherr der deutschen Wehrmacht war kriegswissenschaftlich nicht durchgebildet und verkannte die gebotenen Chancen. So hat er diese Geheimnachrichten aus sicherer Quelle nie entsprechend gewürdigt oder gar Erkundungsaufträge gegeben. Nur seine Heerführer und Feldmarschälle wußten erfolgreich von ihnen Gebrauch zu machen, wie wir wissen. Auch die Divisionskommandeure und Kommandierenden Generale nutzten sie nach Kräften.

Von 1942 an war die Nah- und Gefechtsaufklärung durch Funkhorchtrupps geradezu *die* Geheimwaffe geworden, vor allem an der Ostfront. Nur mit ihrer Hilfe war es möglich, die zunehmende Übermacht der Gegenseite wenigstens zeit- und teilweise auszugleichen. Das Mosaik der Nachrichten, von den einzelnen Frontabschnitten auf diese Weise gewonnen, ergab dann bei »Fremde Heere Ost« ein Gesamtbild der Roten Armee und ihrer Verteilung an der Front, wie es kein V-Mann je hätte ausspähen können. Da stimmten die Lagekarten in den sowjetischen Hauptquartieren nahezu mit den Feindlagekarten in den deutschen Stäben überein. Auch die operativen Reserven wurden ziemlich genau erfaßt. Zeuge ist dafür u. a. auch General Gehlen, der in seinen Erinnerungen schreibt[1]: »... das Mithören des frontnahen Funkverkehrs, der zwangsläufig nicht immer verschlüsselt werden kann, brachte wertvolle Ergebnisse. So war die Überwachung der besonders diensteifrigen sowjetischen Feldgendarmerie stets reizvoll und lohnend ... Es war also keine geheimnisvoll umwitterte Hexerei, die von meinen Mitarbeitern vollbracht wurde. Fleiß, Gründlichkeit, Fachkenntnis und Schnelligkeit befähigten uns, zu zutreffenden Aussagen über Lage und Absichten des Gegners zu kommen.«

Durch ihre systematische Nahaufklärung hörten die Deutschen sehr viel vom Feind, was der strengen Geheimhaltung unterlag und kaum einem V-Mann zugänglich gewesen wäre. Vor allem die Funksprechgeräte haben sich als die Übermittler dieses unfreiwilligen Verrats erwiesen. Denn bei der russischen Freude am Reden wurde eben von diesen Kommunikationsmitteln nicht nur dienstlich Gebrauch gemacht, sondern auch zur persönlichen Unterhaltung. Man hörte das Schimpfen und erfuhr

---

[1] Gehlen, a.a.O. S. 60.

von der Stimmung der Truppe, der persönlichen Lage und der Laune der Kommandeure. Man wußte, wo den Iwan der Schuh drückte. Das Problem der deutschen Aufklärungstrupps war alles andere als Nachrichtenmangel, sondern im Gegenteil die Bewältigung der anfallenden Informationsmassen. Auch an die Dolmetscher wurden hohe Anforderungen gestellt. Man hätte das nicht gemeistert, wenn nicht bei vielen Divisionen russische Hilfswillige, die sogenannten Hiwis, in die Bresche gesprungen wären. Die meisten waren 1941 gefangengenommen worden oder hatten sich gefangen gegeben, waren dann bei den Trossen eingegliedert worden und wurden, wenn man sie kameradschaftlich behandelte, ihren Einheiten zuverlässige Helfer. Nicht wenige lernten schnell Deutsch: Das wurden dann die Dolmetscher der Funkaufklärung der Horchzüge. Dazu ein Bericht von Albert Praun, dem letzten Chef der Wehrmachtsnachrichtenverbindungen und Nachfolger Fellgiebels, in dieser Zeit aber Kommandeur der 129. Infanterie-Division an der Ostfront. Er bestätigt die Erfahrungen von vielen Dutzenden anderer Divisionskommandeure, wenn er aus dem Raum von Rshew bei der Heeresgruppe Mitte folgendes berichtet[2]:

»Ein neues Aufklärungsmittel für die Gefechtsaufklärung, die Gefechtsfunkaufklärung, brachte hervorragende Ergebnisse. Die Russen hatten durch die Pacht- und Leihhilfe der Amerikaner eine Unmasse von Funksprechgeräten erhalten und benutzten sie noch höchst unvorsichtig: Ihre offenen drahtlosen Meldungen, Befehle und Unterhaltungen unmittelbar am Feind, ermöglichten eine einzigartige, zuverlässige Kenntnis nicht nur über die Lage als Basis für das eigene Feuer, sondern auch für die russischen Absichten, welche durch die entsprechenden schnellen Gegenmaßnahmen durchkreuzt werden konnten.

Zwei Empfänger standen auf den bekannten russischen Fre-

---

[2] Albert Praun: *Soldat in der Telegraphen- und Nachrichtentruppe*, S. 188.

quenzen. Sie waren von Funkern der Nachrichtenabteilung besetzt, daneben lagen Hilfswillige als freiwillige Dolmetscher. Der Ic, Oberleutnant Bernius, rief mir die russischen Gespräche in deutsch zu. Sie ließen sich meist beim Eintreffen an einem Geländepunkt in das zusammengefaßte Feuer des Artillerieregiments umsetzen, dessen Kommandeur, Oberst Wüstenhagen, neben mir stand. Oft hören wir Angriffs- und Marschziele, denen wir uns in den Weg legen konnten.« So gelang es immer wieder, die sowjetische Übermacht zu paralysieren.
Ähnlich wie bei der 129. Division war es bei vielen anderen an der Ostfront seit 1942. Ihre NNAT, die Nachrichtennahaufklärungstrupps, hielten sie über die Absichten der Gegenseite auf dem laufenden. Natürlich wußte der eine taktische Führer nicht so gut wie der andere, entschlußfreudige, die gebotene Chance auszunutzen, aber die Horchfunker selbst waren, wie immer wieder bezeugt wird, mit Feuereifer dabei, nachdem sie sich eingehört hatten und die Erfolge wuchsen. Sie haben der bedrohten Front oft den Feuerschutz vermittelt, den sie in kritischen Lagen brauchte. Im übrigen waren es, wie gesagt, nicht nur Meldungen und Befehle, die sie zu hören bekamen, sondern das ganze Ausmaß der russischen Redseligkeit: es reichte von hanebüchenen Flüchen, Drohungen und Beschimpfungen bis zum Familiären, zu Ausdrücken der Liebe und Zuneigung zu Frau und Kind. Die mithörenden Hiwis mußten oft herzlich lachen, um dann wieder in melancholische Schweigsamkeit zu verfallen. Auch solche Eindrücke gab es in dem so oft unmenschlichen Krieg an der Ostfront.

II

So war es allerdings noch nicht in den ersten Kriegsjahren gewesen. Auch auf diesem Gebiet erwies sich der Krieg als Zeitraffer und Beschleuniger der Entwicklung. In einem noch ungedruckten Bericht über die Nahaufklärung heißt es[3]: »Bei der

[3] Manuskript im Privatarchiv des Verfassers.

Division spielten zu Kriegsbeginn die Zufallstreffer der Nachrichtenaufklärungszüge der Divisionsnachrichtenabteilungen eine ganz untergeordnete Rolle. *Etwa vom Jahr 1943 ab änderte sich das grundlegend.* Von da an brachte die Nachrichtenaufklärung schon im Rahmen der Divisionen erhebliche Beiträge zur Feindaufklärung. Der Ic der Division erhielt nun täglich interessantes Material über den Feind von der Chiffrierauswertungsstaffel der Nahaufklärungskompanie beim Korps. In Italien und im Westen brachten dazu noch die Rundspruchsendungen wichtige Ergebnisse. Außerdem wurden von den meisten Divisionen an den Kampffronten Nachrichtennahaufklärungstrupps (NNAT) *improvisiert,* die sich bald als unentbehrlich erwiesen. Die Gefechtsführung erleichterten sie mitunter in bisher unbekannter Weise. Während des reinen Stellungskrieges waren die Ergebnisse der NNAT naturgemäß gering, wenn der Feind seine Fernsprech- und persönlichen Verbindungen ausnützen konnte und Funkdisziplin hielt.« Das galt vor allem 1944 im Westen. Aber zugleich war diese Periode Lehr- und Übungszeit für die NNAT. Sie wurde dazu genützt, die Funkverfahren des Gegners kennenzulernen, den Abhördienst einzuarbeiten und die kleine Organisation mit ihren Dolmetschern einzuspielen. Viel Gruppenarbeit wurde in aller Stille geleistet, von der die Kriegsgeschichte bisher keine Notiz nahm. Wichtig war stets die enge Zusammenarbeit mit dem Stab und das Verständnis der Kommandeure und Generalstabsoffiziere bis hinauf zu den Oberbefehlshabern und Chefs. Allerdings war da der eine mehr aufgeschlossen, der andere weniger, je nach den persönlichen Erfahrungen und dem Geschick und Kontakt der Kommandeure der Nachrichtenaufklärung. Nicht alle Generalstabschefs hatten dafür das gleiche Verständnis wie Generaloberst Halder. Aber den schickte Hitler schon im September 1942 »in die Wüste«.

Ein zusammengefaßter Bericht äußert sich über die Erfahrungen der deutschen Funkaufklärung in Rußland folgendermaßen: »Die Weite des Landes, sein Mangel an festen Straßen, die Großräumigkeit aller Bewegungen und des Nachschubs auf

der einen wie das Fehlen leistungsfähiger Fernsprech- und Fernschreiblinien auf der anderen Seite, außerdem der Mangel an Fernsprechapparaten und Kabel bei der Roten Armee: das alles zwang die Russen, vom Funk in einem weit größeren Umfang Gebrauch zu machen, als die bereits durchindustrialisierten Staaten des übrigen Europa im Zweiten Weltkrieg. In den beiden ersten Jahren des Ostfeldzuges 1941 und 1942 lag der Schwerpunkt der deutschen Nachrichtenaufklärung noch bei der Fernaufklärung: Trotz vieler Schwierigkeiten hat sie bereits der deutschen Führung wichtige und wertvolle Erkenntnisse über den Feind geliefert. Dann kam seit 1942 noch die Summe der Gefechtsfunkaufklärung hinzu.«
Freilich war es nicht so, daß die Russen davon nichts wußten oder erfuhren. Zahlreiche Funkgespräche sind mitgehört worden, in denen man sich gegenseitig warnte oder mit dem Hinweis auf die Geheimhaltung und deren Verletzung das Gespräch abbrach. Der Generalissimus Stalin selbst hatte als Kommissar bei der Kavalleriearmee Budjonnij seine persönlichen Erfahrungen mit der Unzulänglichkeit des sowjetischen Armeefunkwesens gemacht, und er soll es deshalb gewesen sein, der die Verbesserungen vorantrieb und straffe Funkdisziplin forderte. Die Gründung einer funktechnischen Akademie der Sowjetunion geht offenbar ebenso auf Stalins Initiative zurück wie die Förderung Peresypkins. Zweimal wurde während des Krieges das russische Funksystem grundsätzlich geändert und damit die Arbeit der deutschen Nachrichtenaufklärung erheblich erschwert. Das erste Mal am 1. April 1942, und zwar wahrscheinlich deshalb, weil ein deutscher Überläufer einer Horcheinheit die Erfolge der deutschen Funkaufklärung drüben verriet. Eine weitere Veränderung und Erschwerung war mit der Katastrophe von Stalingrad verbunden, weil dort auch die deutschen Horchunterlagen sowjetrussische Beute wurden. Seitdem hagelte es drüben Befehle, Verbote, Androhung von harten Strafen. Aber was half das, wenn viele Organisationen hinter der Front sich nicht an die Funkdisziplin hielten? Ähnlich war es bei den Heerestruppen, die den Schwer-

punkten zugeteilt wurden. Wegen ihrer weiträumigen Verteilung waren sie einfach gezwungen, zu funken. Dazu aber verwendeten sie nicht die schwer lösbaren Schlüssel ihrer hohen Kommandobehörden, sondern die leicht entzifferbaren Truppenschlüssel – und verrieten so viele Geheimnisse. Allein schon die Artillerie- und Granatwerfernetze der höheren Führung vermittelten durch Netzbild und Peilung recht genaue Feststellungen über die Zahl der Armeen und Divisionen, ihre Einsatzräume und Grenzen. Aus der gleichen Quelle erfuhr man, wenn neue Großverbände zugeführt oder die bisherigen verschoben bzw. neue Schwerpunkte zum Angriff gebildet wurden. Auch auf andere Weise gewann die Funkaufklärung wichtige Erkenntnisse, so z. B. bei der Heeresgruppe Süd durch einen höheren russischen Nachrichtenoffizier, der in deutsche Gefangenschaft geriet. Sein deutscher »Kollege« unterhielt sich in einem eingehenden Fachgespräch kameradschaftlich mit ihm, als wäre man im Manöver. So fragte er ihn auch, warum denn die Rote Armee soviel Funkverkehr treibe. Der Kollege von der anderen Seite bestätigte dann, was man schon immer angenommen hatte: Es war der Mangel an Fernsprechkabeln, Feldfernsprechern und Postleitungen, verständlich bei der Weite und Größe des Landes.

Dank dieser Möglichkeit wurde seit 1942 jede größere russische Offensive rechtzeitig erkannt. Salvengeschützverbände hatten immer einen sehr regen Funkverkehr. Ihr Auftreten allein war bereits ein untrügliches Anzeichen eines bevorstehenden Großangriffs. Das Erscheinen von Heerspionierverbänden deutete auf beabsichtigte Panzerangriffe hin, für die die Pioniere Straßenbauten, Brückenschlag und Brückenverstärkungen und vor allem auch Räumung von Minengassen meldeten.

Hier einige praktische Beispiele: Schon im Oktober und November 1941 wurden ein auffälliges Netz um Wladimir 200 Kilometer ostwärts Moskaus und ein weiteres ostwärts Rostows festgestellt. Ihr Funkverkehr deutete darauf hin, daß es sich um die Ausrüstung und Ausbildung zahlreicher Neuaufstellungen handelte. Das erstgenannte Netz wurde auf vier Armeen, das zweite auf 10 Divisionen geschätzt. Die Winteroffensive dieser neuen Verbände Ende November und Anfang Dezember 1941 auf Rostow und im Raum Moskau gab den Erkenntnissen der deutschen Funkaufklärung recht. Auf ihnen konnten dann in erster Linie die Prognosen über die feindlichen Absichten von »Fremde Heere Ost« aufgebaut werden.

Vor Stalingrad waren es die Fährdampfer auf der Wolga, aus deren Funkverkehr man erste Hinweise auf die bevorstehende Offensive ermittelte: Für die nächtliche Überfahrt benötigten sie bei Eisgang 6 Stunden. Dann waren aus ihren jeweiligen Transportmeldungen die riesigen Zufuhren ersichtlich, die auf einen baldigen Großangriff deuteten. Auch die Meldungen über die Tagesstärke der an der Front eingesetzten Verbände wurden mitgehört. So lag der Schluß nahe, daß dieser Massennachschub nicht für die abgekämpften Stellungsdivisionen bestimmt war, sondern für diejenigen, die neu herankamen und aufmarschierten. Auch die Eisenbahntransportmeldungen, die man auffing, waren höchst aufschlußreich. In manchen Fällen konnte man die Zuführung aus dem innerrussischen Raum, in dem die Verbände aufgestellt wurden, bis zum Fronteinsatz verfolgen und erfuhr noch die Unterstellung.

Jedenfalls war es der Funkaufklärung bis 1943 an der Ostfront gelungen, zum As der Nachrichtenbeschaffung zu werden. Sie hat seitdem der Führung aller Grade schnelle und zuverlässige Geheiminformationen geliefert. Ihre Aufklärungsarbeit wurde durch die Masse der feindlichen Netze und Sprüche erleichtert. Vor einem Großangriff z. B. konnte sie bei einer Frontbreite von 40 km nicht weniger als 300 sowjetische Funkstellen beobachten.

III

Und wie war es auf den anderen Kriegsschauplätzen? Die Funkaufklärung verlief dort ähnlich, wenn auch meist unter erschwerten Bedingungen und viel geringeren Ergebnissen, weil

man sich mehr des Fernsprechers bediente. Auch gab es eine Reihe von Pannen: So stand z. B. die Nachrichtenaufklärung in Italien im März 1944 vor einer Krise, die ebenso auf die Unvorsichtigkeit eines Kriegsberichters zurückzuführen war wie die mangelnde Aufsicht der Zensur. Während der Kämpfe auf Sizilien war in der deutschen Presse ein Artikel über die Nachrichtenaufklärung erschienen, der ihren Einsatz lobte und ihre Erfolge unterstrich. Diesen Bericht strahlte auch der Deutschlandsender aus. Wenige Tage später merkte die deutsche Funkaufklärung, daß da etwas nicht stimmte. Die meisten ihrer bisher sicheren Quellen versiegten. Also war der Gegner durch die kompromittierende Sendung gewarnt, so daß er jetzt neue schwierige Schlüssel verwandte. Selbst das Erkennen der Truppengliederung aus den Verkehrsnetzen war erschwert.
Aber wie häufig half ein glücklicher Zufall weiter. So wurde z. B. der Angriff gegen die Abwehrfront im Raum von Neapel rechtzeitig erkannt: Auf der Gegenseite herrschte auffällige Funkstille. Nur eine kleine Nachschubeinheit brachte eine kurze Funkmeldung über die Ausgabe von Rum an einem bestimmten Tag. Der verantwortliche deutsche Funkoffizier wurde hellhörig. Denn es war ihm bekannt, daß die Briten vor einem Angriff Rum an die Angriffstruppen auszugeben pflegten. Also waren die Verteidiger gewarnt und bereiteten sich dementsprechend vor. Weitere glückliche Zufälle im Funkverkehr folgten. So hörte man z. B. in einem bisher nicht erfaßten Netz den Satz: »Die Italiener sind nur als Kellner und Postkartenhändler zu gebrauchen.« Das war natürlich ein völlig überflüssiger Funkspruch, aber er bestätigte die amerikanische Einheit, die man bisher in diesem Raum nur vermutete. Auch der Einsatz einer kanadischen Division wurde erkannt, und zwar dadurch, daß sich ein französischsprechender Kanadier mit einem anderen durch Sprechfunk über seine Liebesabenteuer in Neapel unterhielt. Er war sich bestimmt nicht im klaren darüber, daß er damit fahrlässigen Geheimnisverrat betrieb. Kanadier und Polen waren bekannte Angriffsdivisionen, ihr Auftreten in der Front und ihre schmalen Frontbreiten

sichere Anzeichen dafür, daß und wo ein Angriff bevorstand. Hier noch ein weiteres Beispiel für die oft wegweisende Rolle des Zufalls bei der Nachrichtenbeschaffung durch Funkaufklärung. Im Frühjahr 1944 hatte sich der Schwerpunkt des feindlichen Funkverkehrs aus dem Mittelmeerraum nach England verlagert. Hochqualifizierte Kampfverbände der Briten und Amerikaner, bisher im Süden beobachtet, verschwanden, so z. B. eine amerikanische Luftlandedivision, die in Süditalien gestanden hatte. Wo war sie geblieben? Jeder Hinweis im Äther fehlte. Nach etwa drei Wochen aber kam der berühmte Zufall zu Hilfe. In einem Netz in England, das man bisher nicht hatte deuten können, wurde nach einem bestimmten Soldaten gesucht, und zwar aus einem höchst privaten Grund: Ein Mädchen in den Vereinigten Staaten hatte die Vaterschaftsklage gegen ihn angestrengt, und man brauchte ihn zur Vernehmung. Die Stammrollennummer dieses Soldaten wurde genannt. Da konnte man deutscherseits feststellen, daß er zu der verschwundenen Luftlandedivision gehörte. Selbstverständlich wurde das unverzüglich der Leitstelle der Nachrichtenaufklärung im Oberkommando der Wehrmacht gemeldet.

Nun aber kam die Groteske zur Burleske: Auch diese Leitstelle mit der zentralen Endauswertung schloß aus den vorhandenen Unterlagen, die Luftlandedivision sei nach England verlegt worden. Aber beim Wehrmachtführungsstab stieß man damit nicht nur auf Zweifel, sondern auf strikte Ablehnung. Dann müsse die Division wohl mit U-Booten abgeholt worden sein, hieß es. Denn kein Transport dieser Art sei beobachtet worden. Trotzdem ließ sich die Leitstelle nicht irremachen – und tatsächlich wurde die Division dann einwandfrei in England festgestellt. Sie war unter den ersten Verbänden, die am 6. Juni an der Küste der Normandie landeten, und zwar aus der Luft. Die Abwehrmeldungen aus Gibraltar hatten versagt.

Noch von einem zweiten Fall ist zu berichten, bei dem man der deutschen Funkaufklärung nicht glaubte, auch diesmal mit den nachteiligsten Folgen. Die Oberste deutsche Führung hatte bekanntlich im Sommer 1944 noch mit einer zweiten Landung in Frankreich gerechnet, und zwar an der Kanalküste. Die räumliche Verteilung der alliierten Divisionen in England schien darauf hinzudeuten. Deshalb zögerte man, alle irgendwie verfügbaren Reserven, vor allem aber die beweglichen Großverbände der 15. Armee aus Nordfrankreich zu verlegen und an die Normandiefront zu werfen. Allerdings wäre dies auch sehr schwierig gewesen, weil die Amerikaner die Luft vollkommen beherrschten. Auch sämtliche Seinebrücken flußabwärts Paris waren durch Bombenwürfe zerstört. Was also war richtig? Der Chef der Leitstelle Funkaufklärung West wurde aufgefordert, Stellung zu nehmen und seine Lagebeurteilung zu begründen. Er erklärte: Man kenne die Zahl der eingesetzten Verbände an der Normandiefront; man habe aber auch die in England bereitgestellten erfaßt. Nun aber stünden die meisten bereits im Kampf und die übrigen würden benötigt, die Invasionsfront zu verstärken. Also werde es voraussichtlich keine zweite Landung mehr geben. Das war auch die Lagebeurteilung des Chefs »Fremde Heere West«. Im Wehrmachtsführungsstab aber war man anderer Meinung. Nach den Aufzeichnungen von General Warlimont *Im Hauptquartier der deutschen Wehrmacht 1939–45* glaubte man fest an eine zweite Landung an der Kanalküste. Dieser Meinung waren auch die Feldmarschälle v. Rundstedt als Oberbefehlshaber West und Rommel als Oberbefehlshaber der verantwortlichen Heeresgruppe B. Ja, zunächst neigte man überhaupt zu der Meinung, die Landung in der Normandie sei nur ein Ablenkungsmanöver.

Nur in einem Fall setzten sich damals die Ergebnisse der Funkaufklärung durch: Über der Bretagne waren in den ersten Invasionsnächten Puppen abgeworfen worden, die Fallschirmspringer vortäuschen sollten. Seither hielt Hitler auch dort eine zweite Landung für möglich. Die Nachrichtenaufklärung aber konnte beweisen, daß in dem betreffenden Raum jeder Funkverkehr fehlte. Eine Landung in der Bretagne war damit unwahrscheinlich. Davon war man nun auch im WFSt überzeugt. Aber das war ein Ausnahmefall. Sonst brachte Hitler dieser Art

Nachrichtenbeschaffung stets das größte Mißtrauen entgegen, wie wir wissen. Er hielt nichts von der Zuverlässigkeit solcher Meldungen, weil er immer zuerst an Funktäuschung glaubte.

Indessen haben auch die Nachrichtennahaufklärungstrupps (NNAT) der Divisionen an der Normandiefront tüchtige Arbeit geleistet. Hierfür ein Beispiel: Anfang August 1944 griff die 5. englische Panzerdivision den Abschnitt der 277. deutschen Inf.-Division westlich von Thury-Harcourt an. Der NNAT leistete bei der Verteidigung ausgezeichnete Dienste. So fing er vor allem die Funkmeldungen der englischen Luftaufklärung über deutsche Bewegungen und die Belegung der Ortschaften auf, so daß man ausweichen konnte. Ebenso konnte der NNAT mithören, wie sich die englischen Panzerbesatzungen im Sprechfunk über Bereitstellung, Erkundungsergebnisse und Angriffsziele unterhielten. So war es möglich, die erkannten Bereitstellungen durch konzentrierte Feuerschläge zu bekämpfen. Dann war zu hören: »Die Fritze haben uns erkannt. Wir greifen heute nicht an und gehen in die Ausgangsstellungen zurück.«

An der Invasionsfront 1944 drang die deutsche Luftaufklärung nicht mehr durch. Die Alliierten hatten die absolute Luftherrschaft. Aber die deutsche Funkaufklärung funktionierte auch hier. Sie konnte längst zwischen Kanadiern, Briten und Amerikanern unterscheiden und deren Angriffsstreifen ausmachen. Auch die Absicht des Durchbruchs bei Avranches wurde rechtzeitig erkannt, ebenso die Umfassungsoperation, die zur Einkesselung im Raum von Falaise führte. Im übrigen machte die Funkaufklärung im Westen interessante Erfahrungen. So waren kampfgewohnte Verbände sehr viel vorsichtiger in der Verwendung des Funks als neue. Die Amerikaner hielten weniger Funkdisziplin als die Briten und waren darum stets leichter zu erfassen. Im Anfangsstadium der Invasion funkten die US-Verbände viel Klartext. An der Westfront war die Armee Patton am leichtesten zu erkennen, am schwersten die 7. amerikanische Armee, die in Südfrankreich landete und dann nordwärts vordrang. Sie hatte schon in Afrika, auf Sizilien und in Süditalien gekämpft und Erfahrungen mit der deutschen Nachrichtenaufklärung gesammelt.

Noch ein Wort über die Nachrichtenbeschaffung während der deutschen Ardennenoffensive. Durch absolute Funkstille gelang es, die deutschen Angriffsabsichten zu verbergen. Es war Winter, schlechtes Wetter, Schneetreiben, bedeckter Himmel. Auch aus der Luft wurden die deutschen Bereitstellungen nicht erkannt, weder die der 5. deutschen Panzerarmee noch die der 6. Panzerarmee der Waffen-SS. Andererseits wußten deren Oberbefehlshaber von der dünnen Besetzung der Frontabschnitte, die anzugreifen waren. Die Amerikaner fühlten sich sicher, hatten keine besonderen Abwehrmaßnahmen getroffen und verfügten hier über keine operativen Reserven. Das alles hatte die Funkaufklärung erkannt. Der überraschende deutsche Angriff traf die Amerikaner deshalb zunächst wie ein unerwarteter Faustschlag ins Gesicht. Am 16. Dezember gab es zahlreiche Funksprüche über schwere Verluste und erzwungene Rückzüge; ein Hilferuf folgte dem anderen. Der deutsche Durchbruch schien zu glücken – bis man das Funknetz der US Military Police entdeckte. Dann war aus ihm sehr schnell zu erkennen, daß von allen Seiten Verstärkungen herankamen, weil sich der Funkverkehr in einem leicht zu lösenden Chiffriertext mit sehr viel Klartext dazwischen abspielte. So war vorauszusehen: In einigen Tagen war die absolute Übermacht wieder auf amerikanischer Seite.

Es ist eine tragische Genugtuung für die Funkaufklärung gewesen, wenn der Bericht über das Ende im Westen folgendermaßen schließt: Der spätere Verlauf der Entwicklung bis zum Kriegsende an der Westfront brachte der Nachrichtenaufklärung keine Schwierigkeiten mehr. Massierungen des Gegners, z. B. im Brückenkopf von Remagen, wie die Stoßrichtungen der Panzerverbände waren der deutschen Führung immer rechtzeitig bekannt. Sie wußte stets, in welcher Richtung z. B. General Patton anzugreifen beabsichtigte und über welche Divisionen er dabei verfügte. Im Gefühl der zunehmenden Überlegenheit ließ der Angreifer alle Funkdisziplin beiseite und funkte seine Absichten offen. Die deutsche Führung war also völlig im Bilde. Immer blieben diese Nachrichten für Feldmarschall Kesselring wichtig und der Führungsabteilung von Nutzen. In den letzten Monaten des Krieges waren sie fast die einzige Quelle des Feindnachrichtendienstes. Die Luftaufklärung hatte aufgehört, es wurden keine Gefangenen mehr gemacht, keine Dokumente mehr erbeutet. Kein deutscher V-Mann befand sich mehr hinter der feindlichen Front. So wurde die ganze Last des Geheimen Nachrichtendienstes von der Funkaufklärung getragen. Sie blieb bei den meisten deutschen Armeen praktisch in Tätigkeit bis zuletzt. Freilich blieben auch ihre Erkenntnisse, die ein klares Feindbild ergaben, rein akademisch. Man hätte früher auf sie hören sollen. Nun war es dafür zu spät.

Abschließend stellen die vorhandenen Unterlagen fest:

Die Einheiten der Nachrichtenaufklärungsverbände des deutschen Heeres hatten bei Kriegsende 1945 etwa folgende *Stärke:*

General der Nachrichtenaufklärung mit Leitstelle	250
6 Kommandeure der Nachrichtenaufklärung mit Auswertung	1 200
10 Stäbe von Nachrichtenaufklärungsabteilungen	500
5 feste Nachrichtenaufklärungsstellen	750
10 Nachrichtenfernaufklärungskompanien	3 500
15 Nachrichtennahaufklärungskompanien	4 500
Heerespersonal bei Funkabwehreinheiten und der Abteilung »Chiffrierwesen«	1 300
Insgesamt etwa	12 000 Köpfe

VIERTES KAPITEL

Funkabwehr — stark überfordert

I

In der deutschen Wehrmacht hat es während des Zweiten Weltkriegs nicht nur eine erfolgreiche Funkaufklärung, sondern auch eine vielseitige Funkabwehr gegeben. Auch sie hat Bemerkenswertes geleistet, und zwar höchst aktiven und zahlenmäßig weit überlegenen Feinden gegenüber. Aber auch diese Leistungen im lautlosen Krieg der Geheimen Nachrichtendienste sind nicht so bekannt, wie sie es verdienen — und kriegsgeschichtlich noch kaum gewürdigt.

Die Gründe, die wohl doppelter Natur sind, liegen auf der Hand: Einerseits hält sich die Kriegsgeschichte wie eh und je an die Schlachten und Feldzüge und läßt den Nachrichtendienst im dunkeln. Auf der anderen Seite aber interessierten sich die Massenmedien in der Hauptsache für die »knallharten« Spionagegeschichten mit »Meisterspionen« und entsprechenden Abenteuern. Der lautlose Krieg im Äther hat da nicht allzu viel zu bieten. Bei genauer Kenntnis jedoch ist auch die Geschichte der Funkabwehr im Zweiten Weltkrieg voll von dramatischen Ereignissen.

Zwei Geschehnisse sind es vor allem, die die Funkabwehr in Gang brachte, und alle zwei verursachten weltweites Aufsehen. Es war dies zunächst die sogenannte »Rote Kapelle«, ein weitverzweigtes Netz von Sowjetagenten und -sympathisanten, das die besetzten Westgebiete überzog und auch im Reichsgebiet tätig wurde. Da war es die Funkaufklärung, die ihre Funkstationen entdeckte, anpeilte, ortete. Bereits am 14. Dezember 1941 gelang es ihren Beauftragten, einen Agentenfunker in

Brüssel auszuheben und viel Spruchmaterial sicherzustellen. Dann folgte eine monatelange Suche nach den Schlüsselbüchern, bis sie durch einen glücklichen Zufall gefunden wurden. So gelang es, die bereits vorliegenden Funksprüche zu entziffern, die laufenden mitzulesen. In der Folge ist die Gruppe »Choro« in Berlin ausgehoben worden, bekanntlich von Harry Schulze-Boysen, Arvid Harnack und Adam Kuckhoff geleitet. Man mag diese Opfer ihrer Ideologie menschlich bedauern; aber man kann nicht bestreiten, daß sie im Krieg für die Sowjetunion konspirierten und Landesverrat begingen.

Der zweite Fall, der weltweit bekannt wurde, waren die sogenannten »Roten Drei«, die drei sowjetischen Agentensender, die von der Schweiz aus nach Moskau funkten und vom »Direktor« ihre Weisungen empfingen. Auch sie sind von der Funkabwehr entdeckt und durch Fernpeilung geortet worden. Eine Aushebung war freilich nicht möglich. Doch ist ein erheblicher Teil der Funksprüche zwischen der Schweiz und Moskau aufgefangen worden und wurde später entziffert. Rund fünfhundert davon sind erhalten oder später bekannt geworden, in jüngster Zeit auch durch die Erinnerungen von Sándor Radó, dem seinerzeitigen sowjetischen Residenturleiter in der Schweiz. Auch dem Englandspiel, das Major Giskes und Kriminalrat Schreieder in Holland inszenierten, hat die Aufklärungsarbeit der Funkabwehr die Wege bereitet.

Überhaupt hatte sie »es« im westlichen Kriegsgebiet geschafft: Sie ortete sämtliche, dort noch arbeitenden sowjetischen Agentensender, so daß sie ausgehoben werden konnten. Die Schlacht im Äther gegen die Rote Armee schien Ende 1942 in Mittel- und Westeuropa gewonnen.

Auch im Osten war die Funkabwehr zunächst erfolgreich, fast ebenso wie im Westen. Die Ortung und Aushebung der Agentenorganisation »Arco« geht auf ihr Erfolgskonto. Außerdem konnte sie weitere Erfolge dort buchen. Über die Masse der sowjetischen Funkagenten jedoch wurde sie seit 1943 ebensowenig Herr wie über die immer zahlreicheren Funkagenten der Alliierten in Frankreich. Es war dort ihr letzter großer Erfolg, daß der sogenannte Petit Chef der »Roten Kapelle« mit dem Kriegsnamen »Kent« in Marseille festgenommen und dann »umgedreht« werden konnte.

Im Fall der »Roten Kapelle« und »Roten Drei« hat sich, wie schon gesagt, wichtiges Geheimmaterial erhalten. Der Klartext der rund 500 entzifferten Funksprüche[1] von diesen oder an diese Organisationen gibt interessante Aufschlüsse darüber, was Moskau während des Krieges erfuhr und außerdem wissen wollte. Auch bestimmte Methoden seiner geheimdienstlichen Arbeit von 1941 bis 1943 sind daraus ersichtlich. Ein Beamter der Funkabwehr, W. F. Flicke, hat das Spruchmaterial bei Kriegsende illegal beiseite gebracht, offenbar mit der Absicht, es kommerziell zu verwerten. Anfang der fünfziger Jahre wurden dann in der Schweiz zwei romanhafte Reportagen um die wichtigsten dieser Funksprüche geschrieben und unter Flickes Namen veröffentlicht. Immerhin hatte die private »Auswertung« die positive Folge, daß diese Funksprüche zur allgemeinen Kenntnis gelangten. Andernfalls wären sie ganz bestimmt in irgendwelchen Geheimarchiven verschwunden. Indirekt haben also die Chronisten der Zeitgeschichte Flicke sehr viel Aufschluß über die Arbeit und Methoden des sowjetischen Geheimdienstes zu verdanken. Auch der Umfang des Geheimnisverrats in Deutschland wurde dadurch bekannt.

II

Ursprünglich verfügte die deutsche Wehrmacht über keinerlei Funkabwehr. Die Notwendigkeit dazu war ja auch nicht gegeben. Denn der Funkverkehr über dem Reichsgebiet wurde »zuständigkeitshalber« von der Ordnungspolizei überwacht, die auch die Funkamateure lizenzierte und registrierte. Kein Schwarzsender ist ihr entgangen. Allerdings wurde versäumt, die deutschen Funkamateure bereits im Frieden zu erfassen und ihre Verwendung im Kriegsfall bei der Nachrichtentruppe vor-

[1] Abschriften im Privatarchiv des Verfassers.

zubereiten bzw. sicherzustellen, wie es in den Vereinigten Staaten der Fall war; da waren die Amerikaner wieder einmal praktischer. Ähnliches scheiterte bei uns an dem Schematismus oder, um es deutlicher zu sagen, an der stumpfsinnigen Bürokratie der Wehrersatzbehörden. So war es nicht möglich, während des Krieges den steigenden Bedarf an Funkern und Funkspezialisten mit Funkamateuren zu decken. Trotzdem hatte sowohl die Funkaufklärung wie die Funkabwehr große Erfolge, die eine wie die andere. Sie erklären sich zu einem erheblichen Teil aus der fachmännischen Qualität des Stammpersonals, das, selbst gründlich ausgebildet und engagiert bei der Sache, nach längerer Ausbildungszeit die eingezogenen Amateure in regelrechte Profis verwandelte. Dann machte die ganze jeweils beteiligte Einheit mit Eifer, ja Passion, Jagd auf das Wild fremder Sender, um nicht eher zu ruhen, bis man es zur Strecke gebracht hatte. Dieser Jagdeifer kam der Funkabwehr zugute. Offenbar lag diese Art des Geheimdienstes den meisten Deutschen besser als die herkömmliche Spionage.

Mit Ausbruch des Krieges 1939 änderte sich die Lage auch auf diesem Gebiet von Grund auf. Die Blitzfeldzüge brachten immer neue Eroberungen. Bis zum Herbst 1942 wuchs der deutsche Machtbereich ständig. Aber auch die feindlichen Widerstandskräfte wuchsen – und mit ihnen die illegalen Sender. Von 1940 an wurde die Funkabwehr nötig, ja unentbehrlich, wollte man die Wehrmacht vor Schaden bewahren. So wurde die Abwehrwaffe gegen den Krieg im Äther geschaffen. Sie verfuhr, mit der Zeit immer sicherer, nach folgendem Schema:

1. Horch- und Überwachungsdienst der Fernpeiler, zunächst im zugewiesenen Abschnitt allgemein, dann gezielt, wenn eine bestimmte Station erkannt und geortet worden war.
2. Auswertung der gewonnenen Erkenntnisse hinsichtlich Ort und Art des Verkehrs.
3. Nahfeld-Einsatz zur genauen Platzbestimmung des illegalen Senders.
4. Aushebung unter Heranziehung der Geheimen Feldpolizei oder der Gestapo im Reichsgebiet.

5. Endauswertung aller gewonnenen Erkenntnisse und Meldung an die Abwehr bzw. die Abteilungen »Fremde Heere« im OKH.

Der Öffentlichkeit ist dieses Verfahren bekannt. Es ist in den beiden Reportagen von Flicke anschaulich, der Wirklichkeit entsprechend, geschildert. »Spielmöglichkeiten« ergaben sich ferner daraus, daß man feindliche Funkagenten festnahm und umdrehte. Die Funkabwehr war dabei maßgebend beteiligt. Spektakuläre Begleiterscheinungen und Erfolge können in dem Erlebnisbericht von Kriminalrat Schreieder *Das war das Englandspiel* (vom Verfasser bearbeitet) wie in dem von Oberstleutnant H. J. Giskes *Spione überspielen Spione* nachgelesen werden. Sie betreffen aber nur den Westen. Da war der Himmel sozusagen transparenter, nachdem dort dem Krieg der Waffenstillstand gefolgt ist und die Wehrmacht allein den Westen beherrschte.

Anders dagegen auf dem östlichen Kriegsschauplatz, wo die Schlachten tobten – seit dem 22. Juni 1941. Dort wuchs die Zahl der Agenten und Partisanensender von einem Monat zum anderen, während die Funkabwehr immer nur über unzulängliche Kräfte verfügte. So kam es seit 1943 zu unlösbaren Problemen. Offenbar war die laufende Zunahme der sowjetischen Funkagenten und Partisanensender auch auf die Initiative von Generaloberst Peresypkin zurückzuführen, der sich als führender Funkspezialist eingeschaltet hatte und das Notwendige zur Verfügung stellte. Er hatte wohl selbst auch das Ohr und Verständnis des Generalissimus und erhielt von Stalin, was er brauchte und forderte. Mit einem auch nur annähernd ähnlichen Verständnis für den Funk als Geheimwaffe war dagegen bei Hitler in keiner Weise zu rechnen. Er hatte nur Sinn für Bravourstücke. Es wäre sinnlos gewesen, ihm vorzutragen, die Funkabwehr zu verstärken. So kam es, daß im Gegensatz zum Westen die roten Funkagenten immer mehr die Ostfront beherrschten. Seit 1943 konnte man von einer Funkherrschaft der Sowjets sprechen, allerdings nur im deutschen Etappengebiet.

Im folgenden sei von einem kriegsgeschichtlichen Beispiel berichtet.[2]

III

Februar 1942. Nach ihrem Erfolg im Winterkrieg 1941/42, in dem das deutsche Heer seine erste Niederlage erlitt, entfaltete die Führung der Roten Armee auf allen Gebieten eine energische Initiative. So war es auch der Raswedupr gelungen, einige polnische Offiziere, die Katyn überlebten oder daran vorbeikamen, als Sowjetagenten zu gewinnen. Zwei von ihnen, der frühere Hauptmann Stanislaw Arcyszewsky und der ehemalige Leutnant Josef Meier, hatten sich nach entsprechender Ausbildung bereit erklärt, in der polnischen Etappe der Deutschen für Moskau nachrichtendienstlich zu arbeiten. Sie erhielten also den Auftrag, dort ein Agentennetz aufzuziehen und die gesammelten Informationen nach Moskau zu funken. Vor allem interessierte sich der Direktor natürlich für den deutschen Nachschub mit Eisenbahntransporten, überhaupt für den gesamten militärischen E-Verkehr in beiden Richtungen. Die allgemeine Trennungslinie zwischen einem nördlichen und einem südlichen Aufklärungssektor war die zwischen Warschau und Orel. Der südliche ging an »Arco«. Dazu berichtet Flicke[3], dem wir sinngemäß folgen:
Am Abend des 12. Februar (1942) startete auf dem Flugplatz Lipzek bei Moskau – manchem älteren deutschen Flieger von früher her bekannt – eine russische Transportmaschine, überflog die deutschen Linien und nahm Kurs auf Gomel. Bei Likow drehte sie ab und hielt auf den Kalvarienberg zu. Zwei Fallschirme lösten sich von der Maschine und glitten in die nächtliche Tiefe, um bei einem halbverfallenen Schuppen zu landen. Dort verbargen die Abgesprungenen ihre Fallschirme und wanderten in der Kleidung von eingesessenen Polen nach

---

[2] Wir folgen hier dem Bericht von W. F. Flicke: *Agenten funken nach Moskau*, Kreuzlingen 1954, Kapitel VIII »Arco«, S. 203–214.

[3] Flicke, a.a.O. S. 208.

Garwolin, einem nahegelegenen Städtchen. Hier trennten sich die beiden Männer. Arcyszewsky fuhr mit der Bahn weiter nach Warschau, während Meier sein Standquartier in Otwozk aufschlug, in einem nahen Sumpfgebiet das Funkgerät installierte und mit den Sendungen begann. Beide Orte lagen an der Eisenbahnstrecke Warschau–Lublin. Schon nach kurzer Zeit konnten der Leitstelle interessante Informationen durchgegeben werden. Aber auch die Funkabwehr war nicht untätig geblieben. Bereits im Dezember 1941, unmittelbar nach ihrem Einsatz, hatte die deutsche Horchkompanie fünfzehn feindliche Funkstationen nördlich der Linie Warschau–Orel festgestellt, nun kam eine weitere südlich davon hinzu.

Die beiden Sowjetagenten im »Generalgouvernement« wurden durch besondere Umstände begünstigt. Sie fanden rasch die sachkundigen Informanten, die sie für ihre Ermittlungen brauchten, und zwar unter den ehemaligen polnischen Eisenbahnbeamten, -angestellten und -arbeitern, die sich der deutschen Reichsbahndirektion zur Verfügung gestellt hatten. Als Fachkräfte wurden sie gern in deutsche Dienste genommen. Denn es fehlte an Eisenbahnpersonal, und zwar immer mehr, je weiter sich die besetzten Gebiete nach Osten ausdehnten. Besonders an den Knotenpunkten und Verschiebebahnhöfen war die polnische Mithilfe unentbehrlich, so vor allem in Lublin, Praga bei Warschau, Radom, Przemysl, Lemberg, Brest-Litowsk, Lukow. Eine Anzahl dieser polnischen Eisenbahner wurde trotz der Feindseligkeit auch gegen die Russen, die damals noch in Polen herrschte, ebenso zu eifrigen Informanten der Roten Armee, wie sie sich durch demonstrativen Diensteifer für die Deutschen hervortaten, »alles sehr fleißige Leute, die dauernd mit ihren Werkzeugen und Notizbüchern unterwegs waren und allen Anforderungen gerecht wurden, die man an sie stellte«.

Der sowjetrussische Generalstab wollte jede Einzelheit über die deutschen Transporte erfahren. Und er erhielt sie mit Hilfe von Arcyszewsky und Meier und der eifrigen polnischen Bahnangestellten, die sich zur Freude der Bahndirektion wieder hatten einstellen lassen. Während Meier bei Otwozk seinen

Sender bediente, baute Arcyszewsky das Netz aus, in dem sich die Informationen fingen. Bis Mitte März 1942 hatte er bei jedem Eisenbahnknotenpunkt, bei jedem größeren Verschiebebahnhof, bei jeder Eisenbahndirektion einen Mann oder eine Frau, die ihm laufend Berichte lieferten.

Um diese Zeit begannen die deutschen Transporte in den Aufmarschraum Charkow zu laufen. Von hier aus sollte die große Frühjahrsoffensive 1942 beginnen. Natürlich wurde alles getan, um sie zu tarnen. Strikte Funkstille wurde befohlen und gehalten. Aber was half das? Der immer dichtere Zugverkehr lief durch das besetzte Polen, das »Generalgouvernement«; Tag und Nacht fuhren die Transportzüge über Kiew, Tschernigow, Konotop in den Raum Krementschug, Poltawa und Achtyrka, um Truppen, Panzer, Fahrzeuge und Munition, Geschütze und Werfer auszuladen. Es war ein grandioser Aufmarsch: Die 6. Armee, die Panzergruppe v. Kleist, die 17. Armee mit einem slowakischen schnellen Verband und die 11. Armee mit einem rumänischen Kavallerie- und einem rumänischen Gebirgskorps versammelten sich zu der großen Offensive, mit der erneut die Kriegsentscheidung im Osten erzwungen werden sollte.

Der sowjetische Generalstab war über diesen Aufmarsch inzwischen ziemlich genau im Bild. Eine Gesamtübersicht hatte sich aus den vielen einzelnen Mosaiksteinen ergeben, die die Agentengruppe »Arco« geliefert hatte und die sowjetische Luft-, Funk- und Frontaufklärung ergänzten. Aber dann kam ein Zwischenfall: Die deutsche Funkabwehr war auf den Sender gestoßen, der in Südpolen arbeitete und mit Moskau verkehrte, den Sender »Arco«. Bald war er angepeilt und im Raum von Otwozk zwischen Wäldern und Sümpfen geortet. Bei einem schlagartigen Zugriff konnte er ausgehoben werden, die beiden Agentenführer wurden dingfest gemacht. Es waren Arcyszewsky und Meier. Die Beute war erheblich, weil den Überraschten keine Zeit blieb, ihre Unterlagen zu vernichten.

Am 4. Mai 1942 befand sich das sichergestellte Material bei der Leit- und zentralen Auswertungsstelle der Funkabwehr in Berlin. Es waren die Texte von insgesamt 538 Funksprüchen. Die wichtigste Beute aber war der Roman, der als Schlüsselbuch diente, von Josef Meier mit Randbemerkungen und Notizen versehen, die Grundchiffre damit gefunden; Entzifferung und Übersetzung der Funktelegramme folgten. Sie trugen sämtlich die Unterschrift ARCO. Allerdings war zunächst wenig mit ihnen anzufangen, denn sie bestanden in der Hauptsache aus Zahlen, Ortsnamen und Deckworten, offenbar mit der Leitstelle vereinbart: auch ein Moment, das auf eine durchdachte Führung von seiten der Moskauer Zentrale hinwies. Aber da half die graphische Darstellung weiter wie in vielen ähnlichen Fällen. Zunächst wurden alle Ortsnamen, die in den Telegrammen vorkamen, auf eine Karte in großem Maßstab eingezeichnet; dann kam man dahinter, daß alle aufgeführten Zahlen zwischen 0001 und 2400 lagen, also nur Uhrzeiten bedeuten konnten. Dreistellige Zahlengruppen kennzeichneten schließlich Art und Kapazität der Transportzüge. Langsam löste sich das Rätsel. In den Funksprüchen an die Zentrale waren sämtliche laufenden Truppentransporte wie Munitions- und Versorgungszüge der deutschen Wehrmacht gemeldet. Der Generalstab der Roten Armee konnte sich somit ein zutreffendes Bild machen von dem Aufmarsch, der Stärke, ja auch vom Zeitpunkt der bevorstehenden deutschen Frühjahrsoffensive. Er war in der Lage, seine Gegendispositionen zu treffen.

In der Funkabwehrzentrale am Mathäi-Kirchplatz in Berlin tat man inzwischen ein übriges: Das Gesamtergebnis von ARCO wurde mit dem Material der »Roten Drei« verglichen, soweit man es bisher hatte entziffern können. Vor allem zog man die Rückfragen des Direktors an »Dora« zur Gesamtanalyse mit heran. Da ergab sich, daß die Nachrichten der einen Agentenzentrale die der anderen ergänzten oder ergänzen sollten. Die häufigen Kontrollfragen wurden verständlich, die der Direktor an Dora richtete. Es ging nicht mehr um Spionage im alten Stil, sondern um minuziöse Erforschung und sicheres Wissen über den Feind, nicht nur bei den Deutschen, sondern ebenso bei den Sowjets, dem sowjetrussischen Generalstab.

Wie war die Reaktion im Oberkommando der deutschen Wehrmacht? Flicke, dessen Bericht wir hier in großen Zügen gefolgt sind, schreibt[4] von dem »fassungslosen Staunen«, das die Endauswertung des polnischen Materials in der Berliner Funkabwehr-Zentrale hervorrief. Über die wissenschaftlichen Methoden des Geheimdienstes war man wohl dort noch nicht im Bilde. Außerdem zeigte man sich über die »große Lage« nicht so orientiert, wie es notwendig und zweckmäßig gewesen wäre. Aber so war es nun einmal bei der übertriebenen Geheimhaltung der Wehrmacht: Hätten die Auswerter der deutschen Funkabwehr nur einmal vor der Feindlagenkarte von »Fremde Heere Ost« gestanden, dann wäre ihr Erstaunen vielleicht noch größer gewesen: Diese Karte war auf Grund *aller* Beobachtungen und Unterlagen erstellt, von der Luft- und operativen Funkaufklärung angefangen. Eine solche gegenseitige Information war aber aufgrund des Führerbefehls Nr. 1 vom 10. Januar 1940 grundsätzlich verboten. Infolgedessen wußte die linke Hand oft nichts vom Tun der rechten, vor allem auch nicht im Geheimen Nachrichtendienst. Der Gesamtüberblick über die Kriegslage sollte allein Hitler und einem kleinen Kreis der NS-Führung vorbehalten bleiben. Diese fragmentarische Information über die ganze Wahrheit wirkt sich heute noch aus und führt zu Fehlurteilen, oft gerade unter den Kriegsteilnehmern.

Schon damals, 1942 und 1943, machten sich die negativen Folgen bemerkbar, wie wir heute erkennen. So ist z. B. der Inhalt der Funksprüche, die man bei der Funkabwehr aus Genf und Lausanne auffing und mitlas, weit überbewertet worden. Man wußte dort einfach nicht, wie viele vagen, halbwahren, ja irreführenden Informationen sie enthielten. Denn am Berliner Mathäi-Kirchplatz lagen ja nur die *Funksprüche* vor, während bei »Fremde Heere« die Feindlage im großen bekannt war,

[4] Flicke, a.a.O. S. 213.

alle Erkenntnisse zusammenliefen, aus sämtlichen Informationsquellen gewonnen. Auch das Unternehmen ARCO gab der Abteilung natürlich einen deutlichen Hinweis auf die möglichen sowjetischen Absichten, wenn es mit anderen Erkenntnissen zusammengesehen wurde.

Im übrigen verdient ein Begleitumstand von ARCO besonders erwähnt zu werden: Die beiden polnischen Ex-Offiziere sagten bei ihrer Vernehmung aus, daß sie für ihr Großunternehmen lediglich ein Betriebskapital von 2000 Dollar mitbekommen hätten. Bei dem sonst üblichen Aufwand im Geheimdienst war dies eine lächerliche Summe. Sie erklärte sich aus der Aversion der Polen gegen die deutschen Besatzer. Diesen Umstand machten sich die beiden Agentenführer natürlich zunutze; sie konnten infolgedessen unter der polnischen Bevölkerung nicht nur billig leben, sondern gleichzeitig Tausende von Einzelinformationen beschaffen, die sie oft nur ein Trinkgeld kosteten. So ist der Anmerkung von Flicke zuzustimmen, der schreibt: »Hier hat eine Nation Rache genommen für den Feldzug von 1939« – und für die nachfolgende NS-Besatzungspolitik, möchte man noch hinzufügen! Das Heer und der Generalstab hatten immer vor diesen Folgen gewarnt. Generaloberst Blaskowitz, der erste Militärbefehlshaber im »Generalgouvernement«, hatte bereits im Herbst 1939 in einer scharfen Denkschrift Einspruch erhoben. Hitler, der sich eine solche Einmischung des Militärs in seine politischen Entschlüsse verbat, hatte ihn daraufhin seines Postens enthoben. Aber seit 1942 bekam der deutsche Soldat die befürchteten Folgen immer drückender zu spüren. Da war es dann die Abteilung »Fremde Heere Ost«, aus deren Mitte die Parole *Befreiung statt Eroberung* ausgegeben wurde.

Im übrigen kam am 12. Mai 1942 das Ereignis, das die Abteilung gleichfalls vorausgesehen hatte: Die Präventivoffensive des Sowjetmarschalls Timoschenko gegen die Heeresgruppe Süd des Feldmarschalls v. Bock. Sie stieß mitten in den noch unvollendeten deutschen Aufmarsch hinein, den der sowjetische Generalstab dank ARCO bis Ende April genau hatte verfolgen können. Dann aber rissen die Informationen ab, sehr zum Schaden der sowjetischen Angreifer, wie sich sehr bald gezeigt hat. Es mißlang den Russen, die deutschen Angriffsverbände zu zersprengen, bevor diese ihre volle Offensivkraft erreichten. Noch waren die Deutschen kriegserfahrener und kampferprobter, ihre Führung wendiger. Gewiß, es kam anfangs zu Krisen auf der deutschen Seite. Dann aber wurden die durchgebrochenen sowjetischen Großverbände abgeschnitten, eingekesselt und vernichtet. Sie ließen 1250 Panzerwracks und 1200 Geschütze als Beute auf dem Schlachtfeld. Die deutsche Funkabwehr hatte gerade zur rechten Zeit die Informationsquelle ARCO zum Versiegen gebracht und so auch die nachrichtendienstliche Voraussetzung für den deutschen Abwehrerfolg mit geschaffen. Allerdings: Die geplante Großoffensive in Richtung Don und Wolga konnte erst am 4. Juli 1942 beginnen. Wieder waren auch 1942 sechs kostbare Wochen der guten Jahreszeit verloren.

IV

Trotz solcher Leistungen ist die deutsche Funkabwehr nie zur vollen Entfaltung gelangt. Sie litt, wie in dem Bericht eines zuständigen Offiziers gesagt wird[5], an dem Neben- und damit an dem Durcheinander von Verbänden, Aufgaben, Dienststellen, Behörden und Vorgesetzten. Einerseits gehörte sie zur Nachrichtentruppe und war dem Chef der Wehrmachtnachrichtenverbindungen unterstellt. Auf der anderen Seite nahm sie wichtige Aufgaben auf dem Gebiet der Agentenabwehr wahr und hatte sowohl der Abwehr von Admiral Canaris wie »Fremde Heere« des OKH Berichte und Unterlagen zu liefern. Die Aushebung der Funkagenten vollzogen andere Stellen. Ursprünglich zur Unterstützung der Amtsgruppe Ausland/Abwehr im OKW ins Leben gerufen, wurde sie dann in die Gruppe III Fu der Abteilung WNV eingegliedert, und zwar aus technischen Gründen. Sie war und blieb ein kleiner Hau-

---

[5] Manuskript im Besitz des Verfassers.

fen, ein bloßer Horchdienst, immer wieder »ausgekämmt« und damit, angesichts der rasch zunehmenden Zahl der Agentensender hinter den Fronten, weit überfordert.
Erst mit Beginn des Jahres 1942 war die Funkabwehr überhaupt voll arbeitsfähig geworden. In Berlin verfügte sie endlich auch über einen eigenen Leiter der Erfassung und Auswertung bei OKW/WNV/Fu III, wie die amtliche Bezeichnung lautete. Doch war der 10. September 1940 ihr eigentlicher Geburtstag, aber als Frühgeburt sozusagen. An diesem Tag wurde Oberstleutnant und Dipl.-Ing. Hans Kopp zu ihrem Leiter ernannt. Kopp verfügte über ausgezeichnete Kenntnisse und Erfahrungen im Nachrichtenwesen, aber er war kein Mann des Geheimdienstes. Bei dem Desinteresse des Obersten Kriegsherrn dauerte es noch ein Jahr, bis die Funkabwehr »stand«. Dann verfügte das Heer über zwei Funküberwachungskompanien, zunächst mit einer festen Funküberwachungsstelle in Dänemark. Eine dritte Kompanie, Anfang 1942 aufgestellt, kam im Frühjahr nach dem Osten und wurde dort gegen den Partisanenfunk eingesetzt. Auch die Luftwaffe hatte zwei Funküberwachungskompanien, verfügte zudem noch über eine Staffel Fieseler Störche mit 9, später 12 Maschinen mit Peilgeräten. Die Ordnungspolizei – die Funkabwehr war auf Zusammenarbeit mit ihr angewiesen – hatte ihrerseits 7 Funkmeß-Stellen und Nahfeld-Peiltrupps. Die Außenstellen der Funkabwehr wuchsen bis 1944 auf 8 Überwachungsstellen und Fernpeiler, außerdem 10 Fernpeiler- und 17 Nahfeldzüge an, die sich über den gesamten deutschen Machtbereich verteilten. Auch in Bulgarien und Rumänien, auf Sardinien und Sizilien gab es Nahfeldzüge. Denn man konnte ja nicht wissen... Schließlich heißt es in dem Bericht: ...»um diesem Apparat einen entsprechenden militärischen Rahmen zu geben, die Arbeit zu verschärfen, die Ausbildung des Nachwuchses sicherzustellen und die vom ›Heldenklau‹ gerissenen Lücken wenigstens einigermaßen zu schließen, wurde ohne Rücksicht auf die Ordnungspolizei schließlich, wenn auch verspätet, am Beginn des letzten Kriegsjahres das Funküberwachungsregiment (Kom-

mandeur der Funküberwachung OKW) mit drei Abteilungen gebildet«.

Das Personal und die Organisation, die der Funküberwachung und -Abwehr zur Verfügung standen, genügten indessen zu keinem Zeitpunkt. Die Aufgaben wuchsen und wurden schwieriger. So war sie ständig überfordert. Der uns vorliegende Bericht besagt: Bis Kriegsende waren rund 2000 Offiziere, Beamte, Unteroffiziere, Soldaten und Nachrichtenhelferinnen in der Funkabwehr tätig. Die doppelte Anzahl stellte die Ordnungspolizei für ihre Aufgaben. Aber der Agentenfunk in den besetzten Gebieten nahm einen Umfang an, mit dem man noch 1940 niemals gerechnet hatte. Gewiß konnten nach dem Bericht 550 Aushebungen erfolgen. Aber diesen unschädlich gemachten standen 1943/44 weitere 500 gegenüber, die man beobachtet, ja schon geortet hatte. Ungezählt bleibt die mindestens doppelte Menge ungeklärter Agentenfunkstellen. Und damit noch nicht genug; es war wie mit den Köpfen der Hydra: Wenn eine Funkstelle ausgehoben war, dauerte es nicht lange und es funkten zwei anderwärts. Vor allem im östlichen Kriegsgebiet war dies der Fall. 1943/44 wurden dort hinter der Front allein 140 Agentenfunkstellen beobachtet und geortet. Dagegen war der Äther über dem Reichsgebiet völlig feindfrei geworden, nachdem man die »Rote Kapelle« ausgehoben hatte. Aber auch später wurde verschärfte Beobachtung beibehalten. Vor allem wurde Berlin mit Nahfeldsucheinsätzen durchgekämmt, doch ohne Ergebnis. Aber auch das Führerhauptquartier unterzog man der Funkbeobachtung; als man die Funksprüche mitlesen konnte, die von der Schweiz nach Moskau gingen, schien diese Maßnahme notwendig, ja unerläßlich. Aber auch sie blieb ohne jedes Ergebnis.

Auf der anderen Seite ist zu vermerken: General Praun schreibt in seinen Lebenserinnerungen[6]: »Wie konnten seit langem intime Nachrichten aus dem Führerhauptquartier nach wenigen Stunden zum alliierten Sender Calais oder Luxem-

[6] Praun, a.a.O. S. 224 f.

burg gelangen? Ich setzte eine Horchkompanie um das Führerhauptquartier, um einen Schwarzsender zu hören, an. Der Einsatz brachte kein Ergebnis. Dann wurde behauptet, die Fernsprecher der Führervermittlung hörten Hitlers Gespräche mit, oder Unbefugte seien eingeschaltet. So wurde die Fernsprechvermittlung im Führerhauptquartier überfallartig besetzt, aber nichts gefunden.«

Ein weiterer Hinweis ist Praun zu verdanken, der nachdenklich stimmen muß: Reichsleiter Bormann behauptete 1944, seine Fernschreibverbindungen zu den Gauleitern genügten nicht, er verlange ein eigenes Funknetz. Aber gerade das wollte General Praun Zivilisten nicht zur Verfügung stellen, weil die Gefahr des Mißbrauchs nahelag. Außerdem verfügte das Heer damals bereits weder über die nötigen Funkgeräte noch Funker, die es zu diesem Zweck hätte freimachen können. Da sprang die Kriegsmarine ein, sehr gegen den Willen des Chefs der Wehrmachtnachrichtenverbindungen, und stellte dem Reichsleiter Bormann das Funknetz zur Verfügung, das er verlangte. Die Kriegsmarine hatte Funkgeräte für U-Boote gehortet und sie nun zur freien Verfügung, da diese ja nicht mehr gebaut wurden. Sie hatte auch noch Funker, die sie nun zu der Parteikanzlei abkommandierte und nicht zum Heer, wo sie dringender gebraucht wurden. Es ist nicht bekannt, ob und wie eine Kontrolle oder Beobachtung des für Reichsleiter Martin Bormann neu geschaffenen Funknetzes erfolgt ist. Hier ist sicher eine Dunkelzone entstanden.

V

Nun aber noch einmal zurück an die Front der Funkabwehr und vor allem zu ihrer Tätigkeit im Osten.

Die 3. Funküberwachungskompanie wurde nach ihrer Aufstellung, wie gesagt, gegen den Partisanenfunk eingesetzt. Warum aber hatten sich die Partisanen so vermehrt? Warum machten sie bereits im Frühjahr 1942 die rückwärtigen Gebiete, vor allem der Heeresgruppe Mitte, in einem Maße unsicher, daß die geregelte Versorgung der Truppe in Frage gestellt wurde? »Fremde Heere Ost« war darüber genau im Bild. Die Abteilung hatte immer vor einer Diffamierung der Ostvölker gewarnt, weil sie die Folgen voraussah. Deshalb war ja von dort aus auch die Parole ausgegeben worden: Befreiung statt Unterdrückung, Bündnispolitik statt Eroberung. Der frühere Militärattaché in Moskau, General Köstring, unterstützte diese Parole. In dem Amerikaner Dallin hat sie später einen gewiß unvoreingenommenen Zeugen gefunden, als er sein Buch über die deutsche Besatzungspolitik in Rußland schrieb.[7] Nur Hitler blieb unbelehrbar. Die Folgen waren seit 1942 immer unheilvoller: Wachsender Widerstand der Roten Armee im »Vaterländischen Krieg«, Abkehr der Bevölkerung in den besetzten Gebieten von der Zusammenarbeit mit den Deutschen, Zusammenschluß der versprengten Sowjetsoldaten, die die deutsche Gefangenschaft fürchteten, zu militanten Banden, die eine eigene Freischärler-Taktik entwickelten: Harmlose Zivilisten am Tag, nachts Kämpfer, Räuber, Minenleger – so lebten sie nach der berühmten Partisanen-Theorie Mao Tsetungs »wie der Fisch im Wasser« unter einer gleichsprachigen Bevölkerung, die mit ihnen sympathisierte. Und dann konnte sich die Moskauer Zentrale einschalten, indem erprobte Führer, ausgewählte Funker mit Fallschirmen und Spezialfunkgeräten abgeworfen wurden. Sie vermehrten laufend die Zahl der sowjetischen Funkagenten hinter der deutschen Front.

Ein Masseneinsatz solcher Späher, die Augen und Ohren überall hatten, war bereits im Frühjahr 1942 im Süden der Ostfront erfolgt. Nach dem Modellfall von 1812 lockte das sowjetische Oberkommando die Aggressoren – nur noch hinhaltenden Widerstand leistend, der trotzdem den Angreifer empfindliche Verluste kostete – immer tiefer in die unendlichen Weiten des Ostens zur Wolga, zum Kaukasus. Immer mehr entfernte sich dieser von seinen Versorgungsbasen. Nach der

---

7 Dallin, David J.: *Deutsche Herrschaft in Rußland 1941–1945*, New York 1958; deutsch Düsseldorf 1958.

klassischen Kriegstheorie sollte er sich durch eigene Anstrengungen dezimieren, so daß er leichter zugrunde gerichtet werden konnte. Die Gegen- und Retouroffensive aber erfolgte, als die Angriffskraft der Deutschen ihren Kulminationspunkt erreicht hatte und in Ermattung, ja Schwäche umschlug.

Die offene Steppe im Süden der Ostfront war nicht für Partisanen geeignet. Doch boten sich andere Möglichkeiten an, den Aggressor zu schädigen. So wurden in den geräumten Gebieten an allen wichtigen Punkten Funkagenten zurückgelassen, besonders ausgebildete Späher und Funker, die Informationen über den Angreifer sammelten und sie durch Funk an die Zentrale weitergaben. Auch gegen sie wurde die Funkabwehr eingesetzt. Sie kam ihnen natürlich auch auf die Spur, konnte sie anpeilen und orten. Aber was half es, wenn im Jahr 1942 90, 1943 169 und 1944 rund 170 solcher Agentensender direkt ausgehoben wurden? In über tausend an sich beobachteten Fällen konnte die Funkabwehr einfach nicht mehr zugreifen, weil die Kräfte dazu fehlten, die notwendigen Polizeieinheiten. Überall wurde seit 1943 die Decke zu kurz — und immer kürzer. Der Verfasser erinnert sich vieler deprimierter Gespräche darüber bei zahlreichen Kommandobehörden an der Ostfront.

Weitere zusätzliche Aufgaben sind der deutschen Funkabwehr durch das Auftreten der sogenannten operativen Aufklärungstrupps der Roten Armee seit 1943 erwachsen. Es waren dies Sonderkommandos in Stärke von 8—12 Mann, ausgesuchte Späher unter besonders bewährten Führern. Man schickte sie mit dem Auftrag durch die dünngewordenen deutschen Fronten, im rückwärtigen Gebiet der Deutschen Ersatzteillager, Munitions- oder Verpflegungsdepots auszuspähen, sowie den Zustand der Straßen, die Belegung der Ortschaften, die Unterkünfte höherer Stäbe zu erkunden. Sie meldeten natürlich gleichfalls durch Funk. Außerdem waren Überfälle auf Kuriere an der Tagesordnung. Der Verfasser erinnert sich, daß im Februar 1944 im Hauptquartier der Heeresgruppe Süd in Kriwoi Rog, sechzig Kilometer hinter der vorderen Linie, ein Kurier in der Abenddämmerung überfallen, mit einer Drahtschlinge erdrosselt und seiner Aktentasche mit allen Geheimpapieren beraubt wurde.[8] Auch das war Nachrichtenbeschaffung. Die Aufklärungsgruppe des russischen Majors Nachmontow wurde um die Wende 1943/44 monatelang im Raum von Witebsk hinter der Front der 3. Deutschen Panzer-Armee beobachtet, ohne daß man ihrer habhaft werden konnte. Aber man wußte, daß sie zahllose Meldungen auf dem Funkweg nach Osten absetzte. Ihre Funkstationen waren heute da, morgen dort.

Der »letzte Schrei« der operativen Erdaufklärung der Sowjetarmee hinter der deutschen Front, die operativen Kundschaftergruppen, gaben aber auch der Abteilung »Fremde Heere Ost« interessante Aufschlüsse – indirekt. Denn schon die Ortung ihres Funkverkehrs ließ bei systematischer Beobachtung weitreichende Schlüsse zu, die sich in der Regel bewahrheiteten: Sie gaben dem deutschen Nachrichtendienst sichere Hinweise auf die Stoßrichtungen und Schwerpunkte der nächsten sowjetischen Offensive. Im Generalstab des Heeres wußte man, was bevorstand. Reinhard Gehlen hat in seinen Erinnerungen[9] eine aufschlußreiche Skizze über den Einsatz sowjetischer Kundschaftergruppen vom 1. 11. bis 30. 11. 1944 einer solchen der sowjetischen Winteroffensive vom 1. 11. 1944 bis 25. 1. 1945 gegenübergestellt. Dabei waren im Einsatz: Von Nord nach Süd: 15 Kundschaftergruppen bei der 3. Weißrussischen Front, 8 bei der 2. und 19 bei der 1. Weißrussischen Front. Die 1. Ukrainische Front schickte 19 Kundschaftergruppen voraus und die 4. Ukrainische Front 8 in Richtung Slowakei. Aber auch der Generalstab der Roten Armee selbst entsandte nicht weniger als 26 Kundschaftergruppen weit hinter die deutschen Linien, vor allem in das oberschlesische Industriegebiet wie in den Raum Danzig, offenbar mit besonderen Auf-

[8] Der Bericht darüber lag dem Verfasser, damals zur Führungsabt. H.-Gr. Süd kommandiert, vor.

[9] Gehlen, a.a.O. S. 90 f.

trägen. Das erfährt man von Gehlen. So erstaunlich gut war seine Abteilung bis zuletzt über den sowjetischen Nachrichtendienst im Bild, auch noch in der Endphase des Krieges. Die Funkabwehr trug das Ihre dazu bei, wenigstens mit dem Anpeilen und Orten.

VI

Von der Funkabwehr im OKW ging aber auch noch eine merkwürdige Nachwirkung aus; sie ist bis heute zu spüren. Den Wert und die nachrichtendienstliche Bedeutung der Funksprüche, die in ihrer Zentrale entziffert wurden, überschätzte man dort bei weitem, wie schon vermerkt. Man war der Meinung, daß durch sie militärische Geheimnisse der höchsten Rangstufe preisgegeben wurden, wie das auch Alexander Foote, einer der Funker der »Roten Drei« in der Schweiz in seiner Reportage *Handbuch für Spione* immer wieder unterstreicht. Dieser Aberglaube ist dann in die gesamte Spionageliteratur übergegangen, die sich sowohl mit der »Roten Kapelle« wie mit dem Netz Sándor Radós beschäftigte. Auch Flicke, der militärische Dilettant, ist diesem Aberglauben verfallen. Selbst die Offiziere der Funkabwehr glaubten, daß es sich um Informationen aus erster Hand handelte. In Wirklichkeit ist meist nur der Inhalt von Kasinogesprächen weitergegeben worden. Wahrheit und Gerücht gingen darin oft wirr durcheinander. Am Mathäi-Kirchplatz in Berlin aber nahm man den Inhalt für bare Münze. Man wußte es ja nicht besser.
Vollends kennzeichnend für dieses Fehlurteil ist ein ungedruckter Bericht, der uns vorliegt. Er bringt allen Ernstes den fahrlässigen Landesverrat und das »Kasinogeschwätz«, die in der Tat oft ergiebige Quellen für die Schweizer ND-Stellen wurden, in Zusammenhang mit dem 20. Juli 1944, macht also die Hochverräter auch noch zu Landesverrätern! Ja, er deutet sogar an, daß General Fellgiebel und General Thiele mit solchen Machenschaften in Verbindung gestanden haben könnten

oder sie doch stillschweigend geduldet hätten.[10] Aus solchen »Quellen« stammt wohl auch die Legende, Rudolf Roessler, der als Emigrant in der Schweiz saß, habe von »alten Kriegskameraden« laufend Informationen erhalten. Auf diese Weise habe man Hitler zu Fall bringen wollen. Wir sind heute der Überzeugung, daß Roessler auch nach dem Zusammenbruch des Berliner Zweigs der »Roten Kapelle« mit einer Reihe von V-Männern in Deutschland Kontakte hatte, aber sie sind nicht im inneren Kreis des OKW zu suchen, sondern an der Peripherie, in den Kreisen der Redakteure und Mitarbeiter von Wehrmacht- und Heereszeitschriften nämlich, die in Berlin herauskamen. Unter ihnen waren alte Freunde oder Bekannte Roesslers, wie wir wissen. Es kann sein, daß sie ihre Informationen an Miteingeweihte nach Konstanz gaben, von wo sie durch Grenzgänger in die Schweiz gebracht und dann an Roessler weiterbefördert wurden. Das soll jedenfalls Radó 1945 dem deutschen V-Mann Hans Eppler anvertraut haben, als sie im gleichen britischen Internierungslager bei Kairo saßen.[11] Weitere Nachforschungen haben ergeben, daß sich die These nicht aufrechterhalten läßt, Werther sei »Schall und Rauch«[12], Roessler habe ausschließlich aus Schweizer Quellen geschöpft. Nach heutigem Stand der Erkenntnisse hat Roessler aus den genannten Kreisen laufend Informationen erhalten, allerdings von höchst unterschiedlichem Wert und niemals aus erster Hand. Die deutsche Funkabwehr hat zu der Klärung dieses »Falles« erheblich beigetragen; sie war es ja, die die zwischen der Schweiz und Moskau gewechselten Funksprüche zu einem beträchtlichen Teil auffing und entschlüsselte. So blieb wichtiges Studienmaterial zur kritischen Analyse geheimdienstlicher Tätigkeit im Zweiten Weltkrieg erhalten. Diese kritische Analyse konnte allerdings dann erst vorgenommen werden, als auch der

---

[10] Unveröffentlichtes Manuskript eines führenden Offiziers der Funkabwehr. Privatarchiv des Verfassers.

[11] Persönliche Mitteilung Epplers an den Verfasser.

[12] v. Schramm, *Verrat im Zweiten Weltkrieg*, S. 173.

Band III der Organisationsgeschichte des deutschen Heeres mit dem Titel *Der Zweifrontenkrieg* von Burkart Mueller-Hillebrand 1969 vorlag. Denn erst dieser Brand lieferte die notwendigen Unterlagen über Bestand und Einsatz *aller* Divisionen des deutschen Heeres im Zweiten Weltkrieg. Aufklärung, den Geheimdienst betreffend, ist nun einmal das schwierigste und zeitraubendste aller Probleme, die die Kriegsgeschichte an den Historiker stellt. Deshalb wird sie auch meist umgangen, so als ob es nie eine geheime Nachrichtenbeschaffung gegeben hätte.

Die deutsche Funkabwehr hat das Kriegsende am 8. 5. 1945 nicht mehr erlebt. Sie war dienstunfähig geworden. Nach und nach gingen alle Außenstellen verloren; seit dem Februar 1945 hatte sie keine Einsatzbasen mehr. In den letzten Kriegsmonaten war es ja auch müßig, feindliche Sender oder Agentenfunkstationen zu orten; man konnte sie doch nicht mehr bekämpfen. So wurden die Segel gestrichen. Am 30. April 1945 verfiel die deutsche Funkabwehr der Auflösung, ihre Angehörigen wurden anderen Truppenteilen überwiesen, die Nachrichtenhelferinnen entlassen. Der General der Nachrichtenaufklärung, dem sie unterstand, Oberst Bötzel, hatte keine Verwendung mehr für dieses einst so wichtige Instrument der Heerführung. So ist sie aus der deutschen Kriegsgeschichte verschwunden, sang- und klanglos, was sie gewiß nicht verdient hat. Allerdings sorgte dann einer ihrer Angehörigen, der frühere Regierungsrat W. F. Flicke dafür, daß sie noch einmal sensationell ins Gerede kommen sollte. Diesem Gerede wird hier entgegengetreten, dagegen die Funkabwehr im Rahmen der Kriegsgeschichte gewürdigt, wie sie es durch ihre Leistungen verdient hat.

FÜNFTES KAPITEL

Funkspiele und Funktäuschung

Möglichkeiten und Grenzen

I

Die Geschichte der Geheimdienste im Zweiten Weltkrieg ist wechselvoll. Sie erhält, wie wir sahen, ihre besondere Note nicht durch die großen Spionagefälle, so interessant sie im einzelnen sein mögen, sondern vor allem durch die laufende geheime Nachrichtenbeschaffung aus dem feindlichen Funkverkehr. Eine neue Ära des Nachrichtendienstes hat damit begonnen. Denn nun geht es nicht mehr um Einzelheiten, die von Fall zu Fall ausgespäht werden sollen, um dieses oder jenes papierene Dokument, sondern um die laufende Ermittlung aller feindlichen Kräfte und ihrer möglichen Absichten. Durch rechtzeitige Aufklärung will man diesen begegnen. Der Zweite Weltkrieg wird zum ersten totalen Geheimkrieg im Äther. Die Funkaufklärung, zunächst die taktische, hat neue Möglichkeiten erschlossen, schnell Schwerpunkte an bedrohten Abschnitten zu bilden, die operative, den Aufmarsch z. B. zu großen Offensiven bis in die Einzelheiten zu verfolgen. Selbst das Gegenmittel der Funkstille wird u. U. zu einem verdächtigen Zeichen. Jedenfalls hätte der F.N.D. mit dem Hauptmittel der Nachrichtenbeschaffung »aus sicheren Quellen« eine bewegliche Strategie der deutschen Wehrmacht selbst noch im Mehrfrontenkrieg ermöglicht. Aber gerade dieser Chance zeigte sich der Amateur-Stratege Hitler nicht gewachsen. Es fehlte ihm dazu das Maß für das Erreichbare und die entsprechende geistige Schulung. So hat er als Oberster Befehlshaber die Möglichkeiten verkannt, sich durch den F.N.D. vor allem seit 1941 einen Gesamtüberblick über die »große Lage« zu verschaffen und heraufkommenden Gefahren rechtzeitig zu begegnen. Die deutsche Funkaufklärung hat Außerordentliches geleistet und zur Überwindung vieler taktischer wie operativer Krisen vor allem an der Ostfront beigetragen, wie wir sahen; sie hätte auch den Verlauf des Krieges strategisch beeinflussen können. Aber gerade das blieb ihr durch Hitler versagt.

Doch hatte die deutsche Funkabwehr 1942/43 beträchtliche Erfolge zu buchen. Sie bestanden indessen nicht nur darin, daß feindliche Agentennetze unschädlich gemacht, sondern vor allem, daß Funkspiele eingeleitet und auf Monate, selbst Jahre durchgeführt werden konnten, ohne daß die Gegenseite die Irreführung erkannte. Es scheint, daß auf diesem Gebiet die Deutschen die größten Erfolge errangen und die wenigsten Niederlagen erlitten, und zwar dank der Gründlichkeit ihrer Verfahren. Hier waren sie Meister, nicht in der hergebrachten Spionage. Zwei dieser Funkspiele bzw. Funkspielgruppen verdienen besonders hervorgehoben zu werden, weil sie weitreichende Folgen zeitigten, das sogenannte Nordpolspiel, das der damalige Abwehr-Major Giskes und Kriminalrat Schreieder in Holland mit London in Gang brachten und hielten, und dann die Funkgegenspiele der umgedrehten »Roten Kapelle«, wie sie in Frankreich Ende 1942 begannen und dann noch etwa zwei Jahre fortgesetzt werden konnten, und zwar mit höchst positivem Ergebnis für die Wehrmacht: Sie brachten die Feindlagenkarte vor allem Moskaus in erhebliche Verwirrung. Dafür steht eine Menge von Funksprüchen als Beweismaterial zur Verfügung, wie wir bald sehen werden.

Verlauf und Erfolge sowohl von Nordpolspiel wie von »Rote Kapelle« sind bekannt.[1] Über das erstere sind schon vor Jahren zwei Bücher der Hauptbeteiligten Giskes und Schreieder erschienen, der »Roten Kapelle« hat Heinz Höhne eine ausführliche, gründlich erarbeitete Darstellung gewidmet. Die Er-

[1] Siehe Literaturverzeichnis.

eignisse können dort im einzelnen nachgelesen werden. Hier nur die Zusammenfassung: In den Niederlanden wird ein durch Fallschirm abgesetzter Funker der holländischen Widerstandsbewegung gefaßt, bevor er noch nach England gefunkt hat. Dann gelingt es, ihn umzudrehen und über ihn regelmäßig Waffen, Munition und Verpflegung anzufordern. Sie sind angeblich für die niederländische Untergrundbewegung bestimmt, landen aber sämtlich bei den Deutschen, die sie an den verabredeten Plätzen erwarten. Das Spiel kann bis zur Flucht des Funkers durchgehalten werden und hat praktisch damit den Partisanenkrieg in den Niederlanden verhindert. Den Holländern blieben damit aber auch alle die erbarmungslosen Repressalien erspart, mit denen nach Führerbefehl Wehrmacht, SS und Gestapo hätten zurückschlagen müssen.

Der Fall der »Roten Kapelle« war noch viel dramatischer. Jedenfalls gelang es der deutschen Funkabwehr in Zusammenarbeit mit der Geheimpolizei, die gesamte sowjetrussische Agentenorganisation im Westen aufzurollen und ihre Funker und Sender auszuheben. Aber das war noch nicht das Entscheidende: Wie im Fall des Holländers Lauwers wurden nicht nur nacheinander der sogenannte petit Chef Kent mit Anhang in Marseille, sondern auch der grand Chef Leopold Trepper, genannt Gilbert, in Paris mit der Masse ihrer Mitarbeiter dingfest gemacht; schon vorher war es gelungen, den Funker Johann Wenzel, genannt »Professor«, in Belgien zu fassen und zum Reden zu bringen. Erfolgreich erwies sich dabei die rechte Dosierung von Menschlichkeit, Hoffnung und Drohung, die man den Gefaßten gegenüber zur Anwendung gebracht hat. Die Drohung bestand in der möglichen Auslieferung an die Gestapo, was den sicheren Tod bedeutet hätte, die Lockung und Hoffnung darin, doch noch zu überleben, sogar unter angenehmen Bedingungen – und die Gegenleistung in der Kollaboration mit den Deutschen. Dazu aber haben sich nicht nur Randfiguren bereitgefunden, sondern auch von der »Roten Kapelle« im Westen der grand Chef Leopold Trepper und der petit Chef Viktor Sukulow, genannt Kent, mit vielen auch ihrer jüdischen Mitarbeiter. Aber das war nur der zweite Akt. Den dritten kennzeichnete die gemeinsame Arbeit, und zwar für die neu gewonnenen Kollaborateure unter fast komfortablen Umständen. Die festgenommenen Chefs der »Roten Kapelle« mit Anhang wohnten in einer Villa in Neuilly am Westrand von Paris. Sie hatten Bewegungsfreiheit auf ihrem Grundstück und viele Annehmlichkeiten eines privilegierten Lebens mitten im Krieg. Sogar ein Kinobesuch mit Begleitung wurde ihnen des öfteren gestattet. Mit ihrer Hilfe vollzog sich die Fortsetzung des Funkverkehrs mit Moskau »nach technischen Störungen« auf den sichergestellten Geräten und eingepeilten Linien.

Allerdings waren auch alle Vorkehrungen getroffen, daß keine Panne passierte, d. h. keine Warnung nach Moskau durchgegeben werden konnte. Der Funkfachmann der Gestapo, Amplatzer, sorgte dafür, daß keiner der Umgedrehten selbst die Funktaste bediente, sondern nur ihre überprüften Aufnahmen von zuverlässigen Funkern in der entsprechenden »Handschrift« weitergegeben wurden. So geschah das Unglaubliche, daß Moskau keinen Verdacht schöpfte. Sechs, später fünf Sender wurden bedient, die die Decknamen »Eiche«, »Tanne«, »Weide« und »Buche-Pascal« erhielten. Nach der Liquidierung der gesamten Frankreich-Organisation der roten Spionage kamen noch zwei weitere Funkgegenspiele dazu[2], nämlich Eifel I und Eifel II, die später zu dem Funkspiel Mars-Eifel zusammengelegt wurden, wobei Mars soviel wie Marseille bedeutete, denn die Fiktion sollte aufrechterhalten werden, daß Kent noch immer von Marseille aus funkte. Indessen war er längst nach seiner Festnahme dort über die Prinz-Albrecht-Straße in Berlin nach Paris gebracht worden. Seine Geliebte Margarete Barcza, die er in Berlin wiedersah, hatte als eine Art Lockvogel gedient.[3] In Paris lebte er wieder mit ihr zusammen.

---

[2] Höhne, a.a.O. S. 255.

[3] Flicke: *Rote Kapelle*, S. 341–376, S. 374: »Jetzt (Ende 1942) stehen bereits sieben Stationen im Täuschungsverkehr mit der Zentrale.«

Vom November 1942 an haben Kent-Sukulow, dann auch Leopold Trepper und Johannes Wenzel Funkspiele als Gegenspiele auf deutscher Seite mitgespielt. Bis zu seiner Flucht am 13. September 1943 blieb Trepper ein Werkzeug der deutschen Abwehr, Kent-Sukulow bis zum bitteren Ende. Sie waren die Verantwortlichen dafür, daß Unsummen von »Spielmaterial« nach Moskau durchgegeben werden konnten. Der kommunistischen Ideologie entsprechend hätten zumindesten die beiden Chefs eher Selbstmord begehen müssen, als in dieser Weise zu kollaborieren. Aber auch rote Agenten bleiben eben Menschen und hoffen auf eine Chance, schließlich doch noch davonzukommen. Das ist ja dann auch Trepper gelungen. Auf deutscher Seite hatte man erkannt, daß anständige Behandlung eher zum Ziel führen werde als Drohung und Erpressung. So konnte das Funkorchester auf fünf Instrumenten lange Zeit weiterspielen, als wäre es noch die alte »Rote Kapelle«.

Wie aber setzte sich das »Spielmaterial« zusammen? Es ist offenbar angekommen und hat seine Aufgabe erfüllt. In den Funksprüchen des Direktors aus Moskau an Radó in der Schweiz, die ja teilweise erhalten blieben, heißt es immer wieder »wir haben Nachricht« oder »Kontrollieren Sie«. Moskau ist skeptisch genug, keine Information ungeprüft hinzunehmen, die Gegenkontrolle zu unterlassen. So wendet man sich an Radó, wie man sich offenbar auch an Mars-Eifel gewandt hat, um von dort bestimmte Dinge zu erfahren, wie mit dem Spruch Nr. 28 vom 31. Mai 1943, in dem der Direktor genaue Auskünfte darüber verlangt, ob die Besatzungsmacht den Gaskrieg vorbereite. »Gibt es Gasbombenvorräte auf den Flugplätzen und wenn ja, auf welchen ... Teilen Sie mir alle Nachrichten über Gas und Giftstoffe so schnell wie möglich mit.«

Da war allerdings Ic Ob. West in einer schwierigen Lage und streikte.[4] Die Abwehr-Leitstelle Frankreich schrieb dazu nach Berlin: »Die Stellungnahme des Oberkommandos West geht dahin, daß der Leitsender Moskau seit geraumer Zeit Fragen

---

[4] Höhne, a.a.O. S. 262 f.

militärischer Art in so präziser Form stellt, daß eine Fortsetzung des Funkspiels nur dann möglich ist, wenn präzise Fragen auch in präziser Form beantwortet werden, da andernfalls der Leitsender Moskau das Spiel durchschaut. Oberbefehlshaber West aber kann aus militärischen Gründen die von Moskau aus gestellten präzisen Fragen, die immer wieder genaue Angaben der Nummern der Divisionen ... verlangen sowie die Namen der Kommandeure usw. nicht in Form von Spielmaterial beantworten ... Oberbefehlshaber West steht auf dem Standpunkt, daß bei der derzeitigen militärischen Lage im Westraum an einer Irreführung des Leitsenders Moskau kein Interesse besteht.«

So schlief das Unternehmen »Rote Kapelle« mit dem Hauptsender Mars-Eifel nach der Flucht Treppers ein. Aber die Spiele mit dem französischen Untergrund gingen weiter. *Beide* haben, wie gesagt, ihre Spuren in den erhaltenen Funksprüchen des Direktors in Moskau an Radó in der Schweiz hinterlassen. Das ist eine der interessantesten Entdeckungen im Zusammenhang mit dem Thema dieses Buches. Hier einige Beispiele:

20. 10. 1942

An Dora

Wir haben Nachricht, daß hinter der Front in den Bezirken Stettin und Frankfurt/Oder eine besondere Winterarmee in Stärke einer halben Million ausgebildet wird. Schnellstens feststellen:

1. Ob Information richtig
2. Ob in genannten Gegenden Truppen konzentriert werden
3. Wie diese Armee organisatorisch gegliedert ist
4. Nummern der Einheiten
5. Zahl der Soldaten, denn Zahl 500 000 erscheint zweifelhaft.

Kommentar: Die »Winterarmee« war ein vom SD ausgestreutes Zweckgerücht. Offenbar hatte es die Linie Mars–Eifel als »Spielmaterial« übernommen.

26. 11. 1942
An Dora
Kontrollieren Sie dringend, ob Deutsche wirklich Absicht haben, größere Anzahl Elitetruppen von Ostfront zurückzuziehen und was sie unter »Elitetruppen« verstehen. Welche Verbände zu den Elitetruppen gehören. Was ist bekannt über Schaffung eines Freikorps?

Kommentar: Unter »Elitetruppen« waren wohl zu verstehen: Die Panzergrenadierdivision »Großdeutschland«, ab Mai 1942 im Osten, dann die Leibstandarte Adolf Hitler; sie war im Juni 1942 nach Frankreich abtransportiert worden und hatte inzwischen an der Besetzung von Südfrankreich teilgenommen. Weiter die SS-Division »Das Reich« mit ähnlicher Verwendung und schließlich die SS-Panzergrenadierdivision »Totenkopf«. Diese drei Divisionen waren zu einem Generalkommando SS-Panzerkorps zusammengefaßt.

Am 30. 11. noch einmal der Kontrollauftrag von Direktor an Radó: Kontrollieren Sie und melden Sie dringend, ob Truppen vom Osten nach dem Westen abgezogen wurden. Wenn ja, so melden Sie die Nummern und Anzahl der Einheiten.

Auf »Spielmaterial« geht wahrscheinlich auch folgender Auftrag zurück:

13. 12. 1942
Kontrollieren Sie sofort durch Gruppe Taylor wichtige Information von Grau über angebliche Ankunft in Norditalien aus Frankreich der Armee des Generals v. Witzleben mit 10 Divisionen. Armeestab Mailand.

Kommentar: Feldmarschall v. Witzleben war schon im Februar 1942 krankheitshalber verabschiedet. Hier wie in anderen Desinformationen tritt die Tendenz zutage, verabschiedete Heerführer mit einem neuen Oberbefehl wieder in Erscheinung treten zu lassen. So z. B. auch Guderian.

Das Spiel der falschen »Roten Kapelle« hat im Winter 1942/43 seinen Hauptzweck erreicht. Es konnte offenbar eine systematische Aufklärung Frankreichs verhindern und die dort liegenden operativen Reserven verschleiern. Es verwirrte das westliche Feindbild Moskaus. Der Abtransport des SS-Panzerkorps, eines besonders kampfkräftigen Verbandes mit den drei Divisionen »Leibstandarte«, »Das Reich« und »Totenkopf« von Westen nach dem Osten im Januar/Februar 1943 blieb unerkannt. Sie waren dann die Hauptträger der Retouroffensive im Süden der Ostfront Februar/März 1943. Daß Moskau damit nicht gerechnet hatte, beweist der Auftrag vom 6. 2. 1943 an Radó.

An Dora
Verlangen Sie von Lucie dringende Information darüber, ob Deutsche nicht im Südsektor bei Stalino einen Gegenangriff planen und wo jetzt das Panzerkorps Nr. 1 ist.

Kommentar: Zur Zeit dieses Funkspruchs befanden sich »Leibstandarte«, »Das Reich« und »Totenkopf« bereits in Versammlung, um zu der Retouroffensive anzutreten, die am 14. März zur Rückeroberung von Charkow geführt hat und am 20. mit der Stabilisierung der deutschen Front an Donez und Mius endete.

Bekam auch Lucie-Roessler Spielmaterial?

Es gibt bestimmte Indizien, daß einer der fünf Sender, die von der umgedrehten Roten Kapelle betrieben wurden, auch die westlichen Quellen Lucie-Roesslers versorgt hat. Denn sonst wären die vielen Desinformationen nicht zu erklären, die er vor allem in den ersten Monaten 1943 nach Moskau durchgab; von Berlin aus dem OKW konnte er sie nicht haben. Sie sind so auffallend, daß sie oft zu Rückfragen, in einem eklatanten Fall sogar zu einer offiziellen Rüge des Direktors geführt haben. Inhaltlich schließen sie aus, daß höhere Offiziere im OKW zu den regelmäßigen Informanten Lucies-Roesslers gehörten. Jedenfalls hatte er verschiedene Quellen, auch wenn er nur einen WERTHER genannt hat. Aber dieser WERTHER war eine Fiktion und existierte nicht als Einzelperson und Informant. Das scheint auch durch weitere Erkenntnisse bestätigt.[5] Jedenfalls kommt die Analyse der Funksprüche des Direktors an Dora, soweit sie vorliegen, zu interessanten Ergebnissen. Hier einige auffallende Beispiele:

27. 10. 1942
An Dora
1) Aus welchen Quellen hat Taylor seine Information über deutsche Armee an Ostfront? Aus Gesprächen oder Dokumenten?
2) Prüfen, ob Guderian sich wirklich an Ostfront befindet, ob ihm 2. und 3. Armee unterstehen.
3) Wird 4. Panzerarmee zur Armeegruppe, die Jodl untersteht, gehören oder wird zu dieser Gruppe andere Panzerarmee gehören? Welche Nummer hat sie?
4) Welche Numerierung hat man im OKW?
Baldige Antwort erbeten.

Direktor

Diese Fragen deuten auf eine ganze Reihe von Desinformationen hin, die Taylor-Schneider, der Mittelsmann zwischen Roessler-Lucie und Sissy-Radó weitergegeben hat. Natürlich konnte er sie nicht aus Dokumenten schöpfen, sondern nur aus Gesprächen oder mündlichen Informationen. Hat sie Roessler direkt oder indirekt aus dem französischen Untergrund erhalten? Dann sind sie diesem offenbar von der »Pseudo-Roten Kapelle« zugespielt worden. Generaloberst Guderian z. B., im Dezember 1941 in die Führer-Reserve versetzt, war Ende 1942 bei Hitler noch immer in Ungnade und wurde erst im März 1943 als Generalinspekteur der Panzertruppen wiederverwen-

[5] Die WERTHER zugeschriebenen Informationen sind von so unterschiedlichem Wert, daß man sich manchmal wundert. So etwa das Fernschreiben vom 6. Juli 1943 zur Operation »Zitadelle«: »Das OKH wollte keine deutsche Offensive. Die Deutschen nahmen an, daß die Russen den Deutschen die Verantwortung für den Angriff zuschieben wollten, um dies bei den deutschen Soldaten propagandistisch ausschlachten zu können.«

det. Im übrigen gehörte die 4. Panzerarmee zu dem genannten Zeitpunkt zur Heeresgruppe B im Südabschnitt der Ostfront.[6] Sie bestand etwa zur Hälfte aus rumänischen Verbänden. Es kann keine Rede davon sein, daß sie Jodl unterstand, denn dieser war nach wie vor Chef des Wehrmachtsführungsstabes und hatte niemals den direkten Oberbefehl über eine Armee oder Heeresgruppe.

Der Spruch vom 9. 12. 1942 deutet bereits daraufhin, daß die Umfassungsoperation gegen die 6. deutsche Armee bei Stalingrad angelaufen ist, denn er fordert: *Wichtigste Aufgabe für die nächste Zeit ist: deutsche Reserven im Hinterland festzustellen.*

Aber gerade das hat offenbar mit Erfolg das Funkspiel der »Roten Kapelle« im Westen verhindert. Sie wich aus, wenn bestimmte präzise Fragen von Moskau gestellt wurden, wie diese am 30. 11. 1942 von

Direktor an
Dora:
Kontrollieren Sie und melden Sie dringend, ob Truppen vom Osten nach dem Westen abgezogen sind. Wenn ja, so melden Sie Nummern und Anzahl der Einheiten.

Am gleichen Tag:
Information über neu gebildete Gruppe Weichs in dieser Zusammensetzung und dieser Dislokation ruft große Zweifel hervor, da die genannten Einheiten an ganz anderen Abschnitten der Ostfront stehen. Wir haben Anzeichen, daß Gruppe Weichs in alter Zusammensetzung weiterbesteht. Da sehr wichtig, untersuchen Sie diese Frage nochmals und senden Sie schnellstens Antwort. Woher stammt die Information?

Die Antwort ist leider nicht erhalten. Aber zur Sache: Unter Gruppe Weichs war die Heeresgruppe B zu verstehen, zu der die 2., 6. Armee und die 4. Panzerarmee gehörten. Sie stand

[6] *Kriegstagebuch des OKW (Wehrmachtführungsstab), S.* 1385: »Die Gliederung des deutschen Heeres 15. 11. 1942«.

unter dem Oberbefehl des Generalobersten Freiherrn v. Weichs und hatte die deutsche Sommeroffensive bis zum Don und mit der 6. Armee bis zur Wolga vorgetragen. Offenbar hatte Radó an Direktor Spielmaterial weitergegeben, das Radó als solches nicht erkannte.

Ähnlich ist wohl auch der Spruch vom 2. 12. 1942 zu interpretieren. Er lautet:

Danke für die Ausführung des Auftrags. Jedoch Dislokation und Zusammensetzung der Gruppe West unter Kommando Rundstedts am 25. Oktober *ist nicht mehr aktuell.* Ersuche dringend festzustellen und eilig zu melden:

1. Dislokation und Zusammensetzung der Armeegruppe West am 25. November.
2. Dislokation aller Truppen, die in Südfrankreich angekommen sind.
3. Zusammensetzung, Dislokation und Nummern aller Divisionen, die zur Zeit in Deutschland, Österreich und falls Sie es erfahren können, auf dem Balkan sich befinden. Mit anderen Worten: Wichtige Aufgabe für die nächste Zeit ist: Deutsche Reserven im Hinterland genau festzustellen.

Aller Wahrscheinlichkeit nach hatte Moskau auch von der »Roten Kapelle« ähnliches verlangt. Die deutsche Führung wußte also, was unbedingt verschleiert werden mußte.

Auf eine weitere Desinformation Moskaus durch die Linie Mars-Eifel scheint der Auftrag vom 30. 1. 1943 hinzudeuten:

Geben Sie an Gruppe Lucie dringenden Auftrag festzustellen, ob es in der Wehrmacht Inf.Divisionen 326, 334, 347, 343, 65 gibt. Ob sie neu organisiert worden sind, wo und ab wann sie sich jetzt befinden. Auch ob Inf.Div. 196 und 199 in Norwegen geblieben sind. Wir haben Angaben, daß diese beiden Divisionen an Ostfront gegangen sind.

Dazu Mueller-Hillebrand, *Das Heer 1933 bis 1945*, Band III *Der Zweifrontenkrieg* (Frankfurt/Main 1969), Verzeichnis der Inf.-Divisionen nach dieser Quelle:[7]

---

[7] Mueller-Hillebrand, *Das Heer 1933–1945*, Bd. III, Frankfurt/M.

Die 326. Inf.Div. stand immer im Westen.
Die 334. Inf.Div. seit Januar 1943 in Nordafrika.
Die 347. Inf. Div. (bodenständig) im Westen.
Die 343. Inf.Div. (bodenständig) im Westen (Brest).
Die 65. Inf.Div. nach ihrer Aufstellung 1942 im Westen, ab August 1943 im Südwesten.
Die Inf.Divisionen 196 und 199 standen weiterhin in Norwegen. Es ist zu vermuten, daß die Nummern dieser Divisionen von unterschiedlichem Kampfwert für die Linie Mars-Eifel freigegeben wurden, um den Anschein größerer Reserven im Westen zu erwecken.
Daß aber auch Lucie-Roessler von seinem angeblichen Gewährsmann im OKW Nachrichten erhielt und weitergab, die sich bei Nachprüfung als Desinformationen erwiesen, geht aus folgendem Spruch hervor:

5. 2. 1943
Information von WERTHER über Zusammensetzung der Armeegruppe A und B ruft große Bedenken hervor. Wir erlauben Ihnen an Lucie folgende Bemerkung mitzuteilen und von ihr eine dringliche Erklärung zu verlangen.
1. WERTHER teilt mit, daß die Gruppe A unter Kommando Kuechlers 25 oder 24 Divisionen hat. Soweit uns bekannt ist, hat diese Gruppe aber nicht weniger als 41 Divisionen. *Außerdem existieren Inf.Divisionen 33, 41, 117, 243, 543 und 19. mot. Division überhaupt nicht in der deutschen Armee.* Divisionen 83 und 267, Inf. 25. mot. Div. und die 8. und 12. Panzer-Div. befinden sich nicht in der Gruppe A.
Nr. 22. Fortsetzung folgt.

Die Angaben des Direktors, bei dem natürlich außer der Feindlagenkarte auch eine genaue Kartothek der erkannten deutschen Divisionen wie über ihren Einsatz geführt wurde, trafen halbwegs zu; aber die Wirklichkeit war komplizierter:
Die 33. Inf.Div. war 1940 in die 15. Panzerdivision umgegliedert worden. Die spätere 41. Festungsdivision war noch nicht aufgestellt.
117. Inf.Div. gab es nicht.

243. Inf.Div. (bodenständig) wurde erst im Sommer 1943 im Westen aufgestellt.
543. Gren.Div. gar erst 1944.
19. (mot.) Fehlanzeige.

Das war typisches Spielmaterial: Einiges stimmte, anderes nur sehr bedingt, der Rest war einfach falsch. Aus »sicherer Quelle« oder aus Fachkreisen im OKW konnte das nicht stammen. WERTHER wird fragwürdig, dem diese Informationen zugeschrieben wurden. WERTHERs Kompetenz als angeblicher Hauptinformant wird weiter durch die Fortsetzung des Spruches Nr. 22 vom 6. 2. 1943 erschüttert. Er lautet:

WERTHER teilt mit, daß Gruppe B unter Kdo Kluge 33 Div. hat, uns ist aber sicher bekannt, daß Gruppe B nicht weniger als 91 Div. hat. Auch sind wir der Meinung, daß angegebene von WERTHER *Inf.Div. 12, 61, 161, 162 niemals im Bestand der Wehrmacht waren.* Uns ist auch bekannt, daß Inf.Div. 12, 61, 161 und 162 nicht in der Gruppe B, sondern auf anderen Fronten sind. Lucie soll aufgrund von diesen Richtigstellungen melden, wie es kommt, daß ein so großer Unterschied bei Abschätzung der Zahl der Div. in Gruppe A und B ist.

Es kann sich allerdings um einen teilweise verdorbenen Text handeln. Die Tatsachen waren:
12. Inf.Div. bei Heeresgruppe Mitte.
61. Inf.Div. bei Heeresgruppe Nord.
161. Inf.Div. um diese Zeit im Westen.
162. Inf.Div. im Osten.
Im übrigen verfügte die Heeresgruppe Mitte am 1. 1. 1943 über rund 80 Divisionen und Divisionsgruppen, also über etwas weniger Großverbände, als Moskau annahm. Durch die Rückfrage wird endgültig bestätigt, daß WERTHER als Hauptinformant im OKW *so* nicht existierte, sonst hätte er besser Bescheid wissen müssen.

Die Grenzen des Funkspiels

Jedes Funkgegenspiel hat aber auch seine Grenzen. Sie sind nicht nur durch Flucht von Kollaborateuren bedingt wie die Wenzels und Treppers, die allerdings einfach untertauchten, ohne ihre früheren Auftraggeber zu warnen, sondern auch durch die Mehrung von Informationen, die eine längere Kriegsdauer mit sich bringt. Das wird vor allem auf der Seite der Überlegenen der Fall sein, und das waren nach dem Scheitern von »Zitadelle« im Sommer 1943 eindeutig die Sowjetrussen. Gegen eine bestimmte Anzahl von aussagewilligen Gefangenen von verschiedenen Divisionen und Frontabschnitten und entsprechende Beutepapiere kann ein Funkspiel oder eine Funktäuschung auf die Dauer nicht aufkommen, weil sie auf Grund der präzisen Unterlagen über kurz oder lang als solche erkannt sind.

»Unpräzise« Funkspiele sind indessen im Westen noch lange weitergeführt worden. Eines der letzten Beispiele vom 6. 4. 1944 hat sich erhalten. Es ist charakteristisch dafür, wie man versucht hat, das Feindbild des Gegners weiter zu verunsichern und vor neue Probleme zu stellen. Dabei kam es auf die richtige Mischung von wahr, halbwahr, übertrieben und falsch an. Eine 79. Pz.Div. hat es z. B. nie gegeben. Oder eine Komp. Gebirgsjäger in den Pyrenäen wurde als eine neue Division angesprochen. Ähnliche Zwecke wurden natürlich auch mit Täuschungseffekten und -Funkverkehren versucht. Auch Kommandoflaggen mußten oft dazu herhalten, Großverbände vorzutäuschen. Bei Ob West hat man allerdings von solchen Täuschungsversuchen nicht viel gehalten: Im Fall von »Feindberührung« erkannte der Gegner meist rasch die Wahrheit.

Im ganzen sind rund 160 Funkspiele gelaufen, aber mit abnehmendem Erfolg. Im letzten Kriegsjahr waren sie eine Art Funksport des RSHA (Reichssicherheitshauptamt) /Mil. Amt, also der früheren Abwehr. »Fremde Heere Ost« stand diesen Spielen längst skeptisch gegenüber. Der Spielraum für die Irreführung des Gegners wurde immer geringer, weil eben durch

Gefangene, Überläufer und Beutepapiere seine Kontrollmöglichkeiten ständig wuchsen. Deshalb sagt eine Mitteilung vom Chef »Fremde Heere Ost«, Generalmajor Gehlen an den Oberbefehlshaber der Luftwaffe, Führungsstab Ic vom 14. März 1945 ausdrücklich zu einem Aufklärungsauftrag, der über ein neu angelaufenes GV-Funkspiel mit dem derzeitigen Standort Preßburg hereinkam und die Feststellung der Flugplätze im Raum Preßburg mit ihrer derzeitigen Belegung verlangte:
»Heranspielen von möglichst wenigem und neutralem Material an den sowjetischen Nachrichtendienst.«
Grund: Sowjets haben gerade in diesem Raum durch den Einsatz zahlreicher Agenten und Banden sowie durch die Zivilbevölkerung weitgehende Möglichkeiten, herangespieltes Material auf seine Richtigkeit zu überprüfen.
Im letzten Jahr des Krieges degenerierte das Funkspiel vollends. Die Trennungslinie zwischen Täuschung und Vortäuschung war überschritten. Wenn es früher um die Täuschung z. B. über den Verbleib der operativen Reserven oder die Stärken der Heeresgruppen ging, um den Feind u. U. zu falschen Entschlüssen zu veranlassen, so machte man nun den schon mehr oder minder verzweifelten Versuch, eine Stärke oder Verteidigungsbereitschaft zu fingieren, die man längst nicht mehr besaß und die mit jedem Tag weiter abnahm. Unter diesem Gesichtspunkt muß auch die Weisung des Oberkommandos der Heeresgruppe Weichsel, Chef des Generalstabs, gz. Lammerding, SS-Gruppenführer und Gen.Lt. der Waffen-SS vom 28. 2. 1945 angesehen werden. Das Funkgegenspiel sollte entsprechend reichlichen Nachschub vortäuschen, ebenso wie den Ausbau eines tief gestaffelten Verteidigungssystems. Aber diese Vortäuschungen durch Funkgegenspiele hatten keinen Einfluß mehr auf die Entschlüsse des übermächtigen Angreifers und den unaufhaltsamen Weg in die Katastrophe der deutschen Wehrmacht.

SECHSTER ABSCHNITT

Hitler und der Geheime Nachrichtendienst

ERSTES KAPITEL

Hitler und die Spionage

Hitler hatte Sinn für den Geheimdienst, gewiß, aber eigentlich nur in der Erscheinungsform der Ausspähung, der Spionage. Was seine immer aggressive Phantasie reizte, war nicht das sachliche Wissen über den Feind, sondern das Abenteuer der geheimen Nachrichtenbeschaffung. Das bestimmte auch sein Verhältnis zu Canaris. In den letzten Friedens- und ersten Kriegsjahren beeindruckte ihn offenbar noch das Undurchdringliche dieser Persönlichkeit, die überall geheime Fäden zu knüpfen wußte. Immer war der Admiral in geheimdienstlicher Mission unterwegs, allerdings auch, wie Margret Boveri meint,[1] vor sich selber auf der Flucht. Ursprünglich hatte Hitler wohl seinem Abwehrchef allerhand zugetraut; so vor allem, daß der Admiral überall in der Welt Aufstände zugunsten der Deutschen in Szene setzen würde. Als sie sämtlich scheiterten, trübten sich die Beziehungen mehr und mehr.

Schon mit Beginn des Rußlandfeldzugs hatte Canaris offenbar das Vertrauen Hitlers verloren. Nur noch in wenigen Ausnahmefällen empfing er ihn. Routinemäßig dagegen erschien Canaris zum offiziellen Vortrag bei Feldmarschall Keitel, dem Chef OKW. Dazu Walter Warlimont:[2] »Die Besuche der Amts- und Abteilungschefs in der ›Wolfsschanze‹ galten in der Hauptsache dem Chef OKW, der seinerseits die Verbindung mit seinen Dienststellen auch mit Reisen nach Berlin aufrechterhielt.

---

[1] Siehe den Abschnitt »Canaris« in Boveri, Margret: *Der Verrat im XX. Jahrhundert*, Band II, S. 43 ff. über Canaris.

[2] In seinen Memoiren *Im Hauptquartier der deutschen Wehrmacht*, S. 191, Anm.

Canaris kam fast regelmäßig begleitet von seinen drei Abt.-Chefs, kam, wie er häufig sagte, ›um sein Herz auszuschütten‹, ohne daß es jedoch zu mehr als zu einer in Andeutungen geführten Aussprache über die beiderseitigen Besorgnisse kam‹.«
Im übrigen heißt es über Canaris bei Hillgruber *Hitlers Strategie, Politik und Kriegführung 1940/41:*[3] »Im Gegensatz zu der optimistischen Lagebeurteilung des OKW hinsichtlich der Möglichkeit einer schnellen Beendigung des Ostfeldzugs stand die skeptische Auffassung des Admirals Canaris. So berichtet jedenfalls die Memoirenliteratur übereinstimmend. Es liegen allerdings keine Quellen vor, die darauf hindeuten, daß diese Lagebeurteilung zu Hitlers Kenntnis gelangte.«
Schon bei Beginn des Krieges 1939 hatten sich Gegensätze zwischen Hitler und Canaris ergeben. Sie resultierten aus den verschiedenen Auffassungen über moralische Grundbegriffe und Verhaltensweisen im Felde. Wenn der Verfasser durch Gespräche mit General v. Lahousen in der Gefangenschaft[4] richtig informiert ist, traten Differenzen zum erstenmal auf, als es sich um den Gebrauch von feindlichen Uniformen bei deutschen Handstreichen handelte. Hitler war von dieser »Idee« förmlich besessen und ließ sich davon nicht abbringen. Canaris dagegen erhob die schwersten Bedenken und beugte sich schließlich nur dem Befehl, so daß Abwehr II die nötigen Uniformen beschaffte. Dann wurde der Zweite Weltkrieg mit einem makabren Theater eröffnet, ein böses Omen für seinen Ausgang.
Man erinnert sich: Fragwürdige Zeitgenossen, die polnisch sprachen, wurden in die illegal beschafften polnischen Uniformen gesteckt und setzten dann einen vorgetäuschten polnischen Überfall auf den Sender Gleiwitz in Szene. Dieser war dann für Hitler der Vorwand, daß am 1. September 1939 »zurückgeschossen« wurde. Weniger bekannt ist jedoch, daß bereits am 26. August ein Handstreich unter ähnlichen Umständen der

[3] a.a.O. S. 511, Anm.
[4] Lahousen wurde als Zeuge in Nürnberg vernommen und kam dann zeitweilig ins Internierungslager »Haus Alaska«.

arglistigen Täuschung erfolgte und mißglückte. Es war die erste unprovozierte Angriffshandlung von deutscher Seite, die allerdings dann von den Polen den »Volksdeutschen« in die Schuhe geschoben wurde. Viele von ihnen mußten sie bitter büßen, als sich daraufhin der polnische Volkszorn gegen sie richtete. Eine grausame Eskalation hatte begonnen.

Was war geschehen?[5] Bekanntlich hatte Hitler bereits für den 26. August 1939 den Angriff auf Polen befohlen. In der Morgenfrühe dieses Tages sollten die deutschen Armeen, in zwei Heeresgruppen gegliedert, die Grenzen zwischen der Ostsee und den Beskiden überschreiten. Aber am 25. vormittags hatte der britische Botschafter Henderson interveniert, und so wurden die Truppen noch einmal angehalten, um der Politik eine letzte Chance zu geben. Hitler mußte sich darauf einlassen, um nicht vor der internationalen Öffentlichkeit das Gesicht zu verlieren. Eine riskante Lage entstand auch im Hinblick auf die Leistungsfähigkeit der deutschen Nachrichtentruppe. Noch waren die Nachrichtenverbindungen nicht so vollständig wie später, die zur Truppe noch nicht eingespielt, die Nachrichtenverbände ohne größere Übung. War es da möglich, den Anhaltebefehl noch überall durchzubringen? Da bewährte sich General Fellgiebel als Chef der Wehrmachtsnachrichtenverbindungen ebenso wie als Nachrichtenchef des Heeres. Mit souveräner Ruhe behielt er die Zügel der Führung in der Hand. So wurde damals geschafft, was gerade »Sachverständige« für undurchführbar hielten: Es gelang, die Truppe noch einmal anzuhalten. Der Befehl dazu hatte bis Mitternacht selbst die vorgeschobenen Abteilungen erreicht. Das sprach gewiß für den hohen Ausbildungsstand der Nachrichtentruppe, wie sich dann auch auf allen anderen Gebieten gezeigt hat. Nur in einem Fall kam es zu einem Fiasko: Es gelang nicht mehr, einen Kommandotrupp mit Sonderauftrag zurückzupfeifen. So wurde der Frie-

---

[5] Der Verfasser gehörte damals zur Führungsabt. Ic des Armeeoberkommandos 14 (Generaloberst List) und erfuhr die Ereignisse aus erster Hand.

den bereits am 26. August 1939 gebrochen. Dieses Kommando, in Stärke von etwa 50 Mann, von einem Leutnant Herzner geführt, hatte den Auftrag, im Handstreich den Tunnel am Jablunka-Paß zu besetzen, um ihn für deutsche Truppentransporte zu sichern. Es bestand gleichfalls zumeist aus Polen oder polnisch sprechenden Deutschen. In aller Heimlichkeit hatte es in der Nacht zum 26. August die slowakisch-polnische Grenze überschritten. Als Verbindungsmittel zur 7. (bayerischen) Division, die im Raum nördlich Sillein zum Angriff bereit stand, war Leutnant Herzner ein Funkgerät mitgegeben worden. Aber es stellte sich heraus, daß es in dem durchschnittenen Waldgelände nicht funktionierte. So konnte das Kommando Herzner nicht erreicht und nicht angehalten werden. Es begann im Morgengrauen seinen Krieg gegen Polen: Der Jablunka-Paß und der -Tunnel wurden besetzt, nach kurzem Feuergefecht der nördlich davon gelegene polnische Grenzbahnhof Mosty erobert und die Soldaten eines Transportzuges, der dort bereit stand, gefangen genommen. Polnische Arbeiter, die zur Schicht im Olsa-Gebiet fahren wollten, internierte man kurzerhand in einem Geräteschuppen.

Aber was geschah dann?

Die 7. Division, die anrücken sollte, blieb aus. Herzner mit seinen 50 Mann hing sozusagen in der Luft, während die Gefangenen immer unruhiger wurden. Da besann man sich auf das Eisenbahntelefon, das tatsächlich noch funktionierte. Die Verbindung mit dem slowakischen Grenzbahnhof Cadca kam nach einiger Zeit zustande und es gelang auch, den ersten Generalstabsoffizier der 7. Division, Major Reichelt, zu erreichen. Er befahl Leutnant Herzner und seinem Kommando den sofortigen, möglichst unauffälligen Rückzug. Dann wurde der Jablunka-Tunnel doch noch von den Polen gesprengt, wenn auch nur an einem der Zugänge. Die sehr viel unheilvollere Folge aber war nun, daß sich die polnische Empörung wegen des Friedensbruchs gegen die Volksdeutschen wandte, die man dafür verantwortlich machte.

Kommandounternehmen, Sabotage und ähnliche Abenteuer:

das interessierte Hitler im Grunde am Geheimdienst seiner ABWEHR am meisten. Gern hörte er sich solche Geschichten am Rand der legalen Kriegführung an und feixte, wenn man sie ihm erzählte. Wenn er jedoch von Spionage im eigenen Bereich erfuhr, war er sofort von schneidender Schärfe. Das kann man vor allem den Tischgesprächen entnehmen. Am 17. Mai 1942[6] sprach er dagegen mit unverhohlener Anerkennung von der Sowjetspionage, die er als »völlig überlegen« bezeichnete. Mit Hilfe der internationalen kommunistischen Organisationen habe sie sich als Angelegenheit der Weltanschauung unendlich geschickt getarnt. Und wie war seine Wertung der ABWEHR? Hitler sprach es nicht aus, aber seine Kritik stand zwischen den Zeilen, als er in diesem Zusammenhang sagte, daß wir »auf die russische Panzerwaffe nicht so geeicht gewesen seien«, d. h. von dem neuen T 34 der Sowjetrussen nichts wußten, der die deutschen Angreifer so unangenehm überraschte. Denn noch hatte die Truppe 1941/42 nicht allgemein die Pak, die in der Lage war, den T 34 mit seinem starken Panzer wirkungsvoll zu bekämpfen. Nur die 8,8 Flak war dieser Aufgabe gewachsen.

Am 22. Mai 1942 machte Hitler einen Exkurs in die Soziologie der Spionage. Da sagte er:[7] Es gäbe heute zwei Gruppen von Menschen, die sich an der Spionage beteiligten, die sogenannte »gute Gesellschaft« und das Proletariat. Der Mittelstand sei in seinen Auffassungen für die Spionage zu solide. Wenn man die Spionage wirksam bekämpfen wolle, könne man es nur so tun, daß jeder, der Spionage treibe, die Gewißheit erhalte, daß er — wenn er erwischt werde — nicht mit dem Leben davonkomme. Nun, das wurde natürlich in allen totalitären Staaten gnadenlos praktiziert. Aber selbst in der neutralen Schweiz wurden Todesurteile für Spionage während des Krieges vollstreckt. Noch einmal, am 7. Juni, kam Hitler beim Mittagessen in der »Wolfsschanze« auf dieses Thema zu sprechen und

---

[6] Picker, Henry: *Hitlers Tischgespräche*, S. 351.

[7] Ebenda S. 371.

sagte:[8] Er habe Gürtner, dem Reichsjustizminister, ein für allemal erklärt, daß es sein unerbittlicher Entschluß sei, jeden Landesverräter, für den Fall einer zu milden Bestrafung durch die ordentlichen Gerichte, von einem SS-Kommando abholen und erschießen zu lassen. Denn Landesverrat sei ein Gesinnungsdelikt. Jeder Landesverräter müsse daher exekutiert werden, ohne Rücksicht auf den von ihm angerichteten Schaden. So mit grausamer Unerbittlichkeit hat sich ja dann auch Hitler bei dem Komplex »Hochverrat« nach dem 20. Juli 1944 verhalten, selbst wenn weder Landesverrat noch eine unmittelbare Beteiligung, sondern nur eine Mitwisserschaft nachgewiesen werden konnte. Mehr noch als die ABWEHR waren damals F.N.D. und Nachrichtenwesen betroffen. Viele ihrer Führer verfielen dem Henker, voran General Fellgiebel.

Das Wissen über die Rote Armee war 1941 nur dürftig

Warum hat sich Hitler überhaupt auf das Abenteuer des Rußlandkrieges eingelassen? Warum glaubte er, daß das bolschewistische System unter den ersten harten Schlägen der deutschen Wehrmacht zusammenbrechen werde? Der Mangel an sicheren Informationen über das sowjetische Potential spielte dabei eine Rolle. Tatsächlich waren die Geheimnachrichten, die bei Kriegsbeginn über die Rote Armee vorlagen, nur dürftig, wie wir schon sagten.[9] Es war nicht gelungen, außer dem Gesamtbild des kontinuierlichen Wachstums, das der Militärattaché, General Köstring, lieferte, Klarheit über die Stärke und Gliederung der bewaffneten Macht der Sowjetunion und ihr Rüstungspotential zu gewinnen. Was die ABWEHR an Unterlagen beschaffen konnte, blieb zudem widersprüchlich. Auch die Abteilung »Fremde Heere Ost« konnte zunächst nur wenig aus »sicheren Quellen«, also der Funkaufklärung schöpfen.

[8] Ebenda S. 392.

[9] Persönliche Auskunft von Oberst i. G. a. D. Theodor Heinrich, Ic AOK 18, später Leiter Abwehr III.

Vor dem deutschen Angriff hatten außerdem die sowjetischen Geheimdienste offenbar Tendenznachrichten lanciert, die die Kriegsmacht der UdSSR schwächer und rückständiger hinstellten, als sie tatsächlich war. Diese Rückständigkeit schienen auch die geringen Erfolge der Russen im Winterkrieg gegen die Finnen 1939/40 zu beweisen. Darauf beruhte wahrscheinlich auch die ursprüngliche Geringschätzung der Roten Armee durch Hitler. Gewiß, durch die Sowjetspionage und ihre Methoden war er beeindruckt. Auch von Stalin hat er des öfteren anerkennend mit einer Art von Haßliebe gesprochen. Aber den Bolschewismus hielt er für brüchig. Diese Überzeugung wußte er auch auf die Teilnehmer an den Lagebesprechungen zu übertragen, so groß war noch seine Suggestivkraft damals. Sogar der Oberbefehlshaber des Heeres, seinerzeit noch Feldmarschall v. Brauchitsch, hatte den Ablauf von »Barbarossa« am 1. 5. 1941 folgendermaßen beurteilt:[10] »Voraussichtlich heftige Grenzschlachten, Dauer bis zu 4 Wochen. Im weiteren Verlauf wird dann nur noch mit geringem Widerstand zu rechnen sein.« Die Beurteilung des russischen Soldaten lautete allerdings: »Der Russe wird sich dort, wo er hingestellt wird, bis zum Letzten schlagen.« In dieser Verallgemeinerung erwiesen sich beide Prognosen als falsch. Aber man hatte damals eben noch zu wenig Unterlagen für ein fundiertes Urteil; kein deutscher Geheimdienst vermochte sie zu beschaffen. Aber auch eine Fülle von Informationen hätte bei Hitler wohl kaum den Ausschlag gegeben, seinen Entschluß zu ändern. Nur hätte er sich vielleicht mit der Kriegserklärung an die Vereinigten Staaten am 11. Dezember 1941 zurückgehalten. Er wollte gar nicht wissen, was ihm bevorstand. Kennzeichnend ist folgende Episode, die von General Köstring erzählt wird:[11] »Jährlich einmal wurden die deutschen Waffenattachés in Berlin zusammengezogen und erhielten hier Richtlinien für ihre weitere Arbeit. Der Höhepunkt dieser

[10] Hillgruber, Andreas: *Hitlers Strategie. Politik und Kriegführung 1939–41*, S. 509.
[11] Köstring, a.a.O. S. 93 f.

jährlichen Zusammenkünfte war ein Essen bei Hitler in der Reichskanzlei, bei dem nur die Militärattachés anwesend waren. Hierbei sprach eigentlich nur Hitler allein und entwickelte uns seine politischen Gedanken ... Als ältester Attaché saß ich neben Hitler, ohne daß er als Gastgeber irgendwie Notiz von mir nahm. Er sprach nur mit den anderen Attachés. Aber im Jahre 1936 wandte er sich an mich mit der Frage: »Herr General, Ihre Tätigkeit in Rußland muß gewiß furchtbar sein?« Ich antwortete, daß ich von den Russen durchaus korrekt und entgegenkommend behandelt werde. Meine Antwort gab Hitler scheinbar keine Veranlassung zur Vertiefung dieses Problems. Er wandte sich wieder allgemein an uns alle.«

Alle Zeugen stimmen darin überein, daß sich Hitler wenig für sachliche Informationen durch andere interessierte; für ihn galt nur das eigene intuitive Urteil. Aus dieser Selbstüberschätzung, die sich auch auf seine Umgebung übertrug, ist wohl der Entwurf zu der Weisung Nr. 32 *Vorbereitungen für die Zeit nach Barbarossa* entstanden.[12] Er ist zwar nicht gezeichnet, aber bestimmt auf Verlangen Hitlers niedergeschrieben worden. Er beginnt mit den Sätzen: »Nach der Zerschlagung der sowjetrussischen Wehrmacht werden Deutschland und Italien das europäische Festland – vorläufig ohne die iberische Halbinsel – militärisch beherrschen. Irgendeine ernsthafte Gefährdung des europäischen Raumes zu Lande besteht dann nicht mehr. Zu seiner Sicherung und für die noch in Betracht kommenden Angriffsoperationen genügen wesentlich geringere Kräfte des Heeres, als sie bisher aufrechterhalten werden mußten. Der Schwerpunkt der Rüstung kann auf die Kriegsmarine und Luftwaffe gelegt werden.«

---

[12] Hubatsch, Walter: *Hitlers Weisungen für die Kriegführung 1939–45*, Frankfurt/M. 1962, S. 129 f.

Hitler und die Intuition

Wie kam es zu dieser hybriden Fehlprognose? Wie konnte es dazu kommen? Einer der Hauptgründe, der auch für den Wehrmachtsführungsstab ins Gewicht fiel, war das ungenügende Wissen vom Feind. Der Geheime Meldedienst hatte, wie gesagt, über die Rote Armee nur wenig, dazu noch Widersprüchliches erbracht und auch »Fremde Heere Ost« tappte damals noch im Dunkeln. So gab es nur *einen* Faktor, der den Ausschlag gab: Die Intuition des Obersten Befehlshabers und Kriegsherrn. Daß dieser Kriegsherr über irrationale Kräfte verfügte und am Ende Recht behalten werde, davon waren inzwischen auch Generäle und Feldmarschälle überzeugt, die ihm früher mißtrauten. In unzähligen Gesprächen in den höheren Kommandobehörden, die dem 22. Juni 1941 vorausgingen, ist auf die Analogie zum Westfeldzug hingewiesen worden.[13] 1939/40 war man noch skeptisch, damals hatten die Teilnehmer des Ersten Weltkrieges fast ausnahmslos schwerste Bedenken gegen die Offensive erhoben. Sie hatten vor der Kriegstüchtigkeit der französischen Armee gewarnt, vor der Tapferkeit des Poilu, wenn es um Frankreich ging, vor dem glühenden Patriotismus der Franzosen überhaupt. Ein deutscher Angriff werde sich festlaufen und nach sinnlosen Opfern die deutsche Niederlage besiegeln. Aber Hitler bestand auf seiner Offensive, die allerdings immer wieder verschoben wurde. Im Spätjahr 1939 erwogen Halder und ihm Vertraute bekanntlich, »diesen Phantasten« zu beseitigen. Aber nach dem 10. Mai 1940 zeigte es sich: Allein Hitler hatte die Franzosen richtig eingeschätzt; er allein war der geistige Urheber des Blitzsieges im Westen. Daraus entstand dann der Mythos, der zum Verderben der Deutschen führen sollte: Seitdem nannten die »Hofschranzen« wie auch die NS-Presse den ehemaligen Gefreiten »den größten Feldherrn aller Zeiten«. GRÖFAZ hieß er dann später.

---

[13] Der Verfasser war seit Anfang Juni 1941 zur Führungsabt. Ic bei AOK 17 im Osten kommandiert.

Nach den weiteren Blitzsiegen bis zur Eroberung Kretas aus der Luft war Hitler von seiner eigenen strategischen Genialität überzeugt. In Wirklichkeit aber verfiel er der Verblendung, dem deutschen Soldaten sei »nichts unmöglich«, natürlich nur unter der Führung Hitlers. So beschloß er, auch die Sowjetunion niederzuwerfen: Dem Triumph im Westen sollte ein noch größerer im Osten folgen und ganz Europa Hitler untertänig werden. Aber bereits nach wenigen Wochen des Ostfeldzugs hatte sich die vermeintliche Intuition des Obersten Befehlshabers als bedenkliche Fehlspekulation erwiesen. Dann begann der Feindnachrichtendienst zu arbeiten, von den Ic's der Divisionen angefangen bis hinauf zu den Armeen und Heeresgruppen, um schließlich bei »Fremde Heere Ost« die Bilanz der Erkenntnisse zu ziehen: Die Stärken sowohl wie die Schwächen der Roten Armee gewannen an Kontur. Nun erkannte man den Feind und sein Kriegspotential wirklich.
Allerdings gelang die Lüftung seiner Geheimnisse nicht zuletzt auch mit Hilfe der Soldaten, die der Roten Armee den Rücken gekehrt hatten – ein Phänomen, das in der Kriegsgeschichte seinesgleichen sucht. Jedenfalls wurde mit der »Feindberührung« nicht nur der dichte Schleier um die Sowjetunion zerrissen, sondern auch die tatsächliche damalige Brüchigkeit des Sowjetsystems erkennbar. Aber noch blieben viele unbekannte Kräfte und Faktoren zu seinen Gunsten. Diese wie auch die tägliche Feindlage, die immer neue Überraschungen brachte, waren vom F.N.D. laufend zu klären. Sogleich nach Kriegsbeginn hatte er alle Hände voll zu tun, um die Aussagen von Gefangenen und Überläufern auszuwerten und die Beutepapiere zu sichten. Das Gesamtbild war besorgniserregend. Denn es ließ darauf schließen, daß selbst schwere Niederlagen die Sowjetführung nicht so bald in die Knie zwingen würden. Diese erste Bilanz wurde natürlich nach »Oben« gemeldet, und selbst Hitler schien im Herbst 1941 eine Zeitlang davon beeindruckt. Jedenfalls hat er dem italienischen Außenminister Graf Ciano dem Sinne nach gesagt: Hätte er das gewußt, so wäre der Rußlandkrieg erst gar nicht angefangen worden. Aber

daraus zog er durchaus nicht die Konsequenzen. In einem noch unveröffentlichten Bericht von Oberst Randewig[14] über die Leistungen der Funkaufklärung an der Ostfront heißt es zusammenfassend: »Nur der Oberbefehlshaber der Wehrmacht und des Heeres selbst verschloß sich dieser Anerkennung, trotz der vor Moskau, in Stalingrad und in Afrika erlittenen Mißerfolge, bei denen er den Feind entgegen den Berichten der Nachrichtenaufklärung falsch eingeschätzt hatte. Er zweifelte noch an der Richtigkeit ihrer Meldungen, als sie nach der Invasion 1944 in Frankreich aus dem Westen und lange vor der Baranow-Offensive im Januar 1945 aus dem Osten immer eindeutigere, zuverlässig belegte Ergebnisse erbrachten, die Übermacht der Feinde und ihre operativen Ziele betreffend. Es kam soweit, daß sich Hitler jedesmal, wenn ihm 1944/45 der Chef des Generalstabs oder der Chef der Abteilung »Fremde Heere Ost« solche unangenehmen Nachrichten unterbreiteten –, eine derart einseitig gefärbte Art des Vortrages verbat.«
Längst vor der Katastrophe, aber bereits nach den ersten Niederlagen, ließ Hitler vollends die Katze aus dem Sack, wie wir gleichfalls jenem Bericht entnehmen. Wieder einmal hatte man ihm Material »aus sicheren Quellen« unterbreitet, das die wachsende Stärke der Sowjetrussen belegte, ihre voraussichtlichen Operationen ansprach, dazu die ständig wachsende Produktion von Panzern und Geschützen in genauen Zahlen. Aber das machte auf Hitler nicht den geringsten Eindruck. Im Gegenteil, er erklärte, wie Randewig schreibt: »Ich lehne eine solche Arbeit des Generalstabs ab. Die Absichten des Feindes erkennen und daraus führungsmäßige Schlüsse zu ziehen, können nur Genies. Und ein Genie wird sich nie mit derart handwerksmäßiger Kleinarbeit abgeben.« Diese Einstellung wird von Walter Warlimont, dem stellvertretenden Chef des Wehrmachtführungsstabes während des Krieges, bestätigt, wenn er über Hitler sagt:[15] »Vom Feinde nahm er lediglich an, was ihm ge-

[14] Typoskript in Verwahrung des Verfassers.
[15] Warlimont, a.a.O. S. 256.

fiel und weigerte sich oft genug sogar, das Nichtgefallende (auch) nur anzuhören. Raum und Zeit bedeuteten ihm ... kaum mehr als vage Begriffe, die einem zielbewußten Willen nicht im Wege stehen durften.« Diese Einstellung Hitlers hatte sich auch Keitel zu eigen gemacht, und so sprach auch der Chef OKW gern von »Täuschungsmanövern« und »Funkspielen«, wenn der Funkverkehr neuer sowjetischer Großverbände mitgehört oder Kräfteansammlungen geortet werden konnten. Dann erklärte man »oben« einfach, daß Bataillone als Divisionen angesprochen worden seien. Hitler selbst wollte um keinen Preis wahrhaben, daß die sowjetische Übermacht ständig zunahm und immer bedrohlicher werde. Da er auf die Warnungen und Prognosen seines F.N.D. nicht hörte, unterblieben auch die notwendigen Gegenmaßnahmen; so kam es seit 1943 zu einer Niederlage nach der anderen, bis zur totalen militärischen und politischen Katastrophe. Die absolute Notwendigkeit, ja das geschichtliche Recht der Notwehr gegen den Verblendeten, wie es Graf Stauffenberg am 20. Juli 1944 zu praktizieren versuchte, erscheint dadurch in einem noch schärferen Licht: Die an dem Komplott Beteiligten gehörten nicht von ungefähr sämtlich zu dem inneren Kreis des OKW und OKH, der über die wahre Lage und den Notstand genau Bescheid wußte. Diese Verdunkelung auf der einen, wie die künstliche Euphorie auf der anderen Seite, auch durch die Drogen des anrüchigen Leibarztes, Dr. Morell, gefördert, steigerten schließlich ein Verhalten Hitlers, das buchstäblich als Wahn anzusprechen ist und das Reich in den Abgrund geführt hat.

Von 1942 bis 1945 ist der Chef »Fremde Heere Ost«, also der maßgebende Mann des F.N.D., von Hitler nur viermal empfangen worden.[16] Nur viermal hatte er Gelegenheit, die Geheimberichte und ihre sicheren Quellen zu erläutern, die er vorlegte, und viermal begegnete er Skepsis, Ablehnung und schließlich Wut. Hitler »feuerte« ihn am 9. April 1945, nachdem er den Hinweis mit dem bevorstehenden Generalan-

[16] Gehlen, a.a.O. S. 61.

griff auf Berlin als »völlig idiotisch« bezeichnet hatte. Dabei wurde kaum ein Oberbefehlshaber im Zweiten Weltkrieg mit besseren Geheimnachrichten versorgt, als der der deutschen Wehrmacht. Zum großen Teil stammten sie aus erster Hand, aus den Kommandozentralen des Gegners selbst. Nicht auszudenken, was ein wirklicher Feldherr damit gemacht hätte. Gewiß, die Kriegführung war und ist eine Kunst, zu der schöpferische Eingebung gehört, aber nach deutschen Vorstellungen auch eine solche auf wissenschaftlicher Grundlage, d. h. unter Nachprüfung und Kontrolle der Vernunft. Diese Überlieferung ist von Hitler mit Füßen getreten worden.
Der Feindnachrichtendienst, der sich seit 1941 vor allem im Osten ausgezeichnet bewährt hat, bediente sich nur noch in Sonderfällen der Spionage. So sind z. B. am 4. 12. 1942 und am 12. 2. 1943 wichtige Abwehrmeldungen aus Moskau eingegangen, aus denen sich die russischen Absichten für die weitere Kriegsführung erkennen ließen.[17] Im Ganzen aber hatte sich der F.N.D. zu einem durchdachten System von Aushilfen entwickelt, das jeden Hinweis aufgriff und scharfsinnig auszuwerten wußte. Die Dienstvorschrift F.N.D., von Halder veranlaßt, war gerade zum richtigen Zeitpunkt erschienen und machte diesem wissenschaftlichen Kopf alle Ehre. Vor allem betonte sie, daß sie der F.N.D. von vorgefaßten Meinungen freihalten und alle eingehenden Meldungen genau auf ihren Wert hin prüfen müsse; keine Möglichkeit der Information dürfe unausgenutzt bleiben, um Feindnachrichten zu gewinnen oder die vorhandenen Erkenntnisse zu überprüfen, bzw. zu vertiefen. Die Aussichten der Fernmeldeaufklärung im taktischen wie im operativen Bereich waren angesprochen, aber auch alle möglichen anderen. Sie reichten von der Luft- und Erdaufklärung über die Gefangenenbefragung bis zu dem Gesamtplan der Kriegsaufklärung, der folgende Fragen umfaßte:

Aufmarsch
Führung der Operationen

[17] Ebenda S. 72 und 76.

Kriegsgliederung
Bewaffnung
Kampfverfahren
Kampfwert
Transportwesen und Versorgung des Feldheeres
Ersatzwesen.

Als Beutepapiere, für den F.N.D. und seine Mosaikarbeit besonders wichtig, wurden bezeichnet:

Befehle, Akten, Karten, Vorschriften, Entwürfe, Briefe, Postkarten, Notizbücher, Tagebücher, Soldbücher, Lichtbilder, Filmstreifen, Telegrammstreifen, Geheimschlüssel, Signalbücher, Decknamen, Rufzeichen.

Material dieser Art ist im Osten bis 1943 in Massen angefallen. Hunderte von Dolmetschern und Feindbearbeitern waren mit seiner Sichtung und Auswertung beschäftigt. Dazu kamen die laufenden Erkenntnisse der Funkaufklärung und teilweise auch des Horchdienstes, der sich mit der Auswertung abgehörter Telefongespräche befaßte. So kann man wohl sagen: Fast alle Geheimnisse der Roten Armee und später auch der sowjetischen Rüstung wurden gelüftet – allerdings erst nach Kriegsbeginn 1941. Aber auch der Wunsch nach Befreiung vieler Millionen sowjetischer Untertanen wurde erkannt, nämlich durch Verhandlungen, den Krieg im Osten *politisch* zu beenden.[18] Es lag nahe, daß das Konzept der politischen Befreiung von der Abteilung »Fremde Heere Ost« im OKH ausging, deren Mitarbeiter sich am meisten mit dem Problem beschäftigt und die verschiedensten Stimmen dazu gehört hatten. Die Abteilung stand auch hinter der Aktion »Silberstreif«, die den ersten Schritt zu einem politischen Ausgleich bedeutete. Allerdings mußte man ihn tarnen, mit Rücksicht auf das Widerstreben Hitlers, der ganz anderes damit bezweckt hat.

---

[18] Siehe dazu: Strik-Strikfeld: *Gegen Stalin und Hitler. General Wlassow und die russische Freiheitsbewegung.* 2. Auflage, Mainz 1970.

ZWEITES KAPITEL

Aktion Silberstreifen

Hätte der Ostkrieg zur Katastrophe führen müssen? Konnten der militärische Unsinn und politische Frevel später durch die Vernunft noch aufgefangen werden? Es liegt nahe, daß sich diese Fragen zuerst den Mitarbeitern des F.N.D. stellten, die die Schwäche des Sowjetsystems und zugleich die Stärke der Russen erkannten. Objektivität hatte bei ihren Ermittlungen und Auswertungen Pate gestanden; nun tat sie es auch, als man einen Schritt weiter ging und die praktischen Konsequenzen daraus zu ziehen versuchte. Auch unter diesem Aspekt muß die Tätigkeit des F.N.D. im Osten angesehen werden. Ein wichtiges psychologisches Moment kam dabei zum Tragen: Wer sich lange und eingehend, dazu nach wissenschaftlichen Methoden mit dem Gegner beschäftigt, hört auf, ihn zu hassen, fängt an, ihn zu verstehen, seine Art sowie seine Lebensinteressen zu begreifen. Auf alle Fälle wird so die Polarisierung zwischen Freund und Feind gemildert, vor allem unter dem Gesichtspunkt, der Feind von heute kann, so wie es in der Politik nun einmal zugeht, als möglicher Freund und Verbündeter von morgen angesehen werden. Aber gerade dieses Moment verneinen alle totalitären Systeme, weil sie wissen, daß dann ihre Kapitalforderung, Alles oder Nichts, Unterwerfung oder Vernichtung, ad absurdum geführt wird. So gibt es keine Kompromisse für sie in der politischen Strategie, höchstens in der Taktik.

»Fremde Heere Ost« drang auf Objektivität des Urteils. Hitler witterte das. Er fühlte sich dadurch gereizt und brüskiert. Die Natur des Vabanquespielers duldete keinen Ausgleich. Sie hatte auch die Russophilie in General Köstring gespürt und ihn deshalb beiseitegeschoben. Aber gerade diesen General gewann die Abteilung »Fremde Heere Ost« zum Berater und Wegweiser: Er wurde Ende September 1942 »Beauftragter General für Kaukasusfragen«, am 13. Juni 1943 Inspekteur der turkvölkischen Verbände und am 1. Januar 1944 General der Freiwilligenverbände im Oberkommando des Heeres. Die enge Verbundenheit zwischen ihm und »Fremde Heere Ost« kam auch dadurch zum Ausdruck, daß das OKH Oberst i. G. Herre aus dieser Abteilung zum Chef des Stabes Köstring ernannte.[1] Über diese Verbände ist folgendes zu sagen, bzw. nachzutragen: Zur Aufklärung über die Rote Armee, ihre Kriegsgliederung, Bewaffnung und Kampfverfahren sowie ihren Kampfwert, ihr Transport- und Ersatzwesen hatten deren eigene frühere Soldaten in den Jahren 1941 und 1942 das meiste beigetragen. Zu Tausenden liefen sie vor allem 1941 über oder gaben sich ohne ernsthafte Gegenwehr gefangen. Bis zum Frühherbst des Jahres hatte die Zahl der russischen Kriegsgefangenen eine Million überschritten, am 1. Mai 1942 die beispiellose Zahl von 3,6 Millionen erreicht. Nur ein totalitäres System, das vor keiner drakonischen Maßnahme zurückschreckte, konnte das aushalten. Viele von diesen Gefangenen, auch höhere Offiziere und Spezialisten, sagten willig aus, was sie wußten. Die Beute an Geheimpapieren war riesig. Dergleichen hatte es noch nie in einem Krieg der europäischen Großmächte gegeneinander gegeben. Dazu kam aber auch noch ein anderes Phänomen, das gleichfalls ganz aus dem Rahmen der Kriegsgeschichte fiel: Es waren die Hilfswilligen, die sogenannten Hiwis, frühere Sowjetsoldaten, die in die deutsche Wehrmacht übertraten. Es hatte dabei keiner besonderen Überredungs- und Täuschungsmaßnahmen oder gar des Zwangs bedurft. Wenn man die Fülle der Informationen bedenkt, die dadurch für den F.N.D. anfiel, dann weiß man, warum er bald so ausgezeichnet Bescheid wußte, dann steht der Landesverrat der »Roten Kapelle«, an der Substanz der Aussagen der ehemali-

[1] Gehlen, a.a.O. S. 111.

gen Sowjet-Soldaten gemessen, dazu in einem lächerlichen Verhältnis. Es gab aber keine Informationsstelle in und außerhalb der Wehrmacht, die diese Tatsachen bekannt machte. Nur ein bestimmter Kreis von Eingeweihten wußte davon, nicht zuletzt die kämpfende Truppe: Von 1941 bis 1944 hat es jedenfalls eine umfangreiche, stillschweigend anerkannte deutsch-russische Waffenbrüderschaft gegeben, ein demokratisches Tauroggen sozusagen, auf den freien Entschluß von Hunderttausenden russischer Soldaten gegründet. Gekrönt wurde dieser Entschluß ohne Befehl von oben, als sich der sowjetische General A. Wlassow nach seiner Gefangennahme am Wolchow bereit erklärte, im Rahmen einer nationalrussischen Befreiungsarmee auf deutscher Seite zu kämpfen.[2]

Im Jahre 1942 war dieses spektakuläre Ereignis *der* Silberstreifen gewesen. Nach »Zitadelle« 1943 allerdings war es zu spät, die deutsche Niederlage sicher. Aber zuvor schien sich die Möglichkeit zu eröffnen, dem sinnlos vom Zaun gebrochenen Rußlandkrieg doch noch Sinn zu geben, ihn politisch zu beenden, zu einem russischen Befreiungskrieg zu machen. Unterdessen hatte sich ja gezeigt, daß die Wehrmacht Hitlers mit ihren Verbündeten ebensowenig in der Lage war, Rußland den Frieden zu diktieren, wie das die Grande Armee Napoleons 1812 vermocht hat. Aber auch die Russen hatten im Winter 1941/42 die Deutschen nicht schlagen können: Die Energie Hitlers hatte das ohne Zweifel verhindert. Dann kam es 1945 für die Deutschen noch schlimmer als 1812 für die Armee Napoleons, als die Gesamtheit der deutschen Ostprovinzen mit ihrer Bevölkerung in die Endkatastrophe hineingerissen wurde. Im übrigen gab es auch einen klassischen Hinweis auf eine mögliche politische Beendigung des Krieges als Ausweg: Generalleutnant Dittmar, damals Rundfunksprecher des Heeres, machte uns im Sommer 1942 darauf aufmerksam, daß bei Clausewitz eine gestern wie heute gültige Passage nachgelesen werden konnte, die lautete: »Das russische Reich ist kein Land, welches man förmlich er-

---

[2] Außer Strik-Strikfeld siehe Gehlen, a.a.O. S. 93–116.

obern, d. h. besetzt halten kann, wenigstens nicht mit den Kräften jetziger europäischer Staaten ... Ein solches Land kann nur durch eigene Schwäche oder durch die Wirkungen inneren Zwiespaltes bezwungen werden. Um auf diese schwachen Stellen des *politischen* Daseins zu stoßen, ist eine bis ins Herz des Staates gehende Erschütterung notwendig.« Soweit Clausewitz.[3] Dieser Erschütterung kamen die Deutschen 1941/42 nahe, vor allem in der Ukraine, dann in den von Stalin okkupierten baltischen Ländern; aber auch von Zehntausenden Angehöriger fremder Völker in der Sowjetarmee wurden sie als Befreier willkommen geheißen. Das »Feindbild« bekam Risse und Sprünge, die man in diesem Ausmaß nicht in Rechnung gezogen hatte. So war es nur folgerichtig, daß unter den Feindbearbeitern die Parole *Befreiung statt Eroberung* aufkam. Sie war von keiner einzelnen Persönlichkeit ausgegeben worden, sondern lief einfach von Mund zu Mund. Die Truppe hatte bereits stillschweigend in diesem Sinn gehandelt. Überall waren russische Kriegsgefangene, die sich dazu bereit zeigten, als sogenannte Hilfswillige in deutsche Verbände eingegliedert worden. Außerdem gab es bald in den besetzten Ostgebieten sogenannte landeseigene Truppen, die die Etappe sicherten. Selbst Hitler hatte nach der Kesselschlacht von Uman in der Ukraine im August 1941 befohlen, alle ukrainischen Kriegsgefangenen einfach in die Heimat zu entlassen, um landwirtschaftliche Arbeiter zu gewinnen. Die Zahl der »Hiwis« wurde niemals exakt ermittelt, aber die Schätzung von Reinhard Gehlen in seinen Erinnerungen[4] 700 000 bis 1 Million Mann im Sommer 1942, kommt bestimmt der Wirklichkeit nahe. »Osttruppen« wurden in Stärke von 176 Bataillonen und 30 selbständigen Kompanien aufgestellt. *Praktisch kämpfte also eine*

[3] Clausewitz *Vom Kriege,* Taschenbuchausgabe, 2. Auflage, Pfaffenhofen 1969, S. 235.

[4] Gehlen, a.a.O. S. 106–110. Als Angehöriger der Abt. Wehrmacht-Propaganda/Heer hatte der Verfasser laufend Kenntnis von diesen Ereignissen.

große russische Armee an der Seite der deutschen Wehrmacht. Deshalb erschien vielen Mitarbeitern Gehlens die Vorbereitung einer nationalrussischen Regierung als nächster Schritt notwendig. Das sogenannte Smolensker Komitee hatte bereits die Vorarbeiten dazu geleistet. In der Organisationsabteilung des Heeres unterstützten Oberst Stieff und Major Graf Stauffenberg diese Pläne mit Nachdruck. Sie erreichten im Herbst 1942 die Genehmigung, daß eine »russische Propagandaabteilung« aufgestellt werden konnte. Ihre wichtigste Persönlichkeit war der Rußlandkenner und -Freund, Hauptmann Strik-Strikfeld. Hier wurden die Pläne von »Fremde Heere Ost« und der Propagandaabteilung des Oberkommandos der deutschen Wehrmacht koordiniert.[5] Das war noch vor Stalingrad. Es ist nicht abzusehen, wie die politische Neugestaltung eines befriedeten Europa hätte in die Wege geleitet werden können, wenn diese Entwicklung weitergegangen wäre. Allerdings setzte sie auf deutscher Seite einen Staatsmann und Feldherrn voraus, der den politischen Ausgleich höher stellte als militärische Gewalt und Abenteuer. Er fehlte, nur die Spitzen des F.N.D. zielten damals darauf. Im übrigen stellten diejenigen, die mit ihnen am gleichen Strang zogen, 1944 die Hauptakteure des 20. Juli. So muß man diese Zusammenhänge sehen. Die Frondeure wußten, was sie wollten, von Stauffenberg angefangen. Aber Hitler blieb unbelehrbar wie alle fanatisierten Ideologen. Von einer politischen Regelung im Osten wollte er ebenso wenig wissen, wie von der zunehmenden Regenerierung der Roten Armee infolge der energischen Anstrengungen Stalins seit Ende 1941. »Fremde Heere Ost« hatte umsonst vor Stalingrad gewarnt, *da man in der Abteilung dank der Funkaufklärung den sowjetischen Aufmarsch erkannte.* Hitler aber wollte von solchen Warnungen nichts wissen; er lehnte aber auch jede politische Regelung mit Rußland ab. Erst nach Stalingrad und vor dem letzten Offensivunternehmen »Zitadelle« fand er sich zu

---

[5] Dem Verfasser persönlich bekannt. Siehe Strik-Strikfeld, a.a.O. S. 97 ff.

einigen entgegenkommenden »Gesten« bereit. Sie mußten ihm allerdings erst mit dem Trick eines Flugblattes schmackhaft gemacht werden, das zum Überlaufen aufforderte. Eine Besprechung darüber fand am 8. Juni 1943 statt. Zum Glück ist das Stenogramm darüber erhalten. Im großen Zusammenhang dessen, was heute bekannt ist, zeigt es die ganze Verblendung des obersten deutschen Kriegsherrn. Wir geben die Unterredung vom 8. 6. 1943 mit starken Kürzungen wieder:[6]

Keitel: Für mich stellt sich vom Gesamtstandpunkt aus die Frage der Behandlung der Kriegsgefangenen, der Hilfswilligen und der landeseigenen Bataillone im Osten im Augenblick etwa wie folgt dar ... Die ganze Propaganda Wlassows, die er sozusagen aus sich heraus entwickelt hat, hat die Grundlage für die jetzige, unter dem Deckwort »Silberstreifen« gelaufene Großpropaganda zum Überlaufen geboten. Und zwar sind dort Flugblätter herausgegeben worden, die wir mit Reichsminister Rosenberg, bzw. dem Ostminister damals abgestimmt haben. Sie sind Wort für Wort mit ihm besprochen; er hat sie gebilligt und genehmigt. Da hat Anfang Mai dann, ich möchte sagen, eine Totalaktion begonnen.

Zeitzler: Ein Teil war die anständige Behandlung, das ist die Masse.

Keitel: Wenn sie herüberkommen, werden sie eben jetzt besonders behandelt. Das ist das Flugblatt 13.

Der Führer: Das Flugblatt 13 habe ich gesehen.

Keitel: Es ist gesorgt dafür, daß die Überläufer in Sonderlager aufgenommen werden, besonders anständig behandelt werden.

Der Führer: Das ist alles ganz in Ordnung.

Keitel: Und daß sie sich nachher für verschiedene Möglichkeiten melden können, einmal als normale Arbeiter, zweitens als Hilfswillige und drittens eventuell auch für die landeseigenen Verbände.

---

[6] Heiber, Helmut: *Hitlers Lagebesprechungen*, dtv Taschenbuch 120/21, S. 109 ff.

Der Führer: Das haben wir nicht drin.
Zeitzler: Nein, im Flugblatt 13 nicht.
Keitel: In den Ausführungsbestimmungen ist das nachher gesagt worden. Sie sollen nach einer bestimmten Zeit übergeführt werden. Das hat der General der Osttruppen bekannt gegeben, ich habe mich informiert. Wenn sie sich in einer bestimmten Bewährungszeit auf Probe bewährt haben, können sie sich für diese Verwendung melden und werden unter Umständen für diese Verwendung auch zugelassen, also sowohl als Hilfswillige als auch für die landeseigenen Verbände. Nun beruht diese große Propaganda auf diesen Flugblättern, die vom nationalen oder nationalrussischen Komitee gezeichnet werden. In diesen Flugblättern ist das Entscheidende, worauf es ankommt, und weshalb ich es Ihnen noch einmal melden muß: Es steht neben einer ganzen Reihe von all den Dingen, die wir immer sagen – Ihr bekommt gute Verpflegung, werdet anständig behandelt, bekommt Arbeit, kommt in eure Heimat zurück, und auch für die Zukunft: das deutsche Reich wird später das System des Bolschewismus nicht aufrecht erhalten, wird nicht die Landenteignung aufrecht erhalten usw. – auch drin: Kommt herüber; wenn Ihr herüberkommt, könnt Ihr in die nationale russische Freiheitsarmee eintreten. Das steht tatsächlich in dem Flugblatt drin.
Der Führer: Das Flugblatt hätte man mir früher zeigen sollen.
Keitel: Wir müssen es soweit jetzt korrigieren. Das ist mit einer der Punkte, der für die Leute zweifellos nicht entscheidend ist, der aber immerhin eine Rolle gespielt hat.
Der Führer: Wir brauchen es auch nicht tragisch zu nehmen. Ich sehe aus dem Ganzen heute nur eines, und das ist für mich das Entscheidende: Es muß vermieden werden, daß hier eine falsche Meinung auf unserer eigenen Seite entsteht. Es ist zu unterscheiden zwischen der Propaganda, die ich hinüber mache, und dem, was wir endlich selber machen.
Keitel: Was wir hinter unserer Front machen.
Der Führer: Und was wir vor allem glauben. Es muß vermie-

den werden, daß bei uns nur auch im Leisesten sich die Meinung vertieft, als könnten wir wirklich auf diesem Weg, sagen wir, eine Kompromißlösung finden ...[7] Die Gefahr ist heute genauso. Der Befehl 13 steht überhaupt außer jeder Diskussion. Auch die anderen Sachen kann man (nur) unter der einen Voraussetzung machen, daß nicht die geringsten Konsequenzen praktisch daraus gezogen werden, und zwar vor allem, daß man das Umsichgreifen einer Mentalität vermeidet, wie ich sie leider bei einigen Herren schon gefunden habe. Auch bei Kluge hat das ein paarmal angeklungen: »Wir tun uns kolossal leichter, wenn wir eine russische Armee aufbauen.« Da kann ich nur sagen: Wir bauen nie eine russische Armee auf, das ist ein Phantom ersten Ranges ...

Keitel: Dann darf ich sagen, dann betrachten wir diesen Urheber der Propagandaflugblätter, das nationale Komitee, mit Wlassow unterzeichnet, als ein rein propagandistisches Mittel.

Zeitzler: Es wird ein großer Strich gemacht. Was zum Feind kommt, da kann man alles machen, und was im Inneren ist, ist etwas anderes. Da muß ein Strich sein. ...

Soweit die Lagebesprechung.

Angesichts der Kriegslage im Osten, Mai 1943, verpuffte die Flugblattaktion. Sie kam bereits zu spät. Stalingrad hatte für die Rote Armee ebenso die psychologische Wende gebracht wie die NS-Besatzungspolitik inzwischen für die Russen und Ukrainer im deutschen Machtbereich. Auch hatten die Nachrichten darüber die Fronten überschritten. Trotzdem mußte der Versuch gemacht werden, wenigstens noch auf diesem Weg eine politische Lösung an Hitler heranzutragen, und sei es nur, um zu erfahren, wie er darauf reagierte. Das Flugblatt 13 war von dem damaligen Oberst Gehlen abgezeichnet und von dem Chef des Generalstabs, General Zeitzler genehmigt. Aber es war natürlich nicht das, was »Fremde Heere Ost« in Tat und Wahr-

[7] Text stark konzentriert (Teile des Gesprächs ausgelassen und übersprungen).

heit wollte. Es blieb dann auch ein Schlag ins Wasser. Da die Offensive gegen den Kursker Bogen, die Operation »Zitadelle«, in deren Verlauf es ursprünglich abgeworfen werden sollte, immer wieder verschoben wurde, blieb der Abwurf in der Nacht vom 6. auf den 7. Mai 1943 isoliert und brachte keine nennenswerten Ergebnisse mehr. Trotz des Passierscheines des Smolensker Komitees, den das Flugblatt enthielt, meldeten sich lediglich ein paar hundert Überläufer. Das war ein Indiz für die inzwischen eingetretene Wende. Eine politische Chance ersten Ranges war verspielt.

In diesem Zusammenhang ist daran zu erinnern, daß der F.N.D., der Ic-Dienst, auch politische Aufgaben hat. Zu diesen Aufgaben gehören Verhandlungen mit dem Feind, z. B. bei örtlicher Waffenruhe zum Austausch von Verwundeten oder ihrem Abtransport und die Entsendung von Parlamentären.[8] Er leitet auch Waffenstillstandsverhandlungen. Zu seinen Erkundungsaufträgen gehören ferner die über eventuelle Möglichkeiten des Friedens. Deshalb hat Gehlen den politischen, militärischen und psychologischen Faktoren im Krieg ein eigenes Kapitel gewidmet, in dem er u. a. schreibt:[9] »Im Ablauf des Krieges gegen die Sowjetunion wurde spätestens ab Frühjahr 1942 immer deutlicher erkennbar, daß die *Soldaten* (von uns gesperrt, Anm. des Verf.) sich immer stärker dafür einsetzten, den Krieg seines ausschließlichen Charakters als eines Aktes der Gewalt zu entkleiden und das politische Element endlich durch eine, die positive Mitwirkung der russischen Völkerschaften ermöglichende Formulierung der Kriegsziele wirksam werden zu lassen. Im Gegensatz zu dieser Haltung wies die politische Führung – Hitler – hartnäckig alle derartigen Forderungen zurück ... Hitler zeigte sich keiner politischen Lösung zugänglich ... Es kann nicht deutlich genug betont wer-

---

[8] Der Verfasser gehörte z. B. als Ord.Offizier bei Ic AOK 18 zu den Parlamentären, die am 13./14. Juni 1940 die Übergabeverhandlungen von Paris führten.

[9] Gehlen, a.a.O. S. 99.

den, daß es der Soldat war, der — zum Teil unbewußt, in den höheren Stäben aber sehr bewußt — erkannte, daß Hitlers Kriegführung ... das Primat der Politik zugunsten der totalen militärischen Entscheidung aufgegeben hatte.«
Die oben zitierte Lagebesprechung fand am 8. Juni 1943 statt. Man muß das Datum und die damalige Kriegslage im Osten genau beachten. Zu Beginn des Jahres hatte das deutsche Heer in Stalingrad seine erste vernichtende Niederlage erlitten, eine Niederlage übrigens, die zu vermeiden gewesen wäre. Denn der F.N.D. hatte die feindlichen Absichten rechtzeitig erkannt, wie wir wissen. So kommt Albert Praun in einer noch ungedruckten Studie zu der Folgerung:[10] »Von operativen Täuschungen machte der Russe ... keinen Gebrauch. Seine großen Überraschungserfolge — Rostow, Moskau, Stalingrad — beschränken sich auf die Fälle, bei denen der deutschen Funkaufklärung durch die höchste militärische Führung nicht geglaubt und den Russen operative Funktäuschungen zugetraut wurden.« Im März 1943 hatte dann die Führungskunst v. Mansteins und die Kampfkraft der aus dem Westen herbeigeholten operativen Reserven die Lage noch einmal bereinigt und die Front im Süden der Ostfront an Mius und Donez wieder stabilisiert. Manstein machte dabei die Meldungen seines Ic-Nachrichtendienstes zur Grundlage seiner Entschlüsse. Noch einmal stand der Rußlandkrieg in der Schwebe. Aber der Krieg in Afrika ging zu Ende, und zwar unter erneut schweren Einbußen. Es war vorauszusehen, daß die westlichen Alliierten noch im Sommer 1943 zum Sprung auf das europäische Festland ansetzen würden. In dieser Lage bot sich eine nationalrussische Armee an unter der einen Bedingung, daß die deutsche Führung die politischen Interessen der national gesinnten Russen anerkannte. Sie wollten befreit, aber nicht zu einem Hilfsvolk einer anderen totalitären Macht degradiert werden. In diesem letzten Schwebezustand des Krieges kam die Flugblattaktion »Silberstreifen«. Sie blieb jedoch eine halbe Sache, weil sie das

[10] Text dem Verfasser zur Verfügung gestellt.

OKW dazu gemacht hat. Immerhin war sie ein psychologischer Test der Russen und wurde in der Abteilung Ic der Heeresgruppe Süd (v. Manstein) auch so beurteilt. Ihre geringen Erfolge waren ein Menetekel. Die Zeit der Überläufer und der Gefangenenmassen war vorbei. Die Rote Armee hatte sich konsolidiert, unter dem Eindruck des großen Sieges von Stalingrad die Homogenität gewonnen, die ihr vorher gefehlt hatte. An ihre Besiegung mit rein militärischen Mitteln war nicht mehr zu denken. Gerade das aber wollte Hitler nicht einsehen. Seine Verblendung erreichte allmählich pathologische Grade. Aber das wußte nur der kleine Kreis der Eingeweihten, die direkt mit seinem Starrsinn zu tun hatten. Vor »Zitadelle« warnte der F.N.D. besonders eindringlich,[11] weil er ein klares Feindbild besaß: Infolge der dauernden Verschiebung des Angriffstermins hatte die Sowjetführung alle Verteidigungsmaßnahmen getroffen und so den Aufmarsch verstärkt, daß sie nach dem Festlaufen des deutschen Angriffs zur Retouroffensive übergehen konnte.

Es ging längst nicht mehr um das militärische Verständnis Hitlers im allgemeinen, sondern um seine politische Strategie. Gewiß, er hatte ein außergewöhnliches militärisches Wissen und Gedächtnis und konnte immer wieder damit verblüffen. Aber darum ging es ab 1941 nicht mehr, sondern um den Rang eines Staatsmannes und Feldherrn im Zweiten Weltkrieg: und da versagte Hitler völlig. Zum mindesten hätte er aus seinen Fehlern lernen und rechtzeitig auch eine politische Beendigung des Krieges mit ins Kalkül ziehen müssen, statt ähnlich wie Ludendorff 1918 alles auf die Karte eines »Siegfriedens« zu setzen. Aber auch rein militärisch zeigte sich der Oberste Befehlshaber der Deutschen Wehrmacht ab 1943 seinen Aufgaben nicht mehr gewachsen: Sonst hätte er an der Front die notwendigen Entscheidungen seinen Oberbefehlshabern überlassen und ihnen nur mögliche Aufgaben gestellt, statt, fern der Front, in die taktische Führung bis zu den Bataillonen einzugreifen. Warum

[11] Siehe Gehlen, a.a.O. S. 86 f.

hat er seinen besten Heerführer, v. Manstein, im Frühjahr 1944 entlasssen, statt ihm den Oberbefehl über die Ostfront zu übertragen und Operationsfreiheit zu gewähren? Und dann vor allem immer wieder: *Warum hat er auf seinen Feindnachrichtendienst nicht gehört?* Das alles erklärt sich nicht nur aus psychologischen Gründen, also nicht allein aus Starrsinn und unbelehrbarer Rechthaberei, zu der Hitler allerdings neigte, sondern auch aus dem Verfall des selbstkritischen Bewußtseins infolge eines dauernden Mißbrauchs von Aufputschmitteln. Da arbeitete der Nachrichtendienst, der beste, über den je eine deutsche Armee verfügte, freilich ins Leere.

Feindnachrichten

Zum Beweis für die außerordentlichen Leistungen, vor allem der Funkaufklärung, seien hier noch einige Beispiele angeführt bzw. nachgetragen. Sie sind den noch ungedruckten Berichten entnommen, über die wir verfügen.[12] So heißt es in einem von ihnen über die gewaltigen Vorbereitungen der Sowjets für die Baranow-Offensive Ende 1944: »Nach dem uns seit Jahren bekannten sowjetrussischen Schema des Funksystems rollte dieser tragische Film ab. Aber die Zuschauer konnten dem Verhängnis nicht Einhalt gebieten, das sich vorbereitete und dann mit elementarer Gewalt auf sie zukam. Die Deutsche Nachrichtenaufklärung, inzwischen verbessert und verfeinert, erkannte noch einmal alle die untrüglichen Zeichen der kommenden Offensive: Den Aufmarsch der Heerespioniere, der Heeresartillerie, der Salvengeschützverbände, die die Schwerpunkte frühzeitig entschleierten, an denen ihr Feuersturm losbrechen würde. Sie sah das Heranrollen der Großverbände, eine Division und ein Korps nach dem anderen, den Aufmarsch der Armeen, die Gliederung der ›Fronten‹, die etwa den deutschen Heeresgruppen entsprachen. Sie hörte zurückhaltende operative Funkgespräche, die nur die Verkehrs- und Peilauswertung

[12] Typoskripte in Verwahrung des Verfassers.

zu deuten vermochte, und erfaßte schließlich die ganze erdrükkende Masse der Funksprüche und Funkgespräche so, als hätte sie Hunderte von Mithörern in allen sowjetischen Hauptquartieren eingeschmuggelt.«

Gewiß wurde bei den Frontdivisionen und aufmarschierten Panzerverbänden genaue Funkstille gehalten. Aber Heerestruppen und vor allem der NKWD – sie kümmerten sich nicht darum. Und schließlich waren es die früh vorausgeschickten Kundschaftertrupps, die durch ihren Funkverkehr mit den »Fronten« die gesteckten operativen Ziele verrieten. So entstand aus Hunderten von Mosaiksteinen das Kolossalbild der bevorstehenden Baranow-Offensive.

Anfang Januar 1945 war dieses Bild abgeschlossen. Man hatte beobachtet, daß die Gefechtsstände vorverlegt wurden und konnte sicher voraussagen: Am 12. Januar werde der Sturm losbrechen. General Gehlen trug diese einzigartige Erkenntnis dem Chef des Generalstabs, Generaloberst Guderian vor, der versprach, sie weiterzugeben. Aber Hitler war um diese Zeit noch in dem kleinen Führerhauptquartier »Adlerhorst« mit dem Auslaufen der deutschen Ardennenoffensive beschäftigt, die nicht durchgeschlagen hatte. Immer noch galt sein ganzes Interesse dem Westen, während er in bezug auf den Osten erklärte, man habe zur Abwehr getan, was man konnte, da sich die Verteidiger eingegraben hatten. Aber das früher Mögliche war inzwischen unmöglich geworden. Schon im Sommer 1944 hatten bei der Heeresgruppe Mitte den 150 sowjetischen Schützen- und 45 Panzerdivisionen nur 42 deutsche Großverbände in einem Stärkeverhältnis von 4,5 : 1 gegenüber gestanden. Das Ergebnis war der Zusammenbruch der Heeresgruppe Mitte. Ende August 1944 hatte die Rote Armee drei große operative Brückenköpfe westlich der Weichsel gebildet, Baranow, Palawa und Magnussew. Hier kam Anfang September ihre Offensive noch einmal zum Stehen, die Kampfkraft der Russen erlahmte, eine letzte Kampfpause trat ein. Hitler nutzte sie, um die Ardennenoffensive vorzubereiten, die Sachverständige von vornherein für hellen Wahnsinn erklärten: Man mußte sich endlich für *einen* Schwerpunkt des Einsatzes der noch vorhandenen Kräfte entscheiden. Das war eindeutig der Osten. Man wußte doch, daß von dorther die größere Gefahr drohte, militärisch, politisch, menschlich.

Der Feindnachrichtendienst wußte es bald auch im einzelnen: Anfang Oktober erkannte die deutsche Nachrichtenaufklärung »aus sicheren Quellen« die Vorbereitung zu einem neuen Großangriff aus den genannten drei Brückenköpfen heraus. Noch im September hatte die Umgruppierung vom Angriff zur Verteidigung das Feindbild weitgehend verschleiert; nun aber war der neue Aufmarsch nicht mehr zu verkennen. Vier Heeresgruppen wurden beobachtet: zwei gegenüber Ostpreußen, zwei zwischen Modlin und Baranow. Der Schwerpunkt im Süden war nicht zu übersehen, ebenso wie die operative Zielsetzung, die nach Schlesien und in Richtung Berlin wies. Das Reich und die Reichshauptstadt waren tödlich bedroht. Die Berichte wurden Hitler vorgelegt, aber er war nur mit der Ardennenoffensive beschäftigt; denn von ihr erwartete er die Wende des Krieges. Unterdessen wurde die sowjetische Übermacht an der Weichsel immer bedrohlicher. Bis zum 9. Januar war das Kräfteverhältnis bei der Infanterie auf 11 : 1, bei den Panzern 7 : 1, bei der Artillerie 20 : 1 gestiegen. Die sowjetische Feuerüberlegenheit war ungeheuerlich. In den Schwerpunkten, aus denen die Offensive losbrechen sollte, standen auf einem Frontkilometer 250 Geschütze. An dieser Front war es noch möglich, die Ergebnisse der Fernmeldeaufklärung durch die der Luftaufklärung zu ergänzen. Sie erbrachte weitere Einzelheiten über den Artillerieaufmarsch und die Bereitstellung der motorisierten und Panzerverbände für den Angriff. Eine operative Überraschung war auf diese Weise verhindert. Die Truppe an der Front, die Kommandobehörden und der Chef des Generalstabs wußten, worauf sie sich einzurichten hatten. Auch der Angriffstermin, der 12. Januar, war ihnen vorher bekannt. Die letzte Entscheidung für die Verstärkung der Verteidiger lag bei Hitler. Aber Hitler versagte. Er schob die Erkenntnisse des F.N.D. brüsk beiseite. Darüber schreibt Generaloberst Guderian in seinen *Erinnerungen eines Soldaten:*[13] »Ich fuhr am 24. Dezember nach Giessen und von dort ins Führerhauptquartier, damals ›Adlerhorst‹ bei Ziegenberg im Taunus, zum Vortrag. Mein Vortrag schilderte die feindliche Gliederung und das Stärkeverhältnis ... Die Arbeit meiner Abteilung ›Fremde Heere Ost‹ war mustergültig und absolut zuverlässig. Ich kannte deren Chef, den General Gehlen lange genug, um ihn und seine Mitarbeiter, seine Methoden und seine Ergebnisse beurteilen zu können. Die Voraussagen Gehlens haben sich bewahrheitet. Das ist eine geschichtliche Tatsache. – Hitler sah die Dinge anders. Er erklärte Angaben der Abteilung ›Fremde Heere Ost‹ für Bluff. Er behauptete, die russischen Schützenverbände seien höchstens 7000 Mann stark, die Panzerverbände hätten keine Panzer. ›Das ist der größte Bluff seit Dschingis Khan‹, rief er aus. Wer hat diesen Blödsinn ausgegraben?« Und dann, einige Seiten weiter, erinnert sich Guderian: »Am 9. Januar war ich wieder in Ziegenberg, fest entschlossen, nicht nachzugeben und Hitler seine Verantwortlichkeit klar vor Augen zu rücken. Der Vortrag fand vor dem üblichen Forum statt ... Gehlen hatte sehr sorgfältig die Unterlagen über die Feindlage ausgearbeitet, einige Karten und Schaubilder, welche die Kräfteverhältnisse veranschaulichten. Hitler geriet in großen Zorn, als ich diese Ausarbeitungen vorlegte; er erklärte sie für ›völlig idiotisch‹ und verlangte, daß ich den Bearbeiter sofort in ein Irrenhaus sperren sollte. Da faßte mich doch der Zorn, und ich erklärte Hitler: Die Ausarbeitungen stammen von dem General Gehlen, einem meiner tüchtigsten Generalstabsoffiziere. Ich hätte sie Ihnen nicht vorgetragen, wenn ich sie mir nicht zu eigen gemacht hätte. Wenn Sie verlangen, daß der General Gehlen in ein Irrenhaus kommt, dann sperren Sie auch mich gleich dazu. Das Verlangen Hitlers, den General Gehlen abzulösen, lehnte ich schroff ab. Daraufhin hatte der Orkan ausgerast. Aber der militärische

[13] Guderian, Heinz: *Erinnerungen eines Soldaten,* Heidelberg 1951, S. 347 ff.

Erfolg des Vortrages blieb trotzdem aus ... Das Ganze war höchst unerfreulich.«

Hitler lehnte eine Verstärkung der Ostfront ab und sagte: »Ich will die wiedergewonnene Initiative an der Westfront nicht verlieren.« Mitte Januar 1945 war aber bereits beides dahin. Die Initiative im Westen, aber auch eine geschlossene Front im Osten. Der schwache Damm an der Weichsel war gebrochen. Wie eine lehmgraue Flut wälzte sich die Rote Armee nach Westen und überspülte bald auch die alten Grenzen des deutschen Reiches. Die so entstandene Lage wird von Walter Warlimont folgendermaßen gekennzeichnet: »... die weiteren Ereignisse zeigen einwandfrei, daß die oberste deutsche Führung nicht einmal ein vorbereitendes Konzept für den Fall entwikkelt hat, daß der bevorstehende Ansturm im Osten gefährliche Ausmaße annehmen sollte.«[14]

Hitler weigerte sich einfach, daran zu glauben und wies die Angaben über Stärke und Absichten der Roten Armee, unbedingt zuverlässig erarbeitet und belegt, als »unverschämten Bluff« zurück. Guderian erhielt ganze vier Divisionen zur Verstärkung der Ostfront. Er kehrte im übrigen nach Zossen, inzwischen wieder Hauptquartier des OKH wie zu Beginn des Krieges, mit der unverantwortlichen Weisung zurück, der Osten müsse sich selber helfen und mit dem auskommen, was er habe. Die Folgen sind bekannt.

Warum konnte das geschehen?

Es besteht ein ursächlicher Zusammenhang von Hitlers späterem Starrsinn mit den überwältigenden Anfangserfolgen, die den »Mythos Hitler« begründeten. »Tatsächlich«, so heißt es in dem uns vorliegenden ungedruckten Bericht,[15] »hatte Hitler Kriegspotential und Kampfwert seiner ersten Gegner, Polen und Franzosen, intuitiv richtig eingeschätzt, *richtiger als viele seiner militärischen Berater aufgrund ihrer Erfahrungen aus dem Ersten Weltkrieg.*« Für diese Feindlagenbeurteilung

[14] Warlimont, a.a.O. S. 526.

[15] Typoskript in Verwahrung des Verfassers.

konnten alle Friedensaufklärungsmittel nur bescheidene Beiträge liefern. Anders war es, als die Würfel gefallen, die Karten aufgedeckt und eine Anlaufzeit überwunden waren: Dann lieferte der Feindnachrichtendienst dem deutschen Oberkommando Unterlagen, die eine erfolgreiche Führung auch unter schwierigen Bedingungen ermöglichte. Den meisten Kommandobehörden waren sie außerordentlich nützlich. Die deutsche Nachrichtenaufklärung stellte der Leitung des Feindnachrichtendienstes Unterlagen zur Verfügung, die sich durch Umfang und Zuverlässigkeit auszeichneten.

Vor allem im Osten war dieses Verfahren erfolgreich. Aus der systematischen Kleinarbeit der Nachrichtenbearbeiter erwuchs eine klare, fast lückenlose und zudem zuverlässige Erkenntnis des Kriegspotentials der Sowjetunion sowie der operativen und taktischen Absichten des gewaltigsten Gegners, gegen den deutsche Heere jemals gekämpft haben. Diese Erfolge waren denen des Ersten Weltkrieges auf diesem Gebiet um ein Vielfaches überlegen.

Es mag zudem erwähnt werden, daß die Führung auf diesem Weg auch Einblick in bestimmte politische Entwicklungen gewann. Sowohl das Ausscheiden Italiens aus dem Bündnis, wie die Veränderungen auf dem Balkan konnten rechtzeitig vorausgesagt werden. Auch die Aufklärung über das Kriegspotential der Vereinigten Staaten war der damit befaßten Abteilung »Fremde Heere Ost« zu verdanken. Sie ermittelte sie allerdings nicht auf dem Wege über die dort eingesetzten Funkagenten: Den Aufrüstungsplan lieferte die allzeit offenherzige amerikanische Presse gratis und franko, wie wir wissen. Aber alle diese Erkenntnisse machten keinen Eindruck auf den Obersten Kriegsherrn des Deutschen Reiches. Seine intuitive »nachtwandlerische Sicherheit« war in der zweiten Kriegshälfte zu einer Abart geistiger Umnachtung geworden. Als der Nachtwandler stürzte, riß er die Armee, oder das, was von ihr durchgehalten hatte, ebenso mit in die Tiefe wie das Reich und das zu Tode erschöpfte Volk.

Noch angesichts der unmittelbar bevorstehenden Katastrophe

arbeitete die Funkaufklärung, jetzt Fernmeldeaufklärung genannt, mit der gewohnten Präzision und außerordentlichen Ergebnissen. So konnte sie noch in den letzten Kriegswochen 1945 die genaue Meldung über den bevorstehenden Großangriff auf Berlin der deutschen obersten Führung vorlegen, und zwar acht Stunden, bevor er einsetzte. Es heißt in dem uns vorliegenden Bericht[16] wörtlich: »Im April 1945 unterhielt sich der Oberbefehlshaber der russischen 2. Gardepanzerarmee persönlich im Raume Briesen, ostwärts Berlin, mit seinen Korps und Brigaden und den Panzerspitzen über die genauen Aufgabenbereiche, Vormarschstraßen, Zeiten, Flankensicherung, Luftschutz und das Angriffsziel der Armee, den Vormarsch nördlich Berlin bis nördlich Potsdam, wo sie sich mit Kräften, die südlich Berlin vorstießen, vereinigen wollten.« Die Meldung gelangte bis in den Führerbunker.

Was tat in dieser Lage die deutsche Reichsführung? Praktisch nichts. Man ließ die Ereignisse auf sich zukommen oder gab sinnlose Befehle an Armeen und Heeresgruppen, die nur noch auf der Führerlagekarte existierten. Oder Goebbels las seinem Führer, »um ihn zu trösten und aufzurichten, aus beider Lieblingsbuch vor, der *›Geschichte Friedrichs des Großen‹* von Carlyle.« Dann flüchtete man in die Astrologie und verwies auf zwei Horoskope: Sie prophezeiten »die Kette der Rückschläge mit den schwersten Schlägen in den ersten Monaten 1945, vor allem in der zweiten Hälfte April, ein Stagnieren bis zum August, in diesem Monat den Frieden, dann drei Jahre lang eine schwere Zeit für Deutschland und von 1948 an wieder den Aufstieg.«[17]

Diesen Horoskopen hat man geglaubt. Aber die Nachrichten

---

[16] In der Sammlung von Beiträgen, die seinerzeit für die Historical Division in Karlsruhe (Leitung Generaloberst Halder) geschrieben wurden, sind die einzelnen Verfasser nicht genannt – bis auf Oberst a. D. Randewig.

[17] Wilmot, Chester: *Der Kampf um Europa,* deutsch Frankfurt/M. 1954, S. 755 f.

aus sicheren Quellen wurden seit Jahr und Tag in den Wind geschlagen, die ausgezeichnete Spezialisten aus dem Äther gewonnen hatten. Gewiß, den Sieg hätte man damit auch nicht errungen. Aber der politischen Vernunft hätte damit wohl Bahn gebrochen werden können, wie es »Fremde Heere Ost« 1942 versuchte, als ihre führenden Männer auf einen Verständigungsfrieden mit Rußland drängten. 1944 war es dafür zu spät.

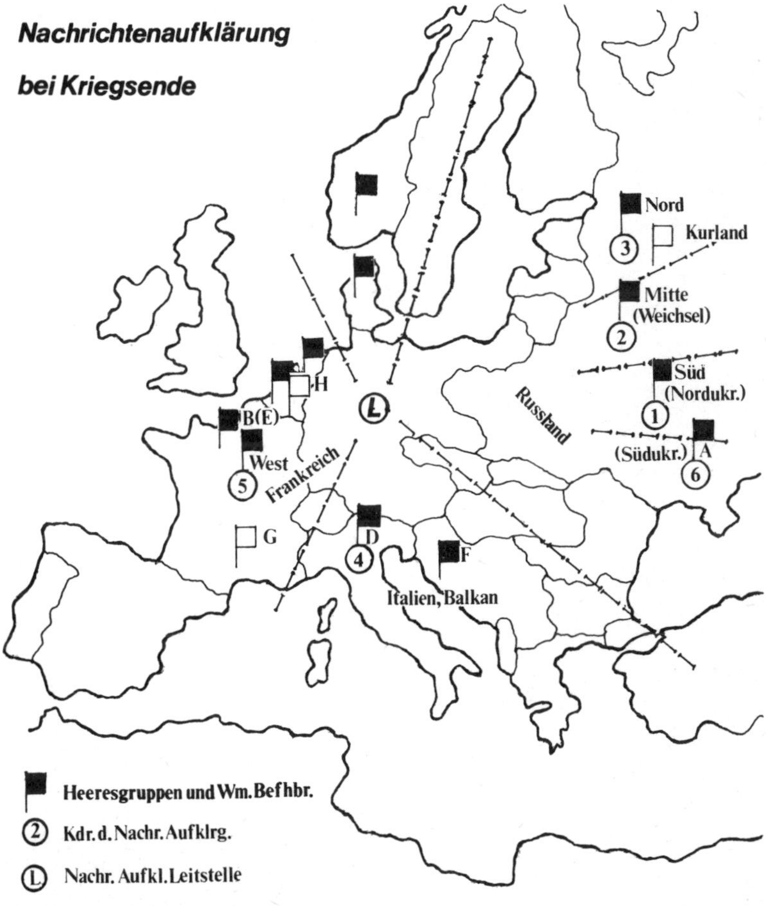

SIEBTER ABSCHNITT

Duell der Geheimdienste 1944

ERSTES KAPITEL

Overlord oder die geglückte Überraschung

Vom Duell der Geheimdienste 1944

Die Geheimhaltung von »Overlord«, der Invasion der West-Alliierten in Frankreich 1944, gelang perfekt. Die Führung der deutschen Wehrmacht tappte hinsichtlich Raum und Zeitpunkt im Dunkeln und war überrumpelt, als sie in den ersten Stunden des 6. Juni 1944 an der Normandieküste erfolgte. Wie sehr sie überrascht war, weiß der unbefangene Zeuge dieser Ereignisse. Aber er weiß auch, daß die Revanche nicht ausblieb, daß der Überraschung auf deutscher Seite im Juni eine vielleicht noch größere Überraschung der Amerikaner durch die deutsche Ardennenoffensive im Dezember des gleichen Jahres gefolgt ist, allerdings mit ungleichen Ergebnissen. So stellt sich das Jahr 1944 als ein grandioses Duell der Geheimen Nachrichtendienste dar, in dem beide Seiten das Höchstmaß ihrer Erfahrungen auf dem Abwehr-Gebiet einsetzten, so daß beide Gegner in diesem lautlosen Zweikampf Sieg und Niederlage erfuhren. Es steht auf einem anderen Blatt, warum die Operation »Overlord« für das Oberkommando Eisenhowers den siegreichen Anfang vom Ende des Zweiten Weltkriegs in Europa bedeutete, während die gelungene taktische Überraschung der Deutschen in den Ardennen nicht ausreichte, um die endgültige Katastrophe abzuwenden. Sie hat sie wahrscheinlich nur noch beschleunigt.

Besonders charakteristisch für dieses Duell der Geheimdienste auf beiden Seiten war das fast völlige Versagen der herkömmlichen Spionage. Bei den Alliierten war dieser Triumph der Spionageabwehr kein Kunststück, denn es standen dafür Mittel und Kräfte in Hülle und Fülle zur Verfügung. Die wenigen deutschen V-Männer, die in England noch nicht enttarnt oder umgedreht waren, konnten es bei der strengen Funküberwachung kaum mehr wagen zu funken,[1] und so blieb nur die Überwachung der Résistance in Frankreich, um zu erfahren, welche Befehle sie aus England erhielt und auszuführen hatte. Da gab es immerhin konkrete Hinweise. Beinahe rätselhaft aber ist das Versagen der feindlichen Spionage Ende 1944 an und hinter der deutschen Westfront. Dazu Leo Hepp, damals Chef des Stabes der Wehrmachtnachrichtenverbindungen im OKW:[2] »Die deutsche Ardennenoffensive führte zu einer so vollkommenen Überraschung des Feindes, wie man sie in der Kriegsgeschichte nur selten verzeichnen kann. Dies ist um so erstaunlicher, als Stärke und ungefährer Verbleib der Panzerverbände des deutschen Heeres dem Feind bekannt sein mußten, seine Luftüberlegenheit ihm nahezu völlige Bewegungsfreiheit für die Luftaufklärung über dem Reichsgebiet gab und seinem Geheimen Nachrichtendienst vor allem unter den zahllosen, über ganz Deutschland verteilten Fremdarbeitern und in der Wirtschaft arbeitenden Kriegsgefangenen viel für militärische Beobachtungen geeignete Vertrauensleute zur Verfügung standen.« Diese Tatsache ist jedenfalls charakteristisch dafür, welche geringe Bedeutung der herkömmlichen Ausspähung gegen Ende des Krieges auch von seiten der Alliierten beigemessen wurde. Interessant waren nur noch die wenigen V-Männer, die in den obersten Befehlszentralen saßen. Aber auch von ihnen kam offenbar keine Information über die Ardennenoffensive.

---

[1] Nach Farago, a.a.O. S. 359 erfuhr die AST Hamburg durch Funkspruch aus England von ihrem Agenten Hansen am 15. Januar 1944, daß Eisenhower in seiner Eigenschaft als Oberkommandierender der Westalliierten in Europa am 16. Januar in England eintreffen werde. Inzwischen war Hansen längst »umgedreht«.

[2] Hepp, Leo: Funkaufklärung und Funktäuschung, in: *Wehrwissenschaftliche Rundschau*, März 1954, S. 110.

Wie haben damals die Alliierten, wie die Deutschen gearbeitet, um die Invasion, bzw. die Ardennenoffensive zu verschleiern? Welche Mittel der Tarnung und Täuschung haben sie angewandt und welche Unterlassungen der Gegenseite begünstigten dann die gelungene Überraschung? In dieses Kapitel des Zweiten Weltkriegs wollen wir Licht bringen. Das Material dazu liegt schon in den verschiedensten Publikationen vor, hier aber wird es zusammenfassend analysiert, durch weitere Originaldokumente bereichert.[3] Dann ermöglicht es die Erkenntnis der großen Zusammenhänge. Der Geheime Nachrichtendienst beider Seiten hat sich in diesen Leistungen vollendet. Aber auch die Grenzen seiner Möglichkeiten werden dabei sichtbar.

Overlord und der Geheimdienst

Im Jahre 1944 hatte der Zweite Weltkrieg längst das Stadium überschritten, in dem sich die beiderseitigen Kräfteverhältnisse noch einigermaßen die Waage gehalten hatten. Nun machte sich das Übergewicht der Alliierten in Ost und West wie in Italien immer stärker bemerkbar. Das zeigte sich bereits in den Monaten deprimierend, die unmittelbar der Invasion vorausgingen. Einem riesenhaften ND-Stab der Alliierten, eigens zu Abwehr- und Tarnungszwecken geschaffen — er umfaßte zeitweise »über 1000 Mitarbeiter«, allerdings ohne nähere Angaben über Rang, Tätigkeit usw.[4] — standen die Abwehrstellen Frankreichs, die Abwehroffiziere der Armeen und Heeresgruppen und deren Ic-Stäbe gegenüber, die in der Regel nicht mehr als fünf bis sieben Offiziere und Sonderführer umfaßten. Insgesamt mögen in Ic-Stellen, Abwehr und ND im Westen 1944 rund 500 Personen tätig gewesen sein, ohne die in Frankreich

---

[3] Aus dem KTB Ob. West. Mit sämtlichen Anlagen im Militärarchiv in Freiburg/Br.

[4] Wilmot, a.a.O. S. 210 ff. über Fortitude. Auch Strong *Geheimdienstchef*, S. 168 f.

selbst allerdings ziemlich zahlreich tätigen V-Männer und Kuriere, auf die wir noch besonders zu sprechen kommen werden.

Auf alliierter Seite war für die Operation »Overlord« ein durchdachter Tarnungs- und Täuschungsplan ausgearbeitet worden. Darüber gibt es eine Reihe von kompetenten Bezeugungen. So liefern z. B. die Memoiren des Feldmarschalls Montgomery, dann der umfangreiche, glänzend geschriebene Report von Chester Wilmot *Der Kampf um Europa,* der Bericht von Ryan *Der jüngste Tag* interessante Materialien. In erster Linie zuständig ist aber natürlich das Erinnerungsbuch von Major-General Sir Kenneth Strong *Geheimdienstchef in Krieg und Frieden,* das die interessantesten Informationen bietet. Auf deutscher Seite sind die Aussagen über die geheimdienstliche Arbeit im Jahre 1944 spärlich, wenn man von dem in seiner Art aufschlußreichen Bericht von Oscar Reile *Geheime Westfront*[5] absieht. Doch haben sich im KTB des Oberbefehlshabers West eine Reihe von Dokumenten erhalten, die weitere wichtige Aufschlüsse ergeben. Wir werden noch auf sie zurückkommen.

Den Erinnerungen von Feldmarschall Montgomery zufolge[6] waren bis Ende März 1944 alle Einzelheiten für »Overlord« festgelegt, wie das Code-Wort für die Invasion in Frankreich lautete. Die antransportierten Armeen mit ihren erstklassigen Divisionen rückten in die für sie vorgesehenen Räume ein, um den letzten Schliff für den Tag X, den D-Day zu erhalten; er war zunächst auf den 5. Juni festgelegt. Den ganzen April über hatten Manöver stattgefunden, die vom 3. bis 5. Mai ihren Höhepunkt in einer riesigen »Generalprobe« sämtlicher Angriffsverbände erreichten. Schon am 28. April war das Hauptquartier Montgomerys nach Southwick House in der Nähe von Portsmouth umgezogen, das am Tage X auch sein operativer Befehlsstand werden sollte. Feindlagebearbeiter der Heeres-

[5] Reile, a.a.O. S. 430–445.
[6] Montgomery, a.a.O. S. 162 ff.

gruppe Montgomery war der Brigadegeneral Bill Williams, der es offenbar ausgezeichnet verstand, alle Feindnachrichten kritisch zu sichten, Unwichtiges auszuscheiden und dann seinem Oberbefehlshaber ein zutreffendes Bild der Feindlage vorzutragen. Am 15. Mai 1944 gab der Oberbefehlshaber von »Overlord«, der US-General Eisenhower, in der St.-Paul-Schule in London den Spitzen des Staates und der Streitkräfte in Anwesenheit des Königs einen Überblick über den Gesamtplan der Invasion, der offenbar nachhaltigen Eindruck gemacht hat.

Die Lage Deutschlands wurde damals von Montgomery folgendermaßen beurteilt:[7] »Deutschland kämpft heute bereits an drei Fronten: In Rußland, in Italien und auf dem Balkan. Bald wird es noch an einer vierten Front kämpfen müssen. Das kann es auf die Dauer nicht durchhalten. Es hat zwar viele Divisionen, aber sie sind alle schwach, keine erreicht ihre Soll-Stärke. Seine Städte und Industriebezirke werden laufend durch Luftangriffe verwüstet. Das wird im Laufe dieses Jahres in ständig zunehmendem Maße weitergehen, so daß gegen Ende 1944 von seinen größeren Städten nicht mehr viel übrig bleiben wird. – Deutschland ist von allen Seiten eingekreist, überall haben die Alliierten die Initiative, und während wir die Luftangriffe erbarmungslos fortsetzen, werden die Russen zu weiteren Offensiven übergehen, und auch die Mittelmeerfront drängt weiter vor. Sehr viel wird vom Erfolg unserer Operation abhängen. Wenn wir Erfolg haben, wird nach meiner Schätzung Deutschlands Kraft allmählich erlahmen. Und wir werden Erfolg haben! ... wenn wir unsere Sache richtig machen und keine Fehler begehen, dann glaube ich, wird Deutschland Ende dieses Jahres am Ende sein ... Wir haben die Initiative. Der Feind weiß nicht, wo und wann wir landen werden.«

Dieses »Wo« und »Wann« zu verschleiern und eine andere operative Absicht vorzutäuschen, als sie tatsächlich bestand, das war der Schwerpunkt der Vorbereitungen zu »Overlord«.

[7] Ebenda S. 269 f.

Denn nur dann hatte die große Operation Aussicht auf den beabsichtigten durchschlagenden Erfolg, wenn dic taktische Überraschung glückte, die angelandeten Truppen sich festsetzen und demnächst die taktischen Landeköpfe zu einem operativen Landekopf verschmolzen und ausgeweitet werden konnten. Vor allem brauchte man möglichst bald Feldflugplätze für die Jabos, die taktischen Jagdbomber auf kontinentalem Boden. Diesem Gesamtziel diente der Plan mit dem Code-Namen »Fortitude«. In der Geschichte der Geheimen Nachrichtendienste während des Zweiten Weltkriegs in Europa wird er nur noch von den deutschen Plänen zur Verschleierung der Ardennenoffensive übertroffen, und zwar sowohl hinsichtlich der getroffenen Täuschungs-, Tarnungs- und Verschleierungsmaßnahmen wie in der Auswertung des erkannten Feindbildes. Davon später im einzelnen.

Zu den ersten abschirmenden Maßnahmen von »Fortitude« gehörte: Bereits im Februar 1944 wurde jeder Verkehr zwischen dem Vereinigten Königreich und der Republik Irland eingestellt, die sich ja nicht im Kriegszustand mit Deutschland befand. So hatte die deutsche Abwehr dort ein Agentennetz aufziehen können, das jede Nachricht aus Großbritannien auffing und weitere Informationen durch diese Öffnung beschaffte. Diese Quelle war nun verstopft. Im April wurde ein breiter Küstenstreifen von der Wash Bay bis Lands End und zu beiden Seiten des Firth of Forth für alle Besuche gesperrt. Allen auswärtigen Diplomaten legte man bis dahin ungewohnte Beschränkungen auf: Weder sie noch ihre Kuriere durften das Land verlassen oder betreten. Sogar ihre Post wurde der Zensur unterworfen.[8] Die Leiter von »Fortitude« taten sogar noch ein Übriges und gaben diese Maßnahmen öffentlich bekannt. Selbstverständlich berichtete »Fremde Heere West« dem Chef des Generalstabs darüber und dieser wieder dem Obersten Befehlshaber Adolf Hitler. Der Bericht hatte eine unerwartete Wirkung. Hitler wurde aufmerksam, während er sich sonst

---

[8] Wilmot, a.a.O. S. 210.

doch nur wenig um die Ergebnisse des Feindnachrichtendienstes kümmerte, ja sie schroff ablehnte. In der Lagebesprechung vom 6. April 1944 äußerte er sich dazu, wie wir aus einem erhaltenen Bruchstück des Stenogramms dieser Besprechung wissen. Danach sagte er wörtlich: »Ich muß ehrlich sagen, die ganze Sache, die die Engländer aufführen, kommt mir wie ein Theater vor. Die neuen Nachrichten von den Sperrmaßnahmen, die sie treffen, die Abwehrmaßnahmen usw., die sie ostentativ machen ... normal macht man das nicht. Das ist bei denen doch gar nicht notwendig. Sie können ihre Kräfte hier sammeln, können sie einladen und fahren sie hier herüber. *Wir können gar nicht feststellen, was sie drüben machen.* (Von uns gesperrt. Anm. d. Verf.) Ich werde den Eindruck nicht los, daß es sich vielleicht trotzdem um einen ganz unverschämten Bluff handelt.«[9]

Die angegebenen Maßnahmen waren indessen durchaus kein Bluff, wie Hitler meinte, ja vielleicht im Hinblick auf einen möglichen Zeitgewinn hoffte. Sie gehörten zu dem Gesamtplan »Fortitude«, der natürlich auch darauf ausging, den Deutschen diplomatische und neutrale Informationsquellen zu verstopfen. Deshalb wurde so frühzeitig jeder Verkehr zwischen England und Irland unterbunden. Im übrigen hatte der Plan in seiner Gesamtanlage noch ein ganz bestimmtes Ziel, dem ausgeklügelte Maßnahmen dienten, wie wir heute wissen: Der Aufmarsch und die Dislokation der alliierten Angriffstruppen sollten dem deutschen Oberkommando suggerieren, daß die Invasion, wo immer sie begann, ihren Schwerpunkt im Pas de Calais haben werde. So konzentrierte man auch den Luftkrieg auf diese Gegend: 95% der alliierten Luftangriffe richteten sich gegen Ziele nördlich und östlich der Seine.[10] Alle Seinebrücken zwischen Paris und Le Havre fielen Bombenangriffen zum

---

9 *Hitlers Lagebesprechungen. Die Protokollfragmente seiner militärischen Konferenzen 1942 bis 1945*, Stuttgart 1962, S. 556 (gekürzt).

10 Wilmot, a.a.O. S. 211. Der Verfasser war damals zu Ic Ob. West kommandiert und kann die Angaben nur bestätigen.

Opfer. Der gesamte Verkehr zwischen Nordwest- und Mittelwestfrankreich mußte über den Raum ostwärts Paris umgeleitet werden.

Konzentration des alliierten FND

Bereits in der Zeit der Vorbereitung von »Overlord« war der gesamte Feindnachrichtendienst des alliierten Oberkommandos Europa (SHAEF) unter General Eisenhower in einer Hand konzentriert. Nachrichtenchef war kein anderer als Kenneth Strong, seinerzeit zweiter britischer Militärattaché in Berlin. Im Februar 1943, nach dem Rückschlag, den die Amerikaner bei Kasserine in Tunis erlitten, war er der Nachrichtenchef Eisenhowers geworden, vorher hatte er wichtige praktische Erfahrungen als Chef der Abwehr der britischen Heimatstreitkräfte gesammelt. Jetzt, 1944, war Anlaß, dem neuen, tüchtigen, aber noch wenig kriegserfahrenen Oberbefehlshaber Eisenhower für seinen ND eine Persönlichkeit an die Seite zu geben, die mit der deutschen Wehrmacht vertraut war und das ND-Handwerk beherrschte. So kam Strong nach einem Zwischenspiel in Italien am 23. Mai in das Hauptquartier Eisenhowers in Bush Park westlich von London. Er kam sozusagen in letzter Minute, die Täuschungsmanöver liefen schon längst: Brigadegeneral Whiteley hatte sie verantwortlich geleitet, nun aber kehrte er auf seinen alten Posten als stellvertretender Leiter der Operationsabteilung von SHAEF zurück.

Über den Nachrichtenstab, den er am 23. Mai 1944 übernahm, urteilt Strong folgendermaßen:[11] »Die Gruppe, die sich im Oberkommando in Bush Park zusammengefunden hatte, war vielleicht der beste und erfahrenste taktische Nachrichtenstab, den es jemals gab. Ihm gehörten Offiziere von Marine und Luftwaffe an ... Die Offiziere kamen aus allen Berufen und hatten die verschiedensten Lebensläufe, aber sie besaßen ohne Ausnahme die Qualifikationen und Erfahrungen, die sie zu

---

[11] Strong, a.a.O. S. 165 f.

ihrer Aufgabe befähigten. Nur wenige sind während ihres ersten nachrichtendienstlichen Jahres schon voll verwendbar: solange braucht man etwa, um sich das wesentliche Hintergrundmaterial anzueignen. Zum Glück hatten die meisten Mitglieder meines Stabes weit mehr als ein Jahr Erfahrung. – Die Abteilung Nachrichtendienst im Oberkommando hatte zwei wichtige Unterabteilungen ... Die erste und bedeutendste dieser beiden Gruppen befaßte sich mit Informationen über den Feind, also seine Pläne und Absichten, seine Hilfsquellen und Aufmarschanweisungen. Die zweite Gruppe, die Abwehr, war verantwortlich für alles, was die Sicherheit der eigenen Streitkräfte betraf. Sie führte einen permanenten Kampf gegen feindliche Agenten und Spione; die Säuberung der rückwärtigen Gebiete von Ausspähern war für die Vorbereitung eines Angriffs ebenso bedeutsam wie die Sicherstellung des Nachschubs.«

Dann schildert Strong, woher die Feindnachrichten kamen, bzw. wie sie beschafft wurden. Die Verfahren waren von denen der Deutschen nicht sehr verschieden. Freilich hatten die Alliierten in den Gruppen der Résistance in Frankreich zusätzliche Späher, während die Wehrmacht in Großbritannien sie immer mehr einbüßte. Da blieb ihr nur noch das Mittel, dem Feind das eigene Stärkebild wenigstens zu verunsichern oder zu verwirren, nämlich das Vortäuschen von Truppenbewegungen oder Verstärkungen durch Funktäuschung, falsche Kommandoflaggen, irreführend gekennzeichnete Fahrzeuge, Pseudo-Quartiermacher oder ausgestreute Gerüchte. Der verantwortliche Ic Ob. West, Oberstleutnant i. G. Meyer-Detring, zu dem der Verfasser in diesen Monaten kommandiert war, hat dabei eine nicht alltägliche Phantasie entwickelt. Im übrigen sollte im Augenblick der Invasion folgendes Schema der Nachrichtenbeschaffung wirksam werden:

1. Nachrichtenaufklärung (Funkaufklärung)
2. Beutepapiere
3. Gefangenenvernehmung
4. Frontaufklärung

5. Luftaufklärung
6. Feindrundfunk

Reihenfolge entsprechend der Wichtigkeit und Ergiebigkeit der Meldungen nach der gegebenen Lage.

Die Résistance als Nachrichtenquelle

Während seiner Tätigkeit bei Ic Ob. West bekam der Verfasser aber auch noch »Wind« von einer weiteren wichtigen Quelle. Sie betraf zwar nicht unmittelbar den feindlichen Aufmarsch, aber die Befehle und Nachrichten, die die F.F.I. (Forces Françaises de l'Interieur) und der Maquis jeweils aus London erhielten. Sie waren für die Sicherung Frankreichs vor allem auch deshalb wichtig, weil sie Nachrichten über die Invasion und den D-Tag enthielten oder erkennen ließen. Verantwortlich für diese Art Nachrichtenbeschaffung war der mit Oberstleutnant i. G. Meyer-Detring eng zusammenarbeitende Abwehroffizier, Oberstleutnant Reile. Sein Buch *Geheime Westfront* ist dafür, wie gesagt, eine ergiebige Quelle.[12] Jedenfalls war es ihm gelungen, zuverlässige V-Männer in die Résistance einzuschleusen. So konnte die deutsche Gegenspionage am 1. Juni 1944 melden, daß die französischen Widerstandsgruppen aus London Befehl zur höchsten Alarmbereitschaft erhalten hatten. Und am 5. Juni 1944, gegen 19 Uhr, meldete Oberstleutnant Reile dem Ic Oberbefehlshaber West, daß die Invasion in England angelaufen sei.[13] Aber das war auch alles. Der genaue Raum der Landung war ebensowenig bekannt wie die Antwort auf die Frage: Eine oder mehrere Landungen? Im übrigen waren Wetter, Mond und Gezeiten am 5. Juni so ungünstig, daß Zweifel auftauchten. Handelte es sich vielleicht um eine Täuschung? Man hatte die Invasion am 15. Mai erwartet, da alle Voraussetzungen günstig erschienen; als sie nicht kam, glaubte man an einen sehr viel späteren Zeitpunkt. So war

---

[12] Von Generallt. a. D. Wilh. Meyer-Detring als zuverlässige Quelle bestätigt. Reile, a.a.O. S. 442.

[13] Ebenda.

Rommel am 4. Juni zu einer Geburtstagsfeier zu seiner Familie in Herrlingen bei Ulm gefahren; Oberstleutnant i. G. Meyer-Detring, der maßgebende Feindlagebearbeiter beim Oberbefehlshaber West hatte seinen Jahresurlaub auf die Zeit vom 15. 5. bis 6. 6. terminiert. Erst am Abend des 6. Juni war er wieder im Dienst. In seiner Abwesenheit wurde er vom Major d. R. Doertenbach vertreten, Abwehroffizier Ob. West war Major z. V. Brinck, dieser auch der Kontaktmann zu Oberstleutnant Reile. Insgesamt umfaßte die Abteilung Ic/A.O. bei Ob. West neun Offiziere und Sonderführer. (Anmerkung zum Vergleich: Die dem Ic/A.O. Ob. West vergleichbare Abteilung G 2 von USAREUR verfügte 1956 über rund hundert Offiziere.)[14] Hinsichtlich des Zeitpunkts der Invasion gelang den Alliierten jedenfalls die Überraschung perfekt. Sie gelang trotz der Vorwarnung durch Oberstleutnant Reile. Allzu oft waren ähnliche Alarmierungen erfolgt, allzu häufig hörte man wie im Märchen den Ruf ›Der Wolf kommt‹. Eine gewisse Abstumpfung war eingetreten. So kann sich der damalige Feindlagenbearbeiter bei Ob. West kaum eines Tages seit Antritt seines Dienstes im Juli 1943 erinnern, an dem nicht eine, oft mehrere Invasionsankündigungen auf seinen Tisch kamen. Es gab unzählige Alarme bei der Truppe. Diese seelische Abnutzung war, wenn wirklich zentral von den Alliierten gesteuert, auch ein Erfolg für deren ND. Die äußerst begrenzten Möglichkeiten, solche Alarmnachrichten nachzuprüfen, degradierten die Auswertung zu einem Glücksspiel. Hierzu der seinerzeitige Ic des LXXXIV. Korps, Friedrich Hayn, in seinem Buch *Invasion 1944* über den steten Wechsel zwischen Alarmbereitschaft und Gefechtsbereitschaft: »Er hielt seit Mitte April die Truppe in Atem und wurde zuletzt infolge der eintretenden Abstumpfung kaum noch ernst genommen. Jetzt alarmierte das Bombardement.«[15] Es war der 6. Juni 1944.

[14] Dies und die folgenden Angaben in einem Brief von Generallt. a. D. Wilh. Meyer-Detring an den Verfasser.

[15] Hayn, Friedrich, a.a.O., S. 49.

Die Informationsquellen der Alliierten

Auf der Seite der Alliierten war die Nachrichtenbeschaffung vor der Invasion im Gegensatz zu Ob. West verhältnismäßig leicht, durch die besonderen Verhältnisse in Frankreich erheblich begünstigt. Schon die Luftaufklärung erbrachte angesichts der alliierten Luftherrschaft nach Strong[16] »Informationen von enormem Wert«, vor allem offenbar hinsichtlich der Verteidigungsanlagen in der Normandie. Sie diente der Führung von Lagekarten, die ins Detail gingen, zeigte aber auch die Veränderungen in der Truppenbelegung der Ortschaften. So gewann man Einsicht in den Versammlungsraum der jeweiligen Eingreifreserven. Wo noch Unklarheit bestand, erteilte man auf dem Funkweg gezielte Aufträge an die örtlichen Widerstandsgruppen, die von London aus straff geführt wurden. Im übrigen kann man bei Strong zwischen den Zeilen lesen: Allein auf den ND der F.P. (Franctireurs Partisans) und der FFI (Forces de France de l'Interieur) wollte man sich nicht verlassen, denn man hatte erfahren, daß sie nur allzu oft Desinformationen weitergaben, die ihnen zugespielt wurden. Auch optischen Vortäuschungen von allen möglichen Stäben und Truppen waren sie aufgesessen, wie sie von Abwehr III F auf Anweisung von Ic Ob. West in Szene gesetzt wurden. Dazu sagt Strong ausdrücklich:[17] »Manche Leute mögen überrascht sein, daß auf diesen Seiten so wenig von Spionen die Rede ist. Aber es wäre völlig irreführend, den Agenten in Kriegszeiten eine führende Rolle im militärischen Nachrichtendienst zuzuschreiben. Bei der (Spionage-)Abwehr mag ihre Rolle von entscheidender Bedeutung sein, aber nach meinen Erfahrungen im militärischen Nachrichtendienst läßt sich dem Spion im allgemeinen nur ein ziemlich bescheidener Platz in der Rangfolge der Nachrichtenbeschaffung einräumen, obwohl ihr Mut, ihre Findigkeit und Zähigkeit häufig tiefe Bewunderung erregen

---

[16] Strong, a.a.O. S. 167.

[17] Strong, a.a.O. S. 17.

und ganz sicher größeres Interesse aus menschlichen Gründen finden.«

Sicher hängt dieses Urteil von Strong auch mit den Erfahrungen zusammen, die er noch vor der Invasion mit den in Frankreich tätigen Agenten und V-Leuten gemacht hat. Sie arbeiteten unter vergleichsweise idealen Bedingungen, wurden von ihren Landsleuten unterstützt und waren militärisch vorgebildet. So konnten sie sicher auch brauchbare Geheiminformationen beschaffen. Aber die größere Anzahl ihrer Nachrichten blieb fragmentarisch, aus der Froschperspektive gewonnen. Nur für örtliche Kontrollaufträge war der Spion noch wichtig, um z. B. Erkenntnisse der Luftaufklärung durch örtliche Beobachtungen zu bestätigen oder zu ergänzen. Im übrigen haben sie sicher wie die meisten Massenspione sehr viel mehr Spreu als Weizen nach England geliefert und so den alliierten Nachrichtendienst erheblich belastet. Aber mit diesem Ballast muß jeder ND rechnen, der Spione einsetzt.

Bestand im Hauptquartier Eisenhowers Klarheit über die Stärke und Kräfteverteilung der deutschen Wehrmacht in Frankreich? Strong gibt keine bündige Auskunft darüber. Dagegen fällt auf, daß Chester Wilmot von 60 Divisionen v. Rundstedts[18] spricht, die am 6. Juni bereitgestanden hätten, während die 37 Divisionen Eisenhowers erst nach sieben Wochen voll einsatzfähig gewesen seien. Aber das war nur eine papierne Rechnung. Denn die angloamerikanischen Divisionen waren sehr viel kampfkräftiger als die deutschen. Außerdem konnte bei gelungener Überraschung der Angreifer rasch Schwerpunkte bilden und örtlich mit Übermacht auftreten, denn Transportraum in der Luft und von See her stand ihm genug zur Verfügung. Behinderung oder gar Ausfälle durch die deutsche Luftwaffe waren nicht zu befürchten. Immerhin hatten offenbar die deutschen Täuschungsmanöver gewirkt, denn tatsächlich verfügte Rundstedt am 6. Juni nicht über 60, sondern nur über 54 Großverbände, davon sogar noch etwa sechs »bodenständig«,

[18] Wilmot, a.a.O. S. 217.

also aus Mangel an eigenem Transportraum an ihren Verteidigungsabschnitt gebunden. Für einen Einsatz an anderer Stelle kamen sie nicht in Frage. Es ist nicht sicher, ob man das im Nachrichtenstab Strongs im einzelnen erkannt hat.
Jedenfalls wollte man bei den Alliierten sicher gehen. Man wußte natürlich, daß eine alliierte Division eine viel höhere Kampf- und Feuerkraft und eine erheblich größere zahlenmäßige Stärke besaß als eine deutsche. Aber man hatte Respekt vor der deutschen Kriegserfahrung wie dem immer noch ungebrochenen Ruf der deutschen Wehrmacht. So zielten die vorbereitenden Maßnahmen sämtlich auf zwei Momente: Auf das der Überraschung, um aus taktischen Landeköpfen rasch eine Operationsbasis in Frankreich zu gewinnen, darüber hinaus aber wollte man mit allen Mitteln den Eindruck erwecken: die Alliierten würden in *zwei* verschiedenen Räumen in Frankreich landen, doch immer mit Schwerpunkt im Pas de Calais. Dann blieb die Masse der 15. deutschen Armee nördlich der Seine gebunden. Den deutschen Vorstellungen aber bot sich das Wie der Invasion nur allzu leicht so an, daß von zwei Landeköpfen aus Umfassungsoperationen begannen, durch die die Küstenverteidigung eingeschlossen, vom Nachschub abgeschnitten und so vernichtet werden sollte. Eisenhower hatte sich *nicht* für die Umfassung, sondern für die Konzentration aller Kräfte auf *einen* Landekopf und den anschließenden Durchbruch ins Freie entschieden. Er nahm nicht den Schlieffen-, sondern den Manstein-Plan zum Vorbild.
Der Plan »Fortitude« verschleierte diese Absicht mit allen erdenklichen Mitteln. So wurden z. B. die Divisionen, die der ersten Angriffswelle folgen sollten, an der Straße von Dover massiert versammelt, um an der Kanalküste ein Invasionsheer vorzutäuschen. Zu dem gleichen Zweck zog man in der Themsebucht wie in den südostenglischen Häfen Attrappen von Landungsfahrzeugen zusammen, während man auf den Flugplätzen von Kent und Ostanglien Attrappen von Lastenseglern aufbaute. In Dover war ein perfektes Hauptquartier eingerichtet, die Pumpstation für eine der Pipelines, die

die Invasionstruppen mit Sprit versorgen sollten, demonstrativ in den Klippen gegenüber Boulogne errichtet. Überall im Südosten Englands stampfte man neue Lager und riesenhafte Depots aus dem Boden, Straßen, Rangier- und Hafenanlagen in Massen. Allenthalben wimmelte es von Truppen. Selbstverständlich war auch strikte Funkstille befohlen. Sie wurde auch tatsächlich so streng eingehalten, daß nur wenige Pannen passierten. Nur die Luftwaffeneinheiten blieben bei ihren Einsätzen im Funkverkehr – oft die einzige Informationsquelle für die wachsame Funkaufklärung der Deutschen. Aber das Wichtigste haben sie nie erfahren: Wo und wie landeten die Alliierten? Eine merkwürdige Affäre kam den Alliierten dabei zu Hilfe.

Eigentäuschung durch »Fremde Heere West«

In der Zeit vor der Invasion 1944 kam es im deutschen Oberkommando zu zwei höchst merkwürdigen Ereignissen. Das eine betraf die voraussichtliche Stärke der Invasionstruppen Eisenhowers, und das andere ergab sich aus einer Intuition Hitlers. Beide sind ohne Beispiel in der neueren Kriegsgeschichte. Auf den Gang des großen Geschehens, die Schlacht in Frankreich und die Niederlage der deutschen Wehrmacht in dieser Schlacht – darauf hatten sie keinen oder doch nur geringen Einfluß. Aber sie sind als Kuriosa zu verzeichnen, und beide haben ihre Vorgeschichte.
Auf der Lagekarte von »Fremde Heere West« im Laufe des Winters und Frühjahrs 1944 waren fiktive Divisionen der Alliierten eingezeichnet worden und geisterten seitdem durch die Berichte. Aber warum diese Fiktion? Die Täuschung war nicht für die »Kundigen« bestimmt, aber für den Obersten Befehlshaber der deutschen Wehrmacht. Denn schon seit längerer Zeit verfolgte er mit Mißtrauen die Abwehrmeldungen von Cararis, nachdem diese in einer ganzen Reihe von Fällen versagt hatten. So wurde die Abwehr aufgelöst, wie wir wissen. Nun hatte der SD über Himmler das Ohr Hitlers. Aber gerade die-

ser neigte dazu, die Lage rosig darzustellen und die feindliche Stärke zu unterschätzen. So hatte der Chef »Fremde Heere West«, damals Oberst i. G. Freiherr v. Roenne, begründeten Anlaß, die Feindstärke zu übertreiben, und zwar zu dem ausgesprochenen Zweck, daß Hitler dem Westen keine Truppen entziehen sollte, die dieser zu seiner Verteidigung dringend brauchte. Jedenfalls hatten Himmler und der SD die Lage dort allzu optimistisch geschildert. Um der Gefahr einer bedenklichen Schwächung zu begegnen, verfiel man auf einen Ausweg, wie er in der Geschichte der Nachrichtendienste bisweilen eingeschlagen wird: Man machte den Feind einfach um eine Anzahl von »Schattendivisionen« stärker, die nicht existierten oder an anderen Kriegsschauplätzen kämpften. Die so erstellte Feindlagekarte »Fremde Heere West« wurde dann aber als bare Münze genommen und bestärkte die Überzeugung von Ob. West, daß die Alliierten noch eine zweite Landeoperation planten; Truppen dafür hatten sie ja übergenug zur Verfügung. So ließ, wenn Chester Wilmot recht hat, »Fremde Heere West« nicht weniger als 30 zusätzliche Großverbände aufmarschieren, die lange nach Invasionsbeginn auf dem Papier noch immer bereitstanden. Dazu schreibt Wilmot: »Der Chef der Abteilung, Oberst v. Roenne, rechtfertigte diese Fälschung vor seinem Stab mit der Begründung, daß, wenn erst der SD, wie üblich, diese Schätzungen herabgesetzt habe, der endgültige SD-Bericht der Wahrheit nahekommen werde. Gegen Ende des Winters (1944) hatte diese Ausflucht ihren unmittelbaren Zweck erreicht und zu einer realistischeren Betrachtung der Lage angespornt; aber es sollte sich zeigen, daß es leichter war, diese Gespensterdivisionen auf den Karten einzutragen, als sie wieder loszuwerden. Sie sollten die deutschen Oberkommandos bei der Beurteilung der Operationen noch Monate nach dem X-Tag verwirren.«[19]

[19] Wilmot, a.a.O. S. 198. Oberst v. Roenne gehörte zu den Opfern des 20. Juli 1944. Er konnte über seine Motive nicht mehr gehört werden.

Aber auch bei der Invasion selbst tat diese »Ausflucht« der Wahrheit gegenüber ihre Wirkung. Sie beeinflußte die deutschen Vorstellungen über die wahrscheinlichen Absichten der Alliierten beträchtlich. »Oben« war man nun endgültig davon überzeugt, daß der Feind stark genug sei, an zwei verschiedenen, weit auseinanderliegenden Küsten zu landen und dann zu einer Zangenoperation anzusetzen: So hätte wahrscheinlich v. Rundstedt operiert, wenn er in der Lage Eisenhowers gewesen wäre. Dementsprechend galt noch bis zum Fall von Cherbourg am 26. Juni weiter der Pas de Calais als der voraussichtliche zweite Schwerpunkt der Invasion: Dort war die geringste Entfernung der britischen Insel vom europäischen Kontinent, dort lag das industrielle Herz Deutschlands, das Ruhrgebiet, am nächsten. Außer der taktischen Überraschung war also dem Stab »Fortitude« auch die Täuschung über die operativen Absichten der Invasionsarmee gelungen. Trotzdem trifft Strong doch nicht die realen Verhältnisse, wenn er schreibt[20]: »Welche Fehler der Nachrichtendienst der Alliierten während des Krieges auch gemacht haben mag, keiner kann verglichen werden mit dem gewaltigen Schnitzer der Deutschen und ihrem Unvermögen, ihn als solchen zu erkennen. Hätten sie ihre Divisionen in den ersten Tagen, als schlechtes Wetter den Aufbau der alliierten Front und die Unterstützung aus der Luft behinderte, vom Pas de Calais in die Normandie verlegt, wäre die Invasion der Alliierten in schwere Bedrängnis geraten.« War aber eine solche Verlegung überhaupt noch möglich? Es ist schon gesagt worden, daß sämtliche Seinebrücken zwischen Paris und der Seinemündung zerstört waren, daß ein Teil der Divisionen gerade der 15. Armee aus bodenständigen Divisionen bestand, die übrigen zumeist noch bespannt waren: Der Zeitbedarf für ihre Verlegung nach der Normandie war also so groß, daß sie auf alle Fälle zu spät kamen, auch wenn man sie schon am 6. Juni in Marsch gesetzt hätte. Eine andere Frage ist allerdings die, ob

---

[20] Strong, a.a.O. S. 178.

man bei Ob. West und vor allem im Führerhauptquartier die tatsächliche Lage erkannt hat: In diesem Fall hätte vielleicht die sofortige Freigabe aller operativen Reserven südlich der Seine die ersten gelandeten Verbände der Alliierten in schwere Bedrängnis gebracht. Warum ist das nicht geschehen? Aus einem merkwürdigen Grund nach unserer Kriegserfahrung: Im Krieg spielen oft irrationale Momente *die* ausschlaggebende Rolle oder der Zufall, wie Clausewitz besonders hervorhebt.

Eine Intuition Hitlers

Im Zusammenhang mit der Invasion ist aber noch eine weitere Merkwürdigkeit zu verbuchen, die das Interesse der Zeitgenossen verdient. Diesmal handelt es sich um Hitler persönlich. Bereits Mitte April, also etwa acht Wochen vor dem Beginn der Invasion, wurde das alliierte Oberkommando stutzig: durch Meldungen der eigenen Luftaufklärung erfuhr es, daß der Feind genau die Räume mit »Rommelspargeln«, also fest eingerammten, aufrechtstehenden Stangen und Pfählen spickte, in denen die ersten Fallschirmspringer der Alliierten niedergehen sollten. Was war geschehen? War der Invasionsplan verraten? Überprüfungen ergaben keine undichte Stelle.[21] In der Tat wußte die deutsche Abwehr zwar durch ihre wenigen, noch bewegungsfreien Agenten von Schiffs- und Truppenkonzentrationen, die sich seit Anfang 1944 laufend verstärkten, aber sie konnten die Frage sowohl von Ob. West wie der Heeresgruppe B des Feldmarschalls Rommel in keiner Weise beantworten, wann, wo, mit welchen Kräften die Invasion voraussichtlich erfolgte. In höhere alliierte Stäbe war kein deutscher V-Mann eingedrungen. Nur die militärische Gegenspionage konnte melden, daß »die in London stationierten Leitstellen der feindlichen Nachrichtendienste das Gebiet um Paris und von dort aus in Richtung Caen und Cherbourg (bereits) seit Anfang 1943 unter Einsatz auffallend starker Kräfte

---

[21] Wilmot, a.a.O. S. 212 f.

auszuspähen versucht hätten.«[22] Die Auswertung der Spionageaufträge, die London seinen Agenten in Frankreich erteilte, brachte einwandfrei dieses Ergebnis. Von diesen Aufträgen erfuhr die Abwehr durch ihre V-Männer in den französischen Widerstandsgruppen. Selbstverständlich wurde das an das OKH wie an »Fremde Heere West« über Ic Ob. West gemeldet. Hatten diese Meldungen schließlich auch Hitler vorgelegen und hatte er sie ausnahmsweise beachtet? Das läßt sich nicht mehr einwandfrei feststellen. Jedenfalls hatte der Oberste Befehlshaber Anfang April 1944 eine seiner merkwürdigen Eingebungen – allerdings wohl auch die letzte im Zweiten Weltkrieg: Sie führte zu dem Führerbefehl, die Nordküste der Normandie in größter Eile zu verstärken.[23] Das geschah selbstverständlich. Bisher hatten zwischen der Seinemündung und Avranches am Fuß der Halbinsel Cotentin ganze vier Infanterie-Divisionen gestanden, weitere zwei als Eingreifreserve dahinter. Außerdem lag schon die neue 12. SS-Panzerdivision »Hitlerjugend« zwischen der unteren Seine und der Orne als operative Reserve. Das änderte sich jedoch bis Anfang Juni 1944: Die Küstenverteidigung von der Seinemündung bis Coutances hatten nun rund sieben Infanteriedivisionen übernommen, hinter denen außerdem die 21. Panzerdivision, ein Fallschirmjägerregiment und eine schnelle Brigade als Eingreifreserven bereitstanden. Zwischen Coutances und Avranches lagen russische Einheiten, zusammen das LXXXIV. A. K. des Generals der Artillerie Erich Marcks[24] bildend, der als überragender Befehls-

---

[22] Reile, a.a.O. S. 432.

[23] Warlimont, a.a.O. S. 438.

[24] Der Verfasser hatte vor der Invasion wiederholt längere Besprechungen mit seinem früheren Chef bei AOK 18, dem 1941 zu Beginn des Rußlandkrieges schwer verletzten, beinamputierten General d. Art. Erich Marcks, jetzt Kom. General des 84. Korps in der Normandie. Im übrigen ist hier anzumerken, daß bereits im Herbst 1943 ein von Oberstlt. i. G. Meyer-Detring für die Ic's der Heeresgruppe B veranstaltetes Planspiel eine alliierte Landung an der Normandieküste zugrundegelegt hatte.

haber galt. In der benachbarten Bretagne stand die neu aufgestellte 77. Infanteriedivision. Auch die im Mai 1944 neu gebildete Panzer-Lehrdivision im Raum südwestlich Chartres gehörte zu den im nahen Hinterland verfügbaren operativen Reserven. Hitler hatte also vorgesorgt, offenbar mehr seiner Eingebung folgend als dem Nachrichtendienst. Es gab ja auch keinen zentralen Nachrichtenstab im WFSt, der dem von Strong bei SHAEF auch nur einigermaßen vergleichbar gewesen wäre; es gab im WFSt nur eine Ic-Stelle, aber der Sachbearbeiter nahm weder an der täglichen Führer-Lagebesprechung teil, noch empfing ihn Hitler zu einem turnusmäßigen Vortrag. Abwehr und »Fremde Heere« hatten keine gemeinsame Spitze; die Abwehr selbst keine eigene Auswertung. So war der deutsche ND-Apparat im Zweiten Weltkrieg »oben« buchstäblich stumpf. Auch der Oberbefehlshaber West verfügte, wie schon gesagt, nur über seine Abteilung Ic/A.O. Gewiß, man wußte, daß die Invasion kommen müsse; aber noch am 5. Juni 1944 wußte man nicht genau wann, wo und wie. Für den 6. Juni wurde sie praktisch von keiner Kommandobehörde, nur von der Dienststelle Reile, erwartet. Hitler schlief auf dem Berghof über Berchtesgaden bis in den späten Vormittag hinein. General Jodl in der sogenannten kleinen Reichskanzlei eine halbe Autostunde von ihm getrennt, hatte ihn nicht geweckt. Die Würfel waren gefallen.

Vom 4. bis 6. Juni 1944 im Hauptquartier Rommels

»Am 4. Juni schlug das Wetter in Regen und stürmische Westwinde um ... Rommel fuhr früh um 6 Uhr nach Deutschland ab. Zum Zeitpunkt seiner Reise sagte er: Bedenken für eine in der Zwischenzeit erfolgende Invasion bestanden um so weniger, als die Gezeiten in den folgenden Tagen sehr ungünstig waren und keinerlei Luftaufklärung irgendwelche Anhaltspunkte für eine unmittelbar bevorstehende Landung gegeben hat. Im übrigen hatte er mit Speidel, dem Chef des Generalstabs der Heeresgruppe B, die im Fall eines Angriffs zu tref-

fenden Maßnahmen ausführlich durchgesprochen. Die Alarmierung der Truppen und Stäbe war sorgfältig vorbereitet. Die Verteidigung hatte in den fünfeinhalb Monaten seines Wirkens im Westen beträchtlich an Stärke zugenommen, war aber immer noch unfertig. So war die Verminung noch in vollem Gang, der Bau von Vorstrandhindernissen an vielen Stellen kaum begonnen. Die schwächste Stelle in der Gesamtabwehr bestand darin, daß die Panzerdivisionen nicht so nahe hinter dem ›Rommelgürtel‹ aufgerückt waren, daß sie bei einem Angriff sofort eingreifen und der Infanterie damit dringend erforderlichen Rückhalt geben konnten.«
Das schreibt der damalige Vizeadmiral Friedrich Ruge, seinerzeit Admiral der Kriegsmarine bei der Heeresgruppe Rommel in seinem Erinnerungsbuch *Rommel und die Invasion.*[25] Er fährt dann fort: »Keinerlei Anzeichen deuteten am Morgen des 5. Juni 1944 darauf hin, daß auf der anderen Seite des Kanals die Entscheidung zum Angriff gefallen war, und daß sich eine riesige Armada in Bewegung setzte, um den Sturm auf die Festung Europa zu beginnen. Im Hauptquartier der Heeresgruppe B tat jeder seinen Dienst wie sonst an ruhigen Tagen ... Speidel hatte zum Abend eine interessante Tafelrunde geladen, den Schriftsteller Ernst Jünger, der als Hauptmann beim Militärbefehlshaber Dienst tat, den Generalkonsul Pfeifer, nach 1926 mehrere Jahre in Rußland, 1940 in Italien, 1942 in Algier, dort interniert und kürzlich aus den USA zurückgekehrt, den Oberst Liss, der beim OKH gewesen war und dann als Regimentskommandeur in Rußland schwer verwundet worden war, den Kriegsberichter Ritter v. Schramm, den Schwager Speidels, Dr. Horst, der bei der Militärverwaltung tätig war ... Die Unterhaltung war höchst angeregt. Sie beschäftigte sich mit Italien, Rußland, der Frankreichpolitik ... mit der mangelnden Weiterentwicklung Hitlers, mit den Verhältnissen in den USA und vielem anderen. Nach dem Abendbrot machten wir einen Spaziergang durch den Park und diskutierten dann weiter.«

---

[25] Ruge, Friedrich: *Rommel und die Invasion,* S. 166 f.

Hier darf sich der Verfasser mit seinen eigenen Erinnerungen einschalten: Die meisten der genannten Herren gingen nach dem Spaziergang ins Speisezimmer und setzten dort ihre lebhafte Unterhaltung fort. Sie wurde nun, wie Ruge berichtet, in der Hauptsache von Oberst Liss bestritten, der anschaulich von Brauchitsch, Halder und dem alten Mackensen erzählte. Inzwischen hatte General Speidel Ernst Jünger, Dr. Horst und mich mit in sein Arbeitszimmer genommen. Bald lag die Friedensschrift Jüngers auf dem Tisch, um den wir uns niedergelassen hatten. Mit gedämpften Stimmen wurde ihr Konzept begrüßt, ihre Möglichkeiten erörtert, Stillschweigen nach außen versprochen. Kurz vor Mitternacht fuhren Jünger und Pfeifer nach Paris zurück, während wir die Unterhaltung fortsetzten. Speidel übte schärfste Kritik an Hitler und deutete an, daß es höchste Zeit sei, Deutschland von ihm zu befreien. Von der Invasion sprach niemand. In den letzten Stunden vor der ersten Landung, in denen sich eine ungeheure Armada zum Angriff auf die Festung Europa in Bewegung gesetzt hatte, ohne daß wir es wußten, hatte der Chef des Generalstabs der Heeresgruppe Rommel nur vom Frieden gesprochen. Auch ich für meinen Teil hatte den Krieg darüber vergessen ...

Eine Stunde nach Mitternacht machte sich im Schloß von La Roche-Guyon allgemeine Unruhe bemerkbar. Die Atmosphäre war auf einmal anders. Als bei Speidel das Telefon summte, ging ich ins Vorzimmer, wo der Ordonnanzoffizier Dienst tat. Mechanisch griff ich nach einem Fernschreiben, das vor ihm auf dem Tisch lag. Es enthielt neben einer kurzen militärischen Meldung die seltsam tristen Verse des Herbstgedichtes von Verlaine, das mit den Worten beginnt: »Les sanglots longs des violons de l'automne.« Das war die erste Verszeile. Ich las in dem Fernschreiben auch die zweite, die lautete: »... blessent mon coeur d'une longeure monotone.« »Was bedeutet das?«, fragte ich den Ordonnanzoffizier verwundert. »Die Invasion«, antwortete er lakonisch. Kurz darauf, 1 Uhr 35, kam Speidel aus seinem Zimmer, ruhig und gefaßt wie immer. Soeben hatte die Führungsabteilung der 7. Armee in Le Mans

Fallschirmabsprünge gemeldet, und zwar an der Ostküste der Halbinsel Cotentin. Auch bei der 15. Armee waren ostwärts Caen Fallschirmabsprünge erfolgt. »Ist das bereits die Invasion?«, fragte Speidel. »Es kann sich immer noch um ein Ablenkungsmanöver handeln«, setzte er dann hinzu. Immerhin »Es« hatte begonnen.

Und dann kam das Merkwürdige: Um diese Zeit hätte man auch schon im Führerhauptquartier wissen müssen, daß »Sie« da war, die Invasion. Gewiß, kein Spion, auch kein Feindnachrichtendienst hatte sie angekündigt. Aber auf andere Weise hatte das FHQu am 5. Juni erfahren, daß die Invasion unmittelbar bevorstand: Jene Verse Verlaines und ihre Bedeutung waren rechtzeitig zur Kenntnis von General Jodl, dem Chef WFSt gelangt.[26] Die Abwehrstelle der 15. Armee hatte sie ihrem Oberkommando gemeldet und darauf aufmerksam gemacht, daß auch die zweite Verszeile bereits in der Nacht zum 4. Juni durchgegeben worden sei – das war entscheidend! Denn von den in die Résistance eingeschleusten V-Männern wußte man ja, was die Durchgabe dieser zweiten Zeile bedeutete: Innerhalb 48 Stunden beginnt die Invasion. Generaloberst v. Salmuth, der Oberbefehlshaber der 15. Armee, hatte daraufhin die höchste Alarmstufe befohlen. Warum die 7. Armee, die doch an der Normandieküste westlich der Ornemündung führte, nicht auch alarmiert wurde, weiß niemand. Ebenso unbekannt sind die Beweggründe dafür, daß der Meldung, die schon am 5. Juni nachmittags vorlag, vom Chef WFSt keine Bedeutung beigemessen wurde. Hing diese Achtlosigkeit mit der Krise um die Abwehr zusammen? In der Tat waren ihre Leistungen im Laufe des Krieges immer mehr abgesunken und schließlich unbefriedigend. Der Schwerpunkt der Nachrichtenbeschaffung lag bei anderen Mittlern und Mitteln, wie wir wissen. Um so unentbehrlicher aber hat sich gerade in der zweiten Hälfte des Krieges die eigentliche Spionageabwehr, die Abwehrabteilung III F mit ihren Außenstellen der

[26] Wir folgen hier der Darstellung von Warlimont, a.a.O. S. 432 f.

Gegenspionage erwiesen. Ihr war auch in Frankreich die einzige Vorwarnung, die Invasion betreffend, zu verdanken: Eine zeitliche Übersicht mag das verdeutlichen.[27]

1. 6. 1944: gegen 18 Uhr: Die Funküberwachung im Hotel Lutetia, dem Hauptquartier der Abwehr in Frankreich, fängt 26 Funksprüche des BBC-Senders auf, die, wie sie von ihren V-Männer weiß, ebenso viele Befehle zur höchsten Alarmbereitschaft enthalten.

5. Juni: gegen 18 Uhr: Durchgabe der Verse von Verlaine, nun aber auch die zweite Verszeile.

19.30: Oberstleutnant Reile, Leiter der Leitstelle III West für Frontaufklärung, meldet schriftlich und mündlich Major Brinck, dem Stellvertreter des derzeit in Urlaub befindlichen Ic, daß die am 5. Juni gegen 18 Uhr durchgegebenen Sprüche bedeuten: »Die Invasion hat begonnen, geht sofort an die Ausführung der Euch für den Tag X übertragenen Aufgaben.«

Auch der Abwehroffizier AOK 15 in Nordfrankreich wurde offenbar gleichzeitig oder unmittelbar darauf unterrichtet. Aber warum nicht auch AOK 7, das doch an der Normandieküste befehligte? Die Antwort liegt nahe: Weil jedermann davon überzeugt war, die Landung werde mit Schwerpunkt an der Kanalküste erfolgen.

Wichtig ist hier auch das Zeugnis von General Warlimont, dem st. Chef des Wehrmachtführungsstabes, der in seinen Erinnerungen schreibt:[28] »Am 5. Juni 1944, dem Vorabend der Invasion, war sich das deutsche Hauptquartier nicht im geringsten gewahr, daß das entscheidende Ereignis des Krieges unmittelbar bevorstand. Keine Aufklärung hatte die mehr als 5000 Schiffe zu entdecken vermocht, die sich seit 24 Stunden über den Kanal in Richtung auf die Küste der Normandie bewegten, keine Lagebeurteilung, sei es von Rommel, v. Rundstedt oder dem WFSt sah nach Wetter und Gezeiten eine Lan-

[27] Reile, a.a.O. S. 442.

[28] Warlimont, a.a.O. S. 432.

dung in nächster Zeit auch nur als wahrscheinlich an ... Bei ... der Blindheit, mit der die deutsche Führung aller Stufen durch die völlige Unterlegenheit der Luftwaffe geschlagen war, muß es um so unverständlicher erscheinen, daß die warnenden Anzeichen aus dem Abwehrdienst – allem Wissen des Verfassers nach – nicht beachtet worden sind. War es im Sperrkreis II schon unbekannt geblieben, daß seit einigen Tagen in dem südenglischen Aufmarschgebiet ›Funkstille‹ herrschte, das übliche, wenn auch ebenso oft zur Täuschung angewandte Zeichen bevorstehenden Sturmes, so wußte man erst recht nichts davon, daß Admiral Canaris schon seit Januar 1944 den Text eines Funkspruchs erfahren hatte, mit dem angeblich englische Sender kurz vor Beginn der Invasion das Alarmzeichen an die französische Résistance übermitteln würden.«

Es waren die beiden Verszeilen von Verlaine.

Aber auch nach den ersten präzisen Meldungen von Fallschirmabsprüngen an der Normandieküste sind die Ereignisse noch nicht »tragisch« genommen worden, wie man so sagt. Das mögen die folgenden Eintragungen im Telefontagebuch der Abteilung Ic des Oberbefehlshabers West beweisen. Sie sind im Original erhalten:[29]

6. 6. 1944: 01.40: Anruf Offizier vom Dienst: Absprünge auf Halbinsel Cotentin, bei Caen, südlich Seine-Mündung. Lastensegler in Orne-Mündung.

02.05: Anruf I a; betrachtet die Lage vorläufig als ruhig. Generalkommando LXXXIV. A.K. hat Alarmstufe 2.

03.00: Anruf Major Doertenbach bei Heeresgruppe B: Chef Heeresgruppe B beurteilt Angelegenheit sehr ruhig. Möglichkeit Verwechslung abgesprungener Flugzeugbesatzungen gegeben.

03.05: Anruf Major v. Schaper/Major Doertenbach: Viele langsam fliegende Flugzeuge über den Kanalinseln.

[29] Original bei den Anlagen zu KTB Ob. West 1944/45 im Militärarchiv in Freiburg/Br. Der Verfasser war damals zu Ic Ob. West kommandiert.

03.10: Anruf Kommandeur Nachr. Aufklärungs-Abt. 5 Oberleutnant Richter/Oberleutnant Heilmann: Auffallend viele Chi-Sprüche in den letzten Stunden. Außerdem zwei dringende operative Sprüche im Marine-Netz (Chi) und ein dringender operativer Spruch im Netz der Armee.

03.15: Oberstleutnant i. G. Staubwasser (HGr.B)/Major Doertenbach: Unterrichtung über die bisher vorliegenden Meldungen.

03.19: AOK 1 (Südfrankreich) meldet an Major Doertenbach, daß Lage ruhig.

03.50: Kommandeur Nachr.Aufkl.Abt. 5 Oblt. Richter/Oblt. Heilmann: Seit 02.00 langsam schwächer werdender Funkverkehr in England. Verhältnis 10 : 50. Seit 02.35 Uhr Führungsfunkverkehr plötzlich weg. (Nach Absetzen des dringenden operativen Spruches.) Verkehr auf Kurzwellen wahrscheinlich normal.

03.50: Anruf Major Doertenbach/Hauptmann Goetze: Bombardierung von Cherbourg. Landung soll in Orne-Mündung erfolgt sein.

04.05: Anruf Major Doertenbach bei »Fremde Heere West« (Oblt. Wetzer) Major D. gibt alles bisher Gemeldete bekannt.

Lage wird als nicht ernst beurteilt (sic! Von uns kursiv hervorgehoben, Anm. d. Verf.)

Es hat dann noch über fünf Stunden gedauert, bis man bei Ob. West die wahre Lage erkannt hat. Die Überraschung der deutschen Wehrmacht gelang. Sie gelang nicht zuletzt infolge der rauhen See, bei der kein »Sachverständiger« eine Landung erwartete, auch nicht oder gerade nicht die Marine. Sie war bei Windstärke 7 auch ein ungewöhnliches Wagnis. Aber gerade dieses Wagnis Eisenhowers gab schließlich den Ausschlag. Das schlechte Wetter machte auch die an sich schon außerordentlich beschränkte Luftaufklärung vollends blind und legte die Seeaufklärung lahm. So war der deutsche Feindnachrichtendienst bei Invasionsbeginn taktisch matt gesetzt, praktisch die obere und oberste deutsche Führung mit Blindheit geschlagen. Sie war auch »taub« geworden und zwar durch die Funkstille, die »drüben« herrschte. Schon seit Monaten erbrachte die deutsche Funkaufklärung über den Aufmarsch in Südengland nur noch unerhebliche Erkenntnisse, ganz im Gegensatz zu den sowjetischen Offensiven: In England konnte man telefonieren, in Rußland vermochten das die Russen nur in beschränktem Umfang.

Auch in der operativen Lagebeurteilung sollte sich das verhängnisvoll auswirken. Die Verschleierungs- und Täuschungsmanöver von »Fortitude« trugen hier ihre Früchte. Gewiß hatte man die Verteidigung an der Normandieküste truppenmäßig verstärkt, war aber bei der These geblieben, daß die Hauptinvasion an der Kanalküste erfolgen werde. So wurde die 15. Armee alarmiert, vom Korps Marcks in der Normandie nur Alarmstufe 2 befohlen. Man verkannte die wahren Absichten des Gegners; man hatte sie auch nicht klären können, also mußte man abwarten, bis *sie sich* klärten – und verlor darüber unwiederbringlich kostbare Zeit, nämlich die Nacht und Morgendämmerung des 6. Juni 1944, in der allein noch größere Truppenbewegungen und Gegenangriffe mit starken Kräften möglich gewesen wären. Allerdings war auch dann schon mit dem Abwehrfeuer der schweren feindlichen Schiffsartillerie zu rechnen, in dem dann der Gegenangriff der 21. Panzerdivision unterging.

Die Masse der 15. Armee des Generalobersten v. Salmuth mit ihren 14 Infanterie-Divisionen, davon wie gesagt, etwa die Hälfte bodenständig, also operativ nicht verwendbar, sie blieb in Nordfrankreich festgenagelt. Gewiß, Parallelen zwischen der lähmenden Funktion der Maginotlinie 1940 und des »Atlantikwalls« 1944 sind nicht zu verkennen. Aber den Ausschlag hatte schließlich doch die systematische Täuschung durch »Fortitude« gegeben. Als vom AOK 15 einige bewegliche und kampfkräftige Divisionen an die Normandiefront abgegeben wurden, war es bereits zu spät. Die Alliierten hatten nur *einen* Landekopf gebildet, ihn bald zu einer Operationsbasis auf dem

Festland ausgebaut, erweitert und vertieft und Flugplätze für ihre Jagdbomber eingerichtet. Nach den künstlichen gewannen sie durch die Eroberung von Cherbourg auch noch einen ausgebauten Hafen, den sie nach einiger Zeit in Benützung nehmen konnten. So brachen die Amerikaner Ende Juli nach schweren Kämpfen in südlicher Richtung durch und gewannen die operative Freiheit. Sie waren den schon mitgenommenen, unterlegenen, in der Masse schwer beweglichen deutschen Divisionen vielfach überlegen, noch dazu bei absoluter Luftherrschaft. Aber das wollte Hitler auch nach der Katastrophe von Falaise und der anschließenden fluchtartigen Räumung Frankreichs immer noch nicht wahrhaben. Sonst hätte er nie die Ardennenoffensive vom Dezember 1944 unternommen. Dem deutschen Feindnachrichtendienst allerdings bot sie die Gelegenheit zu einer Täuschungs-, Verschleierungs- und Tarnungsoperation, die an Raffinement die von »Fortitude« noch übertraf. Bis zum heutigen Tag hat sie die Kriegsgeschichte im großen Rahmen noch kaum gewürdigt, mit einer einzigen Ausnahme, in einer Studie im neutralen Ausland, die in einem kaum bekannten Verlag erschien.

ZWEITES KAPITEL

Die Ardennenoffensive: Die perfekte Geheimhaltung

Revanche für Overlord

Die Invasion 1944, die Operation Overlord, glückte als Überraschung, wie wir sahen, ja, sie glückte mit einer Perfektion, wie sie in der Kriegsgeschichte selten vorkommt. Aber sie wurde, was diesen Effekt betrifft, von der deutschen Ardennenoffensive des gleichen Jahres noch übertroffen. Mit einiger Einschränkung könnte man sagen: Im vorletzten Kriegsjahr haben sich die gegnerischen Nachrichtendienste im Westen noch einmal gegenseitig überspielt: Zuerst die Alliierten die Deutschen und dann die Deutschen die Alliierten. Nur insofern lagen die Verhältnisse bei den Deutschen anders als auf der Gegenseite: In der Wehrmacht oder im Wehrmachtführungsstab gab es keinen eigentlichen Chef des Feindnachrichtendienstes wie im Stab Eisenhower. Die abwehrmäßige Vorbereitung der deutschen Ardennenoffensive im Spätjahr 1944 lag auch nicht in den Händen eines großen Sonderstabes wie etwa bei »Fortitude«; sie war vielmehr der Abteilung Ia op. (Heer) des Wehrmachtsführungsstabes (WFSt) aufgebürdet worden, und wurde von deren Leiter verantwortlich geführt. Es war der frühere Ic des Oberbefehlshabers West, der uns bereits wohlbekannte Oberstleutnant, dann Oberst des Generalstabs Wilhelm Meyer-Detring: Er hat die ganze nachrichtendienstliche Erfahrung von vier Jahren voll ausgeschöpft und damit auch den Überraschungserfolg der Ardennenoffensive ermöglicht. Vielleicht war unbewußt auch noch ein Kompensationsmotiv mit im Spiel, um die Scharte des 6. Juni 1944 auszuwetzen;

ähnlich also wie etwa die Panne bei Kriegsbeginn 1914 den späteren General Fellgiebel zum Meister operativer Nachrichtenverbindungen und zum eigentlichen Schöpfer der deutschen Funkaufklärung gemacht hat.
Die deutsche Ardennenoffensive war in der Tat einzigartig vorbereitet in Hinblick auf Geheimhaltung, Täuschung und Verschleierung. Diese Leistung ist, wie schon kurz erwähnt, in einer dokumentarischen Studie gewürdigt, die von einem Schweizer stammt, auch einem Nachrichten- und Abwehroffizier, dem Oberstleutnant i. Gstb. W. Schaufelberger:[1] Wiederum ein Beweis für die europäische Solidarität der Spezialisten auf diesem Gebiet.
In seiner Studie hat Schaufelberger zunächst einen grundsätzlichen Überblick gegeben, dann in einer Dokumentation die Maßnahmen im einzelnen belegt, die die Geheimhaltung bei der Vorbereitung der deutschen Ardennenoffensive bezweckten und tatsächlich auch erreichten. Im Dezember 1944 gab es jedenfalls vom Wehrmachtführungsstab angefangen über das OKW bis zu den Generalstäben des Oberbefehlshabers West und der Heeresgruppe B ebensowenig eine undichte Stelle wie bei den an der Offensive beteiligten Stäben der 6. SS-Panzer-, der 5. Panzer- und der 7. Armee des deutschen Heeres. Das ist besonders zu unterstreichen. Wo blieben da die Verräter, Spione und Agenten? In den hohen Stäben saßen sie nicht, konnten sie nicht sitzen. Und die kleinen V-Leute, die sich wahrscheinlich hinter der deutschen Front herumtrieben? Sie erfuhren wenig und noch dazu meist nur Dinge, die ihnen vorgetäuscht wurden. So war das schließlich, als die Kriegserfahrungen auf dem ND-Sektor voll ausgewertet wurden. Der Verfasser dieses Buchs, der Kriegsberichter v. Schramm, damals zum Wehrmachtführungsstab kommandiert und Generaloberst Jodl als Ordonnanzoffizier beigegeben, war Zeuge dieser Geheimhaltungsmaßnahmen vor der Ardennenoffensive. Er hat sie aus der Sicht des kleinen Führerhauptquartiers »Adlerhorst« im

[1] Siehe Literatur.

Taunus aus nächster Nähe ebenso erlebt wie den rasch fortschreitenden körperlichen und geistigen Verfall des Obersten Befehlshabers während und nach dem Scheitern der Offensive.

Die Geheimhaltung

Es mag Anfang Oktober 1944 gewesen sein; wir waren noch im FHQu »Wolfsschanze« in Ostpreußen, als ich im Lagezimmer Jodls eine im großen Maßstab gehaltene Reliefkarte des Eifel-Ardennengebiets entdeckte. Sie war offenbar kurz vorher benutzt und dann auf die Seite gestellt worden. Jodl sah mich an, lächelte und legte den Finger auf den Mund. Bei anderen, die in die Vorbereitungen eingeweiht werden mußten, war die Schweigeverpflichtung sehr viel strenger gehandhabt. Nach einer Verfügung des OKW vom 19. 1. 1940, für die Abwehr III verantwortlich zeichnete, galt im übrigen für operative Planungen schon immer die folgende Vorschrift:[2]

> Offiziere, die mit der Bearbeitung *operativer* Absichten und Maßnahmen dienstlich betraut werden, müssen hierzu durch ihre Befehlshaber jeweils namentlich benannt werden. Ihre Zahl ist nach gewissenhafter Prüfung in jedem Fall auf das Äußerste zu beschränken. Die hiernach ausgewählten Offiziere unterliegen folgenden *besonderen* Verpflichtungen für die Geheimhaltung:
>
> a) Bedingungslose Schweigepflicht, auch gegenüber jedem anderen Offizier der Dienststelle, der nicht namentlich als Mitarbeiter bestimmt ist.
>
> b) Gleiche Schweigepflicht auch gegenüber Vorgesetzten anderer Dienststellen und Behörden, ebenso wie gegenüber den eigenen Angehörigen, Freunden usw.
>
> c) Anzeigepflicht von *jeder* zu ihrer Kenntnis gelangenden Indiskretion.

---

[2] Sämtliche im folgenden zitierten Befehle und Anordnungen folgen im Wortlaut der Studie von Schaufelberger.

d) Zurückhaltung in Befehlen über operative Absichten und Maßnahmen mit Angaben über Zweck und Ziel, ganz besonders in der Weitergabe an untergeordnete Stellen. Verzicht auf Angabe über Termine für die Durchführung.

In einem speziell für die Ardennenoffensive erlassenen Befehl des OKW/WFSt Op. (H) vom 1. 11. 1944 ging man noch weiter. Es hieß da u. a.:

»Der Kreis von Beteiligten, die voll in die Operation eingeweiht sind (einschließlich Unteroffizieren, Mannschaften und Stabshelferinnen) ist namentlich festzulegen . . . und schriftlich zu verpflichten. Alle darüber hinaus zur Bearbeitung erforderlichen Offiziere (Sonderwaffen) dürfen nur zur Beibringung von Unterlagen soweit herangezogen werden, daß ihnen Umfang, Zeitpunkt und Absicht der Operation nicht bekannt sind . . . Fernschreiben grundsätzlich nur als Chefsache verschlüsselt.«

Selbst der Nachrichtenführer Ob. West, Generalleutnant Oberhäuser, hatte zur Geheimhaltung der Operation »Martin«, wie der Code-Namen der Ardennenoffensive ursprünglich lautete, folgende Verpflichtung zu unterschreiben:

»Ich wurde heute in die Absichten für Heeresgruppe B durch den Chef des Generalstabes Ob. West in großen Zügen eingewiesen und auf die besondere Bedeutung der absoluten Geheimhaltung gegen jedermann, auch gegenüber meinem Generalstabsoffizier, nachdrücklich hingewiesen. Äußerste Tarnung bei allen auf nachrichtendienstlichem Gebiet erforderlichen Maßnahmen wurde mir auferlegt. Ich bin mir bewußt, daß ein Verstoß gegen die mir auferlegte Verpflichtung mit den schwersten Strafen bis zur Todesstrafe belegt wird.«[3]

Vom OKW/WFSt wurde außerdem befohlen, daß die Bearbeitung der »Wacht am Rhein« – so der endgültige Code-Name – in besonderen Räumen stattzufinden habe und Akten wie Karten gesondert aufzubewahren seien. Ja, man ging

[3] Schaufelberger, a.a.O. S. 30.

schließlich so weit, zu verfügen, daß vorbereitende Operationsbefehle *völlig anders als bisher abzufassen* seien. Vor allem seien Angaben über die Absichten der Höheren Führung zu unterlassen. In einer weiteren Ziffer hieß es:

> »Geschlossene Operationsbefehle sind so spät wie möglich auszugeben; statt dessen ist vermehrter Gebrauch von Vorbefehlen zu machen. Sie haben nichts über die Absichten zu enthalten, aber alle notwendigen Einzelheiten für die taktische und technische Vorbereitung der kommenden Operation.«

Der Zweck dieser Maßnahmen wurde in einem Befehl des Chefs des Generalstabs des Oberbefehlshabers West mit aller Deutlichkeit ausgesprochen, indem es hieß:

> »Grundsätzlich muß erreicht werden, daß jeder Generalstabsoffizier sich jedesmal bei der Art der Weitergabe von Befehlen die Frage vorlegt: *Welcher Schaden kann eintreten, wenn der Feind diesen Befehl erfährt?*«

Sogar das Kennwort wurde gewechselt. Die Vorbereitung der Ardennenoffensive lief, wie gesagt, ursprünglich unter dem Kennwort »Martin«. Am 1. 11. 1944 wurde von WFSt verfügt:

> »Kennwort für die Operation ist ›Wacht am Rhein‹. OKW/WFSt behält sich Wechsel des Kennworts nach gewisser Zeit vor.«

»Wacht am Rhein« war bezeichnend für die *Vortäuschung einer Verteidigungsoperation,* bzw. den Aufmarsch zu einer solchen. Bei den Verpflichtungserklärungen, die z. B. am 24. 10. vom Chef des Generalstabs Ob. West, Generalleutnant Westphal, angeordnet wurden, hieß es in Ziffer a) »Ich bin darüber belehrt worden, daß die Abwehrschlacht im Westen des höchsten Geheimschutzes bedarf und jegliche Telefongespräche über ›Martin‹ verboten sind.« Ziffer e) »daß auch ein fahrlässiger Verrat wie z. B. fernmündliche Unterhaltung über ›Martin‹ die Todesstrafe nach sich ziehen kann.«

Die Befehlsübermittlung

Immer wieder hatte sich im Verlauf des Zweiten Weltkrieges die Befehlsübermittlung als mögliche undichte Stelle der Geheimhaltung erwiesen. Am 10. Januar 1940 war eine Kuriermaschine mit Befehlen und Aufmarschanweisungen für den »Fall Gelb« in Belgien notgelandet, 1943 ein Fieseler Storch in Samadan im Schweizer Engadin mit wichtigen Unterlagen über die deutsche Luftwaffe. Bereits am 12. 7. 1942 war die Übermittlung durch Flugzeug drastisch eingeschränkt, grundsätzlich auch für Fahrzeugübermittlung von Verschluß-Sachen die Bereithaltung von Schußwaffen und Verbrennungsmaterial befohlen. Benutzung des Fernsprechers für Gespräche über operative Absichten war streng verboten. Am 1. November 1944 befahl Ob. West die Überwachung des gesamten Fernsprechverkehrs im eigenen Stab durch die Abteilung Ic/A.O. zu unregelmäßigen Zeiten. Darüber war ein eigenes Überwachungsbuch zu führen, bei schwerwiegenden Verstößen gegen die Geheimhaltung sofort zu unterbrechen, der Verstoßende zu melden.

Für die Übermittlung durch Funk hatte der damalige Nachrichtenführer Ob. West, Generalleutnant Gimmler, schon am 29. 2. 1944 die nachfolgende Anordnung erlassen, die praktisch bereits die Auswertung aller im Kriege gemachten Erfahrungen bedeutete. Sie sei deshalb im vollen Wortlaut wiedergegeben, auch weil vor der Ardennenoffensive noch einmal nachdrücklich daran erinnert wurde:[4]

> »Die feindliche Funkfernaufklärung arbeitet mit Beobachtung, Peilung, Ortung, Auswertung, Enttarnung und Entzifferung genau so wie wir. Sie ist in der Lage, die Funkstellen unserer Kommandobehörden im Stand und in der Bewegung ziemlich treffsicher zu orten. Punktpeilung ist nicht möglich.
>
> Die feindliche Funknahaufklärung macht hauptsächlich Jagd

[4] Schaufelberger, a.a.O. S. 36 f.

auf Sprechfunk und Klartext innerhalb unserer Divisionen. Gelingt es dem Feind, aus unserem Funkbild Schlüsse auf unsere Absichten zu ziehen, dann schadet unser Funk mehr als er nützt.
Eines der bekanntesten Beispiele ist die Preisgabe der Bereitstellung für das Unternehmen Zitadelle Sommer 1943 (von uns kursiv, Anm. d. Verf.) ... bei dem die russische Funkaufklärung nach den in unsere Hand gefallenen Unterlagen vor Beginn des Angriffs die Bereitstellung einwandfrei erkannt und geortet hatte: AOK 2, Gen. Kommando XIII, 6. 7. und 1. Pz.Div., SS-Div. ›Adolf Hitler‹ und ›Totenkopf‹.
Umgekehrt war den Russen z. B. nach der Schlacht von Uman im August 1941 die Bereitstellung der 17. Armee bei und südlich Krementschug zum Übergang über den Dnjepr und das Hervorbrechen der 1. Pz.Armee aus dem Brückenkopf infolge Funkstille bei der 17. Armee und der 1. Pz.-Armee während des Marsches und der Bereitstellung verborgen geblieben.«

In diesem Zusammenhang wurde noch einmal an die strengste Funkdisziplin erinnert und festgestellt:

»Der Gebrauch des Funks im Kampf und in der Bewegung ist gerechtfertigt, sobald die Drahtverbindungen abreißen und die feindliche Nachrichtenaufklärung wegen des dauernden Wechsels kein sicheres Funkbild mehr erstellen kann. Dann nützt der Funk uns ausschließlich, er schadet uns nicht. Dann ist die Stunde des Funks gekommen.«

Behandlung von Dokumenten

Nächst dem Funk waren Beutepapiere während des ganzen Krieges eine der wichtigsten und sichersten Erkenntnisquellen des Feindnachrichtendienstes. Man hatte sich deshalb schon früher Gedanken darüber gemacht, wie man verhindern könne, daß vor allem Operationsbefehle oder Lagekarten dem Feind in die Hände fielen. So wurde ihre durch Führerbefehl schon vom 12. 7. 1942 verbotene Mitnahme bei Frontfahrten, ebenso aber auch die von Notizbüchern, Tagebüchern und Briefen, die für den Feind wichtige Aufzeichnungen enthielten, erneut streng verboten. In Rußland hatte man häufig gerade aus solchen Beutepapieren wertvolle Schlüsse ziehen können. In einem Tagesbefehl von Ob. West vom 21. 4. 1944 wurde ein Beispiel berichtet, bei dem ein Adjutant sich bei einer Besprechung Aufzeichnungen über die Offiziersverluste und die Offiziersersatzlage gemacht und bei sich behalten hatte; das Schriftstück fiel mit anderen Geheimakten bei einem Panzerüberfall in Feindeshand und gab der Gegenseite wichtige Aufschlüsse. Dann wurde deutscherseits wieder der Lagebericht einer kanadischen Armee erbeutet, der die oben genannten Aufzeichnungen gründlich ausgewertet hatte. Das war der Anlaß, die Verbote weiter zu verschärfen. Auch wurde bekanntgegeben, daß der fahrlässige Offizier einer kriegsgerichtlichen Aburteilung entgegensehe.

Die Täuschungsmaßnahmen

Aber das alles waren sozusagen nur passive Verbote. Sie sollten verhindern, daß der Feind durch Funk, Gefangenenaussagen oder Beutepapiere Einblick in die deutschen Absichten bekam. Darüber hinaus aber wurden die verschiedensten Maßnahmen ergriffen, um ihn über die wahren deutschen Absichten zu *täuschen*. So wurde ein eigener Täuschungsplan aufgestellt, dessen Grundgedanke in einem Befehl vom 5. 11. 1944 so angesprochen wurde:

Der Führer hat befohlen:

Der Grundgedanke der Täuschung ist folgender:

»Die deutsche Führung erwartet noch in diesem Jahr einen Großangriff gegen die Linie Köln–Bonn. Um einen solchen feindlichen Durchbruch von Norden und Süden in die Flanke stoßen zu können, werden zwei starke Gegenangriffsgruppen gebildet, die eine nordwestlich Köln, die andere in der Eifel. Demnach kommt es in der Durchführung der Täuschung darauf an, die in der Eifel zwangsläufig entstehende Kräftemassierung zu verschleiern, im Raum nordwestlich Köln dagegen mehr Truppen als vorhanden vorzutäuschen.«[5]

Dementsprechend erließ der Chef des Generalstabs des Oberbefehlshabers West am 14. November einen Befehl zur Feindtäuschung im einzelnen, dessen 1. Ziffer lautete:

»Im Raum Rheydt-Jülich-Köln wird eine ab 20. 11. 1944 versammelte Armee in Stärke von 8—10 Divisionen vorgetäuscht.«

Die Generalkommandos dieser »Geisterarmee« waren ebenso genau bestimmt wie die Nummern der Panzer-, Panzer-Gren.- und Inf.-Divisionen, die ihnen unterstanden. Ziffer 2 lautete:

Zur Täuschung sind anzuwenden:

a) Funktäuschung mindestens bis zu den Divisionskommandos . . .

b) Truppentäuschung:
Hierbei Anbringen falscher Aufschriften, Flaggentäuschung, neue Erkennungszeichen, Wegweiser, Quartiermachen.

c) Transporttäuschung:
Einsatz von V.P. (Vorausbefördertes Personal), falsche Aufschriften an Transport- und Versorgungszügen, falsche Ausrufung und Bekanntgabe auf den Bahnhöfen, Irreführungsschilder auf Bahnhöfen, Frontleitstellen, Betreuungsstellen usw.

d) Flaktäuschung:
Stärkeres Flakfeuer auf feindliche Aufklärer im Täuschungsraum.

e) Frontläufer:
Übermittlung von Einzelnachrichten über den Täuschungsaufmarsch unmittelbar durch die Front.

f) Abwehr-Täuschung:
Übermittlung falscher Aufmarschbefehle, Gliederungen, Transport- und Versorgungsunterlagen.

---

[5] Schaufelberger, a.a.O. S. 40 f.

Es hat sich also um ein bis in die Details durchdachtes Täuschungsmanöver gehandelt. Immer wieder schärfen die hohen Kommandobehörden ein, daß auch die unterstellten Stäbe, Dienststellen und Truppen über die eigenen Absichten getäuscht werden müssen, um Verrat durch Überläufer zu verhindern.

Am 12. November erläßt der Chef der Wehrmachtnachrichtenverbindungen im OKW einen genauen Befehl über die Funktäuschung vor dem Angriff. Er bestimmt u. a.:[6]

> Für diejenigen Kommandobehörden und Verbände, die in den Raum südlich der Linie Köln-Aachen einrücken und nicht in der Abwehrfront eingesetzt werden, ist von diesem Zeitpunkt an Funkstille zu befehlen. Auch der freigegebene Übungsfunkverkehr hat zu unterbleiben.
>
> Etwa ab X — 3 Tage ist für alle Verbände *nördlich* der Linie Köln—Aachen bis zum Rhein *schlagartig äußerste Funkbeschränkung,* soweit irgend möglich auch für den Truppenfunkverkehr zu befehlen.

Völlig neu und bisher u. W. noch nicht systematisch angewandt, war außerdem die *akustische Täuschung* auf dem Gefechtsfeld. Hierzu waren von der Abt. Propaganda im OKW besondere Grammophonplatten für die Truppenlautsprecher entwickelt worden, die u. a. vortäuschten: Panzergeräusche, marschierende Kolonnen, an- und abfahrende Lastkraftwagen, Abladen von Pioniergeräten usw.

Weitere Geräuschplatten waren in Vorbereitung.

Die Tarnungsmaßnahmen des Aufmarsches zur Offensive

Selbstverständlich durften die zum Angriff eingeteilten Verbände, die nach dem 10. November in den Bereitstellungsraum einrückten, keine offenen Kennzeichen mehr zeigen. Die Gefechtsstände waren sorgfältig zu tarnen; vom 20. November an hatte jede Spähtrupptätigkeit zu unterbleiben, um eine Ge-

---

[6] Schaufelberger, a.a.O. S. 42 f.

fährdung der Überraschung durch Verluste von Gefangenen zu vermeiden. Darüber hinaus wurden in den letzten Tagen vor dem Angriff selbst die Gefechtsvorposten eingezogen, bei denen Gefahr bestand, daß sie vom Gegner ausgehoben werden könnten. Jeder Vermißte oder Überläufer war der Obersten Führung auf dem schnellsten Wege zu melden. Bei der Geländeerkundung in vorderer Linie durch hohe Stäbe waren auffällige Uniformabzeichen (Mantelaufschläge oder rote Besatzstreifen) zu entfernen oder zu verdecken. Dann wurde noch durch OKW Befehl vom 1. 11. daran erinnert, äußerste Vorsicht sei der *Kartenbereitstellung* geboten, die Ausgabe verfänglicher Karten habe erst kurz vor dem X-Tag zu erfolgen.

Der Aufmarsch zur Offensive

Das größte Problem der Geheimhaltung bei der Ardennenoffensive bot selbstverständlich der Aufmarsch. Er war nicht einfach zu verschleiern. Aber man konnte den Feind über die eigenen Absichten täuschen. Deshalb hieß es in einem OKW-Befehl vom 5. 11. 1944 über Marschbewegungen:[7] »Sämtliche Märsche sind grundsätzlich bei Nacht durchzuführen, soweit sie die Richtung zur Front haben. Ganz besonders sind die Anmärsche aus dem Raum nordwestlich Köln in den eigentlichen Bereitstellungsraum für ›Wacht am Rhein‹ zu tarnen. In dem dadurch freiwerdenden Raum nordwestlich Köln muß das Bild starker Belegung und Truppenbewegungen aufrechterhalten werden. Ob. West bereitet vor, daß nach Abzug der Angriffstruppen Marschbewegungen in aufgelockerter Form im Raum nordwestlich Köln stattfinden.« Dem darauf folgenden Einrücken in die Angriffsgrundstellung schließlich war ganz besondere Aufmerksamkeit gewidmet. Am 4. Tag vor dem Angriff, dem I-Tag mußten sämtliche Verbände und Truppenteile in den für den »Eingreifaufmarsch« vorgesehenen Räumen versammelt sein. In der darauffolgenden Nacht wurden durch

[7] Schaufelberger, a.a.O. S. 53.

besondere Bespannungsstaffeln der Stellungsdivisionen die leichten und mittelschweren Geschütze durch Pferdezug in Stellung gebracht, um in Frontnähe Motorengeräusche zu vermeiden. Das Einfahren der Schweren Artillerie erfolgte nach besonderem Plan mit Geräusch-Tarnung. Zu diesem Zweck fand an der gesamten Westfront während dem nächtlichen Heranführen der Angriffstruppen zur Ardennenoffensive ein Tarnfliegen der Luftwaffe statt.

Alle Maßnahmen wurden streng überwacht. Die Armeen der Heeresgruppe B, die den Angriff führte, hatten besondere Tarnüberwachungsoffiziere eingeteilt, die bevollmächtigt wurden, jeden auffälligen Verkehr bei Tage zu verhindern und, wenn nötig, rücksichtslos einzuschreiten. Horchposten mit umgekehrter Front achteten auf verdächtige Geräusche beim Einfahren der Artillerie und dem Heranführen von Munition, jeder überflüssige Verkehr war zu vermeiden. Der ganze Aufmarschraum sollte so truppenleer wie möglich erscheinen. So gelangen Täuschung und Tarnung und mit ihnen die Überraschung. Die Ardennenoffensive schlug wie ein Blitz aus heiterem Himmel bei den Amerikanern ein. Belastet war der Überraschungseffekt lediglich durch das Unternehmen »Greif«, den Tarneinsatz von Geheimkommandos in der Uniform des Gegners. Dazu schreibt Schaufelberger:[8] »Die deutsche Panzerbrigade 150, von Kopf bis Fuß als Amerikaner getarnt, sollte eine unzerstörte Brücke über die Maas bis zum Eintreffen der deutschen Angriffsspitzen sicherstellen, sowie bei den Amerikanern Unruhe und Unordnung verbreiten. Die Ausrüstung eines derart starken Verbandes mit amerikanischem Beutematerial bereitete Schwierigkeiten. Der Großeinsatz gegen die Maasbrücke gelang nicht, wie überhaupt die Offensive nirgends die Maas erreichte, hingegen erzielten Kleinkampfverbände, als amerikanische Jeepteams getarnt, erstaunliche Erfolge. Das Mißtrauen unter den Amerikanern belastete deren Kampfführung auf allen Stufen erheblich.«

---

[8] Schaufelberger, a.a.O. S. 22.

Was berichten nun die Kronzeugen der anderen Seite über die Wirksamkeit der deutschen Maßnahmen zur Geheimhaltung, Tarnung und Täuschung? Der britische Oberbefehlshaber Montgomery wurde beim Golfspiel in Eindhoven von der Alarmnachricht überrascht und flog sofort zu seinem vorgeschobenen Gefechtsstand in Zonhoven zurück.[9] Die überfallartige Offensive hatte hauptsächlich die Front der 1. amerikanischen Armee (Generalleutnant Hodges) getroffen, die in den Ardennen mit dem 8. US Korps nur dünn besetzt war, wie man deutscherseits genau wußte. Bis zum Abend des 16. Dezember war eine tiefe Einbuchtung entstanden. Eine großangelegte deutsche Offensive hatten weder Eisenhower für möglich gehalten noch Montgomery. »Das einzige Mittel, das die alliierte Führung eines Besseren hätte belehren können, war die Luftaufklärung, diese war jedoch an den entscheidenden Tagen vor Angriffsbeginn durch das Wetter lahmgelegt. Eine Information durch Agenten hinter der deutschen Linie, die den Alliierten in Frankreich in reichem Maße zugutegekommen war, fehlte nun, da die Front auf deutschem Boden verlief, so gut wie ganz.«[10]

Chester Wilmot faßt sein Urteil über den deutschen Überraschungserfolg in der nachfolgenden Schilderung zusammen:[11] »Als die Offensive in den Ardennen begann, reagierten die Verbündeten mit Erstaunen und Ungläubigkeit. Sie hatten sich so sehr an den Gedanken gewöhnt, die Wehrmacht stehe unmittelbar vor dem Zusammenbruch, daß sie sie einfach nicht mehr für fähig hielten, einen Angriff von dem Ausmaß zu führen, wie er sich nach den ersten Meldungen abzeichnete. Dann aber zerrissen die Nachrichtenverbindungen, und das Gerücht nahm ihre Stelle ein ... Einander widersprechende

---

[9] Marschall Montgomery: *Memoiren,* XVIII. Kapitel: »Die Schlacht in den Ardennen«, S. 344 f.

[10] Jung, Hermann: *Die Ardennenoffensive 1944/45*, S. 148.

[11] Wilmot, Chester: *Der Kampf um Europa.* Frankfurt/M. 1954, S. 629 ff.

Meldungen aus einigen Abschnitten und völliges Ausbleiben von Informationen aus den anderen riefen bald im rückwärtigen Gebiet Unsicherheit und Verwirrung hervor, besonders im Hauptquartier der 1. amerikanischen Armee. Am Abend des 18. Dezember mußte (ihr Oberbefehlshaber) Hodges gestehen: ›Die feindliche Linie läßt sich nicht recht bestimmen, weil die Front im Fluß und ihr Verlauf etwas unklar ist.‹« In einem von Wilmot zitierten Bericht heißt es weiter: »Kommandierende Generale und Oberbefehlshaber konnten sich nicht so viel Informationen verschaffen, daß sie die Stücke des Rätselspiels zu einem Ganzen zusammenzusetzen vermochten. Zurückgehende Truppen verstopften die Straßen und sperrten an die Front marschierenden Verstärkungen den Weg. Zeitweise wurden Einheiten auf Gerüchte hin, die Deutschen kämen, von völliger Panik ergriffen ... Viel Gerät, das in tadelloser Ordnung arbeitete, wurde im Stich gelassen.«

Die Maßnahmen zur Geheimhaltung, Tarnung und Täuschung hatten sich also bewährt, wie sie sich bei der Vorbereitung von »Overlord« im Frühjahr bewährt hatten. Aber darüber hinaus ist zu fragen: Wo blieb die sonst so erfolgreiche alliierte Spionage? Was war mit der Frontaufklärung? Wo die Wachsamkeit der in vorderer Linie eingesetzten Truppe? Vor der Ardennenoffensive gab es keinen Bruch der Geheimhaltung auf deutscher Seite, keinen Überläufer und Verräter, keinen Funkagenten im rückwärtigen Gebiet, der auf die drohende Gefahr mit konkreten Angaben hingewiesen hätte. *Es gab keine undichte Stelle weder im OKW noch im WFSt.* Auch von Reichsleiter Bormann ist nichts verraten oder auf irgendeinem Wege nach außen gegeben worden, obwohl er doch selbst mit Hitler in das kleine Führerhauptquartier »Adlerhorst« umzog. In den Zentralen, Befehlsstellen und Obersten Kommandobehörden hat man also dicht gehalten. Die übrigen Mittel des Feindnachrichtendienstes aber versagten sämtlich, weil bewußt und systematisch erprobte Gegen- und Abwehrmittel eingesetzt wurden: Gegen die Funkaufklärung die Funktäuschung, gegen mögliche Gefangenen- oder Überläuferaussagen die Irreführrung der eigenen Truppe, gegen die feindliche Frontaufklärung die Verschleierung des Aufmarsches und die Zweiteilung in einen Täuschungs- und Tarnungsraum. *Gegen dieses System von durchdachten Aushilfen hat sich die herkömmliche Ausspähung als völlig unzulänglich erwiesen.* Als Beispiel der Klugheit, Verschwiegenheit und Selbstdisziplin in der Vorbereitung wird sich also die deutsche Ardennenoffensive vom Dezember 1944 in der Kriegsgeschichte behaupten, auch wenn sie scheiterte. Dafür sprechen alle vorliegenden Dokumente und Analysen.

DRITTES KAPITEL

Der Schock

Wir haben geschildert, wie die Invasion am 6. Juni 1944 die deutsche Führung überrascht hat; wir haben im einzelnen nachzuzeichnen versucht, welche Maßnahmen der Alliierten zu dieser Überraschung geführt haben. Indessen verlangt das Duell der Geheimdienste, das das vorletzte Kriegsjahr im Westen kennzeichnet, auch die Darstellung der Überraschung der Alliierten durch die deutsche Ardennenoffensive. Hier gleicht sich manches, obwohl sich natürlich auch grundsätzliche Unterschiede aufdrängen. Denn immerhin hatte man bei Ob. West im Jahre 1944 – früher oder später – mit einer Landung der Alliierten gerechnet und sich darauf vorbereitet; die Ardennenoffensive jedoch kam über die Amerikaner wie der Blitz aus heiterem Himmel, oder sagen wir aus einem Himmel, der nicht nach einem Offensivgewitter aussah. Auch das hatte nachrichtendienstliche Gründe.

Im Herbst 1944 kämpfte die Wehrmacht bereits auf deutschem Boden. Da versiegten die Nachrichtenquellen, wie sie reichlich in Frankreich geflossen waren, weil sie dort von der einheimischen Bevölkerung gespeist wurden – auf der anderen Seite wirkte sich die systematische Geheimhaltung, Tarnung und Täuschung ebenso aus wie bei der Landung der Alliierten. Nur lag in den Ardennen keine See zwischen den beiden Gegnern. So war schließlich ausschlaggebend für den Überraschungseffekt der ersten Woche nach dem 16. Dezember, daß die an der Ardennenfront eingesetzten Amerikaner z. T. noch kriegsunerfahren waren, vor allem aber die Tatsache, daß die Mehrzahl der amerikanischen Kommandeure eine größere deutsche Offensive einfach nicht für möglich gehalten hatte. Der G-2-

Dienst im Oberkommando Eisenhowers war allerdings realistischer: In einer Lagebeurteilung, die am 14. Dezember an alle Armeegruppen hinausging, war immerhin auf die Möglichkeit einer deutschen Entlastungsoffensive, auch in den Ardennen, hingewiesen worden; denn man wußte von einer operativen Reserve, die Hitler inzwischen angesammelt hatte.[1] Trotzdem ist es zu einem Schock auch im alliierten Hauptquartier gekommen. Der damalige G-2-Brigadier Strong hat das rückhaltlos geschildert.

Das Hauptquartier Eisenhowers lag Ende des Jahres 1944 in Versailles. Samstag, der 16. Dezember, war ein bitterkalter Tag, der Himmel von niedrigen Wolken bedeckt, so daß die Luftaufklärung ausfiel. »Kurz vor dem Frühstück« erhielt Brigadier Strong Berichte über einen deutschen Angriff in den Ardennen, denen aber zunächst keine größere Bedeutung beigemessen wurde – nicht anders als den ersten Nachrichten über Fallschirmabsprünge und anschließende Landungen in der Normandie am 6. Juni 1944. Die Deutschen hatten eben einen örtlichen Entlastungsangriff gestartet. Auch bei der Mittagskonferenz Eisenhowers, an der die Generale Bradley, Bedell Smith, Bull, sowie von den Luftwaffen Luftmarschall Tedder und General Spaatz teilnahmen, ging es zunächst um ganz andere Fragen und Probleme in Hinblick auf eine neue Offensive der Alliierten. Aber dann kam es anders. Strong, der an der Konferenz teilnahm, berichtet:

»Bedell Smith war gerade dabei, Bradley zu fragen, welche Chancen er der nördlichen Offensive gebe, die Dämme des Flusses Roer zu besetzen, als ich dringend abberufen wurde. An der Tür stand mein Stellvertreter, Brigadegeneral Betts, der normalerweise ein ruhiger, phlegmatischer Mann war. Aber diesmal erschien er ziemlich erschüttert ... Seine Neuigkeiten betrafen die Ardennen ... Berichte, die wir erhalten hatten, sprachen von heftigen, sich auf weite Gebiete erstreckenden Angriffen der Deutschen gegen die amerikanischen Linien.

[1] Strong, a.a.O. S. 195.

Die Nachrichten waren bruchstückhaft und widersprüchlich, wie immer, bevor sich eine Schlacht voll entfaltet und die Absichten des Feindes deutlich werden. Die Deutschen hatten ihren Schlag gegen jenen Teil der Front geführt, die nur von sehr wenigen, dazu noch kampfunerfahrenen amerikanischen Soldaten gehalten wurde, und es stand bereits fest, daß eine ungewöhnlich große Anzahl von deutschen Divisionen an der Operation teilnahm.«[2]

Im Laufe der nächsten Tage wurde im alliierten Hauptquartier Eisenhowers klar, daß es sich um eine von langer Hand vorbereitete deutsche Großoffensive handelte. Niemand hatte dergleichen mehr erwartet. Aber die Deutschen hatten auch alles getan, um ihre Vorbereitungen geheimzuhalten. Dazu das Urteil des Fachmanns Strong: »Die Deutschen nutzten jeden nur glaubhaften Trick, um ihre wahren Absichten geheimzuhalten oder zu verschleiern. Formationen wurden falsch bezeichnet und umnumeriert. In einigen Gebieten wurde künstlicher Lärm erzeugt, um unseren Truppen die Herauslösung von Truppen und Fahrzeugen vorzutäuschen. Verschlüsselte Botschaften wurden zwischen fingierten Kommandobehörden ausgetauscht. Für den Angriff notwendige Truppenbewegungen wurden bei Nacht durchgeführt, Straßen mit Stroh bedeckt, um das Geräusch der Fahrzeuge zu dämpfen. Die Deutschen trafen Vorsichtsmaßnahmen, um zu vermeiden, daß Deserteure Pläne verrieten. Spähtrupps wurden zurückgezogen. Machten wir Gefangene, so gaben sie einschließlich eines Divisionskommandeurs irreführende Informationen. Seit einigen Wochen schickte der Feind neue oder umgruppierte Divisionen in das Ardennengebiet, wo sie auf Gefechtsstärke gebracht, ausgebildet und instruiert wurden. Diese Divisionen wurden dann an unruhigere Frontabschnitte verlegt, und andere nahmen ihren bisherigen Platz ein. Dieses Verfahren war darauf angelegt, uns in der Annahme zu bestärken, es handle sich um ein Übungsgebiet; jeder Verdacht von unserer Seite sollte zerstreut werden.

[2] Strong, a.a.O. S. 196 f.

Für den Angriff vorgesehene Divisionen wurden auf zerstreute Dörfer verteilt, so daß die wirkliche Aufstellung der Divisionen schwer ausgemacht werden konnte.«[3]

Am 17. Dezember herrschte im Hauptquartier Eisenhowers kein Zweifel mehr darüber, daß man sich hatte überfahren lassen. Den Deutschen war die operative Überraschung gelungen. So kam es, daß dem US-Oberkommando von der immer wachsamen, kritischen Presse in den Vereinigten Staaten mangelnde Nachrichtenbeschaffung vorgeworfen wurde. »Die Presse forderte bereits, daß Köpfe rollen müßten.« In der Tat hatte der alliierte Nachrichtendienst sich ebenso hinters Licht führen lassen wie am 6. Juni 1944 der deutsche. Am Abend des zweiten Angriffstages ergaben die von der Front kommenden Nachrichten, daß bis zu fünfundzwanzig deutsche Divisionen an der Offensive teilnahmen. Einige von ihnen waren tief in die alliierten Linien eingedrungen.

»Das war offensichtlich mehr als nur ein Entlastungsangriff, wie wir ihn erwartet hatten.«[4]

Wer aber den Schaden hat, braucht für den Spott nicht zu sorgen. Am 18. Dezember kam eine Delegation französischer Offiziere in das Hauptquartier Eisenhowers, von General Juin geführt. Bedell Smith geleitete sie in den Kartenraum, um sie über die augenblickliche Lage zu informieren. Dann berichtet Strong wörtlich: »Als wir die Korridore entlanggingen, bemerkte ich, daß die Franzosen sorgfältig in unsere Büros blickten. Schließlich sagte einer der Generale zu mir: ›Warum pakken Sie nicht zusammen? Treffen Sie denn keine Vorbereitungen zum Abzug?‹ Das war natürlich nicht ernst gemeint, aber bezeichnend für die Reminiszenzen an den Westfeldzug von 1940, die sich in diesen Tagen unwillkürlich einstellten. Am Dienstag, den 19. Dezember fuhr Eisenhower in sein vorgeschobenes Hauptquartier nach Verdun. Sämtliche Oberbefehlshaber der alliierten Heeresgruppen waren persönlich gekom-

---

[3] Strong, a.a.O. S. 198.

[4] Strong, a.a.O. S. 201.

men, nur Montgomery ließ sich vertreten.« Der Konferenzraum war überfüllt, die Atmosphäre gespannt. »Wie bei Rückschlägen üblich, kam es zu Meinungsverschiedenheiten zwischen den Verbündeten. Die Lage wurde völlig unterschiedlich beurteilt. Eisenhower behielt indessen die Ruhe und gab überlegt die notwendigen Weisungen. Sein erstes Ziel war die Entlastung der in Bastogne eingeschlossenen US-Truppen. Aber noch hatte das Hauptquartier die Lage im Einbruchsraum längst nicht unter Kontrolle.«

Als Brigadier Strong nach dem Abschluß der Konferenz in Verdun nach Versailles zurückkam, häuften sich die Hiobsbotschaften auf seinem Schreibtisch. Bis Mitternacht waren sie so besorgniserregend geworden, daß er Bedell Smith, den Stabschef Eisenhowers, aus dem Bett holte. Der Schock war da und nicht mehr zu bagatellisieren, wie es in Verdun noch der eine oder andere versucht hatte, die ganze nördliche Heeresgruppe in Mitleidenschaft gezogen. Alle verfügbaren Truppen in den Nachbarabschnitten des Einbruchsraumes wurden alarmiert, um den vorgedrungenen Angreifern, die bereits der Maas zustrebten, in die Flanke zu fallen. Sollte im Norden der allzu bedächtige Montgomery den Oberbefehl übernehmen? Der Kundige liest bei Strong, dem wir hier weiter folgen,[5] zwischen den Zeilen, daß es darüber zu Meinungsverschiedenheiten, ja vielleicht sogar zu einem Wortwechsel kam. Der kurz angebundene, bärbeißige Bedell Smith gab Strong zu verstehen, weder er noch der britische General Whiteley seien im Stab Eisenhower noch länger akzeptabel. »Am nächsten Tag wurde die Instruktion ausgegeben, daß wir aus unseren Posten zu entlassen und nach England zurückzuschicken seien.« Das war deutlich. Er sprach es nicht aus, aber unter dem Schock der Hiobsbotschaften schien Bedell Smith entschlossen, sich von dem britischen Nachrichtenchef zu trennen.

Hier ist angebracht, in diesem Zusammenhang auch an die deutsche Nachrichtenaufklärung vor und während der Arden-

---

[5] Strong, a.a.O. S. 207.

nenoffensive zu erinnern. Nach dem uns vorliegenden ungedruckten Bericht[6] erbrachte sie besonders aufschlußreiche Ergebnisse. So heißt es da: »Vor dem überraschenden Angriff war zu erkennen, daß der Feind nichts von den deutschen Absichten bemerkte, weil die bereitgestellen Armeen Funkstille hielten. Die feindliche Gliederung und die geringen Stärken der Amerikaner in den anzugreifenden Frontabschnitten hatte die Nachrichtenaufklärung klar erkannt. Der Feind hatte keine besonderen Abwehrmaßnahmen getroffen oder Reserven bereitgestellt. Am Morgen des ersten Angriffstages, dem 16. Dezember 1944, bestätigte ein Klartextfunkspruch aus dem Bereich der 1. US-Armee die Überraschung. Die Deutschen hätten die Amerikaner ›im Schlafe überrascht‹. Dann kamen Rückzugsmeldungen und Angaben, wie weit die deutschen Panzerspitzen vorgedungen waren, Meldungen über schwere Verluste.« Soweit der Bericht. Der größte Erfolg der deutschen Nachrichtenaufklärung aber war: Wenige Tage nach Beginn der Offensive wurde ein neues Netz der US Military Police entdeckt. Amerikanische MP-Einheiten waren in dieser Phase der Schlacht an allen wichtigen Straßenkreuzungen und Rollbahnen des rückwärtigen französisch-belgischen Operationsraumes eingesetzt. Sie gaben laufend Meldungen über Truppenbewegungen großen Stils. Dabei funkten sie einen leicht lösbaren chiffrierten Text, gemischt mit viel Klartext, offenbar um eine schnelle Verständigung zu erreichen. So erfuhr der deutsche F.N.D. umgehend aus sicherer Quelle Truppengattung, Marschspitzen, Marschgeschwindigkeiten, Kolonnenlängen der zum Einsatz heranrollenden US-Verbände. Schon am vierten Tag der Ardennenschlacht war aus diesen fortlaufenden Meldungen ersichtlich, daß es sich nicht um notdürftig zusammengeraffte Alarmeinheiten, sondern zum Teil um Eliteverbände handelte. Andere US-Frontabschnitte wurden rücksichtslos entblößt, denn die Amerikaner konnten sichergehen, daß die längst stark geschwächte deutsche Kampfkraft es nicht erlaub-

[6] Manuskript im Besitz des Verfassers.

te, auch noch an anderen Frontabschnitten anzugreifen, sie mochten so schwach besetzt sein wie immer.

Am 23. Dezember 1944 löste sich der Winternebel an der Westfront. Es kam klares, sonniges Wetter. Die Alliierten konnten wieder von ihrer Luftherrschaft Gebrauch machen. Die deutsche Ardennenoffensive hatte inzwischen ihren Höhepunkt erreicht und überschritten. Acht Tage lang wirkte sich der Schock der operativen Überraschung aus und zeitigte beträchtliche Anfangserfolge vor allem bei der 5. Panzerarmee des Generals v. Manteuffel. Bis zum 23. Dezember hatten sich die deutschen Angriffsspitzen der Maas zwischen Dinant und Givet bis auf wenige Kilometer genähert, dann aber blieben sie liegen, weil ihnen der Treibstoff ausging. Mit dem 24. Dezember neigte sich die Waage der Schlacht zugunsten der Alliierten. Dann siegten schließlich die stärkeren Bataillone und die bessere Ausrüstung. Der Schock, der auch das US-Hauptquartier am 17. Dezember erschüttert hatte, war überwunden. Es war eingetreten, was die erfahrenen Frontkommandeure auf deutscher Seite von Anfang an fürchteten: Das Kräfteverhältnis wie alle anderen Momente waren denen von 1940 nicht mehr zu vergleichen, der Blitzsieg von damals nicht wiederholbar. Die Intuition des Obersten Befehlshabers der deutschen Wehrmacht hatte zwar die schwächste Stelle der amerikanischen Front erkannt, der Wehrmachtführungsstab mit einem Raffinement ohnegleichen die operative Überraschung in den Ardennen vorbereitet, und zwar erfolgreich, aber nach acht Tagen war die Grenze des Möglichen erreicht. Hitler aber hatte in der fortschreitenden Trübung seines Urteilsvermögens noch einmal das Unmögliche gefordert. Es fügte sich, daß der Verfasser aus nächster Nähe Zeuge dieser fortschreitenden Bewußtseinstrübung wurde, wie auch vorher Zeuge all der Maßnahmen zur totalen Tarnung und Verschleierung auf deutscher Seite. Auch das Führerhauptquartier war da mit eingeschlossen.

Aber noch einmal zurück zu der Ardennenschlacht selbst und dem Schock, den sie den Amerikanern bereitete. Ein Moment ist dabei besonders zu beachten, weil es immer wieder die Gefahr böser Überraschungen mit sich bringt: Die Abstumpfung der Beobachtung des Feindes, das Nachlassen der Wachsamkeit. Vor der Invasion war allzu oft gerufen worden: Der Wolf kommt, so daß schließlich niemand mehr daran glaubte, als er wirklich kam. Im Fall der Ardennenoffensive aber war es ein anderes Moment, das die Aufmerksamkeit einschläferte: Die Überzeugung, die Deutschen seien bereits geschlagen und am Ende ihrer Kräfte. Also wurden die Lebenszeichen eines immer noch gefährlichen Gegners nicht entsprechend beachtet. Auch dafür ist Strong der Kronzeuge, wenn er in seinen Erinnerungen schreibt:[7] »Nach dem Krieg erfuhr ich, daß viele amerikanische Divisions- und sonstige Frontkommandeure Hinweise erhalten hatten, die bestimmter als alles, was wir im Oberkommando zur Verfügung hatten, auf das schließen ließen, was sich auf deutscher Seite zusammenbraute. Aus verschiedenen Gründen erreichten uns solche Informationsbruchstücke niemals. Hätten wir zum Beispiel davon gehört, daß zwei oder drei Tage vor der Offensive eine geflüchtete Frau von Konzentrationen deutscher Truppen hinter der Siegfried-Linie berichtet hatte, oder wäre uns ein erbeutetes Dokument, aus dem weitreichende Veränderungen in den deutschen Aufmarschplänen hervorgingen, sofort zur Verfügung gestellt worden und nicht erst nach der Offensive, oder hätten wir davon gewußt, daß während der zwei Nächte vor dem 16. Dezember Schlangen von Lastwagen mit aufgeblendeten Scheinwerfern unter offener Mißachtung aller Vorsichtsmaßnahmen auf die deutsche Front zufuhren, dann hätte das Ergebnis anders aussehen können. Spätere Überprüfungen zeigten ebenso, daß die Intelligence Summaries der amerikanischen Ersten Armee voll von Hinweisen aus den vorderen Linien waren. Wäre all dies dem hinzugefügt worden, was das Oberkommando aus anderen Quellen erhalten hatte, dann wäre die Nachrichtenbeschaffung beweiskräftig genug gewesen, um den Feind um seine sorgfältig geplante taktische Überraschung zu bringen.«

---

[7] Strong, a.a.O. S. 221.

Im übrigen kommt Strong zu einem abschließenden Urteil über den Wahnsinn, den die Ardennenoffensive im Grund darstellte, wenn er sagt: »Niemand glaubte je daran, daß sie (die Deutschen) bereit sein würden, das lebenswichtige Ruhrgebiet einer Offensive der Alliierten auszusetzen, um ihre Streitkräfte einschließlich aller ihrer Reserven in einer einzigen verzweifelten Großoffensive auf das dünnbesetzte Gebiet der Ardennen zu konzentrieren. Hätten wir Beweismaterial aus den glaubwürdigsten Quellen dafür erhalten, daß die Deutschen so etwas planten, hätten wir geantwortet, daß weder ihre Hilfsmittel noch ihre Ausbildung ausreichen würden, um einen Sieg zu erringen – und wir hätten damit recht gehabt.«[8]

Aber Strong hatte Unrecht, wenn er von »den Deutschen« sprach. Die Deutschen waren längst total entmachtet, politisch und militärisch. In Deutschland galt nur noch *ein* Wille, der Hitlers. Nach dem überraschenden und überwältigenden Sieg im Westen 1940 war er ein Mythos geworden, ein Halbgott, »der größte Feldherr aller Zeiten«. Er allein bestimmte. Er allein bestimmte auch dann noch, als er schon jegliches Maß verloren hatte, die Trübung seines Bewußtseins offensichtlich wurde. Das sahen und erkannten die Männer, die sich schließlich zu seiner gewaltsamen Beseitigung am 20. Juli 1944 zusammengeschlossen hatten. Als Hitler davonkam, wurde die *Strategie des Absurden* endgültig Trumpf bis zur Vernichtung des deutschen Reiches.

[8] Strong, a.a.O. S. 246.

VIERTES KAPITEL

Die Ardennenschlacht und der Persönlichkeitsverfall Hitlers

Die geheimdienstliche Vorbereitung der Ardennenschlacht war die Revanche für die Überraschung, die die Invasion 1944 für die deutsche Wehrmacht im Westen gebracht hat. Sie bedeutete einen bis dahin unerhörten Schock für die Alliierten, mit dem sie niemals gerechnet hatten, und hielt ihre oberste Führung volle acht Tage in Atem. Dann erst war die Gefahr des deutschen Durchbruchs für sie gebannt. Das haben wir oben geschildert. Aber die letzte große deutsche Offensive hatte noch eine andere Wirkung, bisher kriegsgeschichtlich nur unzulänglich beachtet: Die auf Hitler selbst. Er hatte sie sorgfältig vorbereitet und die größten Hoffnungen auf sie gesetzt;[1] als sie scheiterte, kam es zu irreparablen Schädigungen nicht nur seines physischen Zustands, sondern vor allem seiner geistigen Verfassung. So müssen die Ereignisse im Westen um die Jahreswende 1944/45 heute angesehen werden. Die übermenschliche Anspannung, die die Ardennenschlacht positiv und negativ für Hitler gebracht hat, richtete ihn endgültig zugrunde: Unter dem Eindruck des Zusammenbruchs dieser letzten Hoff-

---

1 Siehe auch Albert Speer: *Erinnerungen*, Berlin 1969, S. 422 f.: »Etwa Ende November erklärte Hitler nochmals, daß er alles auf diese Offensive setze. Da er von ihrem Erfolg überzeugt war, fügte er unbekümmert hinzu, es sei sein letzter Versuch. ›Gelingt er nicht, sehe ich keine Möglichkeit mehr zu einer günstigen Beendigung des Krieges ... Aber wir werden durchkommen‹, fügte er hinzu, um sich sogleich in immer weitläufiger sich entwickelnden irrealen Vorstellungen zu verlieren ...«

nung verfiel er seit Januar 1945 in eine zunehmende Lethargie, aus der er nur noch für Stunden unter dem Einfluß der Spritzen und Medikamente von Dr. Morell herauskam. In die politische und militärische Wirklichkeit hat er nicht mehr zurückgefunden, daher auch sein haßerfülltes Verhalten dem Feindnachrichtendienst gegenüber, das schließlich mit der abrupten Entlassung Gehlens endete.[2] Das ist jedenfalls unsere heutige Analyse der damaligen Ereignisse.

Der Verfasser, damals der Kriegsberichter v. Schramm, hat diesen Persönlichkeitsverfall Hitlers aus nächster Nähe beobachten können. Er vollzog sich um die Jahreswende 1944/45 in dem kleinsten aller Führerhauptquartiere, das je gebaut wurde, im »Adlerhorst« im Taunus. Dort war der bereits körperlich angeschlagene »Chef« – so der Name Hitlers im FHQu – Anfang Dezember 1944 untergezogen; Mitte Januar verließ es ein greisenhafter Mann, bereits vom Verlöschen der Lebenskräfte gezeichnet. Beide Bilder stehen unvergeßlich vor mir. Gewiß war Hitler schon 1944 krank, aber noch war er durchaus im Stande, die Ardennenoffensive zu konzipieren, die sein eigenstes Werk war, und sie zu führen; aber nach ihrem Zusammenbruch kam es bei dem geschlagenen Obersten Befehlshaber der deutschen Wehrmacht vollends zu dem geistigen und körperlichen Verfall, dem die Ärzte bis heute keine geläufige Krankheitsbezeichnung zu geben vermochten.[3] So mag man sich bis auf weiteres mit der einfachen Diagnose begnügen, die in jedem Fall den Tatbestand trifft: Wie Hitler die deutsche

---

[2] Reinhard Gehlen, *Der Dienst. Erinnerungen 1942–1971*, Mainz-Wiesbaden 1971, S. 117: »Am 9. 4. 1945 wurde ich meiner Stellung als Chef der Abteilung Fremde Heere Ost enthoben ...«

[3] Peter Bamm, in: *Eines Menschen Zeit*, München 1972, S. 272 f. gibt eine wissenschaftliche Diagnose: »Die Diagnose lautet: ›Paranoide Defektpsychose mit überwertigen Ideen.‹ Mein psychiatrischer Gewährsmann ist Thomas Regau. Als Assistent von Geheimrat Bumke in München hatte er die Hohe Schule der klassischen Psychiatrie durchlaufen.«

Wehrmacht durch dauernde Überanstrengung substanziell zugrundegerichtet hat, so auch die eigene Existenz durch andauernde Überforderung. Seit Beginn des Rußlandkrieges am 22. Juni 1941 hat es für ihn buchstäblich keine Atempause, keinen Feiertag, keinen Urlaub von der höchsten Verantwortlichkeit mehr gegeben. Körper und Geist wurden dadurch zermürbt. Nach dem Scheitern der Ardennenoffensive trat dies offen zutage. Schauplatz war das FHQu »Adlerhorst« im Taunus.

Geheime Ankunft

Die kleine Bunkeranlage war im Wald bei Ziegenberg versteckt. Sie ist heute dem Erdboden gleichgemacht. Im Winter 1939 auf 1940 gebaut, doch im Westfeldzug nicht benutzt,[4] wurde sie um die Jahreswende 1944 auf 1945 das Führerhauptquartier der deutschen Wehrmacht. Der Oberste Befehlshaber und Kriegsherr immer noch über erhebliche Teile Mitteleuropas von Rhodos bis Norwegen, erster und letzter Führer des »Großdeutschen Reiches« hat von hier aus *die* Offensive geleitet, von der er noch einmal als letzter verzweifelter Aggression die Wende des Zweiten Weltkrieges erhoffte. Noch einmal hatte er alle verfügbaren operativen Reserven auf diese *eine* Karte gesetzt. »Adlerhorst« war also ein historischer Ort, neben »Felsennest« in der Eifel das einzige FHQu noch auf

---

[4] Speer, a.a.O. S. 184: »Über Hitlers weitere Absichten erhielt ich trotz aller Geheimhaltung gewissen Aufschluß, als er mir 1939 den Auftrag gab, im Westen Deutschlands ein Hauptquartier auszubauen. *Ziegenberg,* ein Herrensitz aus der Goethezeit, in den Ausläufern des Taunus bei Nauheim gelegen, wurde zu diesem Zweck von uns modernisiert und mit Bunkern ausgestattet. Als die Anlage fertiggestellt, Millionen verbaut, Telefonkabel über Hunderte von Kilometern gelegt und modernste Nachrichtenmittel installiert waren, erklärte Hitler unvermittelt, daß das Hauptquartier ihm zu aufwendig sei: er müsse im Krieg ein einfaches Leben führen, daher sei eine, der Kriegszeit angemessene Behausung für ihn in der Eifel zu errichten.«

deutschem Boden, das man besser hätte erhalten sollen, als Mahnmal nämlich. Es war das kleinste und bescheidenste aller Hauptquartiere, die im Zweiten Weltkrieg für Hitler gebaut wurden. Im Laufe verschiedener Kommandierungen habe ich die meisten kennengelernt. Da war die »Wolfsschanze« in Ostpreußen, eine ober- und unterirdische Stadt mit den drei Sperrkreisen, mit eigenem Bahnhof, sonst aber im Hochwald verborgen, in deren »Allerheiligstem«, dem Sperrkreis Eins mit dem Führerbunker am 20. Juli 1944 das Attentat verübt wurde, bei dem Hitler mit leichten Verletzungen davonkam — dann »Werwolf«, nördlich von Winniza in der Ukraine, eine Anhäufung von Bunkern und Blockhäusern in einem Waldstück: Hitler bewohnte das Lager im Sommer 1942 und kam auch 1943 noch mehrmals zu kurzen Zwischenaufenthalten, bevor er nach Berchtesgaden ging, wo friedensmäßige Verhältnisse herrschten, oder in die »Wolfsschanze« zurückkehrte. Schließlich gab es noch die geräumige, stark gesicherte Anlage in Margival bei Soissons in Nordfrankreich: Sie wurde von Hitler am 17. Juni 1944 ganz kurz besucht, aber niemals bezogen, obwohl sie für die Schlacht im Westen gebaut wurde. Im »Adlerhorst« hauste und führte er von Anfang Dezember 1944 bis Mitte Januar 1945, und hier erlebten wir seinen Verfall aus nächster Nähe.

»Adlerhorst« war, wie gesagt, im ersten Kriegsjahr gebaut, noch vor dem Blitzsieg im Westen. Das zeigte sich vor allem an der vergleichsweise bescheidenen Betondecke der Bunker. An einem Talgrund etwa zwei Kilometer nordwestlich von Ort und Schloß Ziegenberg im Taunus gelegen, war die Anlage so klein, daß nur die nächste Umgebung Hitlers darin unterziehen konnte: Das waren Feldmarschall Keitel und Generaloberst Jodl mit einigen Adjutanten und Generalstabsoffizieren — ich fungierte als Ordonnanzoffizier Jodls — Hitler selbst mit SS-Obergruppenführer Schaub, vegetarischer Köchin, persönlicher Ordonnanz, SS-Gruppenführer Fegelein mit Adjutant als Verbindungsmann zu Himmler und der Waffen-SS, dann Reichsleiter Martin Bormann mit kleinem Stab und der

Gesandte Hewel als Beauftragter v. Ribbentrops und des Auswärtigen Amtes. Außerdem gab es noch einige Sekretärinnen und Sekretäre und Telefonpersonal der Wehrmacht. Der Leibarzt Dr. Morell kam täglich, wohnte aber nicht selbst in der Anlage, soweit ich mich erinnere.

Es muß nach der ersten Dezemberwoche 1944 gewesen sein, daß wir hier eintrafen. In aller Heimlichkeit hatte die zweite Staffel des FHQu, zu der ich gehörte, in der Abenddämmerung Berlin-Schlachtensee mit einem der dort bereitgestellten Führerzüge verlassen, war aber schon bald nach Mitternacht auf einem kleinen, verlassenen Bahnhof bei Eisenach ausgeladen worden. Wir stiegen auf einige Omnibusse um, die schon auf uns warteten und fuhren im nächtlichen Nebel westwärts. Niemand kannte das Ziel, nur der Transportführer. Im Morgengrauen hatten wir ein waldiges Bergland erreicht und hielten an einem Talgrund. Dann wurde uns eröffnet, daß wir am Ziel seien. Wir bezogen die zugewiesenen engen Quartiere der Bunkeranlage und erhielten striktes Ausgehverbot. Niemand sollte erfahren, daß sich hier im Taunus das Hauptquartier des Obersten Befehlshabers der deutschen Wehrmacht befand. Unter größter Geheimhaltung bereitete er die Ardennenoffensive vor.

Was war mit Hitler? Im Herbst waren in der »Wolfsschanze« Gerüchte umgegangen, daß er krank sei, Lebergeschichten hieß es. Aber wer konnte das nachprüfen, da er sich im Sperrkreis I hermetisch abschloß, direkte Fragen nach seinem Befinden verpönt waren. Man hörte nur, daß er sich wieder erholt habe und sich intensiv mit der Vorbereitung einer Operation beschäftige, die »Die Wacht am Rhein« hieß. Auch in »Adlerhorst« blieb er fürs erste unsichtbar. Indirekt aber hatte er sich schon in den ersten Tagen nach unserer Ankunft von einer Seite gezeigt, die uns stutzig machte, weil es um die Tarnung des FHQu ging.

Die Fahrzeuge aller Besucher nämlich, ob sie nun von der Front kamen, oder von Ziegenberg, jetzt Hauptquartier des Oberbefehlshabers West, oder dem OKH, seinerzeit in einer

Kaserne in Giessen – alle hatten sie weite, streng vorgeschriebene Umwege durch den Taunus zu machen, um dann an einem gedeckten Platz im Hochwald jenseits des Talgrunds zu parken. Er war etwa einen halben Kilometer von der Anlage entfernt. Nur zu Fuß, einzeln, höchstens zu zweit durfte man sich »Adlerhorst« nähern. Keine Straße, kein stärkerer Verkehr sollte die Anlage verraten. Das gehörte zu dem Gesamtplan der strikten Geheimhaltung, wie wir wußten. Trotzdem war bei dem unvermeidlichen Kommen und Gehen nach kurzer Zeit im Talgrund ein Pfad getreten, der immer deutlicher sichtbar wurde. Dann fiel feuchter Schnee und die Fußspuren waren noch kenntlicher.

Da befahl Hitler persönlich etwas, was manchem merkwürdig vorkam, nämlich eine Veränderung des Landschaftsbildes. Aber warum? Außer der Wachkompanie, die die Division »Großdeutschland« des Heeres stellte, stand dem FHQu eine eigene Arbeitskompanie zur Verfügung. Es wäre nicht schwer gewesen, sie einen Weg gedeckt durch den Wald bauen zu lassen, wenn er auch einen Umweg bedeutete. Aber der »Chef« persönlich befahl es anders: Eine künstliche Schonung im Talgrund sollte die Besucher von »Adlerhorst« sowohl vor neugierigen Blicken auf der Erde verbergen, wie der Sicht von oben entziehen. Natürlich war das ein »Führerbefehl«, also sakrosankt, immer noch! In einer Nacht wimmelte es im Talgrund von dunklen Gestalten; wie mit einem Zauberschlag stand dann am nächsten Morgen die Schonung. Die Landschaft aber hatte sich beträchtlich verändert. War das die richtige Maßnahme? Jeden Tag kreisten feindliche Luftaufklärer über dem Taunus; wenn sie die Veränderung feststellten, war ein Bombenteppich zu befürchten, dem kaum einer der veralteten Bunker standgehalten hätte. Nach dem Aufbau der künstlichen Schonung haben wir solch ein Bombardement bei jedem Fliegeralarm erwartet. Aber auch hier kam es anders wie so oft in der merkwürdigen Biographie des »Führers«: Nicht der »Adlerhorst«, aber die Wälder und Lichtungen ringsum und später Ort und Schloß Ziegenberg wurden das Ziel feindlicher

Luftangriffe. Bei einem nächtlichen Gang zur Gutsmühle, wo Oberst Streve, der Kommandant FHQu sein Quartier hatte, wurde ich von Bomben überrascht, die pfeifend niedergingen und mit gewaltigem Donnerschlag zerkrachten. Ein langanhaltendes rollendes Echo folgte. Bei einem späteren Angriff wurde nicht das damalige FHQu getroffen, sondern das Hauptquartier des Oberbefehlshabers West, Schloß Ziegenberg, das vollkommen ausbrannte.[5]

Doch hatte man gegen solche möglichen Fatalitäten rechtzeitig vorgesorgt: Bereits 1939 waren geräumige Bunker in den Felsengrund des Schlosses gesprengt und als Gefechtszentrale ausgebaut worden. Mit einem Sprung konnte man sie von der inneren Schloßtreppe aus erreichen. So sind hier trotz Brand und Zerstörung keine Menschen zu Schaden gekommen.

Bis zur Annäherung der Amerikaner, die zum Rückzug zwangen, saß der Stab Ob West in diesem bombensicheren Hauptquartier wie in Abrahams Schoß – ganz im Gegensatz zu den Stabsquartieren von Keitel und Jodl nach unserer Rückkehr von »Adlerhorst« nach Berlin: In ihren Geschäftszimmern an der Kronprinzenallee in Berlin-Dahlem gab es nur mit Balken abgestützte Keller und einen kleinen Betonbunker für die Geheimakten.

Weltuntergangsstimmung herrschte, als in nächster Nähe mit fürchterlichem Getöse feindliche Luftminen niedergingen

[5] Siehe über Schloß Ziegenberg auch Hans Rudolf Kurz: *Nachrichtenzentrum Schweiz. Die Schweiz im Nachrichtendienst des Zweiten Weltkriegs,* Frauenfeld und Stuttgart 1972, S. 20: »Auch wußten wir über eine weitere wertvolle Linie – einen Übermittlungsoffizier im Führerhauptquartier – ziemlich frühzeitig Bescheid über wichtige Verlegungen. So erfuhren wir beispielsweise vorzeitig den Bezug des Führerhauptquartiers in Ziegenberg, der vor dem Beginn des Westfeldzugs erfolgte.« Aber Ziegenberg ist gar nicht bezogen worden, sondern »Felsennest« in der Eifel. Vielleicht hat Dulles in der Schweiz durch seine V-Männer 1944/45 vom vermeintlichen FHQu Ziegenberg erfahren, gegen das sich dann schwere Luftangriffe richteten.

und riesenhafte Krater in den gegenüberliegenden Kiefernwald rissen.

Was wäre geschehen, hätten die schweren Bomben Anfang Januar »Adlerhorst« zusammengeschlagen? Aber wieder einmal blieb Hitler verschont. Dabei stand es immer schlechter um seine körperliche Verfassung. Davon konnte ich mich in den ersten Tagen der Offensive aus nächster Nähe überzeugen. Ein Waldstück hinter der Anlage war mit einem Drahtverhau umzäunt, von Posten und Patrouillen gesichert. Da hier der Wald licht war, hatte man Tarnnetze zwischen den Bäumen ausgespannt. So sah ich an diesen Winternachmittagen, wenn es nicht regnete oder schneite, wie sich eine leicht gekrümmte Gestalt langsam dahinschleppte, den Kragen des grauen Mantels hochgeschlagen, die Hände in den Manteltaschen vergraben. Es war die »Erholung« des Obersten Befehlshabers. In einiger Entfernung, bemüht, sich hinter den Bäumen zu verbergen, bewachten den »Chef« zwei SS-Leibwächter mit umgehängter Maschinenpistole. Jodl, den ich gerade begleitete, brachte ihm einmal eine wichtige Meldung der Funkaufklärung bei einem solchen Spaziergang. Ein graues Gesicht mit verwischten Zügen sah uns aus hervorquellenden Augen an. Es hatte nichts mehr mit dem gemein, das ich von den Begegnungen in den ersten Kriegsjahren her kannte. Hitler erhob den Kopf und blieb stehen. Jodl las ihm die Meldung vor, die von der Verwirrung und den Hilferufen der überraschten Amerikaner berichtete; die Horchfunker hatten sie aufgefangen. Hitlers Gesicht schien sich nicht zu verändern, aber seine Augen bekamen auf einmal Leben und funkelten. »Gut«, stieß er hervor, sonst nichts. Dann wandte er sich um, seinen schleppenden Spaziergang fortzusetzen. Wir waren entlassen. Im Geschäftszimmer sagte Jodl zu mir nach einer Weile des Schweigens: »Täuschen Sie sich nicht, sein Willen ist ungebrochen. Noch kommt keiner an ihm vorbei. Diese Offensive ist seine Offensive.«

Die letzte große Offensive Hitlers scheiterte. Wir wußten es am Weihnachtsabend, den 24. Dezember, daß keine Hoffnung mehr bestand. Es wurde ein tristes »Fest« in der Mühle bei

Oberst Streve, obwohl dieser sich alle Mühe gegeben hatte. Kein Lied wurde gesungen, angeblich, um uns nicht zu verraten. Die nächtlichen Bombenabwürfe mehrten sich seit dem Heiligen Abend. Ich sah Hitler nicht mehr bei den Spaziergängen. Es hieß, er habe sich ganz zurückgezogen, seitdem die Meldungen von der Ardennenfront immer schlechter wurden. War sein Willen auch jetzt noch ungebrochen? Ich sprach mit einem der Generalstabsoffiziere Jodls offen über das Debakel, in das die Ardennenschlacht auslief. War das nicht vorauszusehen gewesen, daß die Amerikaner auf die Dauer den längeren Arm hatten, die stärkeren Bataillone, auch wenn die Überraschung vollkommen glückte? Major B. gab mir recht. Aber auch er sagte: Sein Willen sei ungebrochen — oder sein Starrsinn? setzte er nachdenklich hinzu. Und dann vertraute er mir an, daß der »Chef« bereits eine neue Offensive plane und vorbereite, zu welchem Zweck schon SS-Divisionen von der Westfront abgezogen würden. Die neue Offensive sollte in Ungarn starten. Ich staunte und wollte wissen, warum gerade in Ungarn? »Das ist die gegenpolige Kriegführung, von der General Scherff immer spricht«, war die Antwort. Scherff war als »Beauftragter des Führers für die Kriegsgeschichtsschreibung« Hitler völlig hörig geworden.

»Gegenpolige Kriegführung? Was heißt das?« fragte ich zurück.

»Das Gegenteil der üblichen, akademischen!«

»Auch wenn sie absurd ist?«

»Auch dann und gerade deshalb.«

»Aber warum gerade das Absurde?«

»Weil es niemand erwartet, und so führt es vielleicht doch noch zum Enderfolg durch Überraschung.«

Tagelang ging mir dieses Gespräch nicht aus dem Sinn. Ich wurde mit der »gegenpoligen Kriegführung« nicht fertig. Dann sollte auch noch in den letzten Tagen unseres Aufenthalts in »Adlerhorst« ein Erlebnis dazukommen, das mich noch mehr beschäftigte, ja umtrieb.

Was war mit den Geisteskräften des »Ersten Mannes im Staate«, des Diktators, von dem unser aller Schicksal abhing? Noch in »Adlerhorst« erfuhr ich von der Verzweiflung eines Augenzeugen, der den »Chef« am nächsten und längsten kannte, des Hauptsturmführers Linge. Er war Hitlers persönliche Ordonnanz, sein Kammerdiener, wie man früher gesagt hätte. Wir trafen uns manchmal am Abend in der kleinen kahlen Kantine. Linge wußte immer interessant zu erzählen, vor allem offen, denn er hatte zu mir Vertrauen. Einmal waren wir ganz allein, als er mich ansprach, offensichtlich von dem Wunsch getrieben, sich auszusprechen. Es ging um Hitler. Leise schilderte er den Zustand des Chefs, der seit Weihnachten auffallend verfiel.

»Er schläft kaum noch. Er spricht nicht mehr mit mir. Stundenlang sitzt er zusammengesunken da, bis in die Morgenstunden, und starrt in die Ecke. Was wird?« Ich fragte Linge, wie lange »Er« es noch schaffen werde? Linge zuckte die Achseln. »Aber bei der Führerkolonne weiß er doch noch, was er will«, gab ich zurück. »Ja, solange der Medizinmann nachhilft und die Spritzen wirken, dann geht es wieder für ein paar Stunden«, meinte Linge. Man merkte, er war auf Dr. Morell ebenso schlecht zu sprechen wie die meisten »Alten« im FHQu. »Wie soll das ausgehen?« fragte er schließlich. »Schlecht«, war meine kurze Antwort. »Er ist also doch unser Untergang«, meinte Linge bitter, »ich habe es schon lange befürchtet, aber nun weiß ich es sicher.«

Linge glaubte nicht mehr an Hitler, nicht mehr an das Genie des Führers, nicht mehr an die Wunderwaffen und die rettende Intuition des Obersten Befehlshabers. »Da ist nur noch ein kranker Mann.«

Wenige Tage später verließen wir »Adlerhorst« beinahe fluchtartig. Es war kurz nach dem 15. Januar 1945. Die Russen waren mit gewaltiger Übermacht bei Baranow durchgebrochen und ergossen sich nun in braungrauen Massen nach Westen. Als wir in Berlin ankamen, hatten sie bereits die alte Reichsgrenze erreicht und überschritten. Die operativen Reserven, die nun zur Reichsverteidigung dringend nötig gewesen wären, lagen zusammengeschossen in den Ardennen. Die Offensive dort war nur ein Überraschungs- und Anfangserfolg, von niemand verraten — und trotzdem war sie gescheitert.

Habent sua fata libelli

Nach Rückkehr von »Adlerhorst« trat ich wieder zum Stab des Chefs der Propagandatruppen, des Generalmajors v. Wedel. Er lag jetzt im Lager Zossen südlich von Berlin. Täglich fuhr ich mit einem qualmenden Holzgaser in die Kronprinzenallee zu Jodl, um ihm den Entwurf des OKW-Berichtes vorzulegen, wurde aber sehr häufig durch Fliegerangriffe oder -alarme aufgehalten. Einmal, während ich unterwegs war, wurde das Lager Zossen von einem Bombenteppich getroffen, der böse Verwüstungen anrichtete und Verluste kostete, doch vor der Baracke, in der ich wohnte, war ein Blindgänger niedergegangen und hatte sie lediglich mit Sand überschüttet, sonst war kein Schaden entstanden. — Jodl in Berlin war unterdessen völlig schweigsam geworden. Bereits im Februar merkte ich an seinem Verhalten bei der Redaktion der Wehrmachtberichte, daß er die Wahrheit unbedingt ansprechen wollte, soweit es ging, um die rechtzeitige Evakuierung der Zivilbevölkerung zu ermöglichen. Früher hatte man sich bei Krisen des öfteren in Allgemeinplätze gerettet, die der Generaloberst dann mit dem sarkastischen Ausspruch Friedrichs des Großen würzte: »Wenn der Krieg ausbricht, ist der erste Gefallene die Wahrheit.« Aber nun sprach er sie an, wo er konnte, obwohl sie immer bitterer wurde. Er machte sich längst keine Illusionen mehr und litt stillschweigend. Als er im letzten Stadium des Krieges einmal mit geröteten Augen ins Geschäftszimmer kam, sagte eine seiner Sekretärinnen, die ihn lange kannte, leise zu mir: »Nun hat er wieder die ganze Nacht geweint.«

In der Tat setzten wir unsere letzte Hoffnung auf Jodl. Er mußte anstelle des kranken Hitler die Führung des Krieges übernehmen, um ihn sobald wie möglich zu beenden. Die sinnlosen Außenposten mußten aufgegeben werden, die Konzentration aller Kräfte auf die Reichsverteidigung erfolgen, so wie es schon Generaloberst Beck am 20. Juli 1944 hatte in die Wege leiten wollen.[6] Vor allem aber war im Sinn des erprobten Herkommens bei diesen letzten Entschlüssen von der Feindlage auszugehen. v. Wedel gab mir den Auftrag, eine Studie darüber zu schreiben und sie Jodl vorzutragen, dem wichtigsten Mann im WFSt. Ich schrieb sie von einem Tag auf den andern unter dem Titel *Wissen und Wissenschaft vom Feind.* Das Problem hatte mich schon seit 1939 grundsätzlich beschäftigt, als ich im F.N.D. ausgebildet wurde. Wedel billigte und begrüßte die Schrift. Aber dienstlich korrekt, wie er nun einmal war, forderte er mich auf, sie zunächst einmal *dem* Fachmann zur Durchsicht und eventuellen Ergänzung einzureichen, den wir alle besonders schätzen: Es war Generalmajor Reinhard Gehlen, Chef »Fremde Heere Ost«. Das ist dann auch geschehen. Es war wohl Anfang März 1945.

Dann hörte ich nichts mehr von dieser Schrift. Die große Lage verschlechterte sich rapid, und wir gingen förmlich in Sorgen unter. Längst tobte der Krieg auf deutschem Boden, wuchs die Not der Bevölkerung täglich, ja stündlich, während Hunderttausende deutscher Soldaten in Dänemark, Norwegen, auf den Kanalinseln und in französischen Seefestungen wie auf Rhodos, Gewehr bei Fuß standen oder sich wie die Heeresgruppe Nord in Kurland bereits in eine Art von freiwilliger Internierung befanden. Ende März 1945 war die Belastung durch diese Entwicklung für mich so stark geworden, daß ich einen Herzanfall erlitt. Die Ärzte verordneten Ruhe. Jodl schickte mich zur Erholung in das Hotel »Schiffsmeister« am Königssee, das

[6] Siehe auch Wilhelm von Schramm: *Aufstand der Generale (Der 20. Juli in Paris)*, 4. Auflage München 1964, S. 86. Am Nachmittag des 20. Juli 1944 sagte Generaloberst Beck am Telefon zu Feldmarschall v. Kluge: »Wir müssen den Krieg fortsetzen. Aber er muß endlich von Leuten geführt werden, die etwas davon verstehen.« Die erste »Amtshandlung« Becks war der Befehl an die Heeresgruppe Nord, die schon von der Einschließung bedroht war, zum Rückzug auf die Düna.

dem Wehrmachtführungsstab zur Verfügung stand. So erlebte ich das Kriegsende im Berchtesgadener Land und dann im Salzburgischen, wohin der Wehrmachtführungsstab Süd im Mai 1945 auswich. Ich hatte inzwischen eine Versorgungseinheit in Dorfgastein übernommen und entging so zunächst der Internierung. Noch bis Ende Juni 1945 war ich ein freier Mann.

Dann kam aber doch die Kriegsgefangenschaft, über deren merkwürdigen Verlauf ich weiter unten berichte. Es kamen Jahre der Not, des Aufbaus, des zeitgeschichtlichen Forschens. Die Denkschrift *Wissen und Wissenschaft vom Feind* hatte ich längst vergessen. 1966, einundzwanzig Jahre nach Kriegsende, flog ich mit meiner Frau zu einem vierteljährigen Studienaufenthalt nach den Vereinigten Staaten. Meine in Pennsylvanien verheiratete Tochter hatte mir die Reise ermöglicht. Natürlich fuhr ich auch in die Hauptstadt Washington und machte den leitenden Herren der National-Archive meinen Besuch, und sofort erklärten sie sich bereit, mich bei meinen zeitgeschichtlichen Forschungen zu unterstützen. Mit Richard Bauer, einst in Krumbach im bayrischen Schwaben geboren, stand ein ebenso hilfreicher wie sachkundiger Berater zur Verfügung. Er führte uns auch durch die Magazine in Alexandria, Va., in denen man die Masse der deutschen Kriegsakten deponiert hatte. Eine unübersehbare Fülle von Dokumenten war hier aufbewahrt, Lebensarbeit für ganze Generationen von fleißigen Historikern. Es war nicht leicht, sich in der Fülle durchzufinden. Mit Hilfe von »Guides« konnten wir uns wenigstens einen Überblick verschaffen.

Dann aber geschah das Unerwartete: Beim Studium der »Guides«, von der »American Historical Association/Comitee for the Study of war documents« zusammengestellt, stieß ich in den *Records of Headquarters of the German Army High Command* unversehends auf meinen Namen: Es war die Schrift *Wissen und Wissenschaft vom Feind* mit dem Antwortschreiben Gehlens an mich, die sich erhalten hatte. Die Schriftstücke hatten mich nicht mehr erreicht, sondern waren die Beute der vordringenden Amerikaner geworden. Aber sie waren da, über den Ozean verschifft und in Alexandria deponiert. Nun stand mir eine Reproduktion zur Verfügung.[7] Die Schrift war also doch nicht ganz vergeblich geschrieben. Am Kriegsausgang hat sie allerdings nicht das Geringste geändert, aber sie gab die Initialzündung für meine Forschungen über den Feindnachrichtendienst und für die aus dem Zweiten Weltkrieg zu ziehenden Erkenntnisse in dieser Hinsicht. Die Konsequenzen sind in diesem Buch aufgrund der Erfahrungen des Beobachters und Berichters gezogen. Die interessantesten sind die über die Alpenfestung und das Schicksal Berlins 1945.

[7] Reproduktion im Besitz des Verfassers. Daß mich der Brief Gehlens nicht mehr erreichte, erklärt sich aus den Verhältnissen gegen Ende des Krieges – »Fremde Heere Ost« wurde bereits mit ersten Teilen am 15. Februar 1945 nach Bad Reichenhall verlegt.

ACHTER ABSCHNITT

Berlin wurde in der Schweiz verloren

ERSTES KAPITEL

Irrung und Verwirrung

Das Duell der Geheimdienste in Europa 1944 ist indessen keineswegs das Ende ihres Wirkens im Zweiten Weltkrieg: Bis zur Kapitulation der Deutschen Wehrmacht am 8. Mai 1945 setzte es sich selbstverständlich fort, nun aber in einer sonderbaren Weise: Trotz zunehmender Gewißheit der herannahenden Katastrophe hat die deutsche Funkaufklärung, nun Fernmeldeaufklärung genannt, den höchsten Grad ihrer Leistungsfähigkeit erreicht, indem sie ein nahezu lückenloses Bild vom Feind, seiner Stärke wie seiner Operationen ermittelte – auf der anderen Seite jedoch verfällt der amerikanische ND dem verhängnisvollsten Irrtum seiner Geschichte: Er jagt einem Phantom nach, das nicht irgendeinem »Spielmaterial« entstammt, sondern zunächst nur als reine Spekulation in der Schweiz aufkommt. Es ist das Phantom der sogenannten »Alpenfestung«, von dem die US-Geheimdienste in den letzten Kriegsmonaten fasziniert sind und nicht nur das: Von Ende März 1945 an bestimmt diese »Mär« die amerikanische Strategie wie die Entschlüsse des Obersten Befehlshabers der westalliierten Streitkräfte in Europa. Statt, wie ursprünglich geplant, direkt nach Berlin zu marschieren, von dem die Vorausabteilungen am 12. und 13. April nur noch zwei Tagemärsche entfernt sind, läßt er die deutsche Reichshauptstadt buchstäblich »links« liegen, um in der vermeintlichen »Alpenfestung« den letzten NS-Widerstand mit Übermacht zu brechen. Diese in ihren Folgen so tragischen Ereignisse wurden bisher noch nicht im richtigen Zusammenhang ihrer Entwicklungsgeschichte gesehen.

Die Geschichte der »Alpenfestung« selbst ist schon wiederholt dargestellt worden,[1] aber bisher nur als isoliertes Ereignis, ohne genauere Analyse der Ursachen, Wirkungen und weltpolitischen Folgen wie Begleiterscheinungen dieser weltgeschichtlichen Fehlleistung. Sie ist die Folge von fortgesetzten Selbsttäuschungen und Fehlschlüssen, nicht zuletzt sowohl des amerikanischen G2-Dienstes, aber auch und wahrscheinlich noch mehr des OSS, des Office of Strategic Services, dessen wichtigster Vertreter Allen Welsh Dulles »Sonderbeauftragter« des amerikanischen Präsidenten in der Schweiz war.

Sie irrten sich alle, die mit der vermeintlichen »Alpenfestung« zu tun bekamen: Die Schweizer, indem viele als sicher voraussetzten, das »Dritte Reich« werde im letzten Akt seines Existenzkampfes ihr »Reduit national« in den Bayrischen und Tiroler Alpen nachahmen, die Amerikaner, indem sie die rasche Brechung des letzten NS-Widerstands in der vermeintlichen »Alpenfestung« für wichtiger hielten als den ursprünglich geplanten Durchstoß bis Berlin – und schließlich auch jene Deutschen, die sich an das Phantom klammerten und die NS-Herrschaft zu verlängern hofften – und letztlich Hitler selbst, der die letzte Chance verpaßte, so viele deutsche Soldaten wie möglich der sowjetischen Gefangenschaft zu entziehen. Dem größten Irrtum allerdings verfielen die NS-Größen, die glaubten, sie könnten in einer »Alpenfestung« überleben. Sieger sind schließlich die Sowjetrussen geworden, die zuerst und allein in Berlin, Wien und Prag waren, mit den bekannten Folgen: Sie haben offenbar auch alle propagandistischen Mittel aufgeboten, um die konzentrierte Aufmerksamkeit der Amerikaner auf die »Alpenfestung« zu lenken, so daß deren Strategie in der Endphase des Zweiten Weltkriegs dadurch bestimmt wurde. Nur die Engländer erkannten den irreparablen politischen Fehler ihrer Verbündeten, um sich dann doch dem massiven US-Druck zu beugen – wider besseres Wissen.

Gewiß, bestimmte Prognosen boten sich an: Es gab 1944 be-

[1] So vor allem Minott, Rodney, a.a.O., aber auch Rauchensteiner, a.a.O. S. 239–244.

reits alte ständige oder im Ausbau befindliche Befestigungen am Südrand der Alpen und in Südtirol bis zum Brenner. Es war auch offensichtlich, daß seit dem Herbst 1944 immer mehr Dienststellen aus der untergehenden Reichshauptstadt nach Mitteldeutschland und dann nach Bayern verlegt wurden — und schließlich hätte es durchaus dem Image Hitlers entsprochen, nach der letzten Patrone in Berchtesgaden unterzugehen. Daß auch Depots und Vorratslager in die Alpen verlegt wurden, war teilweise bewiesen, im übrigen möglich oder wahrscheinlich. War aber die deutsche Wehrmacht kräftemäßig noch in der Lage, sich ein Reduit zu schaffen, das diesen Namen verdiente? Und war sie fähig, darin noch organisierten Widerstand zu leisten und so den Krieg noch weiter zu verlängern? Diese Hauptfrage ist offenbar von den Nachrichtenoffizieren der Hauptquartiere nicht gestellt, nicht zum Gegenstand einer systematischen Aufklärungsaktion gemacht worden — und so kam man zu völlig falschen Schlüssen und dementsprechenden irreparablen strategischen Fehlern. Vor allem wurde der unbedingte Vorrang politischer Momente in dieser Endphase des Zweiten Weltkriegs verkannt oder beiseite geschoben.
Der amerikanische Geheimdienst ist das Opfer von Spekulationen geworden. Jedenfalls hat er der Befürchtung dessen, was die NS-Größen im letzten Augenblick noch tun könnten, mehr Raum gegeben als der genauen Nachprüfung der Meldungen und Möglichkeiten an Ort und Stelle. Hier wären noch einmal Spione herkömmlicher Art am Platze gewesen, militärisch geschulte V-Männer, die sich nicht bluffen ließen, um bis ins Detail zu erkunden, wie es in der »Alpenfestung« tatsächlich aussah, wie sie armiert und bevorratet war, und in welchem Zustand sich die dort eintreffenden deutschen Truppenteile befanden. Dann hätte man auch in SHAEF wie im Pentagon bald erkannt, daß es sich nicht um eine strategische Realität handelte, sondern um eine Fiktion. Militärisch durchgebildete Späher hätten bestimmt in der aufkommenden österreichischen Widerstandsbewegung in genügender Zahl zur Verfügung gestanden. Dann hätte man getrost das Phantom rechts liegen

lassen, dann hätte der britische Standpunkt sich durchsetzen können: Berlin ist die Hauptsache.

Die Schweiz als Ursprungsland des Mythos »Alpenfestung«

Die Geschichte begann eigentlich schon im Herbst 1942: Damals traf Allen Welsh Dulles als »Sonderbeauftragter« des Präsidenten Roosevelt in der Schweiz ein, um bald eine rege geheimdienstliche Tätigkeit zu entfalten, aus der er auch kaum ein Hehl machte. Als praktischer Amerikaner erreichte er damit wohl auch, daß er rasch Kontakte gewann und daß ihm aus dem »Nachrichtenzentrum Schweiz« bald viele Informationen zugetragen wurden. Natürlich warb er auch Agenten, die in den Nachbarländern tätig wurden. Die so gewonnenen Erkenntnisse leitete er dann in der Regel mittels chiffrierter Funksprüche an die Dienststellen des Office of Strategic Services (OSS) in London und Washington, aber auch an das Hauptquartier der Alliierten Streitkräfte in Europa (SHAEF) weiter. Hans Rudolf Kurz, Sprecher der Schweizer Armee, hat in seiner Studie *Nachrichtenzentrum Schweiz* die geheimdienstliche Tätigkeit von Dulles folgendermaßen dargestellt:[2] »In der Schweiz unterhielt Dulles Verbindung mit maßgebenden Persönlichkeiten. Insbesondere traf er sich zu regelmäßigen Gedankenaustauschen über die Lage mit Major Hausamann. Diese Unterredungen, die fast immer im Hause des Zürcher Verlegers Hans Oprecht stattfanden, waren gemeinsame Lagebeurteilungen, in welchen dem amerikanischen Diplomaten die europäische Betrachtungsweise nahegebracht wurde.« Es läßt sich natürlich nicht beweisen, liegt aber nahe, daß in diesen Lagebeurteilungen auch auf die Möglichkeit eines deutschen Nationalreduits in den Bayrischen und Tiroler Alpen hingewiesen wurde. Das geschah wohl zuerst nach dem deutschen Zusammenbruch in Frankreich im September 1944. Jedenfalls stellt Manfried Rauchensteiner in seinem gründlichen kriegs-

---

[2] Kurz, a.a.O. S. 59.

wissenschaftlichen Werk *Krieg in Österreich* fest:[3] »Aus der amerikanischen diplomatischen Vertretung in der Schweiz gelangte im September 1944 erstmals eine Ausarbeitung in deutsche Hände, die diese Spekulationen genau analysierte.« Anhand von zahlreichen Indizien wies sie auf die Möglichkeit, ja Wahrscheinlichkeit hin, daß die Deutschen, auch wenn die anderen Fronten ungefähr Mitte 1945 zusammenbrechen sollten, in diesem Reduit die Möglichkeit hätten, sich noch etwa ein halbes Jahr länger zu halten. Dazu brauchten sie nur zu den bereits bestehenden permanenten Befestigungen und Verteidigungsanlagen in Norditalien und Südtirol auch noch den Arlberg und vor allem den nördlichen Alpenrand zu befestigen. Dieses aus der Schweiz stammende Memorandum muß als das erregende Moment der Ereignisse angesehen werden, die immer stärker die Aufmerksamkeit der Obersten US-Führung erregten. Ja, schließlich haben sie sogar dazu geführt, daß sie ihre ursprüngliche strategische Zielsetzung änderte. So kann man wohl überspitzt sagen, daß Berlin für die westlichen Alliierten in der Schweiz, bzw. infolge der Informationen, die aus der Schweiz kamen, verloren bzw. aufgegeben wurde.[4]

Zunächst allerdings brachte das Spätjahr 1944 Ereignisse, die die Spekulation auf ein deutsches Alpenreduit in den Hintergrund drängten: Der Abwehrerfolg der Deutschen bei Arnheim, das Auslaufen der alliierten Offensive im Westen mit einer zeitweiligen Stabilisierung der Fronten und schließlich überraschend die deutsche Ardennenoffensive. Erst nach deren Scheitern und dem Durchbruch der Roten Armee Mitte Januar 1945 an der Weichsel gewann diese Spekulation neue Bedeutung. Das Thema »Alpenfestung« wurde dann mit jedem Tag aktueller, an dem sich die Lage der deutschen Wehrmacht ver-

[3] a.a.O. S. 240.

[4] Bei Toland *Das Finale* heißt es S. 256: »Im Herbst 1944 hatte Dulles' Büro in der Schweiz gerüchteweise erfahren, daß Deutschland in den Österreichischen Alpen ein uneinnehmbares Verteidigungssystem aufbaute.«

schlechterte. Schließlich lag nahe, daß sich die NS-Größen eine Fluchtburg moderner Art schaffen und dort um ihr Leben kämpfen würden. Nach dem 15. Januar 1945 begannen diese Fragen aber nicht nur die Geheimdienste zu beschäftigen, auch die Öffentlichkeit wurde nun alarmiert: Die große Presse vor allem in den USA hatte sich des heißen Themas bemächtigt.

Alarm der Weltpresse

Der 3. Februar 1945 muß als eine Art von Mobilmachungstag der öffentlichen Meinung Amerikas in Sachen »Alpenfestung« angesehen werden. Denn an diesem Tag veröffentlichte die *New York Times*, nach weit verbreiteter Meinung die am besten informierte Zeitung der Welt, einen alarmierenden Artikel darüber. Dazu war er nicht etwa nur der Bericht eines europäischen Korrespondenten, sondern die Stellungnahme des ersten Militärsachverständigen des Weltblatts, Hanson W. Baldwin.[5] Er sagte voraus oder glaubte voraussagen zu müssen, daß die Kämpfe in Deutschland auch nach dem Fall von Berlin noch weitergehen würden, und zwar im Alpengebiet, das die NS-Regierung als National-Reduit vorbereite und einrichte. Sowohl General Marshall im Pentagon wie General Eisenhower von SHAEF hatten damit sozusagen einen Schuß vor den Bug bekommen: Sie waren bereits mit einer maßgebenden Stimme der öffentlichen Meinung in den USA konfrontiert, an der sie nicht einfach vorübergehen konnten. Man kann sich gut vorstellen, welche Diskussionen dieser Artikel in den westlichen Hauptquartieren entfesselte. Natürlich zog er auch seine Kreise in der gesamten Weltpresse, die mit den Alliierten sympathisierte. Ein Steinwurf brachte eine Lawine ins Rollen. Wie auf ein Stichwort begannen die großen Zeitungen über die mutmaßliche »Alpenfestung« zu schreiben. Die Agentur Associated Press verbreitete aus Moskau die Äußerung militärischer Sowjetautoritäten, daß die Deutschen die nachhaltige

---

[5] Minot, a.a.O. S. 34.

Verteidigung der Alpen vorbereiten würden.[6] Die Tageszeitung der Kommunisten in den USA, der *Daily Worker*, berichtete von wütenden deutschen Angriffen, um Budapest zu entsetzen; daraus sei zu ersehen, wie sehr sie eine Offensive der Russen gegen ihre Alpenfestung fürchteten. Ebenso dienten, so hieß es weiter, die Operationen bei Straßburg der Verteidigung des Vorfelds der Alpenfestung gegen Westen.[7] Kurz vorher hatte die amerikanische Zeitschrift *Collier* von den Vorbereitungen des Partisanenkriegs im Salzkammergut durch Ernst Kaltenbrunner, den Chef des deutschen Reichssicherheitshauptamtes, berichtet. Eine große Zahl westlicher, amerikanischer oder US-freundlicher Blätter folgte mit ähnlichen Berichten.

Die englische Presse hielt sich dagegen im allgemeinen zurück. Offenbar war man in Hinblick auf das Alpenreduit skeptischer als die leichtgläubigeren Amerikaner. Nur die englische Wochenzeitung *Sphere* brachte im Februar 1945 einen Artikel über die »Alpenfestung«, in dem es u. a. hieß:[8] »Die Deutschen treffen große militärische Vorbereitungen, um dieses Reduit in Verteidigungszustand zu setzen, namentlich die Gebirgsgegend, die sich vom Arlberg bis nach Salzburg erstreckt. Eisenbahnzüge mit Geschützen, Treibstoff, Lebensmitteln und Munition werden in Langen am Arlberg ... und in Immenstadt ... ausgeladen. Es besteht aller Grund, anzunehmen, daß das ausgedehnte Gebirgsgelände im Begriff steht, in eine Riesenfestung umgeformt zu werden, wo die fanatischen Nazis hoffen, aushalten zu können, bis das kriegsmüde Europa auf diese oder eine andere Art zu Verhandlungen bereit wäre.« So wurde bereits im Februar 1945 das Phantom der »Alpenfestung« zu einem Alptraum der westlichen, vor allem der US-Welt. Zu gleicher Zeit beschäftigte sich auch der G2, = der Feindnachrichtendienst, unter dem Druck der öffentlichen Meinung angelegentlich mit dem Problem.

---

[6] Ebenda S. 30.

[7] Küng, a.a.O. S. 35.

[8] Minot, a.a.O. S. 34.

ZWEITES KAPITEL

Das Reduit und der Nachrichtendienst

Es ist höchst aufschlußreich, was Cornelius Ryan, der ausgezeichnete Kenner des letzten Kriegsjahrs in Europa, über das G2-Bild von SHAEF, die »Alpenfestung« betreffend, aussagt, so wie es sich in den ersten Monaten des Jahres 1945 darstellte:[9] In dem großen Kartenraum nächst den Büros Eisenhowers hing eine große, mit zahlreichen bunten Eintragungen bedeckte Karte, die immer wieder die besondere Aufmerksamkeit des Oberkommandierenden auf sich zog. Es war die sorgfältig geführte Lagekarte des G2-Dienstes, mit der Aufschrift: »Das Nationale Bollwerk nach Agentenberichten«. Sie zeigte das etwa 35 000 Quadratkilometer umfassende Gebiet, das die Bayrischen und Teile der Tiroler, Salzburger und norditalienischen Alpen umfaßte. Mittelpunkt war das Führerhauptquartier Obersalzberg mit dem »Adlerhorst« bei Berchtesgaden. »Die ganze Karte war mit roten Zeichen bedeckt, die Verteidigungsanlagen aller Art markierten; Munitions-, Treibstoff- und Giftgasdepots, Lebensmittellager, Rundfunksender und Kraftwerke, militärische Stützpunkte mit Truppenunterkünften und Gefechtsständen, Befestigungsanlagen – von betonierten MG-Ständen bis zu riesigen Betonbunkern – ja, sogar unterirdische bombensichere Fabriken.« Täglich wurden neue Zeichen auf der Karte eingetragen. Zwar trugen alle den Vermerk »Unbestätigt«, trotzdem zweifelte man bei SHAEF nicht an der Existenz dieser »Alpenfestung«. Immer wieder hatte der G2-Dienst glaubwürdig erscheinende Berichte erhalten, nach denen Hitler und die NS-Prominenz, die sich wie Kaltenbrunner be-

[9] Ryan, a.a.O. S. 156 f.

reits in die Alpen zurückgezogen hatte, dieses nationale Bollwerk bis zur letzten Patrone verteidigen und, wenn es sein mußte, in ihm untergehen wollten. Auch als potentielle Operationsbasis der Werwolf-Partisanen gewann es nach vielen Berichten gefährliche Bedeutung.

Vielleicht mehr noch als SHAEF in Europa schien das Pentagon in Washington von solchen Nachrichten beeindruckt: Die laufenden Berichte von OSS aus der Schweiz mögen besonders dazu beigetragen haben. So wurde bereits am 12. Februar eine Studie ausgegeben, die rügte, daß dem letzten Bollwerk der Nazis nicht genügend Beachtung beigemessen werde. Gleichzeitig erging die Weisung, die Frontkommandeure bis zu den Korpsbefehlshabern auf die Gefahr eines letzten verzweifelten Widerstands in den Alpen hinzuweisen. Von der Schweiz aus wurde neuerdings ins Feuer geblasen, wie Ryan berichtet:[10] »Am 16. Februar schickten alliierte Agenten in der Schweiz einen Bericht nach Washington, der von neutralen Militärattachés in Berlin stammte. Darin hieß es: ›Die Nazis bereiten sich ohne Zweifel auf einen harten Kampf vor, den sie von der Alpenfestung aus führen wollen. Die Stützpunkte sind durch unterirdische Eisenbahnen miteinander verbunden. Sie haben mehrere Monate reichende Vorräte bester Munition und fast die gesamten deutschen Giftgasbestände eingelagert. Alle Personen, die am Bau der geheimen Anlagen beteiligt sind, sollen getötet werden, einschließlich der bei Beginn der Kämpfe noch vorhandenen Zivilisten.‹« (!)

Der Weisung des Pentagon entsprechend tauchte in der zweiten Hälfte März 1945 das Phantom »Alpenfestung« in fast allen Lagebeurteilungen der US-Armeen auf. So zeigte sich der Feindnachrichtenbearbeiter der 7. US-Armee, Oberst William W. Quinn, davon überzeugt, daß Hitler erwiesenermaßen ein nationales Reduit vorbereite.[11] Am 3. April las der Chef der Operationsabteilung von SHAEF, General Bull, diese Analyse

[10] Ebenda S. 157 f.

[11] Zitiert nach Rauchensteiner, a.a.O. S. 243.

und fand sie durchaus plausibel, auch wenn z. B. der G2 der Alliierten 6. Armeegruppe einwandte, daß durch die militärischen Ereignisse, d. h. durch die permanenten Niederlagen der Deutschen bereits die materiellen und personellen Voraussetzungen einer »Alpenfestung« zerstört seien. Auch der oberste G2 von SHAEF, der uns wohlbekannte Brigadier Kenneth Strong, blieb skeptisch. So waren die Meinungen geteilt.

Britischer Widerstand

Der einzige Nachrichtendienst, der sich in den letzten Kriegsmonaten von solchen Verwirrungen frei hielt, war offenbar der britische. Er war und blieb abwartend, und der Oberbefehlshaber der 21. Armeegruppe, Feldmarschall Montgomery, verlor keinen Augenblick das politische Endziel aus den Augen. So schreibt er in seinen *Erinnerungen:*[12] »Die Amerikaner konnten nicht verstehen, daß es wenig nützte, den Krieg militärisch zu gewinnen, wenn wir ihn politisch verloren. Die Folgen dieses merkwürdigen Standpunktes haben wir vom Tage der deutschen Kapitulation an zu tragen gehabt und tragen sie noch heute. Der Krieg ist ein Werkzeug der Politik. Sobald zu erkennen ist, daß man ihn gewinnen wird, müssen politische Gesichtspunkte seinen weiteren Verlauf beeinflussen. Mir wurde es schon im Herbst 1944 klar, daß die Art, wie man die Dinge anpackte, sich weit über das Kriegsende hinweg auswirken würde; ich hatte damals den Eindruck, daß wir auf dem besten Wege waren, die Sache zu ›verpfuschen‹, und ich glaube, das taten wir.«

In der Tat hat ein Motiv das Kriegsende für die westlichen Alliierten und damit für die Sache der freien Welt verpfuscht: Das Phantom »Alpenfestung«. Oder genauer gesagt, der Einfluß, den dieses Phantom auf die Endstrategie des Zweiten Weltkriegs in Europa gewann und gewinnen konnte. Wie es dazu kam, auch darüber kann der spätere britische Feldmar-

[12] a.a.O. S. 373.

schall von höchster Warte aus berichten: »Nachdem der Rhein überschritten war«, schreibt er in seinen *Memoiren*,[13] »begann ich mit Eisenhower unsere künftigen Operationspläne zu erörtern. Wir hatten mehrere Besprechungen. Ich hatte immer Berlin als das Hauptziel angesehen. Es war der politische Mittelpunkt Deutschlands, und wenn wir vor den Russen dort sein konnten, würde in den Jahren nach dem Krieg alles für uns leichter werden. Wir erinnern uns, daß Eisenhower in seinem Brief an mich vom 15. September 1944 derselben Meinung über die große Bedeutung der deutschen Hauptstadt war wie ich und geschrieben hatte: ›*Das Hauptziel ist selbstverständlich Berlin*. (Von uns kursiv. Anm. des Verf.) Meiner Ansicht nach besteht kein Zweifel darüber, daß wir unsere ganze Energie und alle unsere Mittel für einen schnellen Vorstoß auf Berlin einsetzen müssen.‹«

Warum hatte Eisenhower seine Ansicht geändert? Warum war für ihn Berlin später uninteressant geworden? Was war seit dem Rheinübergang der Alliierten, der mit dem Handstreich auf die Brücke von Remagen am 7. März 1945 begann, in ihm vorgegangen? Wir wissen es heute wohl: Maßgebend war offenbar dabei das Überwiegen rein militärischer Gesichtspunkte, oder anders ausgedrückt, der Vorrang der militärischen Strategie vor der politischen. Darin wurde der Oberbefehlshaber auch noch von Washington aus bestärkt. Auch die Oberste politische Führung der Vereinigten Staaten versagte, und zwar nicht nur durch den plötzlichen Tod des Präsidenten Roosevelt am 12. April. So schreibt Montgomery weiter:[14] »Wäre die oberste Führung des Krieges von den politischen Führern des Westens richtig gehandhabt worden und hätten sie den obersten Befehlshabern entsprechende Weisungen gegeben, so hätten wir alle drei Städte (Berlin, Prag, Wien) vor den Russen bekommen können.« Solche Weisungen fehlten indessen und Churchill, der auf der richtigen Spur war, konnte sich den

---

[13] a.a.O. S. 371 f.

[14] a.a.O. S. 372.

Amerikanern gegenüber nicht durchsetzen. So entstand ein Vakuum im strategischen Konzept, in das das Phantom »Alpenfestung« eindringen und seine Faszination immer stärker zur Geltung bringen konnte. Dazu kam, daß von Stalin bewußt auf dieses Ziel hingearbeitet wurde, wie wir noch sehen werden.

Am 31. März 1945 war es so weit: Da schickte Eisenhower an Montgomery einen Funkspruch, dessen letzter Satz lautete:[15] »Sie werden bemerkt haben, daß ich Berlin überhaupt nicht erwähnt habe. Dieser Ort ist für mich nur noch ein geographischer Begriff, und ich habe für derlei noch nie Interesse gehabt. Mein Ziel ist, die Streitkräfte des Feindes zu vernichten und seine Widerstandskraft zu brechen.« Dazu Montgomery als politisch denkender Stratege: »Berlin ging uns schon im August 1944 verloren, als wir es nach dem Sieg in der Normandie unterließen, einen vernünftigen Operationsplan aufzustellen.« Anstelle eines solchen Plans trat dann fast zwangsläufig bei Eisenhower und Marshall derjenige, den der Mythos »Alpenfestung« bestimmte. Allerdings taten auch Moskau und Stalin höchst persönlich alles, um die Amerikaner in diesen Fehlentschlüssen zu bestärken.

Stalin täuscht Eisenhower

Am 28. März, 16.00 Uhr, ging ein chiffriertes Kabel nach Moskau.[16] Es war Eisenhowers persönliche Botschaft an Marschall Stalin als den Obersten Befehlshaber des sowjetischen Verbündeten. Darin unterrichtete Eisenhower diesen von seinen Absichten und schlug anschließend vor, die US-Streitkräfte sollten sich mit den Sowjetarmeen auf der Linie Erfurt-Leipzig-Dresden vereinigen, um damit die Wehrmacht aufzuspalten. »Ich beabsichtige, meine Hauptstoßkraft auf diese Linie zu richten. Zusätzlich wird sobald wie möglich zur Vereinigung

[15] Ebenda.
[16] Ryan, a.a.O. S. 160 f.

mit Ihren Truppen ein zweiter Vorstoß im Raum Regensburg-Linz unternommen, durch den zugleich die Festigung des deutschen Widerstands im süddeutschen Bollwerk verhindert werden soll.« Im gleichen Sinn unterrichtete Eisenhower Marshall und Montgomery.

Am Samstag, dem 31. März, sprach der amerikanische Generalstab, also das Pentagon, Eisenhower sein volles Vertrauen aus. Ganz anders Churchill: Kurz vor 19.00 Uhr telegrafierte er an den Oberkommandierenden in Europa:[17] »Wenn der Feind, wie Sie offenbar glauben, nicht mehr lange durchhalten wird . . ., warum überschreiten wir dann nicht die Elbe und stoßen so weit wie möglich nach Osten vor? Dies wäre politisch von großer Bedeutung, denn es scheint sicher, daß die russische Armee Wien einnehmen und Österreich überrennen wird. Wenn wir den Russen freiwillig Berlin überlassen, obwohl es in unserer Reichweite liegt, so könnte dies beides (die Russen) in ihrer ohnehin schon bestehenden Überzeugung bestärken, sie hätten alles allein getan. – Übrigens bin ich der Ansicht, daß Berlin keineswegs seine militärische und schon gar nicht seine politische Bedeutung verloren hat . . . Solange Berlin von den Deutschen gehalten wird, bleibt es meiner Meinung nach der wichtigste Punkt Deutschlands.«

Das wußte natürlich auch Stalin – und handelte dementsprechend auf seine Weise. Die Botschaft Eisenhowers befriedigte ihn natürlich und er tat alles, um ihn von Berlin abzulenken und in seinen Absichten zu bestärken.[18] Zu Dean, dem amerikanischen, und Archer, dem britischen Botschafter, die ihm Eisenhowers Botschaft überbrachten, sagte er, er sei ebenfalls der Ansicht, daß der Feind seinen letzten Widerstand in der westlichen Tschechoslowakei und in Bayern leisten werde. Hinsichtlich seiner eigenen operativen Ziele antwortete er ausweichend, er werde sich noch dazu äußern, sobald er die Frontkommandeure gesprochen habe. Tatsächlich aber stand bereits

[17] Ebenda S. 185.
[18] Ebenda S. 185.

der Entschluß in ihm fest, sobald wie möglich zum entscheidenden Angriff anzutreten und Berlin allein mit der Sowjetarmee zu erobern. Es konnte ihm also nur recht sein, wenn sich die Masse der US-Armee nach Süden und Südosten wandte, um den letzten Widerstand »im süddeutschen Bollwerk« zu brechen. Inzwischen war Eile geboten. So beorderte Stalin sofort nach der Besprechung mit den westlichen Botschaftern die Sowjetmarschälle Schukow und Konjew nach Moskau. Es ging um die Eroberung Berlins.

Zwei Tage später telegrafierte Stalin an Eisenhower:[19] »Ich habe Ihr Telegramm vom 28. März erhalten. Ihr Plan, durch Vereinigung mit den sowjetischen Streitkräften die deutschen Truppen zu zerteilen, entspricht völlig dem Plan des sowjetischen Oberkommandos.« Auch damit war Stalin einverstanden, daß die Vereinigung im Raum Leipzig-Dresden erfolgen sollte, denn »die sowjetischen Streitkräfte werden ihren Hauptstoß in dieser Richtung führen«. Als Zeitpunkt des Angriffs nannte er »ungefähr die zweite Maihälfte«. Und Berlin? Stalin gab sich in seiner Botschaft an Eisenhower völlig uninteressiert: »Berlin«, erklärte er, »hat seine frühere strategische Bedeutung verloren.« Die Stadt sei so unwichtig geworden, daß das »sowjetische Oberkommando zum Angriff auf Berlin nur Truppen der zweiten Linie einzusetzen beabsichtige«.

[19] Ebenda S. 194.

DRITTES KAPITEL

Der US-Nachrichtendienst und die Endphase des Krieges

Ende März 1945 hatte Eisenhower seine Entscheidung getroffen: Unter Verzicht auf Berlin sollte die Masse der US-Armeen nach Bayern und Österreich vorstoßen und das Alpenreduit forcieren. Es war die letzte große, aber auch die verhängnisvollste Entscheidung des ganzen Krieges. Daß er Berlin den Russen überließ, erschien rein militärisch gerechtfertigt: Zu diesem Zeitpunkt kämpften sie bereits an der Oder, nur noch 65 Kilometer von der deutschen Hauptstadt entfernt, während die US-Armeen sich anschickten, der deutschen Heeresgruppe Model ein neues Stalingrad an der Ruhr zu bereiten. Von dort aus aber waren es noch etwa 450 Kilometer bis Berlin. Aber dieses quantitative Argument ließ das wichtigste psychologische Moment unberücksichtigt. Während sich die Deutschen gegen die Russen zäh und verbissen verteidigten und die Masse ihrer noch kampfkräftigen Truppen gegen sie einsetzten, war der Widerstand gegen die Westalliierten nur noch gering. Bereits am 13. April hatten US-Vorausabteilungen die Elbe zwischen Barby und Wittenberge erreicht. Es wäre nicht schwer gewesen, bei entsprechendem Druck und Nachhilfe der Führung auch noch die zwei Tagesmärsche zurückzulegen, die sie noch von Berlin trennten. Erst am 16. April begann die sowjetische Berlin-Offensive und erst neun Tage später trafen sich amerikanische und russische Truppen bei Torgau an der Elbe. Da war bereits die Sowjetunion der wahre Sieger des Zweiten Weltkriegs.

Es ist kein Zweifel, daß zu den tragischen Fehlentscheidungen der Amerikaner 1945 die G2-Berichte und Analysen sehr viel,

wenn nicht entscheidend beigetragen haben. Besonders relevant war wohl die Lagebeurteilung der 7. US-Armee vom 25. März (Oberbefehlshaber Generalleutnant Patch), die am rechten Flügel kämpfte. Darin wurde »unbestätigt« behauptet:[20] »Die Deutschen stellten in der ›Alpenfestung‹ eine vorwiegend aus SS- und Gebirgsjägereinheiten bestehende Elite-Truppe auf, die vermutlich zwei- bis dreimal hunderttausend Mann umfasse.« In die Festung werde bereits Ausrüstungsmaterial geschafft, seit dem 1. Februar 1945 jede Woche sehr lange Züge. Auf vielen dieser Züge seien neue Geschütztypen festgestellt worden. Sogar von einer unterirdischen Flugzeugfabrik zur Herstellung von Messerschmitts wurde berichtet. Ähnliche Berichte häuften sich auch in den G2-Büros der anderen Armeen. Schon am 11. März hatte die Feindlagebeurteilung von SHAEF gelautet:[21] »Theoretisch muß damit gerechnet werden, daß sich gegenwärtig die Machthaber Deutschlands in diese, sowohl von den natürlichen Gegebenheiten begünstigte, wie von den wirksamsten Geheimwaffen geschützte Festung zurückziehen, um dort ihre Wiedererhebung vorzubereiten ... Das Hauptbestreben der deutschen Verteidigungspolitik scheint auf die Sicherung des Alpengebietes gerichtet zu sein ...«
So war es kein Wunder, daß auf Grund solcher Berichte schließlich der amerikanische Generalstabschef Marshall den Ausschlag geben sollte. Er zog das Fazit aus allen G2-Analysen und den Agentenmeldungen, wie sie ihn vor allem auch aus der Schweiz erreichten und gab Eisenhower grünes Licht in Form einer Frage:[22] »Was halten Sie von einem raschen Vorstoß auf die Linien Nürnberg-Linz oder Karlsruhe-München? Ich denke dabei an eine schnelle Aktion, mit der der Ausbau organisierter Widerstandsgebiete verhindert wird. Man ist der Meinung, daß das gebirgige Land im Süden dafür in Frage käme.«
Die Würfel waren gefallen.

---

[20] Ryan, a.a.O. S. 158.
[21] Ebenda S. 159.
[22] Ebenda S. 159.

Eine bemerkenswerte Pressekonferenz

Am 20. April 1945 hatten die Amerikaner Nürnberg genommen und waren im raschen Vorgehen nach Osten und Süden. Berlin war buchstäblich links liegen gelassen worden. Noch immer rechnete man im Hauptquartier Eisenhowers wie bei den Armeestäben mit schweren Kämpfen um die bayrischen und österreichischen Alpen. Jedenfalls hielt man die Zeit für gekommen, auch die Öffentlichkeit mit der neuen Lage vertraut zu machen. So wurde in Paris an diesem Tag eine Pressekonferenz anberaumt, die Walter Bedell Smith, der bärbeißige Stabschef des Oberkommandierenden, persönlich leitete. Die Öffentlichkeit sollte darüber aufgeklärt werden, warum man nicht mehr nach Berlin vorstieß. Das Gegenargument war das Alpenreduit, mochten nun die Nachrichten darüber im einzelnen zutreffen oder nicht. Smith bat um strenge Geheimhaltung, als er sagte:[23] »Über dieses Reduit wissen wir nicht viel. Wir wissen, daß die Deutschen, soweit es ihnen möglich war, Truppen und Material in das Gebiet südlich des Sudetenlandes und der Bayrischen Alpen geschafft haben. Was wir aber dort unten finden werden, wissen wir nicht; wir fangen jedoch an zu glauben, daß es viel mehr sein wird, als wir ursprünglich erwartet hatten ... Wenn wir dorthin nach dem Süden kommen, werden wir wahrscheinlich viel mehr unterirdische Anlagen finden, als wir uns gedacht hatten.«

Dieser Hinweis ist aufschlußreich, denn er beruhte auf einer bewußten Irreführung der alliierten Nachrichtendienste. Um dies zu erklären, sei noch einmal zeitlich zurückgegriffen.

Die ersten Nachrichten, die im September 1944 aus der Schweiz über die Möglichkeit eines NS-Reduits an die alliierten Hauptquartiere gingen, waren nämlich nicht deren Geheimnis geblieben. Auch die Außenstelle des SD in Bregenz in Vorarlberg hatte Kenntnis davon erhalten und die Information an den Tiroler Gauleiter Hofer weitergegeben. Dieser er-

[23] Zitiert nach Küng, a.a.O. S. 36.

kannte sofort ihre Bedeutung auch für die deutsche Seite. Den militärischen Möglichkeiten der Fortsetzung des Widerstands nach dem Verlust des übrigen Reichsgebiets stand er allerdings skeptisch gegenüber, wie er dem Verfasser später persönlich versicherte,[24] um so mehr aber sah er die politischen Chancen eines möglichen Faustpfands für Verhandlungen bei Kriegsende. Ähnlich dachte auch der Chef des Reichssicherheitshauptamtes Kaltenbrunner, nachdem er von dem US-Memorandum aus der Schweiz Kenntnis erhalten hatte. Er und Hofer waren durchaus nicht für den Kampf bis zur letzten Patrone und machten sich längst keine Illusionen mehr über den »Endsieg«. Aber gerade darum taten sie alles, um »Türken« zu bauen, wo sie nur konnten, also durch vorgetäuschte Maßnahmen den alliierten ND irrezuführen: Das ist ihnen denn auch offensichtlich gelungen. Jedenfalls sorgten sie dafür, daß Geologen, Sprengmeister und Pionierkommandos überall in Tirol und im Salzburgischen in Erscheinung traten, und zwar so auffällig wie möglich. Daraus sind dann die Berichte über unterirdische Vorratsräume, Werkstätten, Fabriken usw. entstanden.
Vor allem aber glaubten die Amerikaner damals offensichtlich noch daran, daß sich Hitler in dieses Reduit zurückziehen und dort bis zum letzten Atemzug kämpfen werde, wie er es von der Truppe verlangte. Denn Walter Bedell Smith sagte bei der Pariser Pressekonferenz weiter: »Solange Hitler oder einer seiner Trabanten auf einem Felsen in der Nähe von Salzburg steht und verkündet, sie seien freie Deutsche, und allen deutschen Truppenteilen, die sich noch irgendwie halten, durch Rundfunk befiehlt, sie müßten noch weiterkämpfen, es werde alles wieder gut werden, werden diese Truppen versuchen, sich zu wehren. Wenn wir aber diesen Krieg zu Ende bringen wollen, und zwar rasch, müssen wir als unser nächstes Ziel betrachten, dieses Reduit unschädlich zu machen. Die dementsprechenden Befehle sind erteilt.«

[24] In der Kriegsgefangenschaft im »Haus Alaska«, in dem Hofer seinen Bericht über die *Alpenfestung* für die Amerikaner verfaßte.

Die Aussagen von Bedell Smith waren bestimmt genau überlegt. Der Entschluß zur Offensive gegen den Alpenraum anstelle des Durchstoßes nach Berlin war zum Teil unter dem Druck der öffentlichen Meinung in den Vereinigten Staaten erfolgt, die zuerst die *New York Times* alarmiert hatte, sie resultierte aber auch aus einer zusammenfassenden Analyse des Feindnachrichtendienstes von SHAEF, in der es u. a. geheißen hatte:[25] »Der beherrschende Zug der deutschen Verteidigungstaktik scheint dahin zu gehen, den Alpenraum zu sichern. ... Dieser Alpenraum ist allein wegen seiner Bodenbeschaffenheit uneinnehmbar ... Alle Anzeichen deuten darauf hin, daß SS und besonders ausgewählte Einheiten in großer Zahl planmäßig nach Österreich zurückgezogen werden ... und daß sich die wichtigsten Ämter und Persönlichkeiten des Naziregimes im Raum des Reduit bereits niedergelassen haben.« Dann hieß es weiter, beinahe pathetisch: »Verteidigt von der Natur und den wirksamsten der zuletzt erfundenen Geheimwaffen werden die Mächte, die bisher Deutschland geleitet haben, überdauern und seine Auferstehung vorbereiten. Waffen und Munition werden in bombensicheren Werken hergestellt, Lebensmittel und Ausrüstung in riesigen unterirdischen Höhlen gestapelt und ein besonders ausgewähltes Korps junger Männer wird im Kleinkrieg ausgebildet werden, so daß eine ganze Untergrundarmee aufgestellt und dazu eingesetzt und geführt werden kann, Deutschland von den Besatzungstruppen zu befreien.«

Natürlich diente diese Pariser Pressekonferenz vom 20. April 1945 auch propagandistischen Zwecken. Brigadier Strong scheint dagegen nach den Andeutungen seiner Memoiren hinter einer solchen Prognose *nicht* gestanden zu haben. Sie hatte viel mit den Vorstellungen einer Wild-West-Romantik zu tun, trug aber in keiner Weise der tiefen Kriegsmüdigkeit der deutschen Wehrmacht Rechnung, die Waffen-SS mit eingeschlossen, wie sich bei den Februar-Kämpfen in Ungarn gezeigt hat. Nur eine Handvoll kompromittierter NS-Größen und

[25] Chester Wilmot: *Der Kampf um Europa*, S. 754.

Desperados sah in der Alpenverteidigung eine letzte Chance, Leben und Macht noch auf einige Zeit zu verlängern, um dann vielleicht mit einem blauen Auge davonzukommen.
Jedenfalls hat der alliierte ND, an der Spitze der amerikanische, die Wirklichkeit nicht ermittelt, wie es seine Hauptaufgabe gewesen wäre. Allen Anzeichen nach hat er sich vielmehr von Vorurteilen leiten lassen. Ein weiterer Schluß aus diesem Verhalten ist außerdem: Im Wehrmachtführungsstab wie in der nächsten Umgebung Hitlers *kann* sich auch in dieser Endphase des Krieges kein V-Mann der anderen Seite befunden haben, sonst hätte er die Alliierten über die Tatsachen besser unterrichtet. Auch das Faktum, daß Hitler in Berlin blieb und nicht nach Berchtesgaden flüchtete, aus welchen Gründen immer, ist offenbar bei SHAEF nicht rechtzeitig bekannt geworden, denn dann wäre ja der Verzicht auf Berlin vollends unbegreiflich gewesen. So war auch der Angriff von rund 500 Liberator-Bombern am Vormittag des 25. April[26] auf den Obersalzberg und seine Umgebung letzten Endes ein Schlag ins Wasser: Zwar wurde der Berghof direkt getroffen und zerstört, Görings Palais und Bormanns Landhaus fielen in Trümmer und brannten aus. Auch die SS-Unterkünfte, der Platterhof und das Haus Wachenfeld, in dem Hitler einen Teil von »Mein Kampf« geschrieben hatte, wurden ein Raub der Flammen. Alles das aber hatte nur noch die Bedeutung einer Demonstration.

Endkrieg der versäumten Gelegenheiten

Marshall und Eisenhower hatten sich täuschen lassen und getäuscht. Eine Spekulation, die in der Schweiz aufkam, sollte Weltgeschichte machen und die Weltmacht der Vereinigten Staaten von dem Ziel ablenken, das nach allen politischen Erwägungen das Hauptziel war und bleiben mußte: Berlin. Dabei

[26] Der Verfasser hat den Angriff in der Strub-Kaserne bei Berchtesgaden miterlebt.

war in der ersten Aprilhälfte die Aussicht der Amerikaner, vor den Russen nach der deutschen Hauptstadt zu gelangen, mit jedem Tag ihres stürmischen Vormarsches gewachsen, wie wir wissen. An der Front zwischen Hannover und Coburg veranstalteten 27 voll kampfkräftige Divisionen einen wahren Wettlauf nach Osten und meldeten fast täglich: Außer Panzersperren kein Widerstand. Bereits am Abend des 11. April erreichte eine starke Vorausabteilung der 9. Armee bei Magdeburg die Elbe. »Damals«, so schreibt Bradley in seinen *Erinnerungen,*[27] »hätten wir wahrscheinlich bis Berlin stoßen können, wenn wir gewillt gewesen wären, die Verluste hinzunehmen, die uns Berlin gekostet hätte. Noch hatte Schukow die Oder nicht überschritten, und Berlin lag zwischen unseren Streitkräften fast in der Mitte.« Einen Tag später, am 12. April, starb Roosevelt. Erst am 25. April trafen sich, wie gesagt, amerikanische und sowjetische Truppen bei Torgau an der Elbe. Aber schon zwölf Tage zuvor hatte die gesamte 83. US-Division einen tiefen Brückenkopf ostwärts des Flusses gewonnen. An der Auffahrt zur Kriegsbrücke, von den US-Pionieren in Rekordzeit geschlagen, war eine Tafel zu Ehren des neuen Präsidenten angebracht, mit der Inschrift: »Truman-Brücke. Tor nach Berlin. Kleine Aufmerksamkeit der 83. Inf.-Division«.

Aber dann kam das verhängnisvolle Gespräch Bradleys mit Eisenhower. Auf dessen Frage, wieviel an Verlusten die Einnahme Berlins wohl kosten würde, antwortete Bradley: »Ich schätze rund 100 000 Mann.« Es ist nicht anzunehmen, daß diese Schätzung auf zuverlässigen Informationen beruhte, sondern nur impulsiv war. Aber sie brachte die letzte Entscheidung für Eisenhower. Das Tor nach Berlin mit dem Brückenkopf Barby war vergeblich aufgestoßen worden. Am Abend des 14. April unterrichtete Eisenhower von seinem HQu in Reims aus Washington über seine künftigen Pläne. Sie waren:[28]
1. »Eine feste Front im Mittelabschnitt an der Elbe zu halten«,

---

[27] a.a.O. S. 517.
[28] Ryan, a.a.O. S. 263.

also praktisch an der Elbe stehen zu bleiben. 2. Operationen in Richtung Lübeck und Dänemark einzuleiten und 3. einen kraftvollen Vorstoß nach Süden zu unternehmen, um im Donautal mit den sowjetischen Truppen zusammenzutreffen und die Alpenfestung aufzubrechen. »Da der Vorstoß nach Berlin vom Ausgang dieser drei Operationen abhängt«, funkte Eisenhower, »habe ich ihn nicht in meinen Plan aufgenommen.« Damit war Berlin, das man in zwei Panzertagesmärschen hätte erreichen können, endgültig den Russen überlassen. Die *Reduit-Psychose* der Amerikaner erwies sich als das stärkste Motiv am Ende des Zweiten Weltkriegs. Im entscheidenden Punkt hatte ihr Nachrichtendienst versagt.

VIERTES KAPITEL

Die Bewusstseinstrübung Hitlers

Aber auch in anderer, wichtiger Beziehung hat der US-ND nicht vorurteilslos die Wahrheit ermittelt: wir meinen den Gesundheitszustand Hitlers. Das mag ein Beweis mehr sein, daß kein alliierter V-Mann im FHQu saß. In Washington und Reims rechnete man bis April 1945 immer noch mit einem »Führer« von fanatischer Entschlußkraft. Aber den gab es längst nicht mehr. Davon haben die obersten G2's der Amerikaner ebensowenig erfahren wie von der Ardennenoffensive. Nach deren Scheitern war aber der Geist des deutschen Diktators bereits so getrübt, daß er auf der einen Seite die tödlichen Gefahren einfach nicht sehen wollte, die auf ihn und das Reich zukamen – trotz aller präzisen Meldungen, vor allem von »Fremde Heere Ost« –, auf der anderen aber auch nicht mehr begriff, welche letzten Chancen sich tatsächlich noch boten. Der dämonische Wille von ehedem hatte sich in Starrsinn verwandelt; im übrigen ließ er die Dinge treiben. Auch seine nächste Umgebung, von früher her seiner Suggestion verfallen und zu gehorchen gewohnt, hat ihn nicht mehr daran gehindert.

Nicht nur im westalliierten Hauptquartier gab es in den letzten Kriegsmonaten eine Tragikomödie der Irrungen und Verwirrungen, auch im deutschen FHQu, sogar noch mit schlimmeren Folgen. Denn es war doch eine Ironie ohnegleichen, daß der Tiroler Gauleiter Hofer schon im Herbst 1944 durch einen aufgefangenen amerikanischen Geheimbericht aus der Schweiz auf die »Alpenfestung« hingewiesen wurde. Sofort erkannte er die Chance – nicht die militärischen, sondern die politischen Möglichkeiten, die sich hier boten. Früher oder später mußte das »Dritte Reich« kapitulieren, aber dann war dieses Reduit vielleicht noch ein Faustpfand. Es sollte und konnte nicht dazu dienen, den Krieg zu verlängern; aber eines war damit eventuell zu verhindern: Daß der Besiegte dem Sieger auf Gnade und Ungnade ausgeliefert wurde. Das hat Franz Hofer immer wieder betont, als wir ihn in der Internierung trafen und sprachen. »Stellen Sie sich vor«, sagte er, »Jodl wäre nach Reims mit dem Faustpfand einer noch nicht eroberten Alpenfestung gekommen. Politische Konzessionen hätte er gewiß nicht erreicht, aber das Los der Wehrmachtsoldaten möglicherweise erleichtert.«

Im Wehrmachtführungsstab wußte man bis zum März 1945 nichts von der Reduit-Psychose der Amerikaner. Man ahnte auch nichts von dem Memorandum des Gauleiters Hofer, das auf diese letzte Chance hinwies. Dessen sogenannte »Führer-Vorlage«, die über den Reichsleiter Bormann gehen mußte, blieb bei diesem liegen. Denn Bormann wagte es nicht, sie weiterzugeben, nachdem die Ardennenoffensive vorbereitet wurde und anlief, und auch nach deren Scheitern hatte er noch Hemmungen, obwohl inzwischen Hofer jede Woche monierte. Das Memorandum war ja zwischen den Zeilen das Eingeständnis der Niederlage, die der getrübte Geist Hitlers noch immer nicht wahrhaben wollte. Also blieb es eben liegen. Es kann auch sein: Der nach oben liebedienerische, aber sonst wenig scharfsinnige Bormann hat die Faustpfandchance überhaupt nicht begriffen. So kam der entscheidende Hinweis von ganz anderer Seite.

Es war der frühere Militärattaché in den Vereinigten Staaten von 1939 bis zum Kriegsausbruch 1941, General Freiherr von Boetticher, der den Stein ins Rollen gebracht hat.[29] Er hatte nach seiner Rückkehr nach Deutschland vom OKW den Auftrag erhalten, regelmäßig über die Absichten der Amerikaner zu berichten. Seine Berichte haben sich immer durch ihren Wahrheitsgehalt und ihre präzisen Angaben vor anderen ausgezeich-

---

[29] Rauchensteiner S. 242.

net und wurden deshalb besonders eingehend studiert.[30] Der General beschaffte sich jedoch seine Informationen nicht etwa über Agenten oder V-Leute, die er in den Staaten zurückgelassen hatte, sondern aus der US- und sonstigen westlichen Presse, die er in der klassischen Ic-Manier auszuwerten wußte. Diese Auswertung und die daraus gewonnenen Erkenntnisse erwiesen sich immer als interessant, ergiebig und wichtig.

Im März 1945 legte v. Boetticher wieder einen Bericht vor, der nach den vorliegenden Pressemeldungen auf die *Reduit-Psychose* der Amerikaner hinwies. Nun war es Generaloberst Jodl, der Chef des Wehrmachtführungsstabes, der aufmerksam wurde und Hitler über den Bericht informierte. Da konnte auch Martin Bormann das Memorandum des Gauleiters Hofer nicht länger zurückhalten und brachte es Hitler zur Kenntnis. Die Argumente scheinen durchgeschlagen zu haben, denn auf einmal interessierte sich auch der »Chef« für die »Alpenfestung«, allerdings mit den Verschleppungen, wie sie seine letzte Lebenszeit charakterisieren. So dauerte es noch bis zum 9. April, bis der Gauleiter Hofer nach Berlin berufen wurde, um Hitler persönlich vorzutragen. Mehr als ein halbes Jahr hatte er darauf gewartet. Auch Kaltenbrunner flog zu der Besprechung nach Berlin.

Es kam zu zwei Aussprachen in der Reichskanzlei bzw. im Führerbunker. Keitel, Jodl, Hofer und Kaltenbrunner sowie andere prominente Persönlichkeiten nahmen daran teil. Der Mentalität Hitlers entsprechend mußten allerdings bei dieser Gelegenheit die militärischen Möglichkeiten besonders herausgestellt werden. Dagegen wurden die politischen offenbar verschwiegen. Schließlich gelang es, Hitler von der Nützlichkeit der »Alpenfestung« zu überzeugen.[31] Am 15. April ergingen die ersten Vorbefehle zum Ausbau der Rundumverteidigung, und am 20., Hitlers 56. und letzten Geburtstag, erfolgte endlich die »Füh-

---

[30] Rauchensteiner ebenda. Siehe aber vor allem Percy Ernst Schramm, a.a.O. 1801.

[31] Rauchensteiner S. 242.

rer-Entscheidung« über den weiteren Ausbau und die Verteidigung der »Alpenfestung«. Die »Idee« dazu war bekanntlich bereits im September 1944 in der Schweiz konzipiert und damals noch reine Spekulation. Sieben Monate später zog endlich der Hauptbeteiligte nach, nachdem man ihm das Konzept schon seit Februar angedichtet hatte. Das ist gewiß eine weltgeschichtliche Groteske.

Aber die »Führer-Entscheidung« kam viel zu spät: Am 20. April nahmen die Amerikaner bereits Nürnberg und waren im zügigen Vorgehen nach Süden und Südosten. Bis Ende April war gerade noch Zeit, einige Panzersperren nördlich von Reutte in Tirol, am Fernpaß, in der Scharnitzer Klause und am Zirler Berg, schließlich im Raum von Kufstein und bei Unken zu errichten. Von einer geschlossenen »Festung« war keine Rede. Weder die spärlichen Anlagen noch die Verteidiger, die keinen Kampfwillen mehr besaßen, haben die US-Panzerspitzen mit ihrer Feuer- und Stoßkraft längere Zeit aufgehalten: Ohne nachhaltigen Widerstand drangen die Vorhuten der 7. US-Armee, und zwar die 103. Division, bereits am 1. Mai bei Scharnitz in Tirol ein, am 4. Mai rollten die ersten Panzer des XV. US-Korps durch Salzburg, um am nächsten Tag nach Berchtesgaden vorzustoßen. Bei der Einnahme des »letzten Tempels des Nazismus« fielen nur wenige Schüsse. In der Nacht vom 3. auf den 4. Mai vereinigten sich die Vorhuten der alliierten 15. und der 6. Armeegruppe bei Sterzing, also im Herzen der »Alpenfestung«. Sie hatte sich als Phantom erwiesen; die Informationen über ihren Ausbau und ihre Kampfkraft waren falsch oder maßlos übertrieben.

Fazit der »Alpenfestung«

So steht heute fest: Gegen Ende des Zweiten Weltkriegs hat ein Phantom Weltgeschichte gemacht und die zukünftige Gestaltung und Entwicklung Europas mitbestimmt. Es hat die Amerikaner mehr beschäftigt als die Deutschen. Goebbels hat verboten, darüber zu schreiben, als er durch die ausländische

Presse davon erfahren hatte. Eine Spekulation, die in einem neutralen Land aufkam, und zwar in begreiflicher Analogie zu dem eigenen National-Reduit, wurde zum Anlaß einer wahren Reduit-Psychose zunächst in der westlichen Presse und dann in den US-Hauptquartieren. Die Öffentlichkeit setzte sie unter Druck. Ende März 1945 war aus der Spekulation und dem Möglichen bereits *das* Motiv geworden, das die Endstrategie der Westalliierten bestimmte: Statt nach Berlin vorzustoßen, das greifbar nahe lag, machten die Amerikaner Halt an der Elbe und in ihrem Brückenkopf bei Barby und wandten sich mit ihrer Hauptmacht nach Südosten und Süden, um am Alpenrand und in den Alpen den vermeintlichen letzten Widerstand der Nazis zu brechen. Der G2-Dienst aber beging den größten Fehler des Zweiten Weltkriegs, weil er den psychologischen Faktoren nicht die notwendige Aufmerksamkeit schenkte: Er überschätzte Hitler, dessen Persönlichkeit inzwischen verfiel, und er unterschätzte die Kriegsmüdigkeit der deutschen Soldaten, die einfach nicht mehr konnten und wollten, wenn sie nicht um ihr Leben kämpfen mußten wie den Sowjets gegenüber. Nur die Engländer, immer noch mit sicherem politischen Instinkt, erkannten die politische Bedeutung der deutschen Hauptstadt für die Zeit nach dem Krieg. Aber sie setzten sich nicht durch gegenüber dem rein militärischen Pragmatismus ihrer materiell ausschlaggebenden Verbündeten.

Das ist die Summe einer kritischen Bilanz des US-Geheimdienstes in Europa gegen Ende des Zweiten Weltkriegs. Grund genug, über seine Wichtigkeit auf höchster Ebene nachzudenken, von der dieses Buch handelt. Aber es sollen auch die Folgerungen daraus gezogen werden. Der Feindnachrichtendienst auf deutscher Seite hat, wie wir sahen, gewiß Außerordentliches geleistet und ist doch »ganz oben« nicht angekommen. Er hat sich auch als *die* militärische Institution erwiesen, die sich der besonderen Affinität zum Psychologischen und Politischen bewußt blieb – und ist gerade damit nicht durchgedrungen, ebensowenig wie die Briten mit ihrer Erkenntnis der politischen Bedeutung von Berlin. Und noch eine Merkwürdigkeit ist zum Schluß zu verzeichnen: Nicht ein »Meisterspion«, sondern ein versierter Militärattaché, der in Deutschland die internationale, vor allem aber die US-Presse gründlich studierte und auszuwerten wußte: Dieser Kenner der amerikanischen Mentalität gab dem WFSt Kenntnis von der »Reduit-Psychose« der Amerikaner. Noch im März 1945 war damit eine letzte Chance gegeben: Nicht der Krieg war damit zu verlängern, aber die Möglichkeit geboten, sich ein Faustpfand zu verschaffen, so daß man bei der Kapitulation etwas in der Hand hatte. Aber dazu wären ganze Maßnahmen notwendig gewesen, nicht zuletzt Verzicht auf die sture Verteidigung der Elblinie gegen die Amerikaner und Konzentration aller noch kampfkräftigen Truppen im Alpenraum. Dann wäre noch etwas anzubieten gewesen.

Aber da war Hitler. Sein getrübter Geist war zu keinen raschen und ganzen Entschlüssen mehr fähig. Er verschob die Entscheidung. Mitte April 1945 war es zu spät. Die letzte Chance war vertan.

Es ist bekannt, daß Generaloberst Jodl nach der Unterzeichnung der Kapitulationsurkunde in Reims am 7. Mai 1945 zwei Uhr 41 Minuten gesagt hat:[32] »Herr General, mit dieser Unterschrift sind das deutsche Volk und die deutschen Streitkräfte auf Gedeih und Verderb der Hand des Siegers ausgeliefert. In diesem Krieg, der mehr als fünf Jahre gedauert hat, haben sie vielleicht mehr geleistet und erduldet als irgendein anderes Volk dieser Welt. Ich kann in dieser Stunde nur die Hoffnung aussprechen, daß der Sieger sie mit Großmut behandeln wird.«

[32] Zitiert nach Toland, a.a.O. S. 551.

EPILOG

Seminare der Zeitgeschichte

Was war mit dem Feindnachrichtendienst und dessen Geschichte? Die Informationen des Verfassers waren mit der bedingungslosen Kapitulation vom Mai 1945 durchaus nicht abgerissen; es fügte sich vielmehr, daß bald darauf immer neue dazukamen. Gewiß, der Kriegsberichter hatte bei den hohen und höchsten Kommandobehörden, bei denen er Dienst tat, viel Einsicht gewinnen und Erfahrungen sammeln können; aber noch klafften Lücken. Der Gesamtüberblick fehlte. Weitere anhaltende Nachforschungen erwiesen sich als nötig. Außerdem war ein größerer zeitlicher Abstand unerläßlich. Als der erste und zugleich wichtigste Schritt auf diesem Wege sollte sich der durch die Gefangenenlager erweisen: Die »Anziehung des Bezüglichen« führte mich immer wieder mit den Persönlichkeiten zusammen, die wichtige Auskunft geben konnten. Oft erhielt ich so neue Informationen aus erster Hand. Sie betrafen nicht zuletzt Hitler und sein Verhalten, sein Verhältnis zur Wahrheit und dabei auch zum Nachrichtendienst, die Begleitumstände und Folgen seiner Erkrankung. Andererseits konnte ich selbst manche Auskunft geben und klärend wirken, denn viele der führenden Persönlichkeiten des Dritten Reichs hatten »ihren« Führer und Reichskanzler seit 1941 nicht mehr gesehen, geschweige denn gesprochen. Immer mehr hatte er sich abgekapselt und im FHQu isoliert.

Die zeitgeschichtlichen Seminare begannen mit Begegnungen im Mai und Juli 1945, die mir unvergeßlich sind. So traf ich noch im Gasteiner Tal Hitlers Zahnarzt, Professor Hugo Blaschke, der sich später dann auch für uns in der Gefangenschaft als *der* hilfreiche Arzt für die kranken Zähne erwies und manchen mit selbstgefertigten Instrumenten von seinen Schmerzen befreite. Er erzählte, der »Chef« habe sich auch über die Zahnmedizin seine eigenen Gedanken gemacht und geradezu eine Theorie der Zahnpflege durch die Ernährung entwickelt. Das sei auch so ein Tollpunkt von ihm gewesen. Die zweite Begegnung im Sommer 1945, die leider nur kurz blieb, war die mit dem ehemaligen slowakischen Staatspräsidenten Josef Tiso, einem katholischen Geistlichen, der gleichfalls viel von Hitler erzählte, und zwar in einer merkwürdigen Mischung von Bewunderung wie abgrundtiefem Entsetzen über Versagen wie Verbrechen, die er nicht fassen konnte. Ich traf Tiso mit anderen prominenten internationalen Persönlichkeiten auf dem Dachboden der Freisinger Artilleriekaserne, eines Sonderlagers, in das ich nach dem Durchgang durch das Massen- und Hungercamp Aibling und das Stabslager Garmisch eingeliefert wurde. Tiso hatte einmal geglaubt, daß der Österreicher Hitler Mitteleuropa im Sinn von Friedrich Naumann zu einer Föderation der Völker ausgestalten und den einzelnen Mitgliedern innere politische Entwicklungsfreiheit geben werde. Jedenfalls hatte dies Tiso für die Slowakei sogar bis zu einem gewissen Grad erreicht. Er wußte, daß ihn die Amerikaner ausliefern würden und hatte sich in sein Schicksal ergeben, aber der Untergang des christlichen Abendlandes, wie er ihn vor sich sah, traf diesen redlichen Priester tief. Er sagte kein böses Wort gegen die Deutschen — im Gegensatz zu anderen ehemaligen Verbündeten, die nun aus ihrem Haß gegen uns kein Hehl machten.

Ich blieb nicht lange in Freising. Aber dem dortigen Aufenthalt verdanke ich die Bekanntschaft mit Oron J. Hale, Professor der neueren Geschichte an der Staatsuniversität Virginia, einem hageren, wohlwollenden, gelehrten Amerikaner schottischer Abstammung, der sich des tief niedergeschlagenen Kriegsberichters freundschaftlich annahm. Er kannte alle Berichte, die ich geschrieben hatte. So war es eine Befreiung, mit ihm offene Gespräche zu führen, um die Ursachen der deutschen Niederlage und Katastrophe zu ergründen. Im Frühjahr 1948 hat er dann in der *Virginia Quarterly Review* eine Studie über Adolf

ORIGINALDOKUMENTE

Die Originaldokumente werden mit freundlicher Genehmigung des Bundesarchivs – Militärarchiv – in Freiburg/Br. veröffentlicht.

Anlage 4

Oberbefehlshaber West
Ic Nr.3342/44 g.Kdos.

H.Qu., den 4.12.1944

5

20 Ausfertigungen
.Ausfertigung

Betr.: Meldungen über Erkenntnisse der Nachrichten-Aufklärung.

1.) In den letzten Tagen hat die Nachrichten-Aufklärung wiederholt Warnungen der fdl. Führung an ihre unterstellten Einheiten vor Durchgabe von verschlüsselten Funksprüchen, in welchen operative oder taktische Massnahmen und Absichten enthalten sind, erfasst.

Zweifellos ist diese Häufung von Warnungen mit darauf zurückzuführen, dass trotz des bestehenden Verbots bei eigenen Ferngesprächen und in Schriftstücken vielfach von Erkenntnissen aus f d l . F u n k s p r ü c h e n die Rede ist.

H i e r d u r c h w i r d d a s z. Zt. w i c h t i g s t e M i t t e l z u r K l ä r u n g d e s F e i n d b i l d e s a u f d a s s c h w e r s t e g e f ä h r d e t . Es ist untragbar, dass aus einer derartigen Nachlässigkeit und Bequemlichkeit schwerwiegende Nachteile für die Führung entstehen.

2.) Es wird daher mit aller Schärfe verboten, bei Durchgabe von Erkenntnissen der Nachrichten-Aufklärung Ausdrücke wie "fdl. Funkspruch, mitgehörter Spruch usw." anzuwenden. Statt dessen ist der Ausdruck "sichere Quelle meldet" zu setzen.

3.) Die Einhaltung des Verbots ist durch die Fernsprech-Überwachungs-Offiziere zu kontrollieren. Zuwiderhandelnde sind zur Rechenschaft zu ziehen.

Für den Oberbefehlshaber West
Der Chef des Generalstabes

Westphal

Verteiler:
lt. Entwurf

Hitler als Feldherr veröffentlicht, die auch in deutscher Übersetzung erschien.[1] Sie gehört in den großen Zusammenhang unserer kritischen Analyse, denn sie geht – eine Seltenheit für einen Amerikaner – von Clausewitz aus und kommt in ihren ersten beiden Abschnitten zu endgültigen Konstatierungen. Hale schreibt:[2]

»Clausewitz, der scharfsinnigste moderne Stratege und Philosoph der Kriegswissenschaft hat festgestellt, daß die ›Nachrichten, die man im Krieg erlangen kann, zu einem großen Teil einander widersprechen, ein größerer Teil falsch und der weitaus größte einigermaßen zweifelhaft ist‹. Alle drei Arten kann man mit besonderer Berechtigung auf die Spekulationen und Behauptungen beziehen, die während des Zweiten Weltkrieges in den Kreisen der Alliierten darüber umliefen, ob die deutschen Streitkräfte nach den strategischen Grundsätzen des deutschen Generalstabs, oder durch die ›unfehlbare Intuition‹ Hitlers gelenkt würden. In manchen Kreisen wurde sogar versichert, daß die strategischen Ideen, die den deutschen Feldzügen zugrundelagen, Hitler und dem deutschen Generalstab von dem Geopolitiker Haushofer eingegeben würden. Die militärischen Fachkreise nahmen dies nicht allzu ernst, doch stand der Professor und sein Institut für Geopolitik auf der Liste der ›Ziele‹, deren sich der Nachrichtendienst nach Kriegsende versichern, und die er gründlich durchforschen sollte.

Bei der deutschen Kapitulation fielen die höchsten militärischen Persönlichkeiten ebenso wie die meisten offiziellen militärischen Dokumente in die Hand der Amerikaner und Engländer. Aus diesen Quellen ergibt sich nunmehr ohne jeden Zweifel, daß während des ersten Abschnitts des Krieges die wichtigsten Entscheidungen von Adolf Hitler getroffen wurden und daß während der zweiten Phase von 1942 bis 1945 der Führer nicht nur die strategischen Entscheidungen, sondern auch den

---

[1] Oron James Hale: Hitler als Feldherr. Im Ausland-Themendienst des Südwestdeutschen Zeitungsausschnitt-Dienstes Stuttgart 1948.

[2] Hale, a.a.O.

direkten persönlichen Befehl über die auf den verschiedenen Kriegsschauplätzen operierenden Armeen ausübte: Sowohl die strategischen Erfolge der ersten Jahre wie auch die Anstrengungen und die strategischen Fehler der späteren Zeit gehen auf Hitler zurück.«

Am Ende seiner Studie kommt auch Hale zu dem Schluß: »Bei einer Arbeitszeit von täglich (fast) 24 Stunden, von vegetarischer Kost lebend und durch tägliche Spritzen, die ihm sein Leibarzt, Dr. Morell, verabreichte, aufgepeitscht, wurde der Mann allmählich geistig und körperlich zu einem Wrack. Gegen Ende verlor er seine Entschlußkraft. Speer, der als Minister für Kriegsproduktion bis zum Schluß mit Hitler in engem Kontakt stand, beobachtete, daß er, wo er früher mit rücksichtsloser Selbstsicherheit gehandelt hätte, nun ›Unsicherheit und quälende Unentschlossenheit‹ zeigte.« Soweit Hale, der dazu alle prominenten Zeugen gehört hatte. Der endgültige Verfall Hitlers ist nach unseren Beobachtungen infolge des Scheiterns der Ardennenoffensive erfolgt. An die Stelle der früheren Entschlußkraft trat in den darauffolgenden letzten Monaten aber nicht nur Unentschlossenheit, sondern auch unbelehrbarer Starrsinn.

Professor Oron James Hale verdanke ich auch die Einweisung in das Sonderlager »Haus Alaska« bei Oberursel im Taunus. Vorher hatte man mich noch in 28tägiger strenger Einzelhaft durchleuchtet und schließlich ohne Schatten von Kriegsverbrechen befunden. Dann kam ich in das Haus. Man lebte nicht schlecht in diesem »Alaska«, das offenbar diesen Namen deshalb erhalten hatte, weil dort alle die Leute auf Eis gelegt wurden, für die sich das US-Oberkommando in Europa besonders interessierte – und zwar aus den verschiedensten Gründen. Die »Belegschaft« wechselte bis auf einen größeren »Stamm«, der blieb, betrug aber aus Raumgründen immer nur um fünfzig Inhaftierte. Fast alle trugen bekannte Namen, wenn auch manche in so abgetragenen Anzügen oder Uniformen steckten, daß man sie wohl jetzt für Landstreicher hätte halten können. Das Haus war einmal die Erholungsstätte für Frankfurter

Lehrerinnen, winklig, aber geräumig, mit angebautem Eß-Saal, der auch als Vortragsraum diente. Es hatte einen Vorgarten und einen Obst- und Rasengarten auf seiner Rückseite, in dem wir uns nach Belieben ergehen konnten. Auch eine gute Bibliothek stand zur Verfügung.

Die »Belegschaft« war vielschichtig und eine unerschöpfliche Quelle nachträglicher Informationen. Das »Dritte Reich« hatte sie seinen »Volksgenossen« vorenthalten – auch Ministern und Feldmarschällen. So war die Heerführung u. a. durch Feldmarschall Freiherr von Weichs und Generaloberst Lindemann, das OKH durch General Heusinger und Oberst v. Bonin vertreten, alle im Dritten Reich mehr oder minder in Ungnade gefallen. Mit Generalleutnant Gerd. v. Schwerin, zuletzt Kommandeur der 101. Panzerdivision im Westen, teilte ich längere Zeit das Zimmer. Die letzte »Reichsführung« repräsentierte der Außenminister unter Großadmiral Dönitz, Graf v. Schwerin-Krosigk. Außerdem wurden die internationalen Konferenzen der Hitlerzeit durch die Berichte des Chefdolmetschers Paul Schmidt wieder lebendig. Auch der frühere Adjutant Hitlers, Hauptmann a. D. Wiedemann, zuletzt Generalkonsul in San Francisco, war eine ergiebige Quelle von Informationen aus erster Hand.

Dazu kamen die Ärzte, die Hitler behandelt hatten oder sich sonst direkt und indirekt um seine Gesundheit kümmerten: Der Hals-, Nasen- und Ohrenarzt Dr. Giesing und der Begleitarzt des WFSt. Dr. Hans-Karl v. Hasselbach, mit denen wir viel diskutierten. Professor Blaschke, jetzt unser Zahnarzt von besonderer Qualifikation, beschäftigte sich mit der Nachformung des Gebisses Hitlers. Hanna Reitsch, längere Zeit die einzige Dame in diesem Kreis, die »Henne im Korb«, wie sie der Feldmarschall v. Weichs humorvoll nannte, erzählte mit faszinierender Eindringlichkeit von den letzten Tagen der Reichskanzlei vor dem Selbstmord Hitlers: Sie hatte den letzten Oberbefehlshaber der deutschen Luftwaffe nach der Absetzung Görings am 13. April 1945, Feldmarschall Ritter von Greim, nach Berlin eingeflogen und brachte ihn unter abenteuerlichen

Begleitumständen auch wieder heraus, wobei Greim verwundet wurde. Nach der Kapitulation schied er freiwillig aus dem Leben.

Nach meiner Entlassung aus der Gefangenschaft Mitte 1946 hatte es indessen noch Jahre gedauert, bis sich das Bild Hitlers vollends durchzeichnete und transparent wurde. Er war nicht mit herkömmlichen Maßstäben zu messen. Sein Werdegang, seine Leistungen wie seine Schändlichkeiten stehen außerhalb der bis dahin gültigen Maßstäbe. So ist u. E. noch immer kein abschließendes Urteil möglich. Zu dem Gesamtbild sind deshalb auch in diesem Buch nur weitere Mosaiksteine beigetragen worden. Eines steht allerdings fest: Das nicht zu bezweifelnde, wenn auch »schwarze« Ingenium Adolf Hitlers ging an seinem Mangel an Maß zugrunde, an seinem gestörten Verhältnis zur Kunst des Möglichen, das einem verderbten Verhältnis zur Wahrheit entsprang, *denn mit dieser hat er es niemals genau genommen.* Das zieht sich wie ein roter Faden durch seine Biographie. Deshalb wollte er auch von den Erkenntnissen des Feindnachrichtendienstes nichts wissen, gerade weil sie wissenschaftlich erarbeitet waren und der Wahrheit entsprachen. Allein die Welt *seiner* Vorstellungen ließ er gelten. Zum Schluß seines Lebens ist er vollends in sie geflüchtet: Mehr wagen wir heute noch nicht zu sagen. Was aber den Kriegsherrn Hitler betrifft, so ist er an den Forderungen zu messen, die die klassische Kriegsphilosophie aufstellt, und nicht an seinen mehr oder minder großen militärischen Talenten. Und da ist klar zu sagen: Den Aufgaben, wie sie der Zweifrontenkrieg ab 1941 an den Obersten Befehlshaber der deutschen Wehrmacht gestellt hat – diesen Aufgaben des Feldherrn und Staatsmanns –, war die Kapazität Hitlers nicht mehr gewachsen. Sie waren längst über sein Fassungs- und Leistungsvermögen hinausgediehen. Die vielen Gespräche im Haus Alaska legten den Grund zu diesen Erkenntnissen. Aber je mehr man erfuhr, um so mehr blieb offen. Nur eines stand fest: Ein einziger Mann mit unstillbarem Aggressionstrieb hatte den Zweiten Weltkrieg entfesselt. Er hatte sogar bestimmte Ziele vor Augen und ein strategisches Konzept. Aber es sprengte das Realisierbare, und so richtete er sich selbst wie das Instrument seines maßlosen Machthungers zugrunde, die ausgezeichnete deutsche Wehrmacht. Auch das deutsche Reich wurde damit zerstört.

Vom Herbst 1945 bis zum Juni 1946 war ich im Haus Alaska interniert. Es war die »Nachkur« des Kriegsberichters. In dieser Zeit hatte ich noch viele und aufschlußreiche Begegnungen. So u. a. mit Staatsminister Dr. Otto Meißner, dem Chef der Präsidialkanzlei unter Ebert, Hindenburg und Hitler, mit dem Industriellen Geheimrat Röchling, der uns bereits im Winter 1945 über eine neue Walzenbahn vortrug, was mir damals völlig utopisch erschien, und schließlich mit Fritz Thyssen, mit dem ich gerne spazieren ging – auch im Winter hatte er nichts anderes als einen Strohhut und spitze gelbe Halbschuhe. Er erzählte sarkastisch vom Dritten Reich, und seine stechenden braunen Augen funkelten dabei manchmal von intelligenter Bosheit. Auch Giselher Wirsing, der Journalist, und Hanns Johst, der Dramatiker, der aus seinem Schauspiel ›*Thomas Paine*‹ vorlas, waren vorübergehend Gäste im Haus Alaska. Für meinen Namensvetter Professor Percy Ernst Schramm, den Historiker, und mich, die schon bei unserem gemeinsamen Dienst im Wehrmachtführungsstab regen Kontakt hielten, war das Sonderlager ein außerordentlicher Glücksfall. Dazu kam noch die freundschaftliche Begegnung mit den drei Historikern der Kriegsmarine, den Admiralen Gladisch, Aßmann und Spindler, und schließlich das Wiedersehen mit meinem früheren Abteilungsleiter im OKW, Oberst Dr. Kurt Hesse und seiner Frau Fee, die den damals fast Erblindeten vorbildlich betreute.

Im Juli 1946 wurde ich aus Kriegsgefangenschaft entlassen. Ich war frei, aber mit einer drückenden Hypothek beladen, nämlich die Kriegsvergangenheit zu bewältigen, vor deren Schauplatz ich seit 1939 wie in einer Prosceniumsloge gesessen hatte, wie einer meiner Freunde sich ausdrückte. Dann habe ich fast ein Menschenalter darauf verwendet, diese Zeitgeschichte weiter zu erforschen, zu deuten, zu durchleuchten. Oft dachte ich an das, was ich zuerst in den hohen Stäben von 1939–1945, dann im Haus Alaska erfahren hatte; es wurde die Grundlage für dieses Buch. An einen Mann aber erinnere ich mich dabei mit besonderer Dankbarkeit, weil er mir das russische Wesen nahebrachte, an den General der Kavallerie Ernst Köstring. Da er nach dem Krieg im Chiemgau lebte, habe ich ihn auch in späteren Jahren noch des öfteren getroffen und gesprochen. Er faßte sein Urteil über die Katastrophe von 1945 dem Sinn nach so zusammen: Hitler und Stalin waren sich ähnlich. Beide waren sie grausam, absolut, Gottesgeißeln ihrer Völker. Doch sie waren auch deren Herausforderer, denn beide Völker waren aufgerufen, sich von dieser Tyrannis zu befreien – und sich gegenseitig dabei zu helfen. Aber die Deutschen haben ihre weltgeschichtliche Stunde 1941 in Rußland versäumt, und so hat der Stalinismus überdauert. Erst in hundert Jahren wird man wissen, welche unabsehbaren Folgen das nicht nur für Deutschland und Rußland nach sich zog, sondern auch für das Abendland, die Zivilisation, die Weltgeschichte, die menschliche Gesellschaft überhaupt.

NACHWORT

Die Wandlungen der Geheimdienste im XX. Jahrhundert

Das vorliegende Buch handelt in der Hauptsache vom Geheimen Nachrichtendienst im Zweiten Weltkrieg, seinen Mitteln und Methoden wie seinen Erfolgen und Mißerfolgen, die die kriegerischen Ereignisse beeinflußten. Es gab und gibt indessen auch einen ND im Frieden, wie jedermann bekannt ist – und da beginnt für viele Zeitgenossen die Problematik des Nachrichtendienstes überhaupt. Sie fragen sich, wozu er da ist, vor allem dann, wenn international die Parolen Koexistenz, Verständigung und Entspannung ausgegeben sind, wenn sich die führenden Politiker immer wieder gegenseitig ihre friedlichen Absichten versichern. Da ist die Frage nur allzu berechtigt, ja die Forderung verständlich: Man sollte den Geheimen Nachrichtendienst im Frieden überhaupt abschaffen. Viele Anlässe gegenseitiger Verstimmung wären damit beseitigt.

Indessen darf nicht übersehen werden, daß es nicht nur eine Tag- und Schauseite der Politik gibt, sondern auch ihre Nachtseite. Politik besteht eben nicht nur aus dem, was öffentlich gesagt wird, aus erbaulichen Reden und gegenseitigen Versicherungen des guten Willens: Die geschichtlichen Erfahrungen, über die wir in diesem Jahrhundert reichlich verfügen, lassen es vielmehr nicht nur als ratsam, sondern als bitter notwendig erscheinen, immer wieder skeptisch zu fragen: Was verbirgt sich hinter den Worten, wie sind die wahren Pläne und Absichten der anderen Seite auf lange Sicht? Was führen diese oder jene Regierungen im Schilde, welche Gegenmaßnahmen sind von der eigenen Regierung für die Sicherheit unseres Staats- und Gemeinwesens zu treffen? Außenpolitik ist immer

braucht jeder ND, um im anthropologischen Vergleich zu bleiben, nicht nur einen »Kopf«, ein »Haupt«, einen Chef, sondern auch »Hand und Fuß«. Er braucht Handlanger und er braucht ein »Fußvolk«. Seine Handlanger sind die Agenten, von denen es viele Spielarten gibt. Sie haben die Hauptaufgabe des Beschaffens und des Zubringens. Schließlich gibt es das Fußvolk, die V-Leute, die sogenannten »Vertrauensleute«, die auf Erkundung unterwegs sind. Auch im technischen Zeitalter, das ungeahnte Möglichkeiten der Nachrichtengewinnung erschloß, kann kein Nachrichtendienst im Frieden völlig auf sie verzichten. Allerdings sind die Aufgaben der V-Leute heute z. T. andere als früher: Sie werden bei rational und ökonomisch geführten Diensten nur noch für besonders gezielte Aufgaben oder Kontroll-Funktionen eingesetzt.
Freilich hat das außerdem relevante psychologische Gründe, wie wir wissen: Der Agent und der V-Mann stehen nur allzu oft in einem problematischen Verhältnis zur Wahrheit. Das bringt nun einmal ihre Tätigkeit im Dunkel oder Halbdunkel mit sich. Auch mit dem Sachverstand, den sie sich erworben haben, steht es nicht immer zum Besten, auch wenn sie durch Schulen und Sonderlehrgänge vorbereitet wurden. Trotzdem gibt es erfahrungsgemäß eine Art Solidarität zwischen guten Agentenführern und diesem »Fußvolk«. So wird auch zwischen »erprobt«, »zuverlässig« und »unzuverlässig« unterschieden. Aber kein Dienst ist ganz vor skrupellosen Mitarbeitern sicher, die auf beiden Schultern tragen und von beiden Seiten kassieren. Nicht wenige lassen sich auch »umdrehen«, wenn sie gefaßt sind. Die Geschichte aller Nachrichtendienste in Krieg und Frieden weiß da oft abenteuerliche Geschichten zu berichten. Sie übertreffen an Unwahrscheinlichkeit gelegentlich jede »science fiction«.
Aber zu jedem Agenten und V-Mann gehört in der Regel auch ein Informant aus dem anderen Lagen. Er muß selbst Landesverrat treiben oder andere dazu bereit finden. Informanten lassen sich kaufen oder erpressen. Der sicherste Weg, von den Geheimnissen der anderen Seite zu erfahren, ist allerdings auch

der längste: Er ist der des Perspektiv-Agenten, der unauffällig eingeschleust wird, sich in Jahren »hochdient«, bis er die erstrebte Stelle mit ihren Einblicken erreicht hat. Der Fall Guillaume ist hier das »klassische« Beispiel.

Dieser spektakuläre Fall ist aber auch ein Lehr- und Lernfall erster Ordnung für die Regierenden, die Spitzen der Politik. Sie müssen sich nicht nur der Dienste bedienen und sie politisch kontrollieren, sondern vor allem selbst mit den Methoden des ND und den Verfahren der Konspiration vertraut sein. Sie müssen die besonderen Gefahren des fahrlässigen Landesverrats erkennen, denen sie ausgesetzt sind. Jeder, der mit Staats- und militärischen Geheimsachen zu tun hat, sollte wissen, daß er damit für die andere Seite interessant wird und daß sie ihn möglicherweise auf Schwächen, Schulden und Süchte »abklopft«. Jedenfalls bedeutet sowohl für die wichtigen Vorzimmer wie für alle höheren Ränge der politischen Hierarchie ein ungeordnetes Privatleben immer zugleich ein erhöhtes Risiko für die Staatssicherheit.

Im übrigen stehen heute fast überall dem ND Informationsmöglichkeiten offen, wie man sie früher kaum gekannt hat. Es handelt sich um den Landesverrat durch Informationstätigkeit aus ideologischen Gründen. Es ist das dritte Motiv der Konspiration für die Gegenseite, neben Käuflichkeit und Erpressung. Seit dem Aufkommen der kommunistischen, dann der faschistischen und NS-Ideologie kommt es immer wieder vor, daß Personen des einen »Lagers« mit dem anderen, gegnerischen sympathisieren und ihm deshalb Geheimnachrichten und -dokumente übermitteln. Margret Boveri hat diesem Phänomen ja bekanntlich eine ganze Buchreihe gewidmet*, in denen sie allen seinen Erscheinungsformen nachgeht.

Von besonderem Interesse ist natürlich nächst dem eingeschleusten Agenten der Informant in der gegnerischen ND-Zentrale selbst. Es hat ihn immer wieder gegeben und jeder Dienst wird

* Margret Boveri: *Der Verrat im XX. Jahrhundert*, Bd. I–IV, Reinbeck 1955–1960.

sich vor ihm besonders hüten oder ihn zu gewinnen suchen. Die Motive dieser Verräter können höchst persönlicher Art sein, aber auch politischer Haß gegen das System, dem sie bisher dienten, spielt eine Rolle. Auf die Dauer werden sie es aber besonders schwer haben, unerkannt zu bleiben. Dann werden sie oft als Überläufer der anderen Seite von höchstem Wert, wenigstens eine Zeitlang, vor allem dann, wenn sie Agentenlisten mitbringen. Aber solche Fälle sind nicht alltäglich. Für die einen bedeuten sie *den* Glücksfall schlechthin, für die anderen *die* Panne. Der Schaden, den sie hier anrichten, entspricht dem Nutzen der anderen Seite. Selten sind jedoch beide Folgen von längerer Wirkung. Denn Menschen, Mittel und Methoden der Geheimdienste sind ständigen Veränderungen unterworfen. Aber gerade deshalb benötigen sie eine solide wissenschaftliche Grundlage für ihre Arbeit, wissenschaftlich arbeitende Köpfe in ihren Zentralen. Sie werden immer bestrebt sein, die Abhängigkeit von Agenten und V-Männern, also vom »Fußvolk« so gering wie möglich zu halten.

Nachrichtendienst als Wissenschaft

Dem Trend der Zeit entsprechend wie aus innerer Notwendigkeit sind in den letzten beiden Menschenaltern im ND starke Veränderungen vor sich gegangen: Im Verlauf des XX. Jahrhunderts hat er sich aus einem lichtscheuen Gewerbe zu einer Art wissenschaftlicher Disziplin entwickelt, zu der Wissenschaft vom Feind, nämlich im Krieg, und zu der Wissenschaft von den Absichten und dem Machtpotential fremder Regierungen und Streitkräfte in jenem Waffenstillstand, der seit 1945 den Frieden ersetzt hat. Dementsprechend ist auch die Bedeutung der Zentralen gewachsen. Sie steuern, überwachen und rationalisieren. Sie vergeben die Aufträge und erschließen neue Quellen für Informationen. Sie kontrollieren und werten aus, wie wir schon sagten. Neben der Nachrichtenbeschaffung alter Art durch persönliche Kontakte haben im wissenschaftlichen Zeitalter verstärkt andere Mittel Bedeutung gewonnen, deren Informationswert für den Laien nicht ohne weiteres auf der Hand liegt, die aber im großen Zusammenhang u. U. wertvolle Erkenntnisse vermitteln. Wir fassen sie hier noch einmal zusammen.

Es sind dies vor allem:

* Die geographische, politische, geschichtliche und statistische Literatur über das fremde Land.

** Die laufenden Publikationen: Zeitungen und Zeitschriften, Fachbücher und Fachzeitschriften. Natürlich sind sie in den Ländern der freien Welt sehr viel ergiebiger als im kommunistischen Machtbereich. Aber auch dort geben sie dem aufmerksamen Leser Hinweise, die u. U. wichtige Erkenntnisse vermitteln.

*** Unverfänglich erscheinende Informationsgespräche in fremden Ländern mit Einmischung gezielter Fragen.

**** Die Berichte der Botschafter und Militärattachés, die mit Spionage im üblichen Sinn nichts zu tun haben, aber ein laufendes Gesamtbild vermitteln. Sie ergeben sozusagen den großen Rahmen.

***** Vertrauliche Informationen durch Sympathisanten, Gewinnung von Dokumenten, Einsicht in Protokolle.

****** Die Ergebnisse der Luftaufklärung auch im Frieden, früher durch Sonderflugzeuge, heute durch Erdsatelliten, und schließlich

******* Die Nachrichtenaufklärung, die Überwachung und Auswertung des Funkverkehrs sowie die elektronische Kontrolle der Vorgänge und Geschehnisse in fremden Ländern. Auch die Überwachung des Fernsprechverkehrs im eigenen Land ist mitunter nicht zu umgehen. Da geht die Sicherheit des Staates vor den Privatinteressen des einzelnen.

Diese sieben Bereiche sind heute die Hauptmittel der wissenschaftlichen Nachrichtengewinnung im Frieden. Sie sind immer mehr an die Stelle der Spionage, der Ausspähung durch Spione getreten. Zusätzlich müssen hier allerdings auch noch die Mini-Abhörgeräte, die sogenannten »Wanzen« erwähnt werden, deren man sich vor allem im kommunistischen Machtbereich bedient. Ihre Bedeutung ist gering, wenn man gegen sie auf der Hut ist.

Zusammenfassend kann man wohl sagen: Der Nachrichtendienst ist im technisch-wissenschaftlichen Zeitalter anders fundiert als zu Großvaters Zeiten. Er schöpft nicht mehr überwiegend aus den Ergebnissen der persönlichen Spionage mit allen ihren fragwürdigen Begleiterscheinungen wie »Sex and Crime«. Allerdings kann man eben auch heute noch nicht ganz auf den V-Mann und persönlichen Informanten verzichten, weil überall Fragen offenbleiben, die oft nur an Ort und Stelle beantwortet werden können. Indessen geht jeder neuzeitliche Nachrichtendienst heute aufs Ganze: Sein Ziel ist die Lageanalyse, die Gesamtkenntnis fremder Staaten und ihrer politischen Pläne und Möglichkeiten, mit dem Auftrag, die eigene Regierung laufend darüber zu informieren.

Fünf Phasen der Entwicklungsgeschichte des ND

Es war ein langer Weg bis zu den heutigen Verfahren des ND. Er war mit Erfolgen ebenso wie mit Mißerfolgen gepflastert. Auch der Geheimdienst hat selbstverständlich seine Entwicklungsgeschichte, er war und ist in einer beständigen Wandlung und Veränderung begriffen. Er hat seine eigene Historie. Rückblickend kann man in diesem Jahrhundert bis heute fünf Phasen unterscheiden, die durch Schwerpunkte bestimmt sind.

Die erste Phase war die der herkömmlichen Spionage, der persönlichen Ausspähung und des massiven Landesverrats. Sie hat die landläufige Vorstellung vom Geheimdienst geprägt, die bis zum heutigen Tage nachwirkt. In ihrem Mittelpunkt stand damals noch der Verrat militärischer Geheimnisse. Hauptfigur vor dem ersten Weltkrieg war der k. u. k. Generalstabsoberst Redl, der noch als Chef des Evidenz-Büros, der damaligen ND-Zentrale der österreichisch-ungarischen Armee, deren Aufmarschpläne an die Russen verriet, nachdem er sich durch homosexuelle Neigungen und hohe Schulden korrumpiert hatte. Als zweite Schlüsselfigur im Krieg wäre Mata Hari zu nennen, von den Franzosen als deutsche Spionin erschossen, der alle möglichen Geschichten in Filmen und Reportagen angedichtet wurden. Eine ebenso umfangreiche wie im Wahrheitsgehalt fragwürdige Spionageliteratur ist seitdem auf dem Markt.

Mit der *zweiten Phase* beschäftigt sich in der Hauptsache das hier vorliegende Buch. Sie umfaßt die Zeit etwa vom Ende des Ersten bis zu dem des Zweiten Weltkriegs. Kennzeichnend für sie sind die Fortschritte der Kommunikationstechnik, die Versachlichung der Informationsgewinnung, die aufkommende Wissenschaftlichkeit in der Arbeit der Zentralen, die systematische Aufklärung des Potentials fremder Heere, Marinen und Luftwaffen und ihrer möglichen Absichten. Auf militärischem Gebiet ist es in Deutschland das jeweilige Oberkommando des Wehrmachtteils mit der Abteilung »Fremde Heere« usw., im Truppengeneralstab die Abt. Ic, die Nachrichten gewinnen, während sie die Abwehr des OKW auf andere Weise beschafft. Ähnlich liegen die Dinge in Frankreich mit dem Deuxième Bureau und dem Bureau des reseignements. Auch G2-Dienst in Großbrittanien und Secret Service verhalten sich entsprechend. Überall ist nach der Beschaffung und Gewinnung die Auswertung und Analyse entscheidend. Das wird oft übersehen.

Die zweite Phase ist vor allem dadurch gekennzeichnet, daß die Spionage alter Art immer mehr zurücktritt, obwohl sie zunächst noch mit allen Mitteln versucht wird. Indessen kommt sie in den totalitären Staaten durch die allgegenwärtige Geheime Staatspolizei soweit zum Erliegen, daß die Residenturen zum Ausweichen gezwungen werden. So wird Deutschland von der Schweiz und den westlichen Ländern, die Sowjetunion von den baltischen Staaten, Ungarn und Rumänien her observiert. Aber die Ergebnisse sind auf die Dauer unzureichend, vor allem die der deutschen Abwehr, die z. B. vor der Invasion 1944 völlig ausgeschaltet wurde. Allerdings gelang es dem Wehrmachtführungsstab, auch die westliche Spionage im Herbt 1944 so weit in die Irre zu führen, daß die Ardennenoffensive die westlichen Alliierten völlig überraschte. In der letzten Phase des Krieges 1945 hatte indessen der Landesverrat aus ideologischen Gründen bereits so überhand genommen, daß von einem Ausverkauf der deutschen militärischen Geheimnisse gesprochen werden kann. Um so überraschender war die Tatsache, daß sich die Alliierten durch die fiktive »Alpenfestung« von ihrer ursprünglichen Stoßrichtung auf Berlin abbringen ließen. Hier hat die Selbsttäuschung des Geheimen Nachrichtendienstes Weltgeschichte gemacht.

Die Weiterentwicklung nach 1945

Die Ausschaltung der Spionage im Zweiten Weltkrieg 1944 sollte indessen nicht lange anhalten. Unmittelbar nach Kriegsende hat man sich ihrer wieder bedient, und zwar zu einem Zweck, der offensichtlich die Weiterentwicklung der Weltgeschichte bestimmte. Die Sowjetunion kehrte zu ihrer geheimdienstlichen Offensive zurück, indem sie diese ohne Skrupel gegen den Mächtigsten ihrer damaligen Verbündeten ansetzte, die USA. Das war schon 1945 der Fall. *Damit beginnt die dritte Phase der Geschichte des ND im XX. Jahrhundert.*

1945 ging es um das Atomwaffen-Monopol der Vereinigten Staaten. Es sollte gebrochen, die Produktionsgeheimnisse der Nuklearwaffen sollten ausgespäht und an Moskau weitergegeben werden. Die Initiative dazu kam von Stalin persönlich. Plan und Ausführung waren mit Raffinement vorbereitet. Die GRU, die Nachrichtenhauptverwaltung der Roten Armee, bediente sich dazu hochqualifizierter Agentenführer wie gekaufter Informanten, aber auch vor allem der Sympathisanten aus ideologischen Gründen in den westlichen Nuklear-Laboratorien. Für die Agentenführung ist der sagenhafte Sowjetoberst Rudolf Abel, für den Verrat aus den USA sind die Namen Rosenberg und Greenglass, für die »wissenschaftliche Information« die Namen Harry Gold, Dr. Klaus Fuchs, Nunn May und Bruno Pontecorvo in die zwielichtige Geschichte der Geheimdienste eingegangen. Sie alle können sich rühmen, durch ihre Tätigkeit die Welt verändert und Weltgeschichte gemacht zu haben: Die eine Welt, die die Atommacht der Vereinigten Staaten beherrschte, wurde aufgespalten, das Atommonopol der USA vorzeitig gebrochen und die Polarisierung der Weltmächte in die Wege geleitet, die die Jahre des Kalten Krieges beherrschte.

Die Periode dieses Kalten Krieges zwischen der USA und SU kann man als die vierte Phase der geschichtlichen Entwicklung des ND in diesem Jahrhundert bezeichnen. Es ist nichts mit der *einen* Welt, dem Weltfrieden, der pax americana. Der Krieg im Dunkeln hat in dem Augenblick wieder begonnen, in dem die konventionellen Waffen schweigen. Aber er bleibt nicht einseitig. Denn er wird aufgedeckt durch den sowjetischen Überläufer Igor Gusenko. Andere werden ihm folgen. Es sind die Jahre, in denen David J. Dallin, selbst in Rußland geboren, seinen umfassenden Bericht über die Sowjetspionage sammelt, schreibt und herausgibt. Er mag heute von weiteren Erkenntnissen überholt sein. Aber nach wie vor gilt die Charakteristik der Sowjetrussen, die Dallin so formuliert hat: »Niemals in der Geschichte hat eine Regierung mehr Vertrauen in den Geheimen Nachrichtendienst gesetzt und ihm größere Bedeutung beigemessen. Ebensowenig hat es je einen so unstillbaren Hunger nach Informationen aus anderen Ländern gegeben.«

Diesen unstillbaren Hunger nach Informationen hat die UdSSR seit dem Ende des Zweiten Weltkriegs auch auf ihre Satelliten übertragen. Die meisten von ihnen verfügen über einen geheimdienstlichen Apparat nach sowjetischem Vorbild und führen einen ausgesprochen offensiven Geheimdienst, an ihrer Spitze die Deutsche Demokratische Republik. Aber nun geht es längst nicht mehr allein um die Ausspähung militärischer Geheimnisse, man geht aufs Ganze. Das ist die *fünfte Phase:* in ihr leben wir heute.

Die totale Ausspähung

Die Erfahrungen, die die Bundesrepublik, vor allem in den letzten Jahren, hat machen müssen, sind kennzeichnend für diese *fünfte Phase* der Entwicklungsgeschichte des ND im XX. Jahrhundert. Man kann sie nur als die der totalen Ausspähung bezeichnen. Der Hunger nach Informationen seitens des kommunistischen Machtbereichs erstreckt sich schlechthin auf alle und alles. Trotz aller redlichen Bemühungen, vor allem der westdeutschen Regierung um Entspannung und Entschärfung der Gegensätze macht sich auf diesem Gebiet noch kein Nachlassen der Offensive bemerkbar, im Gegenteil: Man ist ja z. B. so weit gegangen, einen Agenten in das Bundeskanzleramt einzuschleusen. Und nicht nur das: Weitere akute Fälle der Ostspionage weisen darauf hin, daß vor allem die Bundesrepublik das Feld der totalen Ausspähung und der Tummelplatz von Tausenden von Ostagenten ist, daß es praktisch keine Stelle gibt in der Politik, der Regierung, den Verbänden und Gewerkschaften, aber auch in den Vorzimmern, den Werken, Forschungsstätten und Laboratorien, auf die nicht östliche V- Männer angesetzt sein können und sind. Die Werksspionage hat sich zu einem umfassenden Spezialgewerbe entwickelt. Die Dunkelziffer dieser Agenten ist dabei ebenso groß wie die der freiwilligen und ahnungslosen oder aber bewußt aktiven Informanten. Außerdem gibt es eine unbekannte Zahl von Perspektiv- und Schweige-Agenten mit ganz bestimmten Aufträgen, die erst im Ernstfall in Aktion treten oder auf dem langen Weg zu *den* Stellungen sind, die ihnen die erwünschten Spionagemöglichkeiten bringen. Diese großen und kleinen Unbekannten sitzen in den Ministerien, den Vorzimmern, den Direktions- und technischen Zeichenbüros und bereichern vor allem das Ministerium für Staatssicherheit in Berlin-Pankow, das ihnen die Aufträge erteilt, laufend mit neuen Informationen. In dieser fünften Phase hat sich vollends der Schwerpunkt der Auskundschaftung vom Militärischen zum Politischen, Technischen und Wirtschaftlichen verlagert.

Die Ostspionage, wenn wir uns summarisch so ausdrücken dürfen, hat auch den neuesten Stand der Naturwissenschaften im Westen in ihre Aufklärung mit einbezogen, ebenso wie die Arbeit der Parteien, Verbände und die wirtschaftlichen Vorgänge. Sie will, wie gesagt, schlechthin alles wissen. Da die Bundesrepublik im Gegensatz zum Osten über keine allgegenwärtige Geheime Staatspolizei verfügt, ist ihre Penetration nicht schwierig, außerdem wird auf beiden Seiten der heutigen Staatsgrenzen die gleiche Sprache gesprochen, bestehen viele verwandtschaftliche Beziehungen. Schließlich fehlt es in der westdeutschen Öffentlichkeit ebenso an der Aufklärung über Wege, Mittel und Erscheinungsformen der Spionage wie an der notwendigen Wachsamkeit der Bevölkerung. Die Masse der Zeitgenossen ist gleichgültig und arglos. Sie läßt zwar die Spionage-Romane und -Filme, mit denen sie überschwemmt wird, mit Neugier und Sensationslust über sich ergehen, aber sie fragt nicht viel nach den Gefahren, der möglichen Bedrohung der eigenen Staatssicherheit.

Noch ein Wort über die militärische Spionage, die Ausspähung militärischer Geheimnisse. Ihre Bedeutung tritt, wie gesagt, zurück. Sie gilt in erster Linie nicht mehr der Dislokation der Truppen, sondern vor allem den modernen Waffen und Waffensystemen, der Waffenentwicklung. Darüber hinaus ist es besonders die Astronautik, die die Dauerkontrolle von Truppenbewegungen ermöglicht. Sie kommt der gegenseitigen Überwachung zugute, so daß Überraschungen auf diesem Gebiet eigentlich ausgeschlossen sind. Diese Luftaufklärung neuer Art hat jedenfalls ungeahnte Möglichkeiten erschlossen. Optik und Fernphotographie wurden so perfektioniert, daß sogar kleinste Objekte entdeckt und alle Bodenveränderungen festgestellt werden können.

Der neuralgische Punkt der Nachrichtendienste

Ein Punkt des Geheimen Nachrichtendienstes bleibt indessen immer neuralgisch: Es ist die Frage, ob die beschaffte Information oder die erarbeitete Lageanalyse »oben« auch wirklich »ankommt«, d. h., ob sie Beachtung findet und ob auch die notwendigen Konsequenzen daraus gezogen werden. Daß auch der beste Nachrichtendienst ins Leere arbeiten kann, erwies sich im Zweiten Weltkrieg unter Hitler: Er hat weder die Erkenntnisse der Funkaufklärung beachtet, die schnell, exakt und oft vollständig Informationen über den Feind und seiner Truppenbewegungen lieferte, noch hat die Lageanalyse von »Fremde Heere Ost« seine Entschlüsse beeinflußt oder bestimmt. Die zunehmenden Leistungen des deutschen Nachrichtendienstes, der im OKH seine Spitze hatte, nicht im OKW, der Abwehr, die immer mehr ausgeschaltet wurde, waren also umsonst. Auch die erfolgreichste Spionageabwehr auf deutscher Seite, wiederum nicht von der Abwehr, sondern vom Wehrmachtführungsstab Ende 1944 verantwortlich geführt, ging ins Leere, weil bei den bestehenden Kräfteverhältnissen die gelungene Überraschung *allein* für den Enderfolg nicht ausreichte. Andererseits ist es auch vorgekommen, daß die westlichen Alliierten, z. B. die vermeintlich sicheren Erkenntnisse des militärischen ND weit überbewertend, sich im Endkampf 1945 durch die fiktive »Alpenfestung« von ihrem ursprünglichen Hauptziel Berlin haben ablenken lassen. Derlei wird immer wieder vorkommen, da in der menschlichen Unzulänglichkeit begründet. Indessen sind Zahl, Umfang und Folgen der Fehlleistungen auf diesem Gebiet sicher erheblich einzuschränken, wenn man die Geschichte als Lehrmeisterin betrachtet. Sie hält ja immer wieder vor Augen, was in der konkreten Situation notwendig und richtig ist und stellt es dem Unterlassen gegenüber, das ins Verderben führt.

Die bleibenden Lehren des Zweiten Weltkriegs

Aus dem Zweiten Weltkrieg sind u. E. *drei bleibende Lehren* als Quintessenz der Erfahrung zu ziehen, nämlich:

1. Wie die Staats- und Kriegsführung, so ist auch die Handhabung des Nachrichtendienstes eine politisch bestimmte Kunst auf wissenschaftlicher Grundlage. Sie muß sich von jedem Wunschdenken freimachen und vor Täuschung wie Selbsttäuschung auf der Hut sein.
2. Die Beschaffung von Geheiminformationen ist nur ein Teilgebiet des ND. Er muß außerdem alle Möglichkeiten der Nach-

richtengewinnung auszuschöpfen wissen, wie sie ihm Literatur und Medien aller Art, Informationsgespräche und neue technische Möglichkeiten bieten.

3. Von entscheidender Bedeutung bleibt, daß alle nachrichtendienstlichen wie Sicherheitsbehörden einen einheitlichen »Kopf« haben, der koordiniert, auswertet, analysiert und die Regierung regelmäßig von den gewonnenen Erkenntnissen unterrichtet. Die Zusammenarbeit muß eng sein.

Darüber hinaus ist eine allgemeine Aufklärung der Öffentlichkeit unerläßlich. Fast alle Spione sind rechtzeitig zu enttarnen, wenn ihre Umwelt aufpaßt. Es sei nur an die Raumpflegerin Frau Rosén erinnert, die den schwedischen Landesverräter Oberst Wennerström praktisch zu Fall brachte. Fast immer gibt es Fehlleistungen, durch die die Spione auffallen. In einer freien Gesellschaft haben in dieser Beziehung die einzelnen Staats- und Mitbürger andere Verpflichtungen als in der totalitären, in der die Geheime Staatspolizei mit ihren Organen allgegenwärtig ist.

Zu den Voraussetzungen der Staatssicherheit gehört freilich auch die »moralische Aufrüstung«. Sie ist eine immer dringlichere Notwendigkeit geworden. Zu dieser Moral gehört in erster Linie das gesamtpolitische Bewußtsein mit dem Wissen um die gemeinsame Verantwortung. »Wachsamkeit ist der Preis der Freiheit!« Dieser Wahlspruch gilt nicht nur für die Partnerschaft der NATO, sondern für alle bewußten Staats- und Mitbürger. Auch die Freiheit hat ihren Preis, den wir zu zahlen haben. Er besteht darin, daß wir den Anfängen widerstehen und unser politisches, gesellschaftliches, wirtschaftliches und kulturelles Leben wie unser Fühlen und Denken nicht dem Diktat von Funktionären unterwerfen. Haben wir nicht unsere eigene Facon, unsere eigene Geschichte und damit eine weltgeschichtliche Verpflichtung? Auf dem Feld der Verteidigung dieser Werte steht der Geheimdienst heute auf Feldwache und Vorposten.

Literaturhinweise

ZWEITER ABSCHNITT: Im Vorfeld des Krieges

Literatur:

Clausewitz, Carl: *Vom Kriege*. Als Handbuch bearbeitet und herausgegeben von Wolfgang Pickert und Wilhelm Ritter von Schramm. 2. neu bearbeitete Auflage. Pfaffenhofen 1969.

Gauché, M. H.: *Le Deuxième Bureau au Travail (1935–1940)*, Paris 1954.

Geyr von Schweppenburg: *Erinnerungen eines Militärattachés*, London 1933–1937, Stuttgart 1949.

Irving, David: *Die Tragödie der deutschen Luftwaffe. Aus den Akten und Erinnerungen von Feldmarschall Milch*, Berlin 1970.

Köstring, Ernst, General: *Der militärische Mittler zwischen dem Deutschen Reich und der Sowjetunion 1921–1941*. Bearbeitet von Hermann Teske, Frankfurt/M. o. J.

Liss, Ulrich: *Westfront 1939–1940. Erinnerungen des Feindbearbeiters im OKH*, Neckargemünd 1959.

von Schramm, Wilhelm: *Sprich von Frieden, wenn Du den Krieg willst. Die psychologischen Operationen Hitlers gegen die Franzosen*, Mainz 1973.

Stehlin, Paul: *Auftrag in Berlin*, Berlin 1965.

Strong, Sir Kenneth: *Geheimdienstchef in Krieg und Frieden*, Wien-Hamburg 1966 (Strong I).

Strong, Sir Kenneth: *Die Geheimdienstträger. Männer im Nachrichtendienst*, Wien-Hamburg 1971 (Strong II).

von Tippelskirch, Kurt: *Geschichte des Zweiten Weltkriegs*, Bonn 1951.

DRITTER ABSCHNITT: Die neuen Aspekte

Zweites Kapitel: Ein ND ohne Spione und bezahlte Agenten

Die Angaben dieses Kapitels stammen aus folgenden Quellen:

v. Schramm, *Verrat im Zweiten Weltkrieg*, Düsseldorf, 2. Auflage 1969:

Erstes Buch, Fünftes Kapitel, S. 76–86: »Der Schweizer Nachrichtendienst und das Büro Ha«. Seitdem konnte ich neue Erkenntnisse gewinnen durch Briefwechsel und persönlichen Gedankenaustausch mit Hausamann.
Das Interview Hausamanns mit der Schweizer *Woche*, Dezember 1971.

Weitere Literatur:

Matt, Alphons: *Zwischen allen Fronten. Der Zweite Weltkrieg aus der Sicht des Büros Ha*, Frauenfeld 1969.
Hans Rudolf Kurz: *Nachrichtenzentrum Schweiz*, Frauenfeld und Stuttgart 1972.

Viertes Kapitel: Schwerpunktverlagerung

Literatur:

Wilh. v. Schramm: Einführung zu Gert Buchheit: *Die anonyme Macht / Aufgaben, Methoden, Erfahrungen der Geheimdienste*, S. 9–16: Geheimdienst und Geschichtswissenschaft.
Pers. Information an den Verfasser durch Oberstleutnant i. G. a. D. Herre, s. Zt. Gruppenleiter I »Fremde Heere Ost«, ab 1. 1. 1944 Chef des Stabes der Freiwilligen-Verbände im OKH (Befehlshaber: General der Kav. Ernst Köstring). Für dieses Kapitel standen dem Verfasser an amtlichen Unterlagen zur Verfügung.
H.D.V. g. 92: *Handbuch für den Generalstabsdienst im Kriege*, Teil I und II, abgeschlossen 1. 8. 1939.
Außerdem der Beitrag: »Erfahrungen im Feindnachrichtendienst aus drei Armeen«, mitgeteilt von Ulrich Liss, in: *Wehrkunde* Nr. 10, Jahrgang 1962.

FÜNFTER ABSCHNITT: Feindnachrichtendienst 1939 bis 1945

Fünftes Kapitel: Funkspiele und Funktäuschung

Literatur:

Buchheit, Gert: *Der deutsche Geheimdienst*, München 1966.
Giskes, H. J.: *Spione überspielen Spione*, Hamburg 1949.
Höhne, Heinz: *Kennwort Direktor / Die Geschichte der Roten Kapelle*, Frankfurt/Main 1970.
Schramm, Wilhelm v.: *Verrat im Zweiten Weltkrieg*, Düsseldorf 1967.
Schreieder, Joseph: *Das war das Englandspiel*, München 1950.

SIEBTER ABSCHNITT: Duell der Geheimdienste 1944

Literatur zur »Invasion 1944«

Eisenhower, Dwigth D.: *Kreuzzug in Europa.* Deutsch Amsterdam 1948.
Farago, Ladislaus: *Das Spiel der Füchse. Deutsche Spionage in England und den USA 1919–1945.* Aus dem Amerikanischen von Wilm W. Elwenspoek und Julius Herrmann, Berlin 1972.
Hubatsch, Walter: *Hitlers Weisungen für die Kriegführung 1939–1945,* Frankfurt/Main 1962.
Montgomery, Marschall: *Memoiren,* Deutsch München o. J.
Reile, Oskar: *Geheime Westfront. Die Abwehr 1935–1945.* München-Wels 1962.
Ruge, Friedrich: *Rommel und die Invasion,* Stuttgart 1959.
Ryan, Cornelius: *Der jüngste Tag.* Deutsche Übersetzung Gütersloh o. J.
Speidel, Hans: *Invasion 1944.* Tübingen, 3. Auflage 1950.
Strong, Sir Kenneth: *Geheimdienstchef in Krieg und Frieden.* Deutsch Hamburg/Wien 1969.
Strong, Sir Kenneth: *Die Geheimnisträger.* Deutsch Hamburg/Wien 1971.
Tippelskirch, Kurt v.: *Geschichte des Zweiten Weltkriegs.* 3. Auflage Bonn 1959.
Wilmot, Chester: *Der Kampf um Europa.* Deutsch Frankfurt/M. 1954.

Zweites Kapitel: Die Ardennenoffensive: Die perfekte Geheimhaltung

Literatur zur Ardennenschlacht

Strong, Sir Kenneth: *Geheimdienstchef in Krieg und Frieden,* Hamburg 1969, S. 293–324 »Die Ardennenschlacht«.
Elstob, Peter: *Hitlers letzte Offensive.* Deutsche Übersetzung München 1972.
Jung, Hermann: *Die Ardennen-Offensive 1944/45. Ein Beispiel für die Kriegführung Hitlers.* Göttingen 1971.
Baldwin, Hanson W.: Die Schlacht in den Ardennen. In: *Die Amerikanische Rundschau,* fünfzehntes Heft. Oktober 1947, S. 16–32.
Schaufelberger, W.: *Geheimhaltung, Täuschung und Tarnung am Beispiel der deutschen Ardennenoffensive 1944. Eine dokumentarische Studie.* Zürich 1969.

ACHTER ABSCHNITT: Berlin wurde in der Schweiz verloren

Literatur:

Küng, Heribert: *Die Ostschweiz und das Ende des Zweiten Weltkriegs in Vorarlberg.* Sonderdruck aus der Zeitschrift *Monfort,* Heft 1/1972. Verlagsort nicht ersichtlich.

Kurz, Hans Rudolf: *Nachrichtenzentrum Schweiz. Die Schweiz im Nachrichtendienst des Zweiten Weltkriegs,* Frauenfeld 1972.

Matt, Alphons: *Zwischen allen Fronten. Der Zweite Weltkrieg aus der Sicht des Büros Ha,* Frauenfeld und Stuttgart 1969.

Minott, Rodney G.: *Top Secret. Hitlers Alpenfestung. Tatsachenbericht über einen Mythus.* Deutsche Übersetzung Reinbeck 1967 (RORORO 955).

Montgomery, Marschall: *Memoiren.* Deutsche Übersetzung, München o. J.

Rauchensteiner, Manfried: *Krieg in Österreich 1945.* Schriften des Heeresgeschichtlichen Museums in Wien, Band 5, Wien 1970.

Ryan, Cornelius: *Der letzte Kampf.* Deutsche Übersetzung, München-Zürich 1966.

Schramm, Percy Ernst: *Kriegstagebuch des Oberkommandos der Wehrmacht (Wehrmachtsführungsstab), Band IV, 1. Januar 1945 bis 22. Mai 1945,* Frankfurt/Main 1961.

Strong, Sir Kenneth: *Die Geheimnisträger. Männer im Nachrichtendienst.* Deutsche Übersetzung, Wien-Hamburg 1971.

Toland, John: *Das Finale. Die letzten hundert Tage.* Deutsche Übersetzung, München-Zürich 1968.

Wilmot, Chester: *Der Kampf um Europa,* Frankfurt/M.-Berlin 1954 (Deutsch).

Ungedruckte Quellen:

Persönliche Erinnerungen und Aufzeichnungen des Verfassers während seiner Kommandierung zum Wehrmachtführungsstab September 1944 bis Ende März 1945 und aus der Zeit seiner Internierung im »Haus Alaska« (Sondervernehmungslager SHAEF) September 1945 bis Juni 1946.

Personenregister

Abkürzungen

Ag	Amtsgruppe
AO	Abwehroffizier
AOK	Armeeoberkommando
d. R.	der Reserve
D. V.	Dienstvorschrift
FHQu	Führerhauptquartier
GenStab	Generalstab
i. G.	im Generalstab / d. G. des Generalstabs (Generalstabsoffizier in Sonderverwendung)
GRU	Nachrichtenhauptverwaltung der Roten Armee
HGr.	Heeresgruppe
KGB	Komitee für Staatssicherheit der SU
KTB	Kriegstagebuch
Ob	Oberbefehlshaber
OKH	Oberkommando des Heeres
OKL	Oberkommando der Luftwaffe
OKM	Oberkommando der Kriegsmarine
OKW	Oberkommando der Wehrmacht
RSHA	Reichssicherheitshauptamt
RLM	Reichsluftfahrtministerium
O 1	Erster Ordonnanzoffizier / O 2, O 3 usw.
St.	Stellvertreter/Stellvertretender
V.O.	Verbindungsoffizier
V.P.	Vorauspersonal
WNV	Wehrmachtnachrichtenverbindungen
z. V.	zur Verwendung (z. B. Major z. V.)
Ia	Erster Generalstabsoffizier (Führung)
Ib	Zweiter Generalstabsoffizier (Quartiermeister)
Ic	Dritter Generalstabsoffizier (Feindlage) entspricht dem G 2 bei den alliierten Stäben